U0744924

韶文化研究丛书编委会

主　任　柳琛子

副主任　邹永松　李晓林　巫育明

主　编　邹永松

副主编　李晓林　莫昌龙　黄明奇

编　委　宋会群　熊贤汉　李明山　仲红卫　曾宇辉
　　　　官建生　王焰安　李曙豪　罗信波　李振林

岭南文化书系

韶文化研究丛书

百年粤北纪事

苗 仪 编著

暨南大学出版社
JINAN UNIVERSITY PRESS

中国·广州

图书在版编目（CIP）数据

百年粤北纪事/苗仪编著. —广州：暨南大学出版社，2017.7
（岭南文化书系. 韶文化研究丛书）
ISBN 978 - 7 - 5668 - 2088 - 4

Ⅰ. ①百… Ⅱ. ①苗… Ⅲ. ①广东—地方史 Ⅳ. ①K296.5

中国版本图书馆 CIP 数据核字（2017）第 067908 号

百年粤北纪事
BAINIAN YUEBEI JISHI
编著者：苗 仪

出 版 人：徐义雄
责任编辑：苏彩桃 黄 斯
责任校对：周海燕 刘雨婷
责任印制：汤慧君 周一丹

出版发行：暨南大学出版社（510630）
电 话：总编室（8620）85221601
　　　　营销部（8620）85225284 85228291 85228292（邮购）
传 真：（8620）85221583（办公室） 85223774（营销部）
网 址：http：//www.jnupress.com http：//press.jnu.edu.cn
排 版：广州市天河星辰文化发展部照排中心
印 刷：韶关市新华宏达印务有限公司
开 本：787mm×1092mm 1/16
印 张：25.25
字 数：400 千
版 次：2017 年 7 月第 1 版
印 次：2017 年 7 月第 1 次
定 价：72.00 元

（暨大版图书如有印装质量问题，请与出版社总编室联系调换）

目　录

重修九成臺記

予宦粤東凡三度嶺道出韶州不過信宿未嘗一至所謂九成臺也

光緒十年夏移權韶守觀察華公寓書雷州以中秋同登九成之臺

相期乃七月　代此及北來乙屆十月臺記廣帝例宜瞻謁遂值重

修工已强半觀宗時復臨　得遵隨張　翰權曲江令實董宰

之至十二月而告成邢人六致欣焉爲夫古蹟留傳一方之盛也與

廢舉隆官司之責也臺防於宋脩於明迭新於本朝並弟修游觀之

美云东茲誠以高踞西城於方屬兔爲勝物　片覺使此臺屹然拳、

固映蓉峰帯滇武遠抱近抱終古营岩是左官茲土者以時蕙箕母

令廢墜瓦新海宇奠安年豐民樂獸舞鳳儀之休不難再覩斯宇所

厚望者爾濟甯孫楫記并書

清光绪十年（1884 年）重修《九成台》，孙楫撰《重修九成台记》
并书刻碑（拓片）。原碑尺寸：115cm×68cm

岭南文化书系

百年粤北纪事

1933 年，韶州兴建武溪公园，园中设有"诗境"长廊，内竖十余碑刻，其中，有宋苏轼题"九成台"正书题刻碑

武溪公园长廊"诗境"碑（拓片），为宋代文豪陆游所题

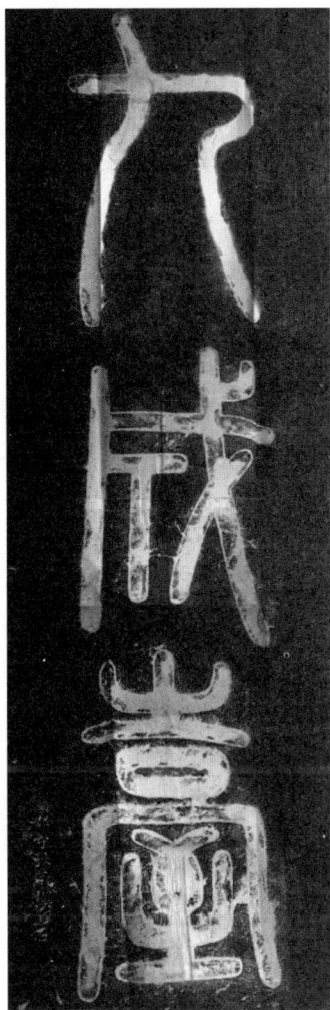

韶太守狄咸题篆书"九成台"碑石，原碑刻于宋，明重刻。据《曲江县志》记，篆书"九成台"碑原为湖南曹文公书，后为郡守狄咸摩岩所刻

建于武溪公园内"燕誉亭"碑刻（拓片），碑题落款为北宋韶太守狄咸所书（款题"伯通作"，为狄咸字）。据《韶州府志》记：碑题乃北宋陈尧佐书，非狄咸所书。史料记陈喜写特大隶书字，《宋史》记陈："善古隶八分，为方丈字，笔力端劲，志犹不衰。"碑右下记"咸平四年夏"

　　1933 年，在时任西北区绥靖公署要职李汉魂的倡议下，曲江商会会长黄逸园发动韶关民众捐资，兴建武溪公园。图为公园正门（图片来源：韶关市委党史办）

民国八年（1919 年）重刻《曹溪第六祖赐谥大鉴禅师碑》（拓片），李根源书跋；赵藩正书。尾题：唐元和诏谥大鉴禅师碑记。原碑尺寸：156cm×81cm

中华民国八年己未七月交通部长赵藩书

唐中書令始興伯張文獻公墓

督辦号贛湘邊防軍務
滇軍總司令隴西省長李根源重脩立石

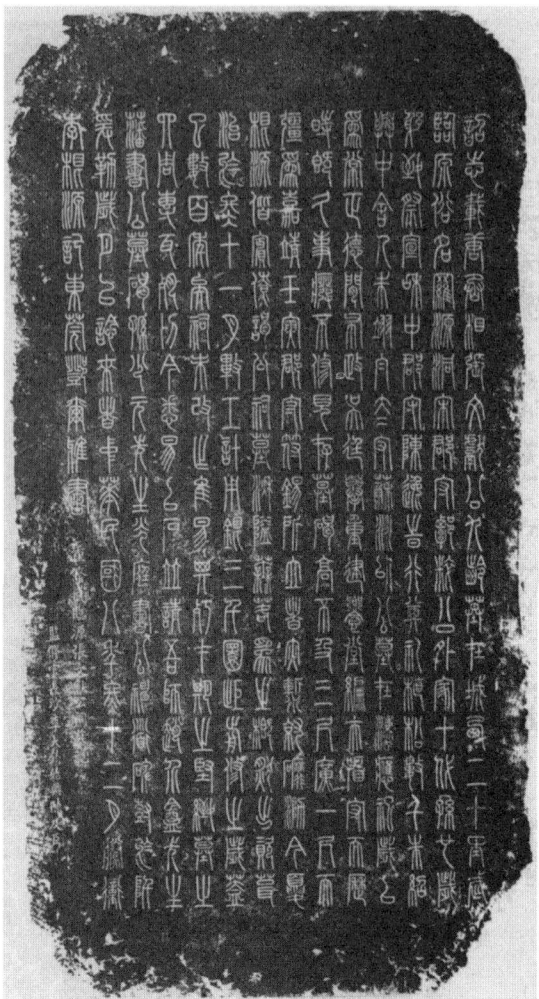

　　民国八年（1919 年），驻韶州滇军总司令李根源重修张九龄祠墓。墓成，由李根源撰《张九龄祠墓记》；邓尔雅（篆）书刻碑。碑尾正书题：重修武临源张文献公祠墓记。左图为赵藩所书正楷墓碑。上图为原碑（拓片）。原碑尺寸：152cm×81cm

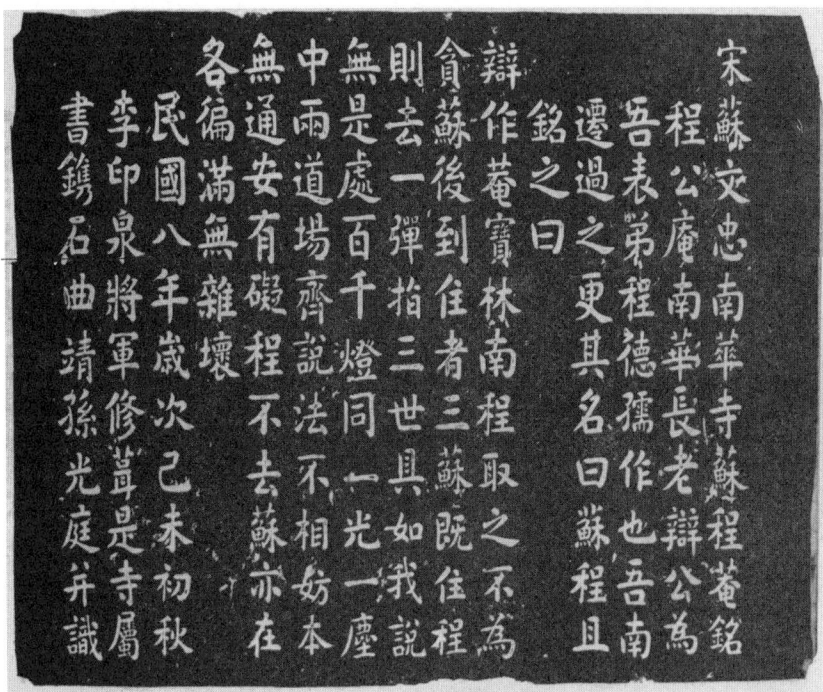

民国八年（1919 年）驻韶州滇军总司令李根源重修南华寺苏程庵，庵修成后，由孙光庭重书《苏程庵铭》（并跋）刻碑。原碑尺寸：59cm×96cm

民国八年（1919 年）重修南华寺《卓锡泉》榜书（拓片），由赵藩正书并行书跋。原碑尺寸：40cm×107cm

民国十年（1921 年）驻韶州滇军总司令李根源重游南华寺苏程庵，在寺中李根源留下《苏程庵记游》，后由邓尔雅（篆）书刻碑。图为碑刻（拓片）。原碑尺寸：164cm×93cm

省立第三师范学校——韶州师范学校旧校门

韶关城区老东门码头

图片

20 世纪 20 年代建成的粤汉铁路韶关站

1932 年建造的曲江大桥（又称南门大桥）

1922 年 5 月孙中山第一次韶关北伐，北伐军路过南雄珠玑古巷

1924 年孙中山第二次韶关北伐。9 月 13 日孙中山乘火车抵达韶关。图为北伐军在火车站列队，迎接孙中山抵韶

1924 年 9 月，孙中山在韶州民众赞助北伐大会上发表演讲

1924 年 9 月，孙中山在韶关与北伐军将领一同检阅部队

1924 年 9 月，曲江第一区（翻溪桥、腊石坝）农民协会成立，图为协会农民参加孙中山领导的北伐革命

1927 年"四一五"广州事变后，广东工农武装集结韶关，准备北上武汉

全面抗战爆发后，韶关成为战时广东省省会，1940年9月2日著名爱国华侨陈嘉庚率华侨归国慰劳团一行由湖南到达韶关慰问。图为慰劳团合照

1941年3月美国著名作家海明威抵达韶关访问，图为海明威与妻子玛莎和当时第七战区司令部将领合影。右起一为海明威，二为海明威妻子玛莎，三为时任第七战区司令长官余汉谋

总　序

一

韶关历史悠久，文化底蕴深厚，源远流长，为岭南开发较早的地区之一。宋代乐史撰《太平寰宇记》所引《郡国志》言："韶州科斗劳水间有韶石，两石相对，大小略均，有似双阙……昔舜帝游此石，奏韶乐，因以名之。"其实，"韶"字来源于"舜帝南巡奏韶乐"的千古美妙传说早在隋唐时期就已流传。隋开皇九年（589年），韶州以"韶"为州名，千百年来始终未改。此后，在中华大地上以"韶"命名的古城韶州成为岭南著名州府。迄今为止，韶关是唯一以"韶"命名的历史文化名城。

马坝人的发现证明了早在十多万年前，人类的祖先就在韶关这块古老的土地上繁衍生息。石峡文化遗址的发掘又告诉人们，在四五千年前，这片区域已经与长江流域在经济文化方面有了密切的联系，及至秦破百越、纳岭南，韶州成为岭南最早归属中央政权管辖和开发的地区之一。汉晋以降，珠玑先民持续南迁至珠江三角洲，衍成广府民系和广府文化。可以说，韶文化是岭南文化早期的一个主要源头。唐代著名文学家皇甫湜在为韶州作《韶阳楼记》时写道："岭南属州以百数，韶州为大。"韶关作为广东北大门及粤北历史文化中心，自古就发挥了传输中原文化、弘扬岭南文化的先进作用。

韶关自古为岭南重镇，又是人杰地灵之都、山川灵秀之域。唐初，禅宗南派创始人六祖惠能在韶州弘法近四十年，述成了第一部中国化的佛家经典《六祖坛经》，形成了著名的禅宗文化。南北朝时期以勇猛刚烈著称的风烈将军侯安都，唐开元盛世名相、以风度名扬天下的张九龄，学深刚毅、文采拔萃、以风采而著名的北宋政治家余靖，明代抗倭名将陈璘，清代著名思想家廖燕等，都是受韶文化滋养的土生土长的韶州人杰。唐代大文豪韩愈，北宋文学家苏东坡，南宋诗人杨万里、著名理学家朱熹、名臣文天祥，明代才子解缙、著名学者丘睿、理学家陈白沙、科学家徐光启、军事家袁崇焕，清代著名诗人王士祯、

朱彝尊，以及民国时期革命先行者孙中山，新中国创建者毛泽东、朱德、陈毅等一大批名人都在韶关留下了千古流芳的诗文和历史足迹。在中华世纪坛上铭刻的一百多位对中国历史文化产生深刻影响的人中有两位外国人，其中有一位是被誉为"中西文化交流第一人"的意大利传教士利玛窦，他也曾经于明代在韶关活动六年，对西学东渐和东学西传作出了不可磨灭的贡献。

从古代相传"舜帝南巡奏韶乐"到岭南名州、历史文化名城，韶关经过代代相传，已经形成了岭南文化中不可或缺的重要组成部分——韶文化。因此，我们说，韶文化是指分布在粤北地区的、受历代行政区划和自然环境影响孕育滋生的一种有着较为突出特征的史志阶段的区域文化。简言之，韶关本土的历史文化就是韶文化。韶文化的核心是以"韶"为主的包容、和谐、善美的传统精神，其文化结构的主要元素是舜韶乐文化、客家文化、南禅宗佛教文化、历史名人文化、瑶族文化、矿冶文化、山区生态文化、红色革命文化等，在文化形态上既表现了与岭南文化的同一性，又表现出自然与人文各方面的多元性和独特性。正是由于以上在地域特征、自然生态、族源构成等方面显示出的诸多特殊性，以"韶"为主题的韶文化才得以确立，并在数千年的历史中不断融合发展。

二

韶文化是岭南文化中一个主要的文化类型。这个文化类型的特色在以石峡文化为代表的萌芽阶段已初现端倪，在秦代南越国及两汉以后步入发展阶段，曲江（又称曲红，因曲红岗得名）、始兴郡皆为当时岭南最重要的中心城市之一，特别是此地最富特色的以丹霞红岩为主的自然生态风光逐渐被人们发现，而且由于舜帝南巡，在岭南地区奏韶乐的历史传说，原名"曲红岗"的丹霞地貌被赋予"至美""至善"的韶乐精神，并命名为"韶石"："隋平陈，为韶州，以韶石为名。"（唐初梁载言《十道志》）至此，以"韶"为核心的优美的自然环境和善美和合的韶乐人文精神在粤北地区被有机地结合起来，韶乐、韶石、韶州成为这一地区最响亮的文化符号。基于地方行政区划和自然环境特殊性而形成的区域文化——韶文化，在保留了岭南文化一般特征的同时，逐渐在粤北展现出自己独特的文化结构、文化形态特征，主要表现在：

——舜帝韶乐文化。它不仅是韶关得名之源，而且有历史上一大批古建筑作为载体，以及隋唐以来历代史志和名人歌赋作为文献记录。韶乐的和谐善美精神在韶关地区的传播至少有千余年，是韶文化

的精神内核，是统领其他文化要素的主导部分，也是区别于其他区域文化的重要地方特色。之所以把粤北地区的文化称为"韶文化"，其主要原因正在于此。

——汉族移民文化、粤北客家文化、瑶族文化、疍民文化构成了韶文化的民族民系主体。特别是持续南迁的珠玑巷移民构成了日后广府民系的主体，对岭南和东南亚的开发影响深远。

——发源于韶关的南禅宗佛教文化及其他宗教文化构成了韶文化精神层面的重要补充。南禅宗文化使佛教比较彻底地中国化，影响超出岭南，波及全国甚至全世界。

——历史上，粤北古道交通文化和名人文化突出。粤北是中原文化和岭南文化之间的主要通道、海上丝绸之路的陆上重要节点，而惠能、张九龄、余靖等都是岭南人杰，影响广泛。

——历史悠久的矿冶文化。韶关采矿历史久远、规模巨大，是世界上最早运用"淋铜法（湿法炼铜）"来大规模生产胆铜的地方。矿冶业延续至今，是韶关的重要经济命脉，也是韶关突出的城市文化特色和韶文化的突出特征。

——山区生态文化。地域居民秉承"天地同和"精神，在历史长河中与自然和谐相处，生态环境基本保持良好，是韶文化特色的显现，也是今后韶关发展的最重要的资源之一。

——以毛泽东、朱德、陈毅等人及抗战时期的广东省委在韶关的革命活动为代表的红色革命文化。此外，孙中山以韶关为根据地二次誓师北伐、抗战初期广东省省会北迁韶关等也都是宝贵的历史财富。

上述文化结构、文化特征是韶文化的主要内涵，也是我们开展韶文化研究的主要方向。

三

重视韶文化的研究、传承与弘扬，对岭南文化的传播与发展具有非常重要的意义。深入细致地挖掘和研究韶文化，可以有力地推动粤北历史文化研究的发展，推动地方人文历史与环境的良性互动，丰富人民群众的精神文化生活，深化岭南文化的固有内涵，促进岭南文化繁荣发展，为广东建设文化强省、韶关建设区域文化中心提供理论依据和文化支撑。有鉴于此，韶关市和韶关学院于 2009 年 11 月正式联合成立了韶文化研究院，现已拥有专职、兼职研究人员 40 多人，特聘文化顾问 10 人。研究院成立以来，在韶关学院和韶关市委宣传部、韶关市社会科学界联合会的领导与支持下，积极开展地方文化历史研究与传播工作，先后获准设立广东省张九龄研究中心、广东省韶文化研究基地。2012 年 7 月，经广东省委宣传部和广东省社会科学院发文，研究院升格为广东地方特色文化（韶文化）研究基地，成为全省首批九大特色文化研究基地之一。

本丛书即是该基地的初期研究成果。丛书的规模暂不限定，计划先用三年时间陆续推出几批著作。目前选题以历史文化为主，专注于与韶关有关的人、事和物，今后将逐渐扩大研究范围。

感谢韶关学院的党政领导和韶关市委宣传部、韶关市社会科学界联合会对本丛书立项、研究撰写和出版发行的支持与资助。特别感谢本丛书的各位作者，正是由于他们的辛勤劳动和无私奉献，本丛书得以付梓面世。暨南大学出版社对本丛书的出版发行给予了帮助，在此一并感谢。

是为序。

韶关市韶文化研究院
韶关学院韶文化研究院
广东地方特色文化（韶文化）研究基地
2014 年 10 月

编写说明

《百年粤北纪事》是近代粤北地区一百多年来的史事记录，是一本集史料性、参考性的索引类通俗读物。

本书所记录的年代，概数为百年，实则一百一十余年。即起自1840年，止于1952年底，亦即从第一次鸦片战争起，至粤北地区进入社会主义建设时期。本书记录了粤北近代百年以来所发生的大事和要事，内容以军事为主，涉及粤北政治、经济、文化等各方面。其中包括第一次鸦片战争，太平天国革命，辛亥革命，第一、二次国内革命战争，抗日战争和第三次国内革命战争等各时期的历史事件、人物以及各项兴废沿革、地理变化、自然灾害等，书后附有部分近代粤北籍著名人物简介。

书稿所记粤北，以民国三年（1914 年）广东省军政府设置岭南道辖原韶州府、南雄直隶州及连州直隶州属下共 11 县为主要区域，记录内容立足于粤北韶关。凡发生于粤北或与韶关有关的大事、要事都加以记录。其中以辛亥革命后发生的史实记录较详，至于辛亥革命前的历史，限于编者掌握的史料，只记其历史人物在粤北的活动，至于一些历史事件发展到粤北以外的，则基本不记。

本书所记历史事件，凡有月日可稽者，即记月日，有月而未知日者即记"是月"，只知年份而不知月日者则记"是年"，连年份也不详者不记。同日、同月、同年者以"△"符号标明。

本书所记历史事件，力求大事突出，要事不漏，并尽量做到有首有尾，前后呼应。记录的顺序是按年、月、日排列，但也有些是按事件发生先后综合叙述的。叙述的繁简则看事件的性质及资料来源的详乏而定，有的一条多至千百字，有的则仅数十字。

为使读者更方便地阅读本书，并对所述史实有完整的了解，在记事顺序上编者使用编年方式，同时采纳了纪事手法，增加背景史料，对涉及的人物则配有人物"小传"。

本书在搜集资料时，按照"广征博采，宁繁勿缺"的原则，对资料的取舍也进行认真查对，存真求实，宁缺勿错。至于叙述的语言，立词虽有褒贬，但都不加评议。

在本书编辑的过程中，虽参考史料记载及相关地方文献超过百种，并对一些历史史料进行多版本稽考，吸取了多种史料的辑录成果，但由于编者的水平所限，疏漏和错误在所难免，恳请读者和专家提出意见，以备修订再版。

苗 仪
2009 年 12 月

引　言

　　1840 年第一次鸦片战争以后，伴随着中国社会步入半封建、半殖民地时代，地处岭南一隅的粤北也开始进入一个反帝、反封建、反压迫的斗争时代。

　　早在第一次鸦片战争前，英勇的粤北人民就从未停止过武装革命斗争。为反抗封建势力和清政府的压迫，生活在粤北山区的广大农民以及少数民族，不断发动武装起义。道光十一年（1831 年）生活在湘、粤、桂三省交界的瑶民，在赵金龙、赵子清、盘均华的领导下发动起义。分布在粤北各地的瑶民纷纷响应，一时起义运动遍及整个粤北地区。起义军不仅占领了湖南、广东、广西三省交界处的十多个县，同时，还在数县成立了瑶民自己的政权组织。

　　道光十二年（1832 年），曲江西山瑶民起义，巡道杨殿邦调兵由乐昌、乳源分路征讨。次年春，湖南提督海陵阿率兵征讨，全军覆灭。连州军寮排、黄爪寨、湖南桂阳和常宁等地瑶民同起响应，聚众数万。四月，赵金龙中枪死。五月，连州瑶民赵子清聚众 2 000 余人，入湖南蓝山为赵金龙复仇，被俘杀害。道光十三年（1833 年）夏，乐昌大旱，谷米腾贵，乏食者聚拥富家，强分稻谷。广西贺县瑶民盘均华与连州八排瑶也相继起义。两广总督李鸿宾遣总兵余德彪进讨失利，李被解京下狱，以禧恩①暂署两广总督赂瑶出降。十月，曲江、乳源二县汉瑶人民联合起义，两广总督卢坤出兵征讨……尽管所有这些瑶民起义最后都被清政府所绞杀，但反压迫的斗争仍在粤北各地延续。至鸦片战争爆发前，自发的农民起义仍在粤北广大地区此起彼伏。

----

　　①　禧恩，字仲蕃，睿亲王淳颖之子，官至协办大学士、户部尚书。谥文庄，有《粤行草》。《清史稿》有传。

鸦片战争至辛亥革命时期
(1840—1911 年)

道光二十年（1840 年）

6 月 第一次鸦片战争爆发。

据史料记载：是月，英军舰船 47 艘、陆军 4 000 人在海军少将懿律、驻华商务监督义律率领下，陆续抵达广东珠江口外，封锁海口。鸦片战争自此开始。由于广东军民防守严密，英军于 7 月转攻厦门，被闽浙总督邓廷桢督师击溃。

8 月 道光帝慑于英军兵威，派琦善到广州议和，并将林则徐、邓廷桢革职。

是年 采茶戏传入粤北。

据 20 世纪 60 年代初调查资料记，清道光庚子年间（1840 年），赣南采茶戏艺人刘璋、夏凤祥组成的三脚班到粤北仁化扶溪演出时，正式传艺给当地人刘溶光，后刘在英德传艺给邓常添，邓学成后又传艺给邓水生，邓水生在东乡又收刘吉增为徒，刘又传授给广西人刘锦来等。由此，采茶戏在粤北地区不断扩散，代代相传。曲江的兰泉珍、南雄的钟南石等老艺人，他们的师傅就是赣南的老艺人；连县的老艺人罗能快、连南的周元等，他们的师傅是道州的老艺人。

【粤北采茶戏】又称唱花灯、唱花鼓、采茶戏、大茶。源于赣南民间采茶小戏。它是在群众欢度节庆时的灯彩歌舞的基础上发展形成的民间小戏种。由于表演时分别由三人扮生、旦、丑演出，故采茶戏班又称"三脚班"。传入岭南后，采茶戏逐步流行于粤北、粤东地区。经过多年的发展，在粤北地区的采茶戏表演，逐步形成了"南雄灯子""韶南大茶"和"连阳调子"三大流派，表演时全部使用粤北客家方言演唱。1950年后，三大派别逐渐相互交融，成为粤北地区主要的地方戏种，1959年统称为粤北采茶戏。

【刘吉增】（1899—1974年）原名郑阿娣，英德人。刘幼年丧父，16岁跟演大茶戏的邓水生学艺，改姓邓（艺名：邓亚娣），此后与曲江坑口石角蓝屋村民间艺人蓝泉珍搭档，跟蓝的师傅豆皮元学艺。22岁时因母亲去世，落籍曲江为刘姓人家的养子，改名刘吉增。后拜老艺人刘阿鳌为师，由于擅长融汇纸马灯、舞春牛等地方歌舞，并渗进南派拳术，逐渐自成风格。其所演旦角，矫健优美，并能于三条腿的条凳上仰卧起落尽展舞姿，颇受同行钦佩。后刘吉增组建"阿娣大茶班"，于农闲时外出乳源、英德、仁化等地演出。每次外出表演，刘能以声、色、艺吸引大批观众以铜钱或银毫向他打彩。其耍手帕、舞纸扇，犹若花间彩蝶般轻快，宛如天女散花般美妙，令人赞叹不已。民国二十七年（1938年）刘吉增顶替其弟从戎。因右脚筋被炸断，于民国三十七年（1948年）返回家乡，重操旧业。新中国成立后，刘吉增参加曲江举行的民间艺术表演。1956年秋，成曲江县采茶剧团艺术指导。1974年夏，刘吉增因病去世。

【罗能快】（1894—1968年）连州人。13岁学艺，习"舞春牛""调子""八音"。1914年与名艺人四妹子合作组建采茶戏班"莲花彩"，任司鼓及多种乐器伴奏。1939年春，与唐任喜一起组成"英凤彩"采茶班，除在连县演出外，常外出到阳山、英德及湘赣地区演出。罗能快通晓采茶戏艺术，吹打弹唱皆能，善奏二弦、二胡、唢呐，尤为擅长吹奏唢呐，能在唢呐声音不断中换气，人称"唢呐王"。新中国成立后，罗能快致力于整理传统采茶戏音乐资料和传统剧目，为继承和发展粤北采茶戏作出了贡献。1968年，罗能快因病去世。

△　刘汉章任曲江知县。赵德懋任仁化知县（后邹宗尧接任）。章学源（江西人）任乐昌知县。

【刘汉章】字倬夫，四川成都人。清道光元年（1821年）考中恩科举人，大挑一等，选授广东为官，先后在昌化、文昌、感恩、曲江等县任知县。道光二十年（1840年）春夏之间，调广东佛山任同知，诰授正五品。有《养和堂文集》十二卷、《养和堂诗集》四卷、《生计篇》十卷、《死事篇》四卷等传世。《韶州府志》《曲江县志》有传。

道光二十一年（1841 年）

1 月 清政府议和代表琦善，因答应英政府将香港作为英国人的寄居地，而被革职。道光帝派宗室奕山率军赴粤作战。

2 月 英军攻陷东莞虎门，进入粤境。

3 月 入粤英军进逼广州。奕山率清军自江西进抵韶州。据魏源所著《道光洋艘征抚记》记载："将军奕山行至江西，以各省兵炮攻具未集，暂驻韶州以俟。"

5 月 进逼广州英军炮击广州城垣，清军将领奕山投降，清政府签订《广州和约》。

是年 韶州府冯晋恩（云南曲靖人）任知府。杨九畹分巡南韶连道。邹宗尧任曲江知县（由仁化调任，贵州晋安人），后李尧臣接任。李延福（云南人，有传）任始兴知县。

【冯晋恩】 据《香山县乡土志》记："冯晋恩，晋南沾益州人。道光二年署县事。清慎明决，坐堂皇听断，民环视者皆帖然服。"

【杨九畹】 字兰畬，号余田，浙江慈溪人，嘉庆二十四年（1819年）一甲二名进士，授编修，历官广东南韶连道。有《巽峰草庐遗稿》。

道光二十二年（1842 年）

8 月 英舰集结南京江面。清政府派耆英、伊里布与璞鼎查签订了中英《南京条约》。第一次鸦片战争结束。中国开始沦为半殖民地半封建社会。

是年 周寿龄复任韶州知府。

【周寿龄】 山东蓬莱人，道光十七年（1837 年）就任韶州知府，后离任，道光二十二年（1842 年）复任。同治十二年（1873 年）调任叙州（四川宜宾）知府。

道光二十四年（1844 年）

3 月 洪秀全、冯云山到连阳白虎圩宣传上帝教。4 天后，到连阳八排瑶区，因与瑶民语言不通，留下几本手写小册子①，请人分散给当地人，即行离去。

【洪秀全】（1814—1864 年）广东花县官禄㙟村人。7 岁入塾读书，16 岁时，因家贫失学，帮助父兄耕田，18 岁受聘为本村塾师。先后四次参加科举考试，均未能考取。1836 年，洪秀全到广州应考，适逢梁发讲道和分发传教小册子《劝世良言》。1843 年春，洪秀全经钻研《劝世良言》，相信基督教教义，创立拜上帝教。1844 年，洪秀全和冯云山经连阳，到广西贵县赐谷村宣传教义。同年 10 月，返回花县创制宣传教义的文书。1846 年先后写成《百正歌》《原道救世歌》《原道醒世训》《原道觉世训》等，糅合基督教教义和儒家思想，劝世人拜上帝、学正人、捐妄念、惩富济贫，实现公正太平的社会理想。1847 年 7 月，洪回广西紫荆山，和冯云山设立拜上帝会机关。10 月，与冯云山到象州甘王庙，列举地主崇奉的甘王欺骗世人的十大罪状，愤举竹杖击毁神像。从此，洪秀全威名大振，加入拜上帝教人数不断增多。期间，洪秀全和冯云山等开始秘密商讨发动起义。1850 年 7 月，洪秀全发布总动员令，号召各地会众于 11 月 4 日到金田村"团营"。1851 年 1 月 11 日，拜上帝会在金田村起义，建国号太平天国。1853 年 3 月，洪秀全进入南京城，改南京为天京，为太平天国的都城。定都天京后，在他和杨秀清的领导下，太平军进行北伐、西征、东征。在天京，诸王大兴土木，建筑王宫。洪秀全深居宫中，从不出门。1856 年，洪秀全被杨秀清逼封为"万岁"，太平天国领导集团内部发生斗争。他开始重用亲信，封长兄和二兄为王。后来，形势日趋恶化，洪秀全仍沉溺于宗教迷信，无力挽救革命。1864 年 6 月，病逝于天京。

【冯云山】（约 1815—1852 年）广东花县禾落地村人。洪秀全的同学，1843 年与洪秀全一起创立拜上帝教。第二年，同洪秀全一起到

---

① 有学者认为小册子是洪秀全等人创立"拜上帝教"后，早期编写的宣传教义。

广西贵县宣传拜上帝教。9月，他只身转入桂平县紫荆山区，深入群众，历尽艰辛，发展会众2 000多人，开拓紫荆山根据地，并培养杨秀清、萧朝贵等骨干。1847年冬，其与洪秀全领导会众展开捣庙宇、砸偶像斗争。1848年春，冯被捕，在狱中创制《太平天历》。后经会众营救出狱。金田起义时，他任后军主将，在永安他被封为南王。太平天国的重要条规《太平军目》《太平礼制》等，都由他协助洪秀全制定而成。1852年6月，太平军进攻全州，冯云山中炮负伤，至蓑衣渡牺牲。

是年 韶州东河发生"匪乱"。《韶州府志》记："土匪郭牛黄聚党数百，滋扰东水一带，镇兵剿平之。"

△ 刘晟昌、恒春先后任韶州知府。王沂代理曲江县知县，同年，由谢嵩龄接任。李嗣宗（广西人）代理仁化知县，后由陈其昌复任。陶应荣任始兴知县。

【刘晟昌】贵州毕节人，道光二十二年（1842年）分巡南韶连道，二十四年（1844年）兼任韶州知府。

【恒春】满洲正白旗人，萨达拉氏，字宜亭，嘉庆进士。道光二十四年（1844年）任韶州知府，二十五年（1845年）分巡南韶连道。咸丰元年（1851年）任刑部尚书，咸丰二年（1852年）开缺。

道光二十五年（1845年）

是年 易长华分巡南韶连道，后由恒春、李章煜接任。

【李章煜】山东诸城人，嘉庆四年（1799年）进士。《韶州府志》记其："性严厉，以威立政，禁博局，靖盗风。刑暴诘奸，宵小畏惧，抚百姓，多方调护，惟恐伤之，礼贤下士，劝学兴文……郡人交颂……"

△ 戴玉宸（浙江人）任仁化知县。袁铭泰（江西人）任始兴知县。

道光二十六年（1846年）

是年 韶州城内成立第一支民间"救火队"。

据《韶州府志》记，清道光年间，由于韶州城东关连年不戒于火，连续多年都发生重大火灾，延烧民房，给韶关民众造成极大损失，于是，南韶连道分巡梁星源带头"捐廉银"，在韶城"设五街水车"，由民间人士自发地组织起"救火队"。这是韶关最早创办的民间救火组织。

△ 活跃于粤北的"天地会"杨超、冠六、黄毛五所部千余人，在韶州、英德、清远等处活动，被清朝廷列入"英清案"。清政府令广州有司剿办，经数月"清剿"，清军所部被杨超、冠六等"悉为所败"，粤北的"天地会"亦由此发展"众至数万"。1850年，广东巡抚叶名琛亲督万余清军开赴韶州、清远等地进行"围剿"，黄毛五部被打败，黄本人被擒，其众四散。杨超、冠六等则隐入佛冈等地万山丛中。

据《太平天国史料丛编简辑》记：所谓"英清案"实指英德、清远一带的天地会组织发动起义事件。《清史档案史料》记载，1846—1847年，翁源、乳源、英德、清远一带的天地会"会匪"达千百人，他们携带帐篷器械，随处驻扎，开始时，清地方官府"佯装不知"。直到道光二十九年（1849年），英德、清远之"匪案猖狂"，广州政府不承认是天地会"会众"组织的起义，仍以"股匪""游匪"论处天地会组织的起义，对清朝廷也绝不肯说出一个"会"字。由此，促成粤北"天地会"迅速发展。又据《摩盾余谈》载：道光二十六年（1846年），"英清案"内，杨超、冠六、黄毛五所部，有众数千，于韶州、清远等处剽掠。有司剿办，悉为所致，众至数万。广东巡抚叶名琛亲督万余人捕治，黄毛五被擒，其众四散，杨超、冠六隐入佛冈万山丛中。

【叶名琛】（1807—1859年）字昆臣，湖北汉阳人。道光十五年（1835年）进士，选庶吉士，授编修。1837年后，叶出任陕西兴安知府。历山西雁平道、江西盐道、云南按察使，湖南、甘肃、广东布政使等职。1848年，升任广东巡抚。1849年，侵华英军"欲践入城之约"，叶名琛偕总督徐广缙"坚执勿许"，并联合民团，严为戒备。事后，叶名琛被清政府"封一等男爵，赐花翎"。1850年，叶名琛以平定英德"匪患"，被清政府"表彰"。咸丰元年（1851年），叶名琛以消灭罗镜部"会匪"吴三，加封太子少保。1852年秋，叶名琛以"剿灭"罗镜匪首凌十八，加总督衔，署总督，赴南（雄）、韶（州）一带督剿粤北天地会。后被清政府实授两广总督，兼通商大臣。咸丰六年（1856 年）十月一日，英军以"亚罗号（Arrow）商船"事件，攻陷广州。叶名琛旋以众少，且未奉政府命令，自动退出广州。后叶名琛又以大捷奏报清廷。巴夏礼请叶名琛入城面议善后，叶名琛怕见到巴夏礼当面受辱，没有同意。后巴夏礼约请叶名琛在城外见面，叶名琛亦不同意，且纵粤民火焚城外各国商馆及洋行，巴夏礼乃上报本国，请派遣大军东来。咸丰七年（1857 年）九月，英国纠合法国组织联军抵达广东海面，叶名琛仍形若无事，且拒与会议。十一月十二日，联军最后通牒叶名琛，限 48 小时出降，叶名琛既不调兵设防，又不召集团练，联军遂于十四日占领广州。叶名琛被房，英人初将其挟至香港，犹每日作书画以应外人之请，从者力劝不可提姓名，乃自书"海上苏武"。咸丰八年（1858 年）二月，英人复挟至印度加尔各答，犹赋诗见志，日诵吕祖经不辍。咸丰九年（1859 年）三月病殁。时人皆憾其玩敌误国，故嘲之曰："不战，不和，不守；不死，不降，不走；相臣度量，疆臣抱负，古之所无，今之罕有。"英人乃归其尸。

△ 梁星源任南韶连道台，道光二十七年（1847 年）由刘浔接任。

【梁星源】（1789—1852 年）字石泉，陕西岐山人。嘉庆二十一年（1816 年）举人，历任广东鹤山、新安、南海等地知县。《韶州府志》记："初知仁化县，以廉能著……擢授南韶连道，爱民如子，雅尚儒术考……在韶三年，察吏清军，威望大振……（咸丰二年，即 1852 年）捐躯报国，韶人闻之，为之涕泣。"

△ 曲江知县刘汉章偕绅士张明善、许敷远、邱培滨、李文昭等人倡捐重修"学宫"。

【许敷远】字爱山，曲江人。据《韶州府志》记，许"性嗜学，尤粹于诗，弱龄食饩以贡就教职……"许一生乐善好施，其三子"炳文、炳章、炳华"均为韶州知名"儒林"人物，《韶州府志》有传。

△ 丘在濂（福建人）任仁化知县。陶庆云任始兴知县。

△ 南雄府重修在京师所设"南雄会馆"。

道光二十八年（1848 年）

8 月　武江发生洪水，乐昌城垣冲毁数丈，坏民居屋无数。

是年　张廷杰接任韶州知府，陈应聘任曲江知县。简士珍（贵州人）任仁化知县。莫春晖复任始兴知县。

【张廷杰】字毓灵，号伟人。贵州遵义人。道光十八年（1838年）戊戌科进士，入三甲九十八名。官历江西知县、韶州知府等。

【陈应聘】字觉民，山东潍县人。道光十三年（1833 年）考中癸巳科进士，咸丰四年（1854 年）任广东新会县知县，咸丰六年（1856年）调任韶州府知府。咸丰七年（1857 年）分巡南韶连道。据《韶州府志》记："道光二十八年知曲江县，下车观风，宏奖多士，为政勤慎，有诉讼者剖毫析芒无疑牍，邑称良吏……"其兄弟和堂兄弟陈应芬、陈应奎、陈应枢等也先后于道光年间中举。其孙陈德昌考取光绪癸卯科进士后，也在广东任职，做河源县知县。世称其祖孙为"广东道陈家"，意即在广东做道台的陈家。

道光二十九年（1849 年）

4 月　韶州发生洪水，城南盈丈，东西并涨。南韶连道分巡梁星源亲驾小船巡视灾情。

是年　仁化知县朱廷桂重修"仁化濂溪书院"，并于院后建奎星楼。

△　张百揆接任南韶连道分巡，兼韶州知府。

【张百揆】浙江绍兴人，道光二十九年（1849 年）任南韶连道分巡，兼任韶州知府。道光三十年（1850 年）任广州知府。

道光三十年（1850 年）

5 月　英德天地会首领黄毛五等聚集会众数千人，在英德各乡

"袭扰"。

9月 英德天地会首领黄毛五聚合曲江罗恩盈、邓十富等万余人"进扰"大坑口，韶州知府陶澐、总兵昆寿等率兵前往"击之"。黄毛五、罗恩盈等窜入曲江枫湾等地，部分"会众"进入始兴清化、翁源新江等地活动。

12月 广东"贼匪"（天地会）三千余人在翁源县境活动。巡抚叶名琛等督率文武员弁剿办、歼毙700余人，生擒200余人。余众伤逃，地方"肃清"。

【天地会】也称"洪门"。清代南方主要的秘密结社。其起源主要有三种说法：一是天地会秘籍自称系福建少林寺僧于康熙甲寅年（1674年）或雍正甲寅年（1734年）创立；二是在民国以后，洪门成员称其会创自郑成功；三是根据明清档案以及清代官书记载，为福建漳浦僧提喜（洪二和尚）于乾隆二十六年（1761年）或三十二年（1767年）创立。

初创时原系下层劳动者互助性秘密团体，后因屡遭朝廷镇压，反清色彩日浓。乾隆年间以"顺天行道""剃除贪官"及"争天夺国"为口号。嘉庆以后，复提出"兴明绝清"及"反清复明"等口号。清末又增加"反满"内容。为对付清廷镇压及便于吸收会众，洪门不断创立新的名称，成为拥有数十种名目的秘密结社系统。尽管洪门组织分散，没有统一领导，在同一地区的组织间亦互不统属，也无固定的教义与崇拜对象，但有严格的会规，要求会众忠于誓言，严守秘密。清代洪门曾多次发动武装斗争，较主要的有台湾林爽文起义，陈周全起义，嘉善起义，咸丰元年至五年（1851—1855年）广西大成国、太平天国起义，咸丰三年（1853年）上海、厦门小刀会起义。辛亥革命时期，三合会、哥老会中许多成员参加推翻清朝的武装斗争。嘉庆、道光以后，天地会发展到海外，在东南亚及美洲华侨中广泛流传，曾组织过多次反抗西方殖民者的斗争。

是年 广州永靖营游击奉调移驻始兴，辖中、左两军守备兵，其中，左军所部驻防韶州，中军所部驻防始兴。

△ 爱新觉罗·奕詝继位，是为咸丰。刘开域分巡南韶连道。陶澐接任韶州知府。程志甫（浙江人）任始兴知县。

【陶澐】（？—1864年）字廉生，绍兴会稽人。道光九年（1829

年）进士，由翰林院编修出为福建道监察御史，历广东佛冈、惠州碣石同知，潮州粮捕通判及韶、惠二州知府。据《韶州府志》记载，陶在佛冈同知任上时，佛冈民性强悍，号称难治，以"抗不输赋，习为常，催科迫帅，即持兵械，仇长官"。但对廉善官吏，慰抚有加，则恭顺胜于他处。陶澧三进三出佛冈，以廉善著称，因而积赋一清。百姓待其来，均奔走相告："陶公来能活我，我侪慎无复生事。"是以境内肃然。澧去，佛冈民建生祠奉祀。同治三年（1864年）卒。

咸丰元年（1851年）

1月11日 洪秀全在广西金田村发动起义。由此，揭开清末太平天国大规模农民起义斗争的序幕。

4月 连州、英德等地天地会组织，群起响应"太平天国"起义军，相继发动地方起义。

7月 英德、连州天地会起义军破从化、花县，攻陷英德，粤北韶州等县城，被起义军围困。

9月 太平军打破清军在江口、武宣、象州、桂平的多次围剿，入据永安。原遁入佛冈万山丛中的杨超、冠六等人，再次聚数千人响应起义。广东巡抚叶名琛再次出兵镇压起义，

11月 叶名琛上奏剿办完毕，请旨封赏。清政府以叶名琛"歼罗镜会匪吴三"，加封叶名琛"太子少保"衔。

据《史料》大事记二及所附《奏稿》称："本年春间，潮郡先行滋事，连州、英德'群盗'横行。四月，清远、英德会众滋扰，叶名琛带兵剿办。五月，东莞失守，七月，从化、花县、英德等县失守，惠州、韶州、连平州城俱被围。到十一月，叶名琛奏剿办完竣，奉旨封赏。"

是年 南雄烟叶出口外销日本、德国，在内地，南雄烟叶也销至上海等地。

据史料记载，时南雄烟叶生产已达规模，销售主要依靠佛山永隆行及设在广州的永隆行分栈等办理烟叶批发、出口外销业务。

△ 祥和分巡南韶连道。舒隆（旗人）任始兴知县，同年，汪彦

直（浙江人）代理始兴知县。

【祥和】（？—1856年）字致庵，满洲镶蓝旗人。《韶州府志》记："咸丰元年，（祥和）以部郎出为南韶连道，性宽厚，为政持大体，简要不繁，商民称便，因念粤俗强悍，（祥和）严饬所属，举办团练保甲，以备不虞……咸丰六年（1856年），（祥和）积劳成疾，卒于署，郡人哀之。"

咸丰二年（1852年）

2月 洪秀全派洪仁玕、江隆昌回粤，召集在粤拜上帝会会众到广西。上旬，江隆昌汇同清远李亚楷等，率200多人在清远谷岭举行起义。因准备时间仓促，寡不敌众，起义失败，江隆昌战死，洪仁玕被捕。

《简明广东史》载："咸丰二年（1852年），洪秀全派江隆昌回广东，召拜上帝会会众到广西。二月初旬，李亚楷等率200多人在清远谷岭起义。因准备仓促，寡不敌众。洪仁玕等于事败后才赶到，被捕脱逃，走避香港。"

【洪仁玕】（1822—1864年）太平天国天王洪秀全的族弟，也是洪秀全1843年创立的拜上帝教最早的信徒之一。1851年太平天国金田起义时，洪仁玕在广东未参与。1852年洪到香港，认识瑞典籍传教士韩山文。次年在广东受洗。1854年曾到上海，欲到天京而未果。后来回到香港，成为伦敦布道会传道人，并学习西方事物。1859年3月，洪仁玕在英国人的帮助下终于到达天京，被封为军师、干王，总理天国朝政，洪仁玕据其在香港及上海所见所学西方知识，提出《资政新篇》，作为太平天国长远发展的纲领。曾国藩的幕僚赵烈文看过《资政新篇》后，亦称"于夷情最谙练……观此一书，则贼中不为无人"。1864年7月，天京陷落时，洪仁玕正在湖州。8月27日洪仁玕在江西被俘，10月11日在南昌被杀。

6月 湖南太平军自湘南进入粤北仁化、乐昌、曲江一带活动。据清史档案记载，此部太平军系为湖南清军所败，进而转至粤北。

7月 嘉应天地会首领李佬等人率千余人，自东水（浈江）进入

乐昌，乐昌守备张开平、涂德照带兵"赴援，贼（李佬所率千余人）逃散"。据史料记载，此为在东水煤矿的煤工因不堪窑主盘剥压迫，在嘉应州人李佬的带领下组织的一次起义。

10月 清巡抚叶名琛带兵从广州驰抵韶州府，会同韶州知府任为琦，联合剿办活动在粤、湘、赣边的太平军。在剿办湘粤交界"贼匪"（太平军）时，清军屡获胜。叶名琛被清政府实授为"两广总督"。

【两广总督】清职官名称，官衔全称："总督两广等处地方提督军务、粮饷兼巡抚事"，是清朝九位最高级的封疆大臣之一，总管广东和广西两省的军民政务。两广总督的前身为顺治元年所置的广东总督，当时总督驻广州，兼辖广西。顺治十二年（1655年），总督府迁往梧州。康熙二年（1663年），分别置广西总督、广东总督移驻廉州。次年，撤销广西总督，广西政务复归广东总督管辖，广东总督迁驻肇庆。雍正元年（1723年），重设广西总督，次年再次裁撤。雍正七年（1729年），为统一西南军事指挥权，镇压苗族起事，广西政务暂归云贵总督兼辖。雍正十二年（1734年），广西政务仍隶广东总督管辖，更号两广总督。乾隆十一年（1746年），两广总督迁回驻广州。光绪三十一年（1905年）起，两广总督兼任广东巡抚。

12月 曲江县有"西匪"（连阳地区及广西太平军）流入窜扰。两广总督叶名琛等率将弁剿捕，歼擒千余人，余众溃散。

据《太平天国史料》收录的《会党消息》和大事记二记载，是年6月，有"大党贼匪"自湖南直至仁化、乐昌，闻说此"贼"在湖南曾为官军所败。10月，叶名琛带兵驰抵韶州府，剿办楚粤交界"贼匪"，屡获胜仗。12月，曲江县有"西匪"（当时官府对广西太平军的一种蔑称）流入窜扰。叶名琛等率将弁剿捕，歼擒1 000余人，余众溃散。

是年 任为琦（河南人）任韶州知府。符鼎庸（江西宜黄人）任曲江知县，后由毛麟（浙江遂安人）接任。

咸丰三年（1853年）

5月 连县三合会首领黄亚章、钟日林、黄细三等，组织连阳地

区农民 1 000 多人举行起义，入驻星子、朝天（原属阳山县）等地，斗争延续 14 年。

民国《连县志·太平军纪事》记载："咸丰三年（1853 年）至同治五年（1866 年），连州有三合会首领黄亚章等举事，攻城略地，奉行'太平天国'国号，与清兵搏击，凡十有四年。"

6 月 23 日　初更，曲江（韶城市区）发生洪灾，洪水浸城两日。南门深一丈有余，西门深五六尺，东北门深三四尺，唯府署、县学宫、高街等处未淹。洪水冲塌东城城墙数十丈，淹没南门房屋及两岸田庐无数。

据新中国成立后水利部门查测此次洪峰的记载，武江坪石站水位 161.65 米，流量 3 720 立方米/秒；乐昌水位 91.54 米，流量 5 370 立方米/秒；韶关水位 59.40 米。

24 日　曲江洪水始退，分巡祥和亲率属下设厂（募捐）赈灾，曲江县尉五福奉檄勘修，省派专人督修韶东城城墙。城墙工程历时 5 个月才修复完成。

【五福】字乡亭，正白旗人。《韶州府志》记：五福"性刚劲，疾恶如仇"。咸丰四年（1854 年），五福以治水工程，知曲江县。后又以兴农劝学，德政风行为粤治行最……以守城功，保升县令，历知阳山、番禺，擢守雷、肇二府。

7 月　乐昌境再次暴雨成灾。据《乐昌县志》记载，此次洪灾，武江洪水淹浸乐昌县城，水深达一丈有余，乐昌县城垣多处崩坏，在西门处的子城亦被冲毁。2 日，武江洪水浸韶州城南门。三日后洪水始退。秋，连州大水，城内水深二丈余。

咸丰四年（1854 年）

春　五福以治水工程升任曲江知县。《曲江县志》记，时值匪聚仁化江（浈江上游）为害，五福令会营前往"擒缉"，解除地方"匪患"。

4 月　龙归等地"赌匪"，在曲江白土、水口非法设厂（关卡），收取过境民众"规费"，知县五福亲自率人前往"平之"，烧毁厂关，驱散赌匪。又号召地方民众办团练，实行地方自保。

7月5日 广东天地会在佛山起义。

是月 佛山陈开部属陈义和、陈荣等相继攻陷英德、仁化、乳源县城，进围乳源。陈矮子等率众数万围韶州。

10日 "红逆"陈义和、陈荣等陷英德县城，英德县令急赴韶请援。时清远亦陷，南下的韶州府清兵半路折回。

中旬 "洪（红）兵"陈义和部围攻韶城。梁锦义等进抵仁化，攻陷仁化县城，占据县署衙。

21日 葛耀明（葛老膝、葛高老膝）攻入乐昌县城，随进仁化、乳源。北江六州县，仅韶城和翁源未破。

22日 太平军郭五等率部攻入连州新城，为连州督捕委员孔超令驱走。

是月 响应佛山天地会起义，粤北各地接连爆发天地会洪兵起义。

据《清史稿》等史料记载，广东天地会起义在六七月间达到高潮。数月之间，起义会众攻克府、州、县城40余座，参加起义群众达百万人以上。

△ 参加围攻韶州城的起义军一部，沿浈江北上，入据始兴县城，为南雄都司陈纶所败。另一路与连州农民起义军会合，万余人进驻连州。

8月24日（闰七月初一） 十万太平军第一次围攻韶城。是日，清军城外防线被"洪军"突破，城外两营清军，一营被消灭，一营哗变，韶州府千总梁肇伦弃甲而逃。三日后，围城"洪军"开始全面攻城，由于守城清军炮火猛烈，攻城受阻，"洪军"改变战术，转而长期围困。

△ 清远"洪军"温祐、冯树、孟九、褐二、陈铁茶、朱四、黄镇山等部，共万余人攻占连州新城。

26日 李黄保拥众围翁源。

月底 南雄与江西南康清兵六千人驰援韶州，原入据始兴的"洪军"退出始兴。

9月 翁源新江乡勇和镇兵驰援翁源，原围翁源的李黄保等"洪军"撤出，翁源围被解。

中旬 踞连州"洪军"孟九攻陷三江城（闰七月二十三日）。

下旬　连州起义"洪军"温祐等再陷连州内城（农历八月初一），奉行太平天国年号，改连州为熙平州，并在东陂设团练局，在连州设连阳团练总局。

10月　原韶州府千总梁肇伦在翁源纠集各地残兵，伪装成"洪军"潜入离韶州三十里的大塘圩，勾结当地团练，拼凑万余人地方武装，偷袭浈江东岸的围城"洪军"。洪军猝不及防，全军动摇，撤围南退，由此，第一次"围城"结束。

月底　"洪军"第二次围攻韶州。

据史料记载，偷袭得逞的梁肇伦自解韶城之围，气焰嚣张，率兵到处进攻"洪军"营垒。结果被"洪军"杀得大败，"洪军"趁势追击，重返韶州城下，第二次围攻韶州城。后由于部分围城"洪军"分兵北上与始兴天马山铜钟寨起义的李群嘉、李奇文、陈国光、刘汝霖等百余人会合，围攻始兴县城，韶州城围旋解。"洪军"第二次围攻韶城又告失败。

11月初　江西南康知县应约驰援韶州，原围韶城离开的"洪军"回师韶州，拟第三次围韶州城。

是月　踞乐昌的"洪军"副帅王义及朝将邓相、何禄和葛耀明等，领兵万余人进驻乐昌县城。除九峰、黄圃以外，全县尽为所占。

12月13日　曾佳率数千人，从韶州河西进抵仁化，并与由乐昌南下的陈金刚会合。

月底　活动在粤北的各路起义军，在多次击败地方团勇的反扑后，再次汇集韶州，开始第三次围攻韶城。

是年　建于南宋时期的韶州相江书院毁于兵乱。

【相江书院】又名韶州濂溪书院，建于乾道六年（1170年），由韶知州周舜元倡建于濂溪先生祠，故名。淳祐七年（1247年）韶州提刑杨大异迁书院于北门帽子峰下（今西堤路小学所在地），宝祐二年（1254年）吴燧请于朝赐额曰"相江书院"。时韶州相江书院、惠州丰湖书院、南海番山书院与禺山书院，并称广东"四大书院"。

△德国信义会传教士韩士伯到广东等地传教。其在粤北先后到达清远、南雄等地。是为德国传教士到广东传教之始。

【韩士伯】（Z. August Hanspach），德国人，1854年来华，在广东活动。为巴陵会牧师。

△　吴昌寿任韶州知府。

【吴昌寿】（1810—1867 年）字少村。浙江嘉兴人，道光二十五年（1845 年）进士，咸丰四年（1854 年）任韶州知府，咸丰七年（1857 年）调任广州知府，后官历河南巡抚、广西巡抚等职。通画科、算学，辞章训诂亦冠绝时流。同治六年（1867 年）病逝。

△　在粤北地区有包括陈金刚、陈义和、葛耀明、孟九等农民起义军分布在各地。据王成笙等《太平天国运动史》（简称《运动史》）载，咸丰四年（1854 年），陈金刚占清远，陈义和围韶州，葛耀明等入据粤北乐昌等县，大都督孟九等占连阳一带。此外，还有一些小股起义。

咸丰五年（1855 年）

2 月　围韶城的部分"洪军"孟九部再度分兵北上，围始兴县城。南康知县周汝筠以练兵来援，南雄州从九品孙福同亦协同督军，解始兴城围。周部抵韶后，合江楚兵勇击围城"洪军"。

17 日　占连州的"洪军"孟九部撤出连州和三江。

是月　占清远的广东天地会首领陈金刚转战粤北，挺进湖南，因在郴州受阻回师广东连阳一带，在两广边境活动作战，队伍发展到数万人。

【陈金刚（釭）】（1820—1863 年）名泽，广东三水范湖清湖村人。世代务农，家境贫寒。10 岁始入读村塾，两年后父丧辍学，为富家牧牛。稍长，到范湖圩三兴木铺当学徒，老板因无子嗣，病逝前悉将产业授之。1850 年太平天国运动爆发，陈金刚思想大受影响，遂建立天地会秘密组织，进行反清活动。1854 年 6 月天地会在范湖长湖筑坛起义。陈金刚被推举为大元帅，各地农民纷纷前来参加义军，十余天，部众扩展逾万。随之三次攻打三水县城，并与李文茂、陈开、何六等起义军联合围攻广州后北占清远。咸丰五年（1855 年），陈金刚率部近 2 万人，沿北江经清远、英德、韶州、仁化、乐昌进入湖南，与清"湘军激战数月"，回师广东。咸丰六年（1856 年）十一月，陈与练四虎部在清远芋头岗大败清兵。咸丰七年（1857 年）二月十二日，英德、清远、阳山、广宁、四会、怀集各路义军首领召开会议，一致拥戴陈金刚为南天大王。十月，陈金刚宣布成立大洪国，自称南兴王。咸丰八年（1858 年）六月，陈占领信都全境，改称开封府。开仓济贫，实行谁种谁收政策，民众拥护。大洪国势力纵横五洲十余县，拥兵十余万众。清咸丰十年（1860 年）二月，蒋益澧与湖南布政使刘岳昭率湘军 4 万余众，与陈金刚在下郢一带苦战竟日，陈金刚于十月撤退。咸丰十一年（1861 年），陈金刚率部进入信宜，定为大洪国首府，以学署作王宫。偏安一隅、不思进取的陈金刚此时开始丧失警惕。早怀异志的郑金乘机扩充势力，篡夺大权。同治二年（1863 年）四月，广东陆路提督昆寿调集 8 万大军围攻信宜。面对强敌，郑金完全动摇。九月初七，他直接劝陈金刚降清，陈金刚当面斥之无耻。陈斩钉截铁地说："宁做断头将军，不做投降将军。"初八，陈金刚被郑金的打手闯入王府杀害。

4 月上旬 "洪军"一部，沿浈江北上"复围始兴城"。后"红巾党"又沿浈江南下围韶州，驻广州清军水师援韶。

12 日 广州清军大规模向粤北开进，以解韶城之围。闻省大军溯北江进剿，各路围韶城的"洪军"开始向湘南、赣南退出。

28 日 从广州驰援粤北清军收复英德，"洪军"焚舟沉炮，由乳源向湖南宜章退走，清军收复乳源、乐昌、仁化各县城。原在乐昌太平军，经坪石往宜章、郴州，入江西。

5 月 陈义和、陈荣、何禄、陈金刚等，相继由韶州退入湖南境内，活动在粤北的各地起义军，大部分亦随太平军转移进入湖南。

6 月 广州清军水师沿北江而上。驻守韶州清军倾巢出动，韶州城周边地主武装也从四面八方扑来，企图一举消灭粤北的"洪军"。在险恶形势逼迫下，各路围城"洪军"相继撤退，经乳源北进湘南，长达半年之久的第三次围城结束。

据罗尔纲《太平天国史稿》记载，从 1854 年至 1855 年，升任两广总督的叶名琛勾结英、美、法等帝国主义，对广东各地天地会起义，联合施以镇压。据施嘉士所著《旅华十二年》记载，在起义失败后大约一年时间里，被屠杀群众多至百万。此后，广东天地会活动转入低潮。

8 月 28 日 太平军朱四、黄亚潮率部 3 000 余人再攻入连州新城。

王宪章率白虎团与"洪军"战于永胜门大街，朱四等人在巷战时被俘，义军伤亡很大。

9—12月 攻占连州新城的太平军在星子复设团练分局，农历十二月，占领东陂的太平军也复设团练分局。

10月 太平天国攻占江西，粤北地区反清活动又蓬勃兴起。

据《太平天国史料》记载，1854年12月，石达开受命西征，在次年4月三度攻克武昌后，占据长江两岸大部分地区。

是月 石达开率部由安庆进援武昌，激战后占领崇阳，后欲攻湘军老巢湖南，因协同作战的韦俊部连续受挫，遂改变计划，突然回师，自湖北攻入江西，仅数月，江西全省几乎尽属太平天国。

是年 陈经（浙江人）任始兴知县。

咸丰六年（1856年）

2月 陈金刚、朱子仪、朱义等，由湖南进军英德大湾等处。

3月 太平天国翼王石达开部围江西南安，南雄知州派孙福同率乡勇往援，战于塘江一带。

春 曲江发生大旱，曲江知县五福"步诣"南华祈雨。

5月 陈金刚等起义军进围乳源。

6—7月 陈金刚等领兵再度攻占清远、英德、仁化、乐昌、乳源、翁源等县，清远复名中宿，英德复名英州。

8月初 太平军温二等率部3 000余人进驻连州新城学宫。学正萧广辉被杀。次年，太平军复设捕属团练分局。

9月2日 太平天国内讧，发生"天京事变"。由此，太平天国农民起义开始走向衰败。

是年 曲江知县五福偕绅士钟鼎琛、侯大帮等人筹款复建毁于咸丰四年（1854年）兵乱的相江书院。同年，陈应聘出任韶州知府。

咸丰七年（1857年）

3月 转战于粤东、粤北的翟火姑在江西信丰阵亡，其余部加入太平天国石达开部。因以花色旗作军旗，被称"粤东花旗"。

【翟火姑】（？—1857年）清代归善（今惠州）人。咸丰四年（1854年），受广东天地会反清起义的影响，联合三栋沙澳人何亚璜等，在三栋沙澳官桥围聚众盟誓，揭竿起义，自封为大元帅，何为平东王，下设飞龙、飞虎将军，部众千余人，"裹红巾，袒而搏战者，连村千百为群"。其领导的所部农民起义军在粤东、粤北地区活动，前后长达12年之久，其本人于咸丰七年（1857年）三月，阵亡于江西信丰，余部加入太平军石达开部，并以花色旗帜作军旗，保持自己的组织系统，被称为"粤东花旗"。

9月 蒋恩溥（浙江钱塘人）出任始兴知县。

秋 连州、连山发生大疫，仅连州一地死亡千余人。

是年 陈应聘兼任分巡南韶连道。王光廷（浙江人）代理曲江知县，后由徐世琛任。

自1851年洪秀全领导的太平天国起义，广东的天地会武装起义亦在各地先后爆发。武装起义的烽火迅速燃遍广东全省，数月之内，省内共有四十余座府、州、县城被攻克，并由此先后形成了几个中心地区。其中，在粤北地区，由英德陈义和、乐昌葛耀明发动起义，后与其他起义军一起，三次围攻韶州府城。在东部潮州、惠州地区，由陈娘康、郑游春、吴忠恕、翟火姑等领导起义。此外，嘉应州、高州、廉州府属各县也都有规模不等的起义。各地的起义军，大股有数万人，小股有数千或数百人。到1856年天京事变发生前，广东地区的天地会起义达到了高潮。

然而，由于没有统一的领导和缺乏作战经验，多数起义或被清军，或被地方地主豪绅组织的团练各个击败。为避免清军的围剿，大部分起义军各据一方，或参加太平天国属部，或采取游击战略建立根据地，一些更是建立自己的"国家政权"。如周春、翟火姑与葛耀明等部，分别于1855年和1856年转移至湖南、江西，参加太平军，成为太平军中的"花旗"；陈金刚部则流动于湘、粤、桂边境地区；而陈开、李文茂等领导的起义军，在围攻广州后不久，转移至广西，建立起"大成国"政权，在广西天地会起义武装配合下，坚持了较长时间的反清战争，成为当时遍布全国的各族人民起义队伍中一支重要的反清武装力量。据有关史料记载，从1851年至1857年，先后有包括太平

韶文化研究丛书

鸦片战争至辛亥革命时期（1840—1911年）

天国农民起义军在内的多个粤北天地会起义组织，分布在粤北各地区，见清末粤北天地会起义、活动分布图（1851—1857年）。

清末粤北天地会起义、活动分布图（1851—1857年）

咸丰八年（1858年）

1月3日 石达开一部进入南雄境地。20日，开始攻围南雄县城，未果。

2—3月 石达开部与清军在南雄和江西吉水、上饶、梅关、大庾一带，展开游击战，后转浙江西南部和福建崇安等地。

《太平天国史料丛编简辑》中"曾爵相平粤逆节略"记载："咸丰八年（1858年）1月3日，石达开一部入南雄县境；1月20日，攻围南雄县城。二三月间，转战于吉水、上饶、梅关、大庾一带。后入浙江西南部和福建崇安等地，建立地方政权。"

3月 唐熙（浙江山阴人）接任始兴知县，11月卒于任上。

6月 太平军严陈保、包尔鞍等攻入连州新城。两个月后，总兵勒福、知州张崇恪、游击任士魁、通判张庆荣等率兵进击，太平军退出新城。

《连县志》载："同年六月，太平军严陈保、包尔鞍等攻入连州。两个月后，退出。"

9月 在湖南的石达开一部自湘南进入广东，攻陷乐昌、仁化。在福建的一部亦进入江西，活动于信丰、赣南、定南一带。

11月19日 石达开部万余人，自江西信丰进入南雄崇化。

20日 清军守备汤彪、把总李廷弼带兵勇在官门楼阻击太平军，失利，太平军进驻乌迳。

27—30日 南雄知州三番两次率兵迎战，均为太平军所败。太平军进驻邓坊、中站一带，与已占领南安之太平军相呼应。

《韶州府志》和《南雄县志》记载："（公历）十一月十九日，石达开部一万余人，自江西信丰入南雄崇化，击败清军。"

12月6日 占据南雄中站、里东石达开部，开始围攻南雄城。至月底四攻南雄城，不克。次年，正月退守梅关，二月初二败退南安。

两广总督劳崇光《为查明广东兵勇在南雄州剿退江西逆匪保全州城，并越境会剿克复江西南安府城各情形奏折》记述了太平军发起四次攻城的情况。

第一次攻城：12月6日，八千太平军将南雄城包围起来，一连两天城内官兵不敢出战。8日前来援雄的南韶连镇总兵勒福与署南雄协哈芬布统带官兵壮勇出城分三路向太平军进攻，以优势的枪炮火力轰击太平军马队。太平军不支，退守里东。

第二次攻城：9日，太平军再次发起攻城，不料遭清官兵伏击，太平军退守沙水驻扎。

第三次攻城：10日，太平军以主力攻西门，另分一队携竹梯凫水过浈江至城东南角强行登城。结果，登城将士被官兵堵击不能上，西门亦久攻不下，太平军将士死伤不少。此时城内清官兵突然开城出击，太平军损失颇重，退回里东休整，并由南安调兵来援，兵力达一万五六千人，以中站、里东为大营，石塘、湖口、长甫桥、黄泥塘等处为散营。太平军将领总结了两次攻城失利的教训，采取分散诱敌之计，一连几天，围城挑战。19 日城内清官兵被诱出城，追至二塘，太平军伏兵齐出，勒福、哈芬布大惊，血战突围。太平军追杀官兵无数，虏三江协左营把总黄超伦杀之。此后，守城官兵不敢出城应战。太平军逼近雄城，前锋扎营于莲塘、塘尾一带。

第四次攻城：27 日，太平军急于破城，以主力八九千人强攻南雄城，自辰至午不能下。清官兵乘太平军久攻疲乏之机，突然出城袭击，太平军再遭重大损失，败退五里山、长甫桥。此时，太平军元气已伤，计议放弃攻城，撤石塘、长甫桥等散营，集兵力于里东、中站大营。于是南雄城围解。

《韶州府志》和《南雄县志》记载：太平军"从十二月六日至廿七日，四次攻城（南雄城）不下，为南韶连镇总兵出兵缓解"。

是年　奇克坦泰接任分巡南韶连道。华定祁接任韶州知府。张应庚（浙江永嘉人）任曲江知县。

【华定祁】（约 1820—1883 年）字叔宋，福建连城县曲溪乡（原为姑田乡）蒲竹溪人，幼年聪慧，颇负文名。道光二十五年（1845 年）中进士，被选为农部主事，后升为郎中，咸丰八年（1858 年）外放任广东韶州知府。在韶州任内时，正值军务纷繁。有自敌方军营逃出前来的士兵，都亲自参与讯问，凡要求释放回籍的士兵，皆发给通行证和路费，让他们各自回家，前后一共放归数百名之多。同治元年（1862 年）调任惠州知府。约于光绪九年（1883 年）病逝。其生平著有《新楼稿》一卷、古体诗若干卷，皆散佚。

【张应庚】字孟仙，号梦渔，浙江永嘉人。诸生，历官嘉应知州。有《寄鸥诗稿》。

咸丰九年（1859 年）

1 月初　南韶连镇总兵勒福组织大队官兵壮勇，截击围攻南雄城

欲退往始兴、仁化之太平军。

8 日　太平军退守梅关一带，据险坚守 20 余天，击退官兵多次昼夜轮番进攻。

25 日　退守南安的石达开部，由南安、桂阳经乐昌进入湖南宝庆。

据《乐昌县志》载：咸丰九年（1859 年）1 月 25 日，南京洪军石达开，率大部由南安、桂阳经乐昌县属黄圃入湖南宝庆，前往四川，络绎月余，昼夜不息。

2 月 2 日　都司福禄堪以重金雇请山民数十人做向导，黑夜潜行，偷袭梅关，太平军猝不及防，关破，太平军溃退南安。3 日，南安亦被官兵收复。

谢兰生《军兴本末纪略》所载《江浙豫皖太平天国史料选编》记：咸丰八年（1858 年）十二月，江西"逆匪"趋信丰，陷南安府城。据《太平天国史料丛编简辑》"曾爵相平粤逆节略"所记，这支太平军大部被歼。

21 日　石达开军林彩新、豆皮春部数万人，由湖南桂阳抵乐昌坪石、九峰一带。

《乐昌县志》记载：2 月 21 日，（石达开）其分部林彩新、豆皮春等数万人，由湖南桂阳抵乐昌平石、九峰一带。

【林彩新】（？—1864 年）广东人。广东三合会成员。太平天国侍王李世贤属下大将。1854 年参加起事，围攻韶州，未下。次年夏，往湖南，不久至江西，加入太平军。1857 年，随石达开独立行动。后自赣赴浙、闽、湘、桂。1860 年 1 月，与谭星等脱离石达开东走，为中队中赤忠先锋。旋转战粤、湘、赣边境。12 月，进取福建武平。次年 4 月，入江西，与李世贤会合，隶其麾下。寻随军战于浙、苏。1862 年，授忠诚将，后封列王。1864 年 5 月，与刘肇钧等自常州、丹阳抵浙江昌化，为清道员康国器所败，走皖南宁国县、徽州，遇阻，转入江西德兴、弋阳。6 月 1 日战败，溺水身亡。

【豆皮春】真名周春，又名亚春、培春，因脸上有痘斑，故绰号"豆皮春"。广东番禺县人。祖居龙归镇南村，后迁居沙亭岗。周春身躯伟岸，常穿铁锁作履练功，武艺出众，胆略过人，曾与当地群众一起参加过三元里人民抗英战斗。咸丰四年（1854 年），广东天地会起

岭南文化书系

百年粤北纪事

义反清，周春为天地会首领之一。同年农历 6 月中旬，在沙亭岗聚众竖旗，自称大都督。旋即率队至江村与李文茂、甘先汇合，并与各路义军联合围攻广州。11 月撤围北征。次年 5 月，率部由韶关入湘南；6 月克桂阳；8 月与陈荣部合占茶陵；9 月又与葛耀明联师入江西；10月，太平军入江西，周春率部与太平军会师于新昌（今宜丰县）。自此，周春归并于太平军，但仍自树旗号，成为太平军中的"花旗军"。咸丰六年（1856 年）秋，太平天国内讧，石达开率太平军十余万迁回皖、赣、湘、桂等省入川。咸丰八年（1858 年），周春率所部花旗军随石达开部西行，任石部"花旗军"先锋。次年底，脱离石达开，入广东连山，转战粤北、湖南等地。咸丰十年（1860 年）冬，周春率部入福建，克武平。次年三月复入江西，重归太平天国，隶属侍王李世贤部。后由江西向浙江推进，攻克浙江武义，驻该地达一年之久。周春作战英勇，屡建奇勋，受封怀王。同治三年（1864 年）天京陷落后，周春不知所终。

4 月 "发贼"李世贤率军由仁化闻韶至扶溪。拟进攻仁化城。

【李世贤】（1834—1865 年）广西藤县人。李秀成堂弟。太平天国后期杰出军事统帅。1851 年加入太平军，以英勇善战著称。1857 年被封侍天福，随李秀成等赴援镇江，救出被困太平守军。次年，擢左军主将，主持皖南军务。7 月，参加枞阳会战，与陈玉成等攻克庐州，回师皖南。后与李秀成屡建战功，被封侍王。1864 年天京失陷后，李世贤率部自南丰、广昌围宁都，占雩都，走信丰、南安，越梅关，攻广东南雄，撤围后，经江西龙南、定南走广东平远、镇平（蕉岭）等地，占福建漳州。1865 年 5 月，所部撤出漳州，败于永定塔下，8 月19 日，投镇平（蕉岭）汪海洋军营，被汪杀害。

是月 石达开率"粤东、花旗"原翟火姑部数万人，在翁源坝子败清军，入始兴清化，驻华家、张家围楼，再进军仁化。九修《始兴县志》记载，咸丰九年（1859 年）四月，石达开等"统众数万扰翁源"大败官军于"坝子圩"后"逐窜清化，攻破华家、张家围楼"。

《乐昌县志》记：三四月间石达开率翟火姑原部两大队数十万人先后由兴宁、连平抵翁源、曲江。前一队经南雄百顺赴江西，后一队攻下仁化后，合周春同陷乐昌县城。清军自清远来剿，克复仁化、乐昌。

5月26日　李世贤部太平军破仁化县城。《仁化县志》记载：咸丰九年（1859年）四月，"发贼"李自（世）贤率军由仁化闻韶至扶溪。五月廿六日，陷仁化城。

是月　李世贤部太平军围攻乳源、乐昌。6月进逼英德县城，后转移到四会和粤西边境。

6月　太平军石国聪率众数万，自嘉应入南安、桂阳，经乐昌黄圃、坪石趋宝庆，与石达开部大军汇合。石达开围衡州不获，攻宝庆府，连营百里。

7月　江西信丰"贼"（太平军）入广东惠、韶等郡，两广总督黄宗汉饬革臬张敬修、惠州知府海廷琛等破平之。

《太平天国史料丛编简辑》记载：咸丰九年（1859年）六月，石达开围衡州不获，攻宝庆府，连营百里。七月，江西信丰"贼"入广东惠、韶等郡，经广东督（当时的两广总督）黄宗汉饬革臬张敬修、知府海廷琛等剿平之。

【黄宗汉】（1803—1864年）字寿臣（一说字季云，号寿臣），浙江泉州人。7岁丧父，由嫡长兄黄宗澄（嘉庆二十四年，即1819年，举人）教养成长。17岁中秀才，18岁中举人副榜。道光十四年（1834年）正式中举，道光十五年（1835年）联捷进士。初选庶吉士，散馆改兵部主事，充任军机章京，历任员外郎、郎中，升御史、给事中。道光二十五年（1845年），出任广东督粮道，调雷琼道。咸丰元年（1851年），黄宗汉迁任甘肃布政使。咸丰二年（1852年），擢升云南巡抚，未到任，又调任浙江巡抚。咸丰三年（1853年），太平军攻克南京，黄宗汉分兵江苏、安徽境内，建议改在江苏浏河受兑，使漕粮顺利北运。清军重兵驻江南，黄宗汉致书钦差大臣向荣，建议江、浙、赣三省按月定额接济，有效地解决了江南大营军饷难题。咸丰四年（1854年），文宗赐御书"忠勤正直"匾额，特诏褒奖，提升四川总督。咸丰六年（1856年），被调回京都补内阁学士，兼刑部侍郎、顺天府（今北京市）尹。咸丰七年（1857年）冬，第二次鸦片战争爆发，广州沦陷。黄宗汉任两广总督兼通商大臣。他力主抗击英法联军，沿途广招义勇，联络绅民，办团练兵，设立团练总局。咸丰八年（1858年）五月，黄宗汉调任四川总督。不久，被召回京城，改以侍郎后补。咸丰十年（1860年），授吏部侍郎。咸丰十一年（1861

年），那拉氏被尊为慈禧太后。她勾结恭亲王奕訢杀害载垣等八大臣，黄宗汉也因"迎合载垣，行为不端"而获罪，被革职并宣布永不叙用，追回"忠勤正直"匾额。黄宗汉在京两年，杜门谢客，自号"望云老人"，日搜秘籍，潜心学问。同治二年（1863 年），得陈庆镛延请主讲泉州清源书院，挈领家眷及数万卷书南归。途经上海县得病，寄寓泉漳会馆。同治三年（1864 年）正月，黄宗汉在上海寓所病逝。

【张敬修】字德甫，广东东莞人。道光末补任浔州知府，升右江道。咸丰五年（1855 年）擢广西按察使。因病回籍，辟可园，内储书史，外莳花木。素善书、画，写梅兰石，秀逸天成，笔墨超绝。卒年四十一。

12 月 石达开部的天地会首领陈荣、周春等，与到达连州的北江天地会首领陈显良、陈带、曾昭等起义军会合。

是年 段喆（安徽宿松人）任韶州知府。施绍文任曲江知县。傅裕（直隶大兴人）任始兴知县。同年，始兴、仁化、乐昌因兵患，发生大饥荒。

咸丰十年（1860 年）

2 月 石达开部十万余人分八队入粤，其中一部经仁化入南雄百顺，被击溃；另一部由湖南宝庆至乐昌九峰，再从仁化转趋江西。农历正月十五，粤东花旗由湖南桂阳抵仁化城口，突袭县城。后自仁化闻韶、南雄百顺离去。

4 月 石达开部破广西庆远，分兵进入湘、粤边界。据《太平天国史料丛编简辑》中"平贼纪略"记：咸丰十年（1860 年）四月，石达开陷广西庆远，分扰湘粤边界。

5 月 林彩新、周春率部数千人，由肇庆、四会进抵韶州，并攻陷乐昌四乡。

5—6 月 石达开一部由四会经清远、英德，抵达韶州，并占领乐昌、仁化。

6 月 王嘉福代理始兴知县，11 月卸任。

7 月初 石达开在韶一部转攻始兴，占始兴水南后，沿浈江北上

"焚马子圩"（今始兴马市镇），进入南雄县境。8月又"窜黄塘、历坪（今始兴坜坪一带）"等处。

17日 清军收复乐昌县城，太平军退九峰，过湖南桂阳，进入江西。

23日 江西南康清兵万余人由南雄进抵仁化，收复仁化县城。太平军大部由仁化长江走避江西，一部由乐昌进抵乳源，一部沿浈江北上，从始兴、南雄退至湖南桂阳，转往江西。

9月4日 太平军一部数万人，由乐昌进抵仁化，驻湖南清军"虎勇"部与战，被太平军战败，清军"虎勇"部几乎全军覆灭。

是月 牟桢接任始兴知县。

秋、冬 仁化发生瘟疫，时又遭"巨寇"（太平军），米腾贵，民不聊生。

11月9日 太平军一部从湖南宜章退坪石，转入江西。

是年 清政府在韶州设立韶州厘金（又名厘捐，晚清实行的商税），在水陆要隘设卡，征收1%的"货物通关税"（1%为"厘"，故名厘金）。时在韶州有东关厂、韶西关厂及河西尾卡征收厘金。

△始兴满堂客家围楼建成。

【满堂客家大围】始建于清道光十六年（1836年），竣工于咸丰十年（1860年），历时24年，为当时富豪官乾荣所建，占地面积达13 544.96平方米，是始兴县现今保存良好的200座左右的客家围楼中最完整的一座，也是广东省最大的一处客家围楼。

围楼由上、中、下三个小围楼连接构成，中间围楼高16.9米，另两座稍矮的围楼拱卫其前后。围楼中有栽花种树的大院4个，祠堂6个，议事厅17个，天井16个，水井四口，寝室、厨房、储粮间、杂物间、厕所、牲畜栏舍等大小房间770多间。

△ 吴昌寿分巡南韶连道，后由方睿颐接任。史朴任韶州知府。

【吴昌寿】（1810—1867年）字少村，浙江嘉兴人。道光二十五年（1845年）进士，官至广西巡抚。学问淹贯，经史而外，兼精小学。凡音律、算法、画科靡不通晓。所画山水直逼王原祁，然薄为末技不多作。

【方睿颐】（1815—1889年）字子箴，号梦园，安徽定远人。宣宗道光二十四年（1844年）进士，官至四川按察使。在宦游北京、广西、扬州等地时，收得法书、名画甚多，遂属幕友汤敦之、许叔平仿高士奇《江村销夏录》例，汇编成书《梦圆书画录》。

【史朴】（1775—1878 年）字文辅，号兰畦，一号竹友，河北遵化人。道光丙申（1836 年）进士，历惠来、乳源、南海等县官。后因"剿贼"有功，擢韶州、肇庆知府。同治二年（1863 年），移广州，摄按察使，旋署粮储道。史朴在粤前后垂 40 年，善治盗，尤善用人。时省被围缺乏粮饷，史朴亲出劝募，立集百万金。光绪二年（1876 年），史朴以筹解西征协饷，被清政府加任盐运使。光绪四年（1878 年）卒，有《如舟书屋诗集》存世。《清史稿》有传。

△ 清政府封禁府城帽子峰后正尾冲地方煤窑，称"如敢违抗，严拘究办"。

据史料记载，早在清道光年之前，韶州城周边亦是煤炭资源较为丰富产区之一，由于当时采煤卖煤获利越来越高，致使辖区境内，"煤觔所出日广，商人获利日多"，由此造成对韶州城周边农田及环境的破坏，"对其余因碍田庐"，加上私开偷采现象日益严重，故自道光年开始，清政府逐步加大了对这些地区煤矿开采的整顿。通过封禁开采，到光绪年初，韶州城周边已形成多个封禁开采区，据《曲江县志》记载："南水煤山道光七年（1827 年）煤尽停采。现在东、西所承开采山场，自有原承界限，例禁越采滋害，历次境内各山奉封。"

咸丰十一年（1861 年）

8 月 仁化、乐昌发生秋旱，乐昌出水岩、长迳、铜坑等地有天雨，豆有五色斑纹，坚硬不能食。

是年 乐昌知县叶金，招抚流民赋垦荒芜田地，并筹款捐廉重修昌山书院，新建文昌宫、武帝庙，设育才堂。

【叶金】字品三，江西萍乡人。据《乐昌县志》等史料记载，叶金"礼贤下士，勤政爱民"，上任之初，时值"兵燹"频繁，叶金到任，即招抚流民，重新开垦荒地，并筹款，捐廉重修昌山书院等设施，悉心筹划发展地方文化，同治四年（1865 年），叶金在"御城进剿"叛勇时，"焦劳成疾卒"。

【昌山书院】早前为乐昌"濂溪书院",后奉文改为"文昌书院",在乐昌城北门外。道光八年(1828年)乐昌令李云栋"见其倾圮",与县邑举人欧相安、邓蔚锦等人议迁城中街,额曰"昌山书院"。乾隆十一年(1746年)郡守薛馥,邑人欧堪善先后有《昌山书院记》《昌山书院膏火记》。后书院改为昌山社学。光绪三十二年(1906年)改建为高等小学堂,1912年改为县立中学。

△ 南韶连道分巡方睿颐在芙蓉山兴建"义塚",安葬在韶去世的"流寓",破除韶郡"停柩不葬"陋习。由方睿颐撰《义塚碑铭》。

同治元年（1862 年）

是年 南韶连道分巡方睿颐捐廉重修韶州"九成台"。

△ 曲江儒林许炳章任相江书院主讲。

【许炳章】(？—1866年)字九霞,曲江人。《韶州府志》《曲江县志》记其"幼聪敏,读书观大意,纵览百家,过目不记,工书善画,精古近体诗文,素负大志……咸丰三年(1853年)分发湖南知县……"又记其"性刚介,不阿权贵"。在主讲相江书院后"随筑园东南,莳花种竹,歌咏自娱",安徽巡抚唐训方称其园为"遁园"。许炳章一生著述颇多(多散佚)。同治五年(1866年)卒。

△ 清政府封禁韶州城东郊黄浪水、尖嘴石、大岭及乌龟坑一带煤窑,据《曲江县志》记:"自禁之后,无论商民人等,概不准私开坑口、采掘煤块。"

同治二年（1863 年）

是年 沈映钤分巡南韶连道,兼任韶州知府。徐德度任曲江知县。

清代韶州行政建置,在顺治初年为"分巡南韶道"。康熙二年(1663年),裁撤分巡道,以"守道"移驻韶州。康熙六年(1667年),裁守道后,设"广肇南韶道",道台驻肇庆。康熙十三年(1674年)恢复"南韶道",道台驻韶州。康熙二十二年(1683年),广州府

岭南文化书系

百年粤北纪事

来属，南韶道改名为"广南韶道"，道台驻广州。雍正七年（1729 年），广南韶道增领连州，更名为"广南韶连道"，道台仍驻广州。乾隆初年，广南韶连道更名为"分巡南韶连兵备道"，道台驻韶州。乾隆二十年（1755 年），广州府另属，分巡南韶连兵备道更名为"南韶连道"。

【沈映钤】字辅之，号退庵，浙江钱塘人。道光癸巳（1833 年）进士，历官韶州知府，同治七年（1868 年）代理广州知府。有《退庵剩稿》。

△　太平军李复猷等自桂阳退踞连州，联合英德起义首领邓二尺七等，到连山一带活动。次年正月，被湖南派兵追捕，俘获李、邓二人，余众溃散。

△　南雄南山道人程明善主持重修翠屏山钟鼓岩。

【钟鼓岩】位于南雄市北 27 公里处，原名翠屏山，因其中有二石，一在钟岩叩之如钟声，一在鼓岩击有鼓音，合称为钟鼓岩。传说早在东晋元帝年间，道人葛洪就在翠屏山采药炼丹，著书立说。从此，翠屏山成为粤北道教圣地，附近山民称为道人岩。钟鼓岩与梅岭相望，是梅岭古道的必经之地，开发历史悠久，岩洞内外，留有历代名流墨宝诗句。

△　曲江知县徐德度重修风度楼、风采楼。

△　英德乡绅士巫宜勋、黄惠风、王治钧等人捐资重修英德"文澜书院"。

【文澜书院】始建于康熙四十九年（1710 年），由时任巡抚的钮荣等人，在浛洸县署旧址改建。嘉庆二十五年（1820 年）绅士巫丽芳、吴崇谦等重修。咸丰四年（1854 年）书院毁于兵火。同治二年（1863 年）乡绅巫宜勋等人重修。同治六年（1867 年）帮办税务兼韶州知府何世俊查知书院经费不足，乃商请南韶连道员林述训，批准在税厂闲款项下提给奖赏。自同治七年（1868 年）始，每年以二、四、七、十月望日为道课日期。光绪三十四年（1908 年），书院改为高等小学堂。

同治三年（1864 年）

4 月　翁源知县张兴烈被六里涂屋村涂奇意等误杀于三华勒马山，

官府派兵 3 000 余人进剿涂屋村，涂奇意裹胁族众，凭借坚固楼房与清官兵对抗，死伤官兵 300 余人。后官兵屠杀村民无数，全村被夷为平地。

【张兴烈】浙江人，同治三年（1864 年）知署翁源县。《韶州府志·列传》记载，张"性清慎，严于治盗"。

8 月 10 日 太平军李世贤部从江西迫南雄州城，从东龙口圩、牙溪，逶西至李水村、瓦子圩、牛冈地等处。道员唐启荫、郑绍忠、候补知县张克良督带兵勇，拦头迎剿。

11 日 郑绍忠部在南雄湖口，遇太平军李世贤部，"贼于州东之长铺桥及中站等处扎立大营……"同日，清军在乐昌俘获太平军"贼探"，得知太平军准备"取道南韶，顺流而下"。南韶连道员唐启荫令"……潘其泰、郑绍忠、张克良等各军择要险地驻扎……"

15 日 李世贤率部数万攻扑南雄州城，唐启荫派易荣华、潘其泰、郑绍忠、张其成、张克良出击，生擒太平军将领吴秋义等十六名。

【郑绍忠】（1834—1896 年）原名金星，字心泉，又名郑金，因口大能容二拳，食量至伟，能尽粟一门，故绰号"大口金"。广东三水人。郑早年参加天地会反清，1854 年 6 月随陈金刚在三水范湖举行起义，因屡建战功，担任起义军重要首领。1857 年陈金刚建立"大洪国"，郑被封为大元帅。1863 年 9 月陈金刚兵败，郑降清政府。降清后，郑率部参与"围剿"太平军余部。1864 年太平军李世贤围南雄，郑随唐启荫解南雄围后，又随清将方耀进入福建。1866 年 1 月，因郑"剿贼"有功，被赏三代"从一品"，并赏换"额腾伊巴图鲁"名号，同年 4 月调暑肇庆协副将。1867 年，郑任南韶连镇总兵，1873 年补任潮州镇总兵，因父丧丁忧未上任。1876 年郑复出，改署南韶连镇总兵。1879 年郑率兵赴海南"剿贼"，1884 年 5 月出任广东陆路提督，1889 年 9 月补授高州镇总兵，11 月升任湖南提督，1891 年回广东，任广东水师提督。光绪二十年（1894 年），郑被慈禧赏加"尚书衔"，1896 年病逝。

20 日夜 郑绍忠派队五百人由东路进攻，自率 500 人伏于拱桥突起奋杀，毙太平军甚众。

22 日 唐启荫复派易荣华、潘其泰、郑绍忠、知府林直分路出击。方筑垒长径桥，郑绍忠奋勇直前，太平军开炮力拒，清军火箭射入，太平军营平毁。潘其泰从东路截攻，南雄州朱燮、副将熙昌等各率兵力追至合杀，生擒太平军将领沈连昌等人，杀太平军千余人，太平军由东南遁去。

26日 太平军由龙南窜入下车、黄皆岭各处。唐启荫饬"郑绍忠驰赴连平，与党秀各军互为联络……"

9月4日 郑绍忠部奉唐启荫令离开南雄，"……由南雄拨赴嘉应，会合诸军兜击"。

19日 太平军李世贤部再次从南安府（今大余）越过梅岭关，进攻广东南雄。后撤围经江西龙南、定南和广东平远、镇平（蕉岭）等地，于10月14日进占福建漳州府。

《粤东剿匪纪略》记，同治三年（1864年），天京失陷，太平军余部分五路进入江西后，其中，第三路侍王李世贤部率先从江西赣南入粤，从八月初十（农历）开始，太平军逼近南雄州，在长甫桥及中站等处扎立大营。唐启荫急忙调兵遣将择要驻扎防守，绅团叶德全率"雄武军"紧急布置城守事宜。到十五日，李世贤部数万将士攻打南雄州城，唐启荫派部将易荣华、潘其泰、郑绍忠、张其威、张克良等还击。太平军"天将"吴秋义等16人被俘，幸太平军万余马队由信丰赶到，官军不敌，退守州城。再到二十日夜，郑绍忠于拱桥伏击太平军。二十二日唐启荫分兵数路出击，以优势炮火击毁长迳桥之太平军营垒。太平军败退龙南。太平军两度围攻雄州城，最后终因不敌清军，仅十余日便告失败。

是年 乐昌歉收，竹子开花结实，民取食之。次年，竹复花实如故。

△ 唐启荫接任分巡南韶连道。

△ 曲江史学人欧樾华撰《韶郡六属时事利病策》总结太平军在韶状况，记："咸丰四年五年，太平军围郡十月之久；咸丰九年十年，太平军过境，往反不时。六七年间，兵祸四次，屋宇烧毁，田园荒芜……"

同治四年（1865年）

4月 陆心源任南韶连道员，兼海关关长。

【陆心源】（1834—1894 年）字刚甫（或作刚夫、刚父），一字潜园，号存斋，晚号潜园老人。浙江归安（今浙江吴兴）人。咸丰举人，1861 年任广东布政衙门官员，1865 年 4 月出任南韶连道员兼海关关长，后调任高廉兵备道，官至福建盐运使。生平嗜书，购书于大江南北，家富于资，先购有上海郁松年"宜稼堂藏书，又获周星贻等诸家余书，十余年得书 15 万卷。因读《亭林遗书》，遂名其书堂曰'仪顾堂'"。又建"皕宋楼"，专贮宋元旧椠及名人精抄、手校本，自称有宋本 200 种。另建"十万卷楼"，贮藏明以后秘刻及精抄精校。又于潜园中建"守先阁"，贮藏寻常普通本。又奏请归安太守，将"守先阁"藏书公开借阅。"皕宋楼"与瞿氏"铁琴铜剑楼"、杨氏"海源阁"、丁氏"八千卷楼"，合称"清末四大藏书楼"。刊有《十万卷楼丛书》，汇辑了流传较少的唐、宋、元人著作，以医书、笔记较多，所据均以家藏宋元善本和旧抄。仿张金吾《藏书志》体例，撰《皕宋楼藏书志》120 卷，40 册 4 函，为其藏书目录，著录罕见的宋元刻本及旧抄民书，普通书不录。凡《四库提要》和阮元《四库未收书目提要》所未著录之书，各撰解题一篇，叙其流别。另有《仪顾堂题跋》16 卷、《续跋》16 卷，有较高的学术价值。卒世留有《金石学补录》《穰梨馆过眼录》《仪顾堂集》《潜园总集》。

5 月 韶州各县发生旱灾，米价腾贵。仁化米价每斗七百数十文。

16 日 清军霆字营叛勇千余人自湘南进入乐昌。坪石等地方乡勇击之，叛勇抵抗，及至韶镇兵勇及清军靖安水师营，分兵两路击之，叛勇始窜仁化。

是年 齐世熙（直隶天津人）接任南韶连道分巡，后由陆心源接任。

同治五年（1866 年）

4 月 曲江大水，从邑西凤山地涌出，深丈余，冲毁田庐无数。

是年 广东巡抚蒋益澧整顿"太平关"关务，裁撤书吏、家丁，改派委员管理，韶州各分关均置总理委员、分查委员，下有司事、书手、巡栏等负责征管业务。为加强武水陆路货物商税征收，蒋益澧还在韶州城北门设"北关"（俗称"旱关"），征收陆路往来货物商税。

明清时期，韶州为广东"内河税关"（太平关）所在地，太平关是隶属中央户部的"户关"。清代前期，韶州设有太平关分关三处，一是太平桥分关，在韶州城东（南雄），主要征收经浈水往来粤赣货物商税；二是遇仙桥分关，在韶州城西，主要征收经武水往来湘粤货物商税；三是洽洸厂分关，在韶州府英德县的洽洸口，主要征收经连江或山僻小路往来湘粤货物商税。太平关原由中央责成广东巡抚管辖，巡抚长期委托南韶连道监管，而南韶连道则派遣书吏、家丁管关，时久积弊。

【太平桥分关】设于明天顺二年（1458年），关置南雄府城南太平桥南，初"设榷盐税以措军饷"，后发展为百货抽税。清康熙九年（1670年）南雄太平桥分关移至韶州东河浈水边。

【遇仙桥分关】设于明嘉靖二十六年（1547年），关置韶州城西（今河西）武水边。

【蒋益澧】（1825—1874年）字芗泉，湖南湘乡县人。咸丰初年，投身于曾国藩湘军，帮带亲兵营。咸丰四年（1854年），随王鑫进攻岳州，擢从九品。为罗泽南添募新营，任统带。咸丰五年（1855年），蒋随罗泽南援江西，攻陷义宁，擢升知县，并加同知衔。咸丰六年（1856年），随军回援武昌。罗泽南中炮死，蒋随李续宾接统其军，攻陷武昌，擢知府。咸丰七年（1857年），擢道员，加按察使衔，留广西补用。咸丰八年（1858年），加布政使衔，以按察使记名。次年受任为按察使，旋升布政使。咸丰九年（1859年）夏，广西学政李载熙奏劾蒋贻误战机，冒饷妒功，被降为道员。咸丰十年（1860年），蒋先后镇压农民起义，攻取昭平、平乐、浔州等城，复授广西按察使，旋复原官。同治元年（1862年），蒋益澧调任浙江布政使。同治三年（1864年）十月，蒋益澧受命护理浙江巡抚。同治五年（1866年），蒋益澧升迁广东巡抚。在任裁减太平关关税4万两，撤销收税丁胥，改由巡抚直接派人征收，以杜弊端。对广州城内专为外商买办机构"欧洲人公所"，不亢不卑，遇公事则折之以理，不稍假借。又主张造船购炮，与左宗棠等商议，拟于沿海一带省份建设铁厂，制造轮船，雇洋匠指授，并选聪明子弟入厂学习。其措施，颇为守旧者所不乐。同治七年（1868年），因与两广总督瑞麟不合，旋为瑞麟和闽浙总督吴棠所劾，以

"任性不依例案"，被降二级，以按察使留用，后被派往左宗棠军营候补。不久，任广西按察使，旋告病回籍。同治十三年（1874年），蒋益澧奉诏复起，"属以边事"，及抵都门，不久病发，卒于京师。

△ 林述训接任南韶连道分巡。

【林述训】安徽和州人，进士。

同治六年（1867年）

秋 乐昌、仁化发生秋旱，病虫害殃及庄稼。

是年 何世俊（安徽桐城人）出任韶州知府。

△ 相江书院重订《韶州相江书院规条》，主要内容包括资助各课"生徒"参加科举考试"开支补贴"等各项。

原《韶州相江书院规条》为同治元年（1862年）曲江知府史朴所订，共24条，《韶州府志》记其"规制详尽"。

△ 连州知州袁泳锡重修《连州志》，由单兴诗等人编修。同治九年（1870年）《连州志》成书。

【袁泳锡】字雪舟，山东历城县人。清同治五年（1866年）任连州直隶州知州，任上"风格高骞，爱民恤民"。《连州志》、旧《连县志》均有传。

同治七年（1868年）

7月 京师韶州会馆新馆落成。新馆在北京正阳门外草厂上二条胡同，由韶州人捐资700余两"汇京购地"所建。馆内设正厅神龛，祀奉奎宿星、文昌帝、关圣帝等神灵。其余房屋为士子（韶州学子、读书人）居所。会馆订有《京师韶州新馆章程条例》，新馆落成留有《京师韶州新馆记》。

【京师韶州会馆】最早建于明朝，是早期作为同籍寓京官员相互砥砺性行、节日期间联谊会聚的所在。清以后逐渐发展成为旅居京师的韶州同乡官僚、士子以及工商业者在京师的"办事处"（属民间社

团组织）。清末后，会馆逐步成为"驻京商会"。明代京师韶州会馆在京师大蒋家胡同，历经百年，原旧馆倾坏多处，已不能适应发展的需要，于是，易地重建。明代同在粤北的南雄州也在京师设立了"南雄会馆"，该馆曾于1844年重建。

是年 林述训、额哲克、单兴诗、欧樾华、张希京等人开始重新编修《韶州府志》。

【额哲克】字性初，清满洲八旗正红旗人。同治元年（1862年）十二月额哲克由工部主事入直，同治八年（1869年）任韶州府知府等。

【单兴诗】（约1797—1877年）字藻林，广东连州东陂人。单兴诗自幼因孤贫而苦学，道光十五年（1835年）进士。历官户部浙江司郎中、江西临江府知府等职，同治六年（1867年）奉诏入都，旋因病乞假归，适值重修《连州志》。同治九年（1870年）掌管北江书院，光绪三年（1877年）病逝。

【欧樾华】号蓉冈。广东曲江人。1861年拔贡。1864年中举人。1872年主纂《韶州府志》和《曲江县志》，为清代广东著名修志人物之一。

【张希京】江西南丰人，同治元年（1862年）任乳源知县，同治八年（1869年）调任曲江知县，后离任，原因不详，同治十三年（1874年）再复任曲江知县。

△ 段锡林（顺天宛平人，今北京市）接任韶州知府，张经赞任曲江知县。

△ 清政府封禁南水纱帽岭一带煤窑，《曲江县志》记载，为此立下石碑，"示谕军民诸色人等知悉"。

同治八年（1869年）

春、夏 始兴、仁化、乐昌等地先是阴雨绵绵，6月后发生旱灾，各县属周围数十里，晚禾与稻皆无收成，唯近陂头和水源的地方才有收成。

是年 额哲克接任韶州知府。张希京任曲江知县。

△ 仁化知县陈鸿重修仁化濂溪书院，教谕刘凤辉撰《重修濂溪书院记》。

【仁化濂溪书院】 始建于明嘉靖元年（1522 年），由知县于祥在城南大街之真武阁改建。初建时，前座为大门，二座堂 1 间，两边耳房，上有阁，后堂 3 间，另有两廊。隆庆三年（1569 年）知县王继芳捐修，集生徒讲学，后废。清康熙二十四年（1685 年）知县李梦鸾重修，再圮。嘉庆十五年（1810 年）知县郑绍曾迁于试院内，左厢为濂溪祠，后毁于"匪乱"。同治八年（1869 年），知县陈鸿重修。同治十二年（1873 年）移建于学宫前旧训导署。

同治九年（1870 年）

2 月 始兴、仁化等县发生春旱，后又雨雹成灾，损毁民房田禾。《韶州府志》记："九年二月仁化天雨，雹大如碗，损伤田秧、民屋甚多，三月旱……"

6 月 29 日 英德发生大雨，山洪暴发导致"山崖崩裂"，田庐多毁。

8 月间 仁化县胡坑等地发生大规模虫灾，蝗虫遍及山间田野，引得乌鸦数百，群集食之，数日间蝗虫俱尽。

是年 南韶连道分巡林述训、知府额哲克重修韶州古文化建筑风度楼、风采楼，以及韶州府学宫。

△ 由连州知州袁泳锡及单兴诗等人编撰的《连州志》成书。全书共十二卷，现存世。

同治十年（1871 年）

3 月 英德遭遇严重风灾，大树多折。韶州发生旱灾，《韶州府志》记："南韶连道林述训躬诸南华虔祷……迎六祖至城供奉……民始布谷。"

4 月 仁化、翁源等地发生天雨，"雹饬稼"。

7—8月 乐昌、仁化、始兴、翁源发生大旱，晚稻失收，乐昌等地发生饥荒。

是年 徐宝符、段延传、李秭、陈其藻等人撰修《乐昌县志》成书。全书共十二卷，现存世。

同治十一年（1872 年）

是年 美国长老会牧师和法国天主教神父先后到连州传教。

据史料记载，天主教传教士进入岭南内陆地区，始于明万历年间。第一次鸦片战争后，在签订的《中法黄埔条约》中，规定了法国人可在通商五口岸建立教堂。1845 年 2 月清政府在列强的压力下，被迫同意取消对天主教的禁令。咸丰八年（1858 年），《天津条约》更规定各国传教士可到内地自由传教。由此，西方各国的天主教教徒大批进入岭南进行传教活动，并深入广大城乡，几乎整个岭南地区各州县均有天主教在传播。

△ 南韶连道分巡林述训倡修南华寺。此次修缮费用"逾万金"。修缮工程至光绪元年（1875 年）完工。六祖殿和大雄宝殿依次竣工。

△ 张作彦（山西崞县人）任韶州知府。次年，段锡林复任。

△ 清政府封禁龙归圩、苏拱村、高雅、乱石岭一带煤窑，"不准在该处采掘煤泥，以杜争端，倘竟敢挖违，一经查出，或被告发""决不宽贷"。

同治十二年（1873 年）

春 仁化署知县事陈鸿召集叶兰亭、方子衡等人重修《仁化县志》，经历 6 月有余，书稿（全八卷）编成，陈鸿撰《重修仁化县志序》。

8 月 16 日 始兴、翁源发生地震。《始兴县志》记："八月十六日夜，月初上，清化、翁源等处地震，房屋摇动有声。"

是年 仁化县在县学宫前横街旧训导署重修仁化濂溪书院。

同治十三年（1874 年）

是年 由林述训、额哲克、单兴诗、欧樾华、张希京等人重新编修的《韶州府志》成书。

全书共四十卷。编排体例以图、表、略、录、传、艺文为序，列历代沿革表、职官表、选举表；舆地略、建置略、经政略、武备略、古迹略；宦迹录、武功录、谪宦录；人物传、义烈传、耆寿传、烈女传、释道传、瑶蛮传。志前有地理图，后附艺文、杂录。此志是古代粤北编修体例较为完备的一部地方志。

△ 张铣接任南韶连道分巡。重修韶州相江书院。

光绪元年（1875 年）

是年 始兴发生流行瘟疫，小儿多疹症，不能治。

△ 翁源县牛岗铺村民与茶潭铺村民因天灌陂用水问题，发生大规模械斗，打死 3 人。

△ 由张希京、欧樾华等人编撰的《曲江县志》成书。

全书共十六卷，体例以表、书、传、录顺序编排。表列：历史沿革表、职官表、选举仕进表、封爵封荫表；书列：舆地书、学校书、典礼书、武备书、食货书、宦迹书；列传包括人物传、列女传等，附有二录。县志前有"山水形胜"等图。

△ 乳源县桂头镇合浦山、杨溪乡炎庙两地发现浅层煤矿，当地农民聚集采煤开矿。

光绪二年（1876 年）

是年 中华基督教循道分会在曲江（韶州）建礼拜堂，地址在今韶关市风度中路 110 号。

据史料记载，基督教传入中国，始于清嘉庆十二年（1807 年），时英国伦敦传道会马礼逊（Robert Morrison）来广州传教，成为第一个进入中国传教的基督教传教士。第一次鸦片战争后，随着《中美望厦条约》《中法黄埔条约》的签订，欧美各国教士大批进入岭南进行公开的传教活动。到了道光二十三年（1843 年），基督教已有 7 个分会教士来到岭南传教，即英长老会、浸信会、伦敦会、巴陵会、循道会、美长老会、浸礼会。咸丰元年（1851 年），循道会牧师俾士经香港入广州，在十三行以商行职员身份进行隐蔽传教，为循道会在岭南传教之始。咸丰三年（1853 年），俾士在增沙设福音堂，创设广州教区。《天津条约》签订后，避居澳门的俾士等传教士再度入粤，设堂传教，并在广州增沙创设圣道书院，培养华籍牧师。此后，循道会传教工作逐渐扩展至粤北、四邑、梧州等地。宣统二年（1910 年），广州教区易名为华南教区，下辖广州、佛山、北江、台开、新中、梧州、香港 7 个联区。民国八年（1919 年），该会在广东有布道区 30 个，正式教堂 29 座，教会职员 106 人，受餐信徒 2 013 人，办有小学 35 所，中学 2 所，医院 2 所。民国二十九年（1940 年）时信徒最多，达 4 000 人。抗日战争中，循道会华南教区遭受较大损失，至民国三十六年（1947 年）信徒人数减至 1 300 人。

△ 由林述训、欧樾华等编撰的《韶州府志》由韶州万竹园锓梓。时任南韶连道分巡的华祝三，应林述训、额哲克（时任郡守）之约，为重修《韶州府志》撰序。志稿今存世。

光绪三年（1877 年）

4 月初 粤北大部地区发生洪患。武江暴涨，乐昌城内行舟，郊野浸成泽国。

18 日 翁源爆发大洪水，翁江沿岸房屋倒塌无数，居民死伤百余，田地被淹没，牲畜、杂物、庄稼漂失无数。

28 日 曲江（韶州）浈、武两江大水，城内街道受浸，城外水深二丈有余。东西北各城墙垛炮台崩坍 150 余丈，倾斜崩裂 120 余丈。河堤坝被冲倒 90 余丈，沿河两岸田庐淹没不少。至 5 月 4 日洪水始退。

在韶城被淹同时，韶州各乡亦被水浸。受灾地区，以龙归、江湾为损失最大，乌石、罗坑、白土次之。在乐昌，武水暴涨，城内行船，郊野浸成泽国，淹害牲畜，城墙崩塌。在翁源，翁江沿岸房屋倒塌无数，居民死伤百余，田地被淹没，牲畜、杂物、庄稼漂失无数。此外，受灾地区还有始兴、仁化等地。

是月 连阳地区也发生大水，尤以英德、阳山受害最甚。英德水涨，平地水深四丈多，县署大堂水深五尺八寸；淹田塌屋很多。连州、连山、阳山从 4 月 26—28 日发生大水，连州山洪陡发。

△ 据史料记载：本年北江大水，"乐昌城内行舟；曲江城外水深两丈有余；英德平地水深四丈有奇；清远石角堤决口百余丈；连州山洪陡发、淹死万余人"。广州爱育善堂运米到英德煮粥，赈济灾民。

5 月 经巡道华祝三、镇守郑绍忠、知县张铣等人"劝捐"，修筑被洪水冲毁的韶州城垣工程陆续动工。

《曲江县志》记，本次"劝捐"，上至两广总督刘坤一，下至粤北各县知县，纷纷捐出"廉银"赈灾，在韶的雄、赣、乐、桂、仁等地商人亦纷纷捐资，各县乡绅、乡民均有捐银赈灾。

是年 粤北发生饥荒，谷米涌贵，民多乏食。史料记，这年晚稻再歉收，造成次年大饥荒，灾民以掘土茯苓，或采竹子米（竹子开花所结果实）充饥。

光绪四年（1878 年）

春、夏 曲江、英德、始兴、仁化、南雄大饥。饥民多掘土茯苓、野菜或以竹、草之实为食。斗米千钱，野有饿殍。在南雄州，城中的富户乘机囤积，南雄四乡百姓、民众聚集千余人，涌入城中抢米，引发"抢米"风潮。

光绪五年（1879 年）

是年 英国基督教循道公会牧师斯多马和华人宣教师王善甫来到

韶文化研究丛书

鸦片战争至辛亥革命时期（1840—1911年）

韶关传教，先到老东门的大货船石马船上，后在西河租得一间铺面作福音堂。1882年福音堂迁至韶州城东关，1883年福音堂再迁至武城街（今风度中路115号）。

第二次鸦片战争后，列强与清政府签订了不平等的《天津条约》，规定清廷须"放宽外国传教"。在此背景下，1879年英循道会传教士斯多马（T. G. Seiby）受命在佛山组成"北江布道会"，并于同年乘南雄货船，沿北江布道传教，直抵韶关。

△　英国循道会在英德布道传教。次年，在英德创建"英城""望埠"等教堂。

据史料记载，北江布道会至英德后，便派遣华人宣教师王成、李进时二人留英德传教，王、李二人先是在县城卖麻街租一间小铺作为布教所。次年，布教所改租县城新街另一所较大房产，几经修缮，创立为循道会教堂。教堂创建后，李进时在传经布道时，先后收英德附城薄堂（鹤塘）村杨锦川、杨本善父子，望埠庵山村梅隆修、梅文炳父子，以及寄居县城新城围的上人熊有瞻等五人为徒。后来，此五人分别成为循道会英城教堂、望埠堂及上堂的骨干教徒。英城教堂建立后，因无华人宣教员，便由韶关教堂轮流派李进时、黎玉池、何复三等人主持传教事务。尔后，杨锦川经培训，成为华人宣教师，便由杨宣教布道，不再由韶关教堂派传教士。

光绪六年（1880年）

是年　德国传教士在修仁（南雄）设巴陵会德华福音堂。

《始兴县志》记载，早在光绪初年，德国传教士就将福音堂设在始兴南门，后迁于修仁，并相继在"刘镇堂""米行街"建造教堂。1937年7月巴陵会德华福音堂迁入南雄县城，更名为中华信义会南雄分会。

【巴陵会】又名信义会、巴色会，为基督教会的一支（信义宗）。清咸丰四年（1854年），信义会德国传教士韩士伯抵香港，入宝安、花县、清远、南雄、长乐、河源等地传教，为信义会教士进入岭南之始。光绪十四年（1888年）该会教士入粤各地，大量开设教堂，创办

学校甚多，后又到苗族地带传教。光绪二十四年（1898年），该会在广州芳村购地建筑总堂。信义会在岭南的主要宣教区有广州、番禺、花县、新会、顺德、中山、惠阳、博罗、仁化、乐昌、南雄、始兴、英德等地。民国八年（1919年），该会在广东有布道区138个，正式教堂105座，教会职员123人，受餐信徒5 225人，办有小学15所、中学2所。民国十五年（1926年），有区会14所，支堂78间，宣道室25处，信徒6 700余人。民国二十二年（1933年），有信徒7 200人。

光绪七年（1881年）

是年 南雄府衙对雄州镇埠前街的"广州会馆"进行重修。

【南雄广州会馆】该馆始建于明嘉靖年间，清乾隆二十一年（1756年）重建。会馆以其规模宏大、富丽堂皇，集中原岭南地区民间建筑、装饰艺术精华而闻名，是广东唯一保存较完整的"广府"商人在客地建立的一座会馆。

在建筑艺术上，会馆大量运用石雕、木雕、砖雕、陶雕、壁画等装饰，遍布于院内的山墙、檐间、厅内和廊庑间，有大型的制作，也有精巧小品，各具巧心。庭院的壁上塑花画鸟，并配以清词诗句，布局精巧，立体感强，层次丰富，是岭南地区罕见的南北建筑风格结合的实例。大门横额"广州会馆"石匾，为清光绪七年（1881年）重修时，由岭南近代学者陈澧所题。大厅前檐柱刻有清咸丰年间探花李文田（珠玑巷人后裔）的一幅长联，上联为：灵迹遍区中，览粤会东环拱极遥涵海国；下联为：雄州开岭表，沔溮流南汇朝宗咸卫仙城。此会馆是广府文化在粤北的代表性建筑之一，被列为广东省重点文物保护单位。

△ 始兴县发生瘟疫，全邑流行霍乱。

光绪八年（1882年）

是年 英国基督教循道会在曲江城（韶州）设立医疗所，是为西医正式传入曲江之始。

据史料记载，1879年英国基督教循道会派人来韶传教，在韶州西门租得一间铺面作福音堂。同年，福音堂迁至东关，并开设初期的医疗小诊所。1883年福音堂迁至武城街（今韶关风度中路），1886年教会在福音堂内开设诊所，由黎琼山医师主理赠医送药。此为现粤北人民医院的创办之始，也是西医首次传入韶关。

△ 广州医药商人在翁源龙仙街开设第一家中药铺"滋生堂"。光绪十年（1884年）"滋生堂"开始自制补肾丸、卫生丸等蜡丸，中成药发展到22种。

光绪九年（1883年）

是年 由陈鸿、刘凤辉等人编撰的《仁化县志》成书。此志书始修于同治十二年（1873年）。全书共八卷，体例依舆地、建置、学校、贡赋、秩官、兵防、风土、古迹、选举、列传、艺文编排，志前有图像。

【陈鸿】山东聊城人，清同治七年（1868年）起，任仁化知县。

【刘凤辉】广东新会县人，清同治八年（1869年）起，任仁化教谕，久居仁化。

光绪十年（1884年）

12月 韶州府重修位于武江河一侧帽子峰下（现韶关西堤北路）的九成台。是月，重修九成台完工，孙楫撰并书《重修九成台记》石碑（见书前附图）。

【韶州九成台】建于北宋建中靖国元年（1101年）。时任韶州太守的狄咸，为纪念韶州古代传说"帝舜南巡，奏韶于'韶石山'"而建，初名"闻韶台"。修成之日，适逢大文豪苏轼遇赦北归，路过韶州，于是，韶太守狄咸邀苏轼与伯固同游新筑闻韶台。台上伯固谓"舜南巡，奏乐于此台，宜名九成"。苏轼应狄咸之请，榜题"九成

台"，并留下著名的《九成台铭》。明、清时期，九成台曾数度重修，后终因连年战乱而荒芜，民国时期（约 1928 年）韶州扩筑北门道路时，九成台彻底被拆无迹。

【孙楫】（生卒年不详）字舟，号驾航。山东济宁人，清末著名书法家、篆刻家。光绪十四年（1888 年）曾任广州知府，1905 年任左江道总兵。韶州留有孙楫所撰《重修九成台记》碑刻。

光绪十一年（1885 年）

5—7 月　5 月下旬，英德、清远等地发生大水，清远滨江地中（管涌）喷水高涨丈余，民房倒以万余计，淹死男女 97 人。7 月间，再次发生洪水。

是年　仁化发生蝗虫灾害，致使早稻失收，米价腾贵。

光绪十二年（1886 年）

是年　广州经韶州、南雄至江西赣县电报线路开通。随后曲江城（韶州）正式设立韶州电报局，开办电报业务，局址在清衙署（今韶关市风采路邮电局大楼所在地），1934 年韶州电报局更名为曲江电报局。

光绪十四年（1888 年）

2 月　农历正月十二日曲江境内东水煤山，湘籍煤工黄高光被工头打死，引发煤工反霸斗争，罢工坚持近 3 个月，最后通过诉讼，事件才告结束。

是年　南韶连道开办"北江书院"，院址设在曲江（韶州）城北门外睦相街，原相江书院旧址（今韶关市峰前路韶关学院韶州师范分院所在地）。

△ 英国基督教循道会选派佛山循道医院英籍医师麦路德（Dr. Roderick MacDonald）来曲江（韶州），在弓箭街（今建国路）挂牌行医。

【麦路德】（？—1906 年）英文名：Dr. Roderick MacDonald。英国循道会传教士、医生，早年到广东传教、行医。后到广西梧州传教施医。光绪三十二年（1906 年）五月，麦路德在搭乘英商"西南"号轮船由广州回梧州的途中被土匪乱枪打死。英国政府据此向清政府提出交涉。麦路德的棺材运回梧州，英国领事赫思义强迫道台以下三级官员向高挂的英国国旗和低挂的中国国旗及麦路德的棺材作三跪九叩的赔礼。同时，英国向两广总督和清政府交涉，勒索政府赔款 800 两银，还借口中国缉捕不力而派出两艘战舰横行西江，并取得西江航业权和缉捕权。

△ 南雄考棚拟改建，由南雄、始兴两地募捐分摊改建经费。

光绪十五年（1889 年）

2 月 连山军寮、火烧坪排等和黄瓜冲一带排瑶先后起义，两广总督张之洞和广西副将梁效贤征剿。

11 月 5 日 阳山发生 4.5 级地震。

是年 两广总督张之洞等分檄南韶连道和广西候补道，率 2 000 余清军征讨连阳地区瑶民起义，放火焚烧排瑶居所。

据《清史稿》等史料记载，自光绪十年（1884 年）以来，连阳地区不断发生瑶民起义，每年在此地区发生的"掳、劫、焚、杀诸案不下八九十起"。为此，清政府多次派兵"围剿"。是年初，两广总督张之洞亲率两广清军重兵，采取分路进击，建筑碉堡、营房围困和诱降分化等手段，进剿和镇压连阳等地瑶民武装。

△ 南雄府在旧保昌县署故址上，新建"南雄新考棚"。

【南雄考棚】为南雄、始兴二属士子应试之所。据《始兴县志》记载，南雄旧考棚原建于南雄城"皇华门"内，因"地势低洼，常苦于水患"，故由南、始二地人共同捐资，迁建新考棚。

光绪十七年（1891 年）

是年 在曲江（韶州）挂牌行医的英籍医师麦路德（Dr. Roderick MacDonald），与同在曲江传教的英籍牧师陶佐治（Rev. S. George Tope）联合上书驻粤英国基督循道教会，力主在韶州开办循道会医院及兴建西教士在韶的住所。

据史料记载，在上书中，麦路德列举当年在其诊所就诊的总人数达 2 889 人次，并报告其在韶州当年出急诊及实施西医手术等情况，请求英国基督教循道教会拨款 2 000 英镑，兴建教会医院及教士住所。

光绪十八年（1892 年）

11 月 28 日 英德、清远、始兴、乐昌等县，出现寒冷灾害气候，各县雨雪连绵。据《韶州府志》记，英德（城）街市雪厚尺许，山谷中有二三尺厚，经旬不消。县署及关帝庙之大榕、全英书院之木棉、东山庙之桃榔及各乡果树多枯死。《始兴县志》记："冬十一月大雨雪，平地厚数寸，树木冻折。"

光绪十九年（1893 年）

冬 翁源、始兴土匪猖獗，劫乡村及府城商店，各乡纷纷组织团练戒严。

是年 韶州妇产科医师梅景昭，在乐昌县城开诊所，首开西法接生，是为西医在乐昌传播之始。

光绪二十年（1894 年）

5 月 "三点会"首领刘叫妹（曲江县人）在曲江发动农民举行

反清起义。28 日，起义军在南雄县水达寨活动时，为清兵安宁营所围捕。

【三点会】源于明末清初"洪门"反清组织。取名为洪门是因明太祖的年号是洪武，指天为父，指地为母，所以又名"天地会"。据史料记载，早期"洪门"反清组织，起于福建，后流传至"两广"及江西等地，为避免清政府的猜忌，洪门"天地会"改称"三点会"，取"洪"字偏旁水部，号曰"三点"，后觉"三点"无法将洪门的意思表达出来，遂改称"三合会"。

是年 韶州府复建相江书院，院址仍在曲江（韶州）县城北门直街九成台下韶阳书院旧址（今韶关市北直街西堤路小学所在地）。

△ 连（州）县开通电话通信业务，线路由阳山入境，延至连山等地。未及一年，因业务不振而停业（民国八年，即 1919 年始复业）。

光绪二十一年（1895 年）

春 连（州）县发生灾害性冰雹气候，民房被毁严重，农田庄稼也多被毁。

是年 仁化县在县城西南四十里处的石塘圩建"双峰寨"。

【双峰寨】位于仁化董塘镇石塘圩，初建系大型防御建筑，占地面积 4 000 多平方米。全寨呈长方形，约有 3 层楼高，四角炮楼与之相比更高 1 层，正面还有相当于 5 层楼高的主炮楼。门前设吊桥，寨子用石头和青砖砌成，十分坚固。四周有护城河，犹如一座森严的古堡。今被列为广东省重点文物保护单位。

光绪二十三年（1897 年）

是年 仁化县遇春旱，禾稻多遭虫所食，由此造成粮食严重歉收，岁末全县发生饥荒。米匮价贵。

光绪二十四年（1898 年）

是年　清进士潘履瑞任韶州府儒学署教授。

△　清政府颁令，各省府厅州县现有之大小书院，一律改为学堂，兼学中学、西学。

△　德国信义会在广州购地建"信义会总堂"。其在粤北的宣教区，主要包括仁化、乐昌、南雄、始兴、英德等地。

【德国信义会】由马丁·路德发动宗教改革后，在德意志形成的新教主要宗派之一，也称路德宗。因其教义核心"唯信称义"，故又称信义宗。1850 年来华传教，其活动区域主要在广东。后与来自丹麦、挪威、美国、芬兰、瑞典等国的信义宗联合，组成中华信义会总会。

光绪二十五年（1899 年）

春、夏　乐昌发生严重旱灾。至秋，蝗虫为患，造成全县稻田荒芜，粮食歉收，据《乐昌县志》记，是年"县民颇为困苦"。

8 月 13 日　仁化长江镇发生匪患。始兴张响马率土匪七八百人，黎明时进攻仁化长江，乡里监生刘文基率乡兵勇把守街口，毙匪百余人。

是年　天主教神父进抵粤西北连阳地区，在连县置传教所，称为爱德教堂。

据史料记载，光绪元年（1875 年）初，美国长老会牧师在连县置布道所。光绪四年（1878 年）始建连县教堂。光绪二十年（1894年），改置为福音堂。与此同时，德国传教士设福音堂于始兴县南门，不久福音堂由始兴县城迁建至修仁（南雄），并建礼堂于刘镇营及米行街，发展"教徒"一千数百人。另有法国传教士迁天主堂于禾场头，合方洞天主教者亦有 1 000 余人。光绪十二年（1886 年）美国教会在三江（今连南县城）东门外建福音堂。光绪十八年（1892 年），成立长老支会。光绪十五年（1889年），基督教浸信会在三江高良圩建教堂，还发展了瑶族教徒。

光绪二十六年（1900年）

是年　广东首用机器铸造"光绪元宝"铜圆（俗称"铜仙""铜镭"），在韶州流通。

【"光绪元宝"铜圆】光绪二十六年（1900年），广东省首先制造"光绪元宝"铜圆，每枚重二钱（7.50克），成色铜95％，铅4％，锡1％，圆形无方孔。币面珠圈内有"光绪元宝"四个汉字，中心是满文"宝广"二字，圈外靠近外部有"广东省造每百枚换一圆"字样。币背珠圈内有飞龙图，圈外四周有英文"AWANGTUNG ONE CENT（广东一仙）"。广东所铸"十文铜圆"，仿照西方强国币制。在铸造手段上，"十文铜圆"以先进的机器制造技术，替代原始的手工铸造技术，是中国近代货币史上的一次飞跃。光绪元宝铜圆币制，不仅是中国从封建社会货币（铜币本位、铜银平行本位）向资本主义货币（银本位币）过渡的货币，也是社会经济进步的象征。

△　曲江（韶州）首家西药房"何万良药房"在县城开业。

光绪二十七年（1901年）

秋　乐昌县发生旱灾，病疫流行，死亡甚众。

是年　清政府开始筹备建设粤汉铁路。

据史料记载，1896年清政府就开始议筑粤汉铁路。1898年，美国获得该路的筑路权。1901年粤汉铁路先修省境内广州至三水路段，该路段在1904年修成通车。1905年清政府赎回筑路权自办。1906年5月，商办广东粤汉铁路总公司成立。

△　南海人合资在南雄县城五里山创办第一家熟牛皮制革作坊——吴同记皮坊。皮源主要用本地出产的水牛皮、黄牛皮。

光绪二十八年（1902 年）

是年　德国人韦德在韶州成立中华信义会曲江分会。负责人列德（女）在韶州开办第一间盲女院，自兼院长。经费来源，靠德国东柏林教会捐助（第二次世界大战爆发后，由上海盲民福利会拨款援助，部分由盲人院自筹）。

△　曲江（韶州）设立邮政业务代办所，收寄官府公文和民间信函（1911 年升格为曲江邮政支局，1912 年升为曲江邮政局）。

光绪二十九年（1903 年）

是年　韶州知府与曲江知县为便于在工商界筹饷借粮工作，在韶州组建了曲江商务分团，办公地址设在平治巷内。

△　清两广总督署设"保甲总局"，粤北各县设立"团保局"。每乡设一团，有练丁一两百人。

△　韶州府的北江书院改为北江高等中学堂，连州直隶州的燕喜书院改为连州中学堂。南雄直隶州在州治所在地（今南雄市）创办文昌阁高等小学堂，这是南韶连道最早的小学堂，也是曲江（韶州）接受新学教育之始。

光绪三十年（1904 年）

5 月　清政府任命张之洞督办粤汉铁路，由汉口抵韶，再至广州。

【张之洞】（1837—1909 年）字孝达，号香涛，晚年自号抱冰，河北南皮县人。清代洋务派首领。曾任翰林院侍讲学士、内阁学士等职。1879 年特使崇厚与俄国擅自签订丧失领土的《里瓦几亚条约》，他极力反对。1884 年中法战争时，由山西巡抚升任两广总督，起用退休老将冯子才，在广西边境击败法军。又设广东水陆师学堂，创枪炮厂，

开矿务局，立广雅书院，武备文事并举。1889 年调任湖广总督，在英、德支持下，大办洋务，成为后起的洋务派首领。先后开办汉阳铁厂、湖北枪炮厂、马鞍山煤矿、湖北织布局、湖北缫丝局等重轻工业企业，并筹办粤汉铁路，与李鸿章争权夺势。1894 年任两广总督。中日《马关条约》议订时，他曾上疏阻和议，要求变通陈法，力除积弊。1898 年发表《劝学篇》，提出"旧学为体，新学为用"，以维护封建伦理纲常，反对戊戌变法。1900 年，义和团运动崛起，他力主镇压。1903 年，强调办学首重师范。1906 年，授军机大臣，兼管学部。他注重教育，对教育有很大的影响。著有《张文襄公全集》。

是年　韶州府属六县（曲江、英德、翁源、乐昌、仁化、乳源）士子参加三年一科的科举考试。考场（考棚）设在曲江县下后街（今建国路小学所在地）。本次科考是清政府的最后一科考试。各县废儒学署，设学务公所，由学务总董主管，开始筹办学堂。1905 年清政府诏罢科举取士。

△　南雄州举行最后一次院试，取秀才 36 名。

△　曲江、乳源两县发生大旱，早、晚两造稻谷大部分失收，民不聊生。

光绪三十一年（1905 年）

春节　美国传教士在连州干涉群众的宗教活动，菜园坝百余村民火烧礼拜堂、男女医局和洋人住宅，怒杀 5 名洋教徒。据（民国）《连州志》记载，时两广总督岑春煊派南韶连道台温宗尧率兵前往连州镇压。带头火烧教堂的梁金等 5 人被判处死刑，赔款白银 40 000 两，并划出公山两岗之地归美国教会使用，原连州知州、游击和守备等人同时被革职。是为"连州教案"事件。

【岑春煊】（1861—1933 年）字云阶，广西西林人，壮族，岑毓英之三子。少年浪荡，为"京师三少"之一（其余两位，一为瑞澂，字莘儒，号心如，满洲正黄旗人，琦善之孙，黑龙江将军恭镗之子；一为劳子乔）。光绪十一年（1885 年）中举，授五品京堂候补、光禄寺少卿、大理寺正卿。甲午战争中被派赴山东防日，旋称病回桂林。

1897 年以缙绅身份支持康有为来桂林进行维新活动，加入圣学会。1898 年被光绪帝召见，授广东布政使，旋调甘肃布政使。八国联军入侵北京时，因护驾殷勤，得慈禧欢心，1901 年升山西巡抚。后任广东巡抚、署四川总督。1903—1905 年调署两广总督，督办广西军务，镇压广西会党起义，并以整顿两广吏治为名，参劾 100 多名文武官吏，把偏将龙济光、陆荣廷和幕僚张鸣岐提升为文武大员，奠定两广地盘的基础。1913 年参加二次革命，被袁世凯通缉，逃亡南洋。1916 年策动陆荣廷讨袁，入肇庆任护国军都司令，军务院副抚军长，成为西南军阀的名义首领，支持旧桂系入踞广东。1918 年参加护法运动，又同陆荣廷勾结，改组广州军政府，排斥孙中山，任总裁主席。1920 年粤军回粤讨伐陆荣廷，岑通电取消军政府，宣布下野。后寓居上海租界，1933 年病逝。著有自传《乐斋漫笔》。

【温宗尧】（1876—1947 年）字钦甫，广东台山人。近代资产阶级政客。1890 年与杨衢云等共组辅仁文社，研讨时政，主张革新。1900 年参与唐才常自立军起义，任自立军驻上海外交代表。1906 年在两广总督岑春煊幕府，历任两广洋务局总办、广东电话局总办、广东将弁学堂总办、英藏订约副大臣、驻藏参赞大臣。曾参与镇压广东保路运动，引起公愤。武昌起义后，投机革命，受南京临时政府委任，出任外交代表。后曾任军务院外交副使、广东军政府外交部部长、军政府总裁等职。抗日战争时期，依附日寇，任南京梁鸿志伪政权立法院院长，参与和日本华中驻屯军签订一切条约的活动，出卖国家权益。1939 年 7 月参与汪精卫的所谓"和平运动"，力主与日、德、意法西斯结盟。后任汪伪国民党中央政治委员会委员。1945 年 8 月，日本投降后被捕。1946 年被判无期徒刑，次年病死狱中。

是年 德国基督教巴陵会在韶州创办德华初级女子小学，校址设在曲江（韶州）武镇街老东门（今建国路口至武镇街一带）。这是韶关最早的一所由外国教会办的女子小学，亦是曲江（韶州）女子教育之始。

△ 广东巡抚裁撤。韶州太平关，收归两广总督兼管。

△ 连州开设第一间赌场——"铺票厂"，官方抽税。据（民国）《连州志》记："时参赌之人甚多，不少人赌输后，鬻妻卖子，沦为盗贼。"

光绪三十二年（1906年）

年初 韶州府改学务公所为劝学所，开办官立初级简易师范学堂，改考棚（今建国路小学所在地）为校地。

9月 清政府开始动工兴建粤汉铁路——粤北段。

自粤北段开始修筑，到1907年7月铁路修通至江村，1908年9月火车通至银盏坳，1913年通至英德。1915年6月，广州至韶关全线通车，总里程224公里。广韶段通车后，株韶段开始动工。

是年 清政府颁令，从本年开始，所有乡会试一律停止，各省岁科考试亦即停止，专办学堂。曲江县知事林耀东，在县城（韶州）始巷头创办曲江书院（今韶关市和平小学所在地）。

△ 北江高等中学堂易名为韶州府中学堂，相江书院设六邑劝学所，劝学所由林耀东任监督，韶州府属六县各举该县士绅一人，以襄其事。南雄"道南书院"改称"州立南雄中学堂"。

【道南书院】前身南雄大中书院，明成化十一年（1475年）知府江璞创建。隆庆元年（1567年）知府周思文重建，更名"宏道"。万历九年（1581年）卖给民间。万历十四年（1586年）知府周保、推官施可大、知县江一右捐款修复。明末毁于兵火。清康熙二年（1663年）陆世楷捐俸重修，更名"天峰"。乾隆三十一年（1766年）知府宋淇源将天峰与凌江书院合并，葺而新之，改名"道南"。嘉庆二十四年（1819年）、道光三年（1823年）知州修订章程。光绪三十年（1904年）改为南雄中学堂。民国间改为省立南雄中学。

【林耀东】（1861—1928年）字藻生，号蓉初。广东英德人。曾就读于广州广雅书院。光绪二十三年（1897年）拔为韶州府贡生第一名。光绪三十一年（1905年）被委派到日本考察。光绪三十二年（1906年）回国后在韶州府督办六县中学。光绪三十四年（1908年）回乡任英德官立高等小学堂监督。宣统三年（1911年）参加续修县志（兼任文牍）。民国初期任教于英德横石水龙屋学校。其故居"草草草堂"，东侧辟花果园，名曰"小东园"。其人常以东园为题创作诗文，著有《东园丛草》《东园诗文遗稿》。

△ 粤北各县开始设立巡警分局。共设分局 19 个，有警员 131 人。各县的知县兼任警务长，实行警政合一。

△ 由两广总督兼管的太平关事务，改由新成立的关务处接管，以布政使为总办。至此，太平关也是布政司直接管辖下的一个征税机构。

△ 南韶连道乐平充任大清银行广东分行总办。是年冬，乐平接到委任后，即赴京商议，先提银 100 万两，用作开办资本，并草拟广州分行章程，内容包括人员设置、业务范围及职责。

光绪三十三年（1907 年）

是年 曲江书院改为官立高等小学堂（今和平路小学所在地）。韶州府开办农业技术教育班，课程分专业课和普通课两种，学制三年。

△ 乐昌县第一区公立果育初级小学堂在县城开办（现为乐城中心小学）。

△ 张报和编撰《始兴乡土志》成书，全书共一卷，今存世。

【张报和】（生卒年不详）字慕琴，号会通东流，始兴人。同治十二年（1873 年）以拔贡任龙门县教谕。据《始兴县志》记，张报和"母早丧，父弛于家政……报和善体父志……"又记张报和"博学善属文，性尤刚介，尝当面责人非，人多畏敬之，生平遇分益事，毅力坚持必底……"

△ 乳源县属官村煤矿，改由官办开采，清政府委派大令邹兆夔（"大令"为职官名称）为总办，煤矿于 8 月正式开采。

△ 始兴天主教教徒在始兴禾场头建造天主教堂。

光绪三十四年（1908 年）

5 月 浈江发生洪水，始兴城内西门水深四尺许，沿河田庐人畜冲毁无数。

9 月 粤汉铁路修通至银盏坳。

是年　清朝廷在全国推行新政，隶属南韶连各州县厅设置劝业分所，管理农工商等事务。

△　清远、英德、始兴县发生洪水灾害。北江下游清远基围大半崩决；英德县署大堂水深五尺四寸；始兴浈江洪水涌入县城，西门水深四尺许，沿河庐舍人畜冲走无数。

△　左绍佐分巡南韶连道，兼管水利事。

【左绍佐】（1846—1928年）字季云，号笏卿，别号竹笏生，湖北应山左家河人。清光绪六年（1880年）进士，授翰林院庶吉士。历任刑部主事、员外郎、郎中，都察院给事中，军机章京，监察御史，广东南韶连道分巡兼管水利事。任京官时，直言敢谏。曾参奏满汉大员奕劻、璞寿及袁世凯等专权误国，上书抨击时弊。1887年，主讲经心书院，编辑《经心书院集》4卷，著有《蕴真堂集》若干卷、《延龄秘录》3卷、《竹笏斋词钞》1卷、《竹笏日记》141册。《竹笏日记》涉及时间为1902年到1927年，于岁时灾歉、人民疾苦、税目繁多、官吏贪婪等情况均如实记载。1910年为连州道员，时因钉门牌激起民变，曾亲理此事，将逐日情形载于日记。辛亥革命后，对两广总督张鸣岐的投机活动，亦有详载。1914年由黎元洪荐入国史馆，以后即长寓北京。1928年去世。

宣统元年（1909年）

4月　韶州各县开办"巡警局"，负责城乡分区、段管理，按段（街）设岗，维护城乡治安。

从明朝至清宣统元年，明、清两朝中央政府先后在韶州设置"内河太平关"后，韶州已有太平分关、遇仙桥分关、旱关（城北门外）和英德浛洭分厂（俗称"三关一厂"）。到清中期，清政府在韶州府下属的乐昌、仁化、始兴、曲江等县分别设立巡检司，在浈、武两江通粤古道（梅关古道、西京古道）所经县治，先后设立平圃、蒙里、九峰、罗（家）渡、黄圃、高胜、扶溪、恩村、武阳、黄岗、桂山丫等巡检司，为检查走私和收税的关卡。

是年　连州三江发生农民火烧东门外的基督教堂事件，清官府派

人调查事件，并处罚"闹事"农民。

宣统二年（1910 年）

是年 粤汉铁路株韶段韶关铁路（东河）大桥动工。始筑桥墩，1912 年桥墩完工后，因筑桥工程款问题，大桥被迫停工。民国二年（1913 年）大桥复工，始架桥梁，此后又断断续续，至 1933 年韶关铁路大桥始建成通车。

△　江苏江宁供事胡永昌出任南雄州末任知州。

宣统三年（1911 年）

9 月 同盟会员龙裔桢、莫辉熊与耶稣教牧师李干山等，分别到连州、三江和连山组织起义。龙裔桢俘获连州州官李保麟后，派兵光复阳山。

【龙裔桢】（1849—1949 年）字椒生，广东连州人。少时以清政府腐败，乃留学日本，认识孙中山，加入同盟会。宣统三年（1911 年）回国后，回乡开展革命活动，是年在连县发动起义，捣毁县署。

清帝退位后，南北统一，龙裔桢辞职，并寄书连阳义军，以"他日革命大功告成，酬庸有典、诸军得膺懋赏，裔桢亦有荣焉"。辞职前，龙裔桢曾任中华民国临时民政长。1949 年病逝，享年 100 岁。

10 月 10 日 湖北武昌爆发新军起义。

11 月 11 日 韶州四乡军民起义，南韶连道台左绍佐、知府严家炽、总兵吴祥达闻广州光复，弃韶州府城潜逃，由巡防营统领朱福全留守。韶州乡民推举拔贡陈铭言，暂行代理知府职责，并在平治巷刘家祠设立团防局，维持城内治安，然仍未能安定局势。

【严家炽】江苏吴县人，附贡出身，宣统三年（1911 年）任广州知府，民国二年（1913 年）4 月，北京中华民国中央政权（史称"北洋军阀政府"）任其为粤海关监督，取代关务处总理，兼管三水、江门、九龙、拱北等关事宜。7 月 18 日，广东反袁独立，严家炽逃往

韶文化研究丛书

鸦片战争至辛亥革命时期（1840——1911 年）

香港。

【吴祥达】（1851—1914 年）又名星亭，浙江淳安县桥西镇人。出身贫寒，10 岁时随太平军辗转潮州，由一位好心人收留修文习武。28 岁后，因抗击外来侵略者骁勇善战，曾任潮州府和梅州府镇守使。光绪年间，升任广东省陆路提督，统兵驻守广州。辛亥革命后降国民政府，并任韶州绥靖督办。1914 年病故，后安葬于杭州西湖玉泉山麓。

月中 辛亥革命爆发，清政府被推翻，各地文武官僚纷纷潜逃。韶州推举陈铭言暂行维持，英德人张铁率十余人，称革命军前锋，前来要求入城，被城内"团防局"拒绝。后张铁派人入城，四处散发"传单"，被"团防局"民军抓获并斩首，张铁等人遂离开。数天后，曾参加"庚戌新军起义"的曲江下园村人王拔林，奉广东省民团总局委令，偕同盟会员约 30 人，到达曲江，并在曲江（韶州）城设立民团分局。

【王拔林】（1882—1914 年），曲江犁市镇下园村人。1900 年考入广东陆军学堂，在陆军学堂炮科受训 3 年毕业后，参加孙中山领导的同盟会，与蔡锷、黄兴、梁鸿楷等人奔走呼号革命，并在广州附近秘密联络新军，奉命潜回北江地区，暗中组训民团。1911 年辛亥革命武昌暴动，王拔林被委任为粤北区南、韶、连三府民团总长，负责领导北江各县招安工作，并推动加强组训民兵，扩充革命势力。推翻清朝后，王拔林又奉命北上南京，与廖仲恺、汪精卫等一起担任要职。曾任第八军少将参谋长。后经孙中山擢选，在江西南昌主持讲武堂工作。1914 年，袁世凯通令镇压孙中山革命党人，南昌讲武堂被撤停办，王拔林潜回曲江家乡避难，被南韶连镇守使朱福全逮捕，后押至韶关被杀，时年 32 岁。

【庚戌新军起义】1909 年（宣统元年），同盟会员广州新军炮兵排排长倪映典、督练公所提调赵声等在广州运动新军，与同盟会南方支部议定次年 2 月 24 日（庚戌年正月元宵节）前后举行起义。1910 年 2 月 9 日（农历除夕），二标士兵华宸忠等九人同警察发生冲突被警方拘留，次日二标士兵数百人愤而入城捣毁警察局，两广总督袁树勋派兵弹压。12 日，倪映典恐起义消息败露，遂击毙炮一营管带齐汝汉，宣布起义。各营士兵纷纷响应，旋集义军约三千人，推倪为司令，夺取讲武堂枪械，兵分三路向省城进军。行至牛王庙，与前来镇压之

清军相遇，清军派人诱降，遭拒绝，随即发炮轰击义军。清军又派倪之同乡、原同盟会会员唐维炯、童常标出面佯约倪洽商起义问题，突然袭击义军，倪中弹殒命。双方激战逾时，义军伤亡枕藉，弹尽援绝，溃散败走，起义失败。

26 日 广东省军政府派清降将，原南韶连镇总兵吴祥达，回韶州任绥靖督办。吴到任后，即开始大肆清乡，清理韶州各地方民间武装，以图稳定局面。

12 月 5 日 南韶连绥靖处成立，辖南雄、始兴、曲江、乐昌、仁化、乳源、英德、翁源、阳山、连县、连山（废厅置县）等 11 县。陈仲宾为南韶连绥靖处署督办，掌管军政大权。在民国建立后，韶州府废，府辖韶州地方民团分局亦随即解散。

是年 南华寺有"革命军"入驻，为保护道光十六年（1836 年）编撰的《重修曹溪通志》刻板，南华寺将志稿刻板搬至"曲江县城西'镇越门'外关帝楼"（亦即原"现身关帝楼"，现韶关西河桥头南"关帝楼被炸遗址"）保存。

△ 英美烟草公司在南雄设代理商，收购晒黄烟出口。从此，南雄烟叶转向外销，晒黄烟生产有较大发展。至 1927 年，南雄共有 33 家烟行，英美烟草公司代理商行占 24 家。

民国初年至大革命时期
（1912 年 1 月—1927 年 7 月）

民国元年（1912 年）

春 前南韶连镇总兵吴祥达借"革命党"名义，从广州城率两个巡防营兵返回韶州，逼迫革命党人王拔林将其收编的三营民军，交由其统辖。

△ 南韶连绥靖处废直隶南雄州置南雄县，属二等二级中缺县，广东省都督府（军政府）委任陈百东为民政长。次年改称县知事。

5 月 5 日 广东省军政府统改称"总经略处"（总绥靖处）。全省分为 11 个绥靖区，韶属南韶连绥靖处，督办为陈仲宾（后为吕鉴熙）。

【广东省军政府】1911 年辛亥"三二九"起义后，广州统治当局惶惶不可终日，内部钩心斗角。革命党人抓紧时机组织民军，策划再举义旗。武昌起义后，广州的新军也准备反正。四面楚歌中的广州当局发生分化，水师提督李准走投无路，意欲反正。立宪派与革命党人利用时机争取独立。11 月 9 日，各团体代表在谘议局开会，宣布共和独立。17 日，广东军政府正式宣布成立，军政府都督为胡汉民。

【胡汉民】（1879—1936 年）幼名衍鹳，后改为衍鸿，字展堂，别号"不匮室主"，广东番禺人。"汉民"是他参加反清革命后在《民报》著文时用的笔名，取意"不做清廷的顺民，要做大汉之民"。胡汉民早年留学日本，1905 年，在东京初遇孙中山先生，加入同盟会。

随着策动中国武装斗争在反清战略中地位的日益重要，同盟会先后在新加坡和香港建立了南洋支部和南方支部，为联络各方同志，加强武装力量，孙中山委派胡汉民担任这两个重要机构的支部长，并在其去欧洲前，将国内革命运动交给黄兴和胡汉民负责。1911 年 10 月 10 日武昌起义爆发，胡汉民策动广东光复，呼应武昌起义。11 月 17 日，胡汉民就任广东省军政府都督。1936 年 5 月 12 日，胡汉民因脑溢血，不治身亡。胡汉民死后，国民党中央为他举行国葬。

7 日　阳山发生洪灾，水浸城内，平地深数尺。

6 月　中旬，南雄连日阴云密布，大雨滂沱，以致浈水暴涨数丈，高车洞一带遍成泽国，浸坏早稻无数，南雄城内槐花、仁寿各巷一片汪洋，居民纷纷搬迁以避水浸。下游北江也因浈水泛滥，江水"上涨甚剧"。

是月　同盟会广东支部委员会委任何允谦为南雄分会特派组织员。何率同盟会员高家珍、郭桂万、莫镇疆、罗明魁等以国民革命名义在县城"打菩萨"、剪辫子。

8 月 2 日　广东临时划分各县行政等级。曲江、英德、连县为二等一级县，南雄、连山、阳山、清远为二等二级县，乐昌、仁化、乳源、翁源为三等一级县。

14 日　广东总绥靖处筹建军路、县路。其中，北路共修建两支路，一支沿北江而上，经花县、英德、韶州、仁化接湖南省桂阳县界，为北干路；一支由连山至英德、南雄至韶州，皆为北路之支路。

10 月　奉北京政府令，地方行政区正式改制，废府、州厅，改设县。韶废南雄直隶州，置南雄县。废韶州府，置隶曲江县，治所仍设在原韶州府所在地韶关城内，分太平、武城两镇。

是年　清置"曲江县劝学所"，易名为曲江县督学局。同时成立曲江县教育会和私塾研究会。

△　韶州创办第一所私立修齐女子小学。校址在武城镇许家花园内（今韶关市井巷和漂布塘之间）。这是韶关最早的一所由当地人创办的女子小学。

△　五华县"先天道教"梁昌吴（引恩）等人到南雄传播"先天道"，先在界址圩、南亩芙蓉设"善化坛"，后又在县城罗汉井设"厚德善堂"。

【先天道】源自清嘉庆（1796—1820年）民间宗教"青莲教"。据史料记，该教以"尊奉达摩祖师、无生老母，念诵'无上妙品经'，行三皈、五戒之仪式，宣传水、兵、刀、火等大劫将到来"。教中分吃素之青家、不吃素之红家、从事武力之里家。教会早期盛行于四川、陕西、两湖等地。道光二十五年（1845年），该教在四川发动反清起义，被清政府镇压，其教会教徒流散各地。约在道光末年，原教徒彭超凡等人以"道教"先天道重新开始传教，被信徒奉为"先天道"，并由此而发展扩散。"先天道"分支庞杂，系统混乱，其支流分布遍及全国。抗战时期，"先天道"沦为日本帝国主义侵华工具。抗战胜利后，该道又沦为国民党政府军统局的特务组织，1949年新中国成立后，"先天道"作为反动会道门，被中央人民政府取缔。

△ 连州废州置县，原辖阳山另设县制，不再隶属连县，同时全县划分三属：南部为捕属；东北为星子属；西北为朱岗属。属之下为坊堡。

△ 收藏于关帝楼的道光十六年（1936年）编撰的《重修曹溪通志》刻板被兵火焚毁。

据民国二十年（1931年）清远知县黄恒林撰《重刊曹溪通志》序："岁辛亥清鼎始革，南华古刹降为兵房，寺僧将通志板移往韶城西关帝楼。未几又有别军入斯楼驻扎，其时饷又不继，若辈心怀绝望，乃迁怒于所居。举凡窗棂桌几榱栋之属，悉付焚如，以泄其忿。而《通志》遗板垒叠如山，遂不免楚人一炬……"

民国二年（1913年）

1月10日 民国政府恢复"南韶连道"，成立南韶连绥靖处，并设观察使，由南韶连绥靖处督办吕鉴熙兼任，辖区不变。

【南韶连绥靖处】民国元年（1912年）4月，南京临时政府撤销后，随孙中山去南京的胡汉民返粤复任广东都督。鉴于匪患严重，5月成立广东省总绥靖处，以陈炯明任总绥靖经略（后改为督办），龙济光为副，负责地方治安、裁兵、禁赌、禁封建会道门诸事项。下辖广阳绥靖处、罗肇绥靖处、南韶连绥靖处、琼崖绥靖处，各绥靖处设

督办为最高长官。11 月底总绥靖处裁撤，所有绥靖事宜交由警卫军司令部负责。

月初 新会人卢敏卿开办"协兴公司"，在曲江丝茅坪（钩嘴岭）开采白煤，这是广东省在粤北开办较早的大型煤矿之一。1919 年该矿由谭礼庭接办，改名为富国煤矿公司，年产煤达 137 300 吨。1930 年正式成立富国煤矿股份有限公司。1958 年改名为曲仁煤矿。

7 月 中华民国政府宣布"撤销驿站、通信归邮"。粤北地区持续千百年来的驿站、驿铺机构至此全部撤销。

9 月 16 日 南韶连督办陈仲宾奉龙济光召赴广州，中秋节夜，陈仲宾与广东警察厅厅长陈景华同为龙邀请赏月，即席被扣留，龙济光奉袁世凯令，以"密谋煽乱，残害人命"及"私运军械，接济赣匪"等罪名，宣布对两人执行死刑，凌晨四时，两人被处决。

是年 原"韶州府中学堂"更名为省立韶州中学校；南雄"州立南雄中学堂"更名为省立南雄中学校，首任校长为陈泽东。

△ 韶州东河铁路大桥复工，至 1933 年全部完工通车。桥长 238米。1945 年 1 月 26 日，国民党第七战区守军为抵御日军攻占韶关，曾将桥炸毁，抗战胜利后简易修复通车。1949 年 10 月 6 日，为阻止中国人民解放军南下，国民党再次将桥炸毁。1950 年 5 月 4 日，铁桥全面修复通车。

民国三年（1914 年）

2 月 龙济光下令撤销南韶连绥靖督办，改设南韶连镇守使，朱福全任南韶连镇守使。次年，因剿匪有功，袁世凯授朱福全为陆军中将。

5 月 9 日 广东省民政长（龙济光）令各县知事，遵照部令改定全国重复的县名，粤北地区长宁县改名为新丰县。

13 日 南韶连道行政长官由观察使改为道尹，南韶连绥靖处改为南韶连镇守使，朱福全任镇守使，主军政权，辖区不变。

是月 粤北各县设警察事务所，由知县兼所长。下设警察分所、分驻所、派出所。

△ 由英国基督教会创办的"韶州医院"落成。医院地址设在西河沙洲尾（现粤北人民医院所在地）。同年，医院又更名为"曲江循道医院"。

自 1891 年英籍医师麦路德与传教士陶佐治牧师联合上书，要求兴建韶州循道教会医院，循道教会便开始筹划在韶建立第一所教会医院。自 1901 年起，教会先后在河西尾购得坝地、屋地、晒坪和榨房等，1905 年建成西教士住所。以后几年又先后购得紧靠西教士住所北面相连的油榨坊、货栈等多间房屋，拆建为教会医院。到 1914 年初具规模的韶州医院终于落成。循道会派来英籍医师许诚恩（Dr. A. W. Hooker）担任第一任院长。当时有病床 10 张，职工 10 人，取名"曲江循道医院"。

6 月 26 日 广东军政府废府、直隶州、州、厅建制，全省分为 6 道（粤海道、岭南道、潮循道、高雷道、琼崖道、钦廉道）。粤北属岭南道，辖原韶州府，南雄直隶州及连州直隶州属下 11 个县，道治设于曲江（韶州）。道尹梁迈。

是年 曲江循道医院因医护需要，开始培训个别护理人员，韶州开始形成"护士学校"的雏形。是年，英国基督教循道会在韶州创办"私立循道高级护士职业学校"，该校附设在韶关河西循道医院内。招生名额按医院需要而定，学生一边学习，一边工作。1924 年，英籍护士长韩顿（Miss G. Hinton）受遣在院内创办"曲江循道医院附属高级护士职业学校"，学校正式挂牌，并在"中华医学会"注册。学校老师由循道医院医生、护士兼任。

△ 原曲江地方团防分局同盟会会员张铁、王拔林在曲江领导革命，被地方巡防营军拿获，并处死刑，判处死刑的罪名不详。

民国四年（1915 年）

3 月 31 日 广东都督致电北京政府称：广东剿办英德、阳山乱匪，夺得枪弹、证件、委任状多件，捕获人员已处决。为此，袁世凯授南韶连镇守使朱福全陆军中将，其他官兵也各有升赏。

4 月 17 日 黎明，连江洪水暴涨，淹浸连州城，城内外一片汪

洋。东陂堤围溃决，农田大多数被冲毁。三江（今连南县城）后山崩颓，山洪暴发，瞬间，连南城内平地淹浸洪水达一丈多深，无数农田房屋被冲毁。塘冲、陈巷等处淹死十多人。大龙、金坑山崩，石角一带人畜淹毙甚多。石角圩厂及桥岸荡然无存，不少良田从此变成沙渍之地，在30多年之后仍无法复耕。

5月 阳山县山洪暴发，河水陡涨二丈多。洪灾遍及全县，其中秤架、黄呈最为严重。是月，连山县也雷雨大作，大雾山、巾子山等地发生崩裂，山洪陡发。

6月15日 粤汉铁路广州—韶关（广韶段）全线通车。该路段全长224公里。自1906年动工，由于工程时兴时停，故至是年始完工。此段完工后，株洲—韶关路段（株韶段）开始动工。

据《广东省志·铁路志》载：广韶段为粤汉铁路修建史上开工最早、中国商办铁路中筑路最长的一段。技术标准为标准轨距（1 435毫米）；最大坡度7.5‰（在银盏坳至迎咀区间）；最小曲线半径为英制9度（在连江口至波罗坑区间）；路基面宽18英尺（约5.5米）；正线轨每码85磅（每米42.25公斤）；站线轨每码75磅（每米37.28公斤）；澳洲红枕。全段桥梁231座，载重等级为古柏氏E—35，跨度200英尺（60.96米）及以上者用钢桁梁，其余均为60英尺（18.29米）及以下钢板梁。如滃江口大桥设计为两孔50英尺（15.24米）钢板梁，加一孔200英尺钢桁梁。隧道5座，以清风亭隧道905英尺（276米）为最长。共设25个车站，站线有效长一般为400码（合366米）。黄沙设机辆修理厂，分8个车间，另设黄沙、英德、韶州3个车房。通信及行车闭塞以电报凭证为主。该段干线及英德进城支线共长225.42公里，共购地1.2万亩，截至民国六年（1917年）止，筑路及机辆购置等费为2 014万元。在民国二十四至二十五年（1935—1936年）间，改驶4—8—4型机车、本段桥梁载重加强为古柏氏E—50。

7月上旬 北江发生"乙卯洪水"，粤北地区普遍严重受灾。

据《中国城市防洪》记：此次洪水"为20世纪最大洪水"。

韶州城：7月3—10日，洪水陡涨数丈，城内外尽成泽国。下校场水深三丈余，上校场水深二丈余，南门各街水深一丈或数尺不等。风采路水深二至三尺，可以行船。倒屋无数，难民皆走避城北高地，走避不及的，只好露居屋顶。西门城墙被洪水冲塌十余丈。

英德：7月7日洪水淹浸全县城，商民流离之状，惨不忍睹，损失折款约数十万元。浛洸洪水突涨四丈多，倒屋数千。农产和物品淹冲净尽，灾民流离失所，其状甚惨。沙口受洪水灾害亦极惨。

乐昌：7月，淫雨为灾，城乡受淹，城墙被洪水冲塌多处，各乡灾民遍野。

连州：7月洪水位比4月水位高，但涨势较缓，因此灾情比4月洪水轻。

新中国成立后，水利部门对乙卯洪水进行调查，查测得：北江韶关站洪峰水位58.62米，洪峰流量10 900立方米/秒；英德站洪峰水位37.03米，北江横石站洪峰流量21 000立方米/秒，重现期逾二百年一遇；浈水浈湾站洪峰流量5 900立方米/秒，仁化锦江站洪峰水位93.00米，武江乐昌站洪峰水位90.58米，武水犁市站洪峰流量5 540立方米/秒，乳源南水站洪峰水位84.74米，洪峰流量2 430立方米/秒。

民国五年（1916年）

4月21日 南韶连镇守使朱福全宣布南韶连独立，响应广东护国军总司令陈炯明，拟即行督兵进攻广州。

自1915年12月12日，袁世凯宣布复辟帝制，改次年（1916年）为洪宪元年后，蔡锷等人在云南发起护国战争，得到南方各省的广泛拥护。广东护国军（总司令陈炯明）于1月6日在惠州发动起义。22日，袁世凯被迫取消帝制。随之，广东潮汕宣布独立；4月6日，广州也宣布独立；21日，韶关（南韶连）宣布独立。6月6日，袁世凯病死。

6月15日 滇军李烈钧先头部队张开儒部抵达韶州，镇守使朱福全按照龙济光密令，紧闭城门不纳，张开儒多次交涉无效，只能率部露宿城外，粮秣无着。

【李烈钧】（1882—1946年）江西武宁县人。原名烈训，字协和。1902年入江西武备学堂。1904年冬留学日本。1907年加入同盟会。辛亥革命时任九江都督府参谋长，旋到安庆，被推为安徽都督。后任北伐第二军总司令、江西都督。1913年因反对袁世凯大借款被革职，即任七省讨袁联军总司令，后入滇组护国军，任第三军总司令。1917

年参加护法运动，任大元帅府参谋总长。1923年任闽赣边防督办。1924年在国民党一大上被选为中央执行委员，拥护孙中山联俄、联共、扶助农工三大政策。1925年12月又通电赞成西山会议派的主张。后历任国民党政府江西省主席、国民政府常务委员、军事委员会常务委员、中央监察委员。1936年西安事变后，蒋介石组织军事法庭审判张学良时，任审判长。抗日战争爆发，移居昆明。1946年2月20日病卒于重庆。1980年11月，李烈钧夫妇合葬于武宁县烈士陵园左侧半山腰。李烈钧能文善诗，尤擅书法，庐山仙人洞所题"常乐我净"，石松之石上所题"纵览云飞"，均是李烈钧的手笔。他的著作面世的有《孙大元帅戡乱记》《李烈钧将军自传》《李烈钧出巡记》《李烈钧言论集》《李烈钧、杨赓笙诗选》等。

【张开儒】（1869—1935年）字藻林，云南人。1904年入日本士官学校，翌年加入孙中山先生组织领导的中国同盟会。1908年归国回滇，任云南陆军讲武堂提调兼教官。在辛亥重九起义和护国讨袁等战争中屡立战功。曾任陆军总长和陆军上将、护法滇军总司令、云南北伐军总司令、孙中山大元帅府大本营参谋总长和参军长等职。

18日 朱福全向驻城外张开儒部开炮轰击，张开儒部被迫还击，是夜，张部即渡河占领帽子峰，炮毁韶州镇守使署，激战结果，朱福全部失利。19日朱福全逃走，其部下全部投降。此役史称"张卅儒三炮定韶州"。事后，龙济光反盗用广州七十二商行名义通电各处，诬蔑李烈钧部在韶州先行开衅。

30日 李烈钧部在清远附近与龙济光部发生冲突。据史料记载，龙济光在"韶州事件"后，截断李烈钧部与肇庆方面的联络，企图陷李军于孤立，李军甚为愤怒，于是，两部在清远一带开始发生激战。

7月6日 李烈钧部在源潭大败龙济光部，龙军死者达七八百人之多，源潭被李烈钧部占领。

7日 李烈钧部继续向深坑、白泥汛、南边圩一带攻击，龙济光部继续败退。随后，李烈钧部滇军又占领军田、新街。至此，龙济光先后前往北江作战军队约11 000人，被滇、桂军伤毙7 000余人。

13日 龙济光、李烈钧正式宣告停战。李烈钧部除占领清远外，还占领曲江、英德两县。

李、龙冲突爆发后，龙济光见自己部队屡战屡败，欲派人到"军务院"，请"军务院"出面调停，但其部下大多反对。龙济光对部下说："某（我）家在滇、粤两省不动产逾六百万，不和而战，战败出走，势必为'军务院'没收。某（我）老矣，所存只此，恕不能为诸君牺牲也！"由此，李、龙正式宣告停战。

9月 下旬，北京政府任命李烈钧驻韶州部将张开儒为南韶连镇守使。

10月7日 南雄县知县刘殿臣包娼包赌，率县兵及警察队到上朔村处理彭、刘两姓宗族械斗时，枪杀农民17人，群众迫于义愤联名上告，广东巡按使龙济光迫于群众压力，将刘殿臣撤职。

9日 继任（袁世凯）大总统的黎元洪，授滇军将领张开儒三等文虎勋章。

17日 张开儒离开南韶连，黎元洪任命隆世储为南韶连镇守使。

【隆世储】（1876—1918年）湖南宁乡人，早年离乡，与洪兆麟应募惠州方绥德部。1913年8月被北京政府授陆军少将加中将衔。1914年12月任钦廉镇守使，1916年10月任南韶连镇守使。后调任高雷镇守使。1918年1月，龙济光从琼崖出兵进攻高雷，企图与北洋军阀段祺瑞遥相呼应，颠覆孙中山在广州的护法政府，高雷镇守使隆世储率军抗击，兵败抢渡鉴江时，溺水殉职。

民国六年（1917年）

2月18日 驻粤滇军第三师第三十一团第二营在南雄兵变，抢劫商店数十家，伤毙警兵商民十余人，被师长张开儒派军镇压。

7月 驻连山县连长刘玉琨所部兵变，连山县知事陈人经被捆辱，县衙署被焚。

9月 连山县代理知事平宝善下令，借学息略行修茸连山县衙公署。

10月12日—11月28日 护法粤桂联军援湘战役开始。第一阶段战役，联军分三路入湘，其中，右翼马济军及林虎2个营7000余人，由韶关入湘趋攸县、醴陵。

【马济】（1888—1927年）字慎堂，广西百色人，回族。马济之父

早年与陆荣廷为结拜兄弟。20 岁时，马济投到陆部并拜其为义父，被送入广西讲武堂受训，任陆的随身副官。1915 年升任游击营营长，参与讨袁军机。翌年 3 月广西宣布独立，成立武卫军，任总司令，出省援助湘南护国军。7 月随陆赴广东驱逐龙济光，任广东陆军第一军总司令兼石井兵工厂厂长。1917 年随粤桂湘护法联军入湘，克衡阳、长沙、岳州。次年退守郴州。1921 年粤军入桂讨陆，马济随陆逃往上海。1923 年得吴佩孚支持，在湖南重建武卫军，接应陆荣廷逃出桂林。1926 年北伐军进军两湖，武卫军投诚，马逃到上海居住。1927 年直、奉混战后，马济出任直鲁联军十五军军长，赴安徽定远县与北伐军作战，兵败被当地红枪会击毙。

【林虎】（1886—1960 年）原名林荫清，别字隐青。广西万冈县人。15 岁考入江西武备学堂就读。17 岁毕业到江西常备中军统领岳凤梧处，任营见习官，后升任为营哨官。1905 年，回广西工作，改任桂林新军第一营督岑队官、营长。1906 年春，受辛亥革命先驱黄兴影响，在桂林加入同盟会。武昌起义后，林虎率部从广东到南京，任团长。1912 年 2 月，林虎率部到江西投奔李烈钧。1913 年 7 月任讨袁军左翼军司令。8 月中旬，潜往日本。1915 年袁世凯复辟帝制。林虎闻讯返到香港，策划云南、广西两省起义讨袁。1916 年 5 月林虎被任"讨袁护国军"第六军军长，参加粤桂战争；6 月，林虎调广州，任广东警备军总参议。1917 年 7 月，林虎率部入湘参加护法战争，后辞去军职赴上海寓居。1922 年冬，应陈炯明之约与赵恒惕联络，推行联省自治，陈炯明兵败后，林虎亦离开广东，结束戎马生涯。1949 年新中国成立后，林虎先后被安排为广西第一、二届各界人民代表会议协商委员会委员。1953 年任广西人民政府参事室参事。1955 年 2 月，被安排为广西政协第一届委员会委员、常务委员。1956 年 12 月，被补选为广西政协副主席，同年，被选为第三届全国政协常委。1959 年 12 月被选为广西政协第一副主席。1960 年 2 月 8 日，因病医治无效在南宁逝世，享年 74 岁。

12 月 驻韶滇军李根源在韶关筹办滇军讲武堂（云南陆军讲武堂分校）。

【李根源】（1879—1965 年）字印泉、养溪、雪生，别署高黎贡山人，云南腾冲人。1904 年留学日本，1905 年参加同盟会，1909 年回国，出任云南陆军讲武堂监督，旋升总办。1911 年武昌起义爆发，与蔡锷等发动昆明重九起义。1913 年，参加"二次革命"。1917 年出任陕西省省长。1918 年参加孙中山领导的护法运动。1922 年任北洋政府农商总长并代国务总理。抗日战争爆发后，于 1939 年出任云贵监察使。1942 年日军入侵滇西，奔赴保山前线襄助军务，抵抗、遏止日军东进。新中国成立后，李历任西南军政委员、行政委员、全国政协委员等职，1965 年 7 月 6 日病逝于北京。李根源先生一生勤奋学习，留心地方文献史料，著有《曲石文录》《曲石诗录》《景邃堂题跋》《雪生年录》，编纂有《永昌府文征》等。

是年　粤汉铁路株韶段，因建设资金不足，全路（段）停工。

民国七年（1918 年）

2 月 25 日　李根源被任命为驻粤滇军总司令兼赣湘边军务督办。总司令部设于广州将军衙门，边防督办公署设于韶州。参谋长杨晋兼岭南道尹，边防督办公署下辖 2 个师、4 个旅、9 个团，第三师师长兼南韶连镇守使李天保，第四师师长兼第七旅旅长朱培德。原驻粤滇军总司令李烈钧，调任讨龙联军总司令。张开儒被调军政府任陆军部部长。方声涛则去福建作战。

2 月 27 日—6 月 15 日　护法粤桂联军援湘战役进入第二阶段，南军收复湖南全境。

4 月 10 日　在桂系军阀和政学系操纵下，国会非常会议改组军政府，取消大元帅制，改七总裁合议制，进一步剥夺了孙中山的职权。段祺瑞即乘机派兵从江西直下南雄。李烈钧又奉命从南部移师北援。

18 日　南、北军在南雄展开拉锯战。联军因衡阳危急，计划南撤，江西督军陈光远派赣南镇守使吴鸿昌，以攻粤军总司令员名义，和副司令丁效兰、王庆馀率 2 个旅万余人，越过大庾岭攻占南雄。驻粤北滇军张开儒与赣军李明扬两部奋力反攻，激战 3 天，21 日联军收复南雄，29 日北军又占南雄，5 月 9 日联军再次收复，后又被北军夺去。在此后的 6 月 3 日、10 日、23 日，南、北两军为争夺南雄，而再有多次拉锯战。

【陈光远】（1873—1939年）天津市武清县人，字秀峰。早年毕业于天津武备学堂，后追随袁世凯、冯国璋，为北洋军阀直系骨干。曾任江西督军多年，1922年被广东北伐军打败而去职，携近千万元财产住进天津英租界现烟台道的一处别墅。1939年8月病逝。

5月3日 驻韶州滇军第三师师长张开儒被广东督军（桂系）莫新荣以煽乱罪逮捕。滇军第二军军长李烈钧自广州到韶州布置粤北军事，主军政权。

4日 滇军李烈钧部（系）李天保强行接管滇军三师，并自任师长兼南韶连镇守使。不久，李烈钧部（系）派郑开文接任三师师长兼南韶连镇守使。

6月3日 李烈钧率部攻克南雄，正欲乘胜前进夺取赣南时，忽奉召回粤，将部队留下固守粤北，以待时机，第一次护法运动失败。

9月22日 由李根源创办的韶州讲武堂，第一期正式开学，共招收学员347人，大部分是云南人。第二期于1919年10月6日开学，共招收学生512人。

是月 南韶连天主教区成立，意大利籍雷鸣道任主教，主教堂设在韶州民权路（今韶关市区东堤中路）。1927年澳大利亚籍传教士耿其光接任主教，其后，再由意大利籍传教士、神甫欧弥格升任主教。

是年 驻粤滇军总司令李根源，在韶关设北江教育局，委任官其彬（日本士官学校毕业）为局长。

民国八年（1919年）

3月5日 广州军政府设大理院，省设高等审（判）、检（察）两厅，在地方设（初级）审、检厅，府治所在县设分庭并推行下乡巡回审判制度，取消县知事兼理司法办法。1921年曲江设地方审、检两厅。

5—6月上旬 北京先后爆发五四运动、六三学生运动，反对《巴黎和约》。韶关、乳源等县先后成立县学生联合会开展各种形式的反帝爱国斗争。

6月11日 韶州商界宣布"凡各店旧存日货，一律自行收束，勿再发卖"等四条规定，抵制日货，以示响应五四运动。

秋 粤北南雄、始兴及赣南在光绪年间发现军用物资钨矿后，附近居民大量开采，卖给德国天主堂教士运回德国。因世界大战的需要，产量大增，仅1918年即生产了10 577吨，矿工达万人之多。是年秋，粤商广钜安矿务有限公司等商号前来设庄收购。到了20世纪30年代初，钨矿被粤军第一军余汉谋部开设的联安公司垄断。1936年1月，才由国民政府中央资源委员会接管。

11月 连山县知事杨德元失职，被"匪首"徐广、李富、黄细九、赖晚等统众数百，攻陷县城。邑绅彭微朝、虞先隆等电告驻韶统领蔡炳怀率军进击，克复县治。

是年 由殷恭仁等人编撰的《翁源县志》成书，全书共16卷，今存世。

△ 驻粤滇军总司令李根源在韶，对韶州文化古迹进行大规模的修缮，先后重修了张九龄墓和墓祠，重刻《曹溪第六祖赐谥大鉴禅师碑》等，并留下了《重修武临源张文献公祠墓记》《苏程庵记游》等碑刻（见本书前附图）。

民国九年（1920年）

2月8日 滇系督军唐继尧因不满桂系粤督莫荣新插手其驻粤滇军将领人事调动，通电解除驻粤滇军总司令李根源职务。

【**莫荣新**】（1853—1930年）字日初，化名高崇民，广西桂平人。幼年读私塾，辍学后居乡务农。16岁在杂货店帮工。1871年投族兄莫昆甫，充当莫部伙夫，后升哨兵。1872年随莫昆甫所部开赴贵州镇压苗族起义军。1884年随莫昆甫部在中越边境参加中法战争。1885年升充毅新营右哨副哨。战争结束后，广西边防督办朱元春任其为督办暑亲兵右哨哨官。1900年奉命率队攻打百色一带游勇和会党，升充镇南营帮带。1901年升充管带。不久驻防龙州布局，任布局对讯官，兼理外事。1903年广西提督兼边防督办丁槐任其为贵字右营管带，令其率队进攻十万大山会党。1907年升任贵字前中两营督带，旋获游击衔，赏戴花翎。1909年晋升为广西巡防队帮统，驻兵梧州。1911年6月，

陆荣廷任广西提督，任其为地防营督带。武昌起义后，庆远宣布独立，广西军政府委莫为庆远府长。1912 年 5 月，陆荣廷任其为梧州府长，继升广西中区第一正司令，后授陆军中将。1914 年升任广西陆军第一师第二旅旅长兼苍梧道道尹。1915 年 9 月，任桂平镇守使。1916 年初春，响应讨袁护国；5 月护国军两广都司令部在肇庆成立，任护国军第三师师长兼肇庆卫戍司令；10 月兼广惠镇守使；12 月任广东第二混成旅旅长。1917 年 11 月，任广东督军。1918 年 8 月，广东军政府改组后，兼任陆军部部长。1920 年 10 月，被孙中山领导的粤军驱走，其后蛰居上海，化名高崇民。1922 年 2 月，北京政府授其为腾威将军。1928 年秋，离开上海回桂平。1930 年 3 月 30 日在桂平病逝。终年 77 岁。

10 日 滇系督军唐继尧再次通电："驻粤滇军由本督直辖，并就近秉承李（烈钧）参谋长办理。"由此，引发桂系与唐继尧争夺驻粤滇军统率权的"战争"。

16 日 粤督莫荣新命令"所有滇军两师部队，仍由李督办根源节制指挥"，并令李根源"复职"。

21 日 李根源通电复职。

23 日 莫荣新下令撤销驻粤（韶州）滇军第三、第四两师番号，改编为边防陆军 3 个旅及 3 个独立团。莫荣新此举意在使李烈钧无兵可管，成为"空军司令"。与此同时，莫荣新向粤北调桂军备战。

24 日 李烈钧以军政府参谋总长身份到粤北视察防务，又令驻粤滇军集中始兴候命。

26 日 争夺驻粤滇军"统率权战争"正式爆发。

自 23 日莫荣新下令撤销驻粤滇军两师番号后，李烈钧曾责问岑春煊"何以同意桂系消灭驻粤滇军的阴谋"，岑春煊无言以对。于是，李烈钧以"视察防务"亲抵粤北，并按唐继尧电令，欲将莫荣新任命的师长杨晋就地正法。然而此时，驻粤北的滇军内部已发生变化，亲李根源的滇军与亲李烈钧的滇军先期在韶关、始兴、翁源等地打了起来。26 日，岑春煊派刘德裕到花县调停两军无效。此时，驻琼崖的桂系沈鸿英部也向粤北开来，魏邦平的粤军也由滘江口、佛冈向始兴推进。

【魏邦平】 （1884—1935 年）字丽堂，广东香山（今中山）人。

早年留学日本陆军士官学校,1909 年毕业回国,任广东督练公所编译员、教练员。广东光复后,任军政府陆军部副部长、都督府参谋长、广东陆军第二师旅长、广东水上警察厅厅长等。二次革命失败后,投身反袁驱龙(济光)斗争,任桂系护国军第二独立旅旅长、第五军军长,兼广东警察厅厅长和全省警务处处长。1919 年在广州镇压五四运动。1920 年率部响应粤军回粤,所部编为第三师,任师长。1921 年任西江总指挥,率部参加讨桂之役。次年返穗,任广州卫戍司令。陈炯明叛变后,一度徘徊观望。后出任讨贼联军总司令、西江讨贼军总指挥、西江戒严司令等,参加讨伐陈炯明叛军。1923 年 8 月改任琼崖实业督办。1924 年 6 月任建国粤军高等顾问。1925 年涉嫌廖仲恺被刺案而逃往香港。1935 年在广州病故。

3 月 2 日 因寡不敌众,受南、北夹击的李烈钧部兵败北江。

8 日 唐继尧通电指责莫荣新、李根源越权抗命:"嗣因李根源特握军权,每为政党利用,并滥行引用本省通缉人员……近更擅权调师长郑开文,继以杨晋。莫日初(荣新)方来电征求意见,而李根源令杨晋强占师部,宣布就职……因故改派李根源为建设会议代表,而免其军长职务,并撤销滇军司令部……乃莫日初不察实情,曲加庇护,擅将滇军任意改编,置唐继尧于何地?"

13 日 唐继尧派其弟唐继虞为援粤军总司令,率 3 个师入粤作战。

14 日 唐继尧又通电责莫荣新:"公然开衅……似此任意胡为,目无滇省,甘为戎首,破坏大局,继尧忝统戎麾,绝不能坐视两师滇军受人侵夺。"

15 日 唐继尧又电责李根源,并下令通缉,说:"现闻莫日初受某派蒙骗,始终不悟,有以滇军归军府节制,由某派操纵,而使协和(李烈钧)护总指挥之虚名。此种办法,与继尧前令相背……现决意贯彻去逆之旨,已陈师鞠旅,为最后之一拼……"

16 日 李烈钧突围后到达始兴鲁子材、杨益谦两部驻地(两人是李烈钧旧部)。驻粤滇军两大阵营在粤北再次发生交战。

29 日 岑春煊为"两李"(李烈钧、李根源)讲和亲到韶关。后因得知政务总裁伍廷芳出走去港,先回广州,留李书城在韶关等候李烈钧。

4月1日　李烈钧到达韶关，与李书城商谈后，返回广州。

13日　李根源部将赵德裕率兵以捉逃兵为名，搜查广州护法军政府参谋部和赣军司令部李烈钧办公地点，并鸣枪示威，但无所获。李烈钧闻讯，逃海珠岛海军部躲避。

是月　罗马教廷任命意大利籍慈幼会教士雷鸣道为首任韶州教区主教，韶州教区成立。

5月　留在粤北的李烈钧余部朱培德之张怀信、鲁梓材、胡国秀3个旅，被亲李根源滇军和桂军李易标部打败，逃往连县及湖南嘉禾。

是月　滇军朱培德部一个旅为摆脱粤军的追击，由广宁入连州，围攻连州县城四昼夜，被粤军陈坤培（师长）部跟踪追击，将其驱散。

被打败的李烈钧余部，后改名为"滇黔赣联军"。此部联军后经贵州入四川，参加唐继尧和熊克武的混战。熊克武战败，他们又退回到湘粤桂边活动，参加孙中山的北伐和国民革命军的北伐。亲李根源的3个旅李根瀍、梁说、周兴汉部则被莫荣新改编为"海疆军"，开赴琼崖驻扎，李根源任海疆军司令兼琼崖督办。原琼崖镇守使沈鸿英调回粤北韶关驻防，并任粤赣湘边防督办。

【沈鸿英】（1871—1938年）又名亚英，字冠南，生于广东恩平，后迁居广西雒容（今鹿寨县）。童年随兄在家务农，后为店员，打过短工，曾投身绿林。1911年11月，柳州独立，被任命为管带，是年冬升督带。不久，军政分府撤销，仍任督带。1913年7月升为帮统。1915年任广西巡防统领。1916年9月任钦、廉镇守使。1917年12月，被陆荣廷任讨龙（济光）军第三军总司令。1918年秋任琼崖镇守使。1919年冬任南韶连镇守使，兼粤赣湘边防督办。1920年秋任粤桂边防第三路军总司令。1921年夏，孙中山下令讨伐陆荣廷，沈逼陆荣廷下野，自称援桂军总司令，败后率部退入湖南。1922年6月，吴佩孚改编沈部，委以陆军第十七师师长；8月授予协威将军；同年秋，孙中山讨伐陈炯明，委其为广西靖国军总司令。1923年2月，孙中山任其为桂军总司令，命其离开广州，移防北上；3月北京政府令其督理广东军务善后事宜；4月接受北京政府任命，在新街就任广东军务督理职，带兵进攻广州，失败后，回广西桂林。1924年2月，自任广西建国军总司令，将陆荣廷逐出广西。1925年1月，所部被新桂系歼灭；

同年秋，潜往香港，过寓公生活。1938 年病逝。

7 月 直皖战争爆发。与直系军阀早有勾结的桂系军阀，决定以讨伐福建皖军为名，由驻粤北沈鸿英任桂军总司令，率领 3 万余人从粤北入闽，攻击援闽粤军。

是月 孙中山为重建护法基地，令援闽粤军总司令陈炯明率所部 2 万余人，分三路回师驱逐盘踞广东的桂军。由此，孙中山领导的"讨桂战争"爆发。

8 月 16 日 回师粤军开始发动对桂军的全面进攻，连克诏安、梅县、饶平、潮安、汕头、惠州等地。沈鸿英急调驻韶第三军往东江前线增援。

9 月初 赣军李明扬、湘军陈嘉祐等先后抵达坪石，桂军总司令沈鸿英恐老巢失守，急忙从乳源、连县星子败逃，退回广西八步、平乐，并改番号为"广西边防军第三军"。

10 月 18 日 驻粤滇军朱培德部从坪石攻下韶关，向广州方向进军。

19 日 粤汉铁路广韶段工人举行大罢工，拒绝为桂军运输兵员和军需。

11 月 4 日 粤军收复清远等地。

月底 粤军将桂系全面赶出广东，讨桂战争结束。

【许崇智】（1887—1965 年）字汝为，广东广州人。1899 年入福州船政学堂，后保送日本陆军士官学校。1905 年在东京加入同盟会。毕业归国后，历充福建武备学堂教习、总教习，新军第十镇第四十标标统，第二十协协统。武昌起义后，胁迫统制孙道仁在福州举兵响应，任第一师师长。1912 年任陆军第十四师师长。次年任福建讨袁军司令，失败后出走日本。1914 年加入中华革命党，任军务部部长，兼中华革命军福建总司令。次年底，任中华革命军东北军参谋长。1917 年参加护法运动，任孙中山大元帅府参军长。翌年 2 月援闽，任第二支队司令、粤军第二军军长。后参加孙中山领导的北伐与讨陈（炯明）等战役。1922 年任东路讨贼军总司令。1924 年在国民党一大上，被选为中央候补监察委员，并任建国粤军总司令。次年任广州国民政府常务委员兼军事厅厅长等。廖仲恺被刺案发生后，受蒋介石逼迫避居上海，失去军权。此后在国民党中央监察委员会和政府监察院任职。

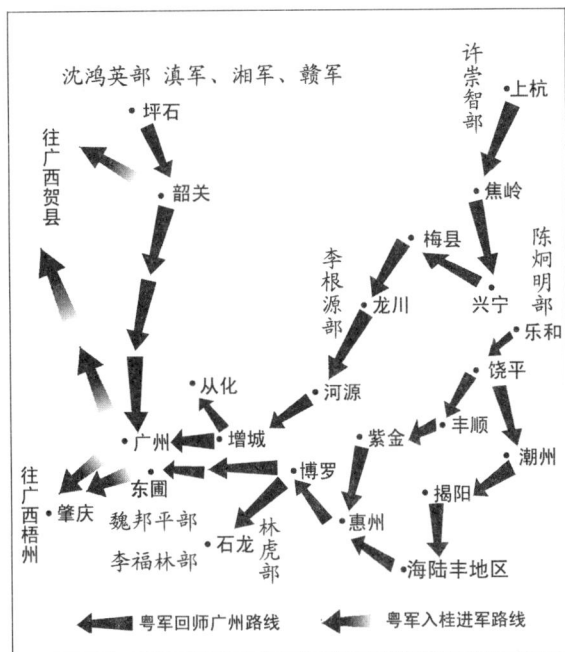

援闽粤军回师讨桂进军图（1920 年 9 月初—10 月底）

1939 年离沪赴港。1941 年被日军俘获，得释后易居澳门。1946 年定居香港。1965 年 1 月病逝。

【洪兆麟】（1876—1925 年）字湘臣，湖南湘乡人，清末广东防军永字营管带。辛亥革命时受陈炯明、邓铿策动，在惠州率部反正，任巡防营统领兼惠州绥靖督办。民国初在广东陆军混成协任团长，二次革命失败后流亡日本。1914 年返粤，在惠州起事，失败后逃赴香港。1916 年奉命再入惠州帮办，1917 年任援闽粤军第五统统领。入闽后历任汀漳镇守使、第四支队司令。1920 年参加粤军回师之役，后任潮、梅善后处处长，粤军第二师师长。1922 年与叶举部等合谋叛乱，炮击总统府。1923 年任陈（炯明）军潮、梅军副总指挥兼第二军军长，率部袭击许崇智部，并参加围攻广州之役。1925 年在东征中被击溃，同年 12 月秘密赴上海求助吴佩孚，途中被韦德击毙。

【李福林】（1874—1952 年）字登同，广东广州人，绿林出身。早年在家乡组建乡团，任统领。1907 年赴安南（今越南）晋见孙中山，加入同盟会。先后参加镇南关起义及黄花岗之役，武昌起义后参加广东光复之役。民国成立后，任广东都督府警卫营营长。1917 年孙中山南下护法，担任警卫工作。1919 年任广惠镇守使，翌年参加驱逐桂军战役。1921 年大元帅府重建后任军长，出师北伐。1922 年任广东省警备处处长兼民团统率处督办、建国粤军第三军军长、广州市政厅厅长等。后参加平定商团叛乱及刘（震寰）杨（希闵）之乱等战役，1925 年广州国民政府成立，任国民革命军第五军军长，参加北伐战争。1927 年参与镇压广州起义。次年辞职隐居香港。抗日战争时期，任国民党中央军委会顾问、军委会驻粤军事特派员。新中国成立前夕，迁居香港。曾任国民党第二、三、四届中央候补监察委员，第五届中央监察委员。1952 年病逝于香港。著有《李福林从事革命经过》等。

【陈嘉祐】（1881—1937 年）字护方、护黄，湖南长沙人。1916 年任湖南护国军第一师第四梯团长，后任第二师第三旅旅长。1920 年任湘军整编第七防区司令，11 月任湘军第六混成旅旅长，1922 年 6 月任讨贼军湘军第一路司令，1923 年 8 月任湖南讨贼军湘军第一军军长，11 月任湘军第六军军长，驻粤湘军第五军军长兼第八师师长。1925 年任第二军教导师师长，北伐时留守广州任警备司令。1927 年任第十三军军长。1928 年 1 月任第十四军军长，2 月任军事委员会委员，5 月任湖南省政府委员。1930 年中原大战，加入反蒋阵线。同年 11 月被开除出中国国民党中央监察委员会，1931 年 12 月重新当选为国民党第四届中央候补监察委员。1937 年 1 月 27 日病逝。

12 月 6 日 陈炯明主持广东军政府，裁撤广东各道道尹。岭南道裁撤后，成立南韶连行政委员会。

9 日 为索欠薪和兵燹损失恤款，英德火车站铁路工人参加粤汉铁路南段罢工。此为粤汉铁路早期罢工斗争，罢工持续至 1921 年 1 月取得胜利。

12 日 孙中山到韶关视察，沿途收编民军，14 日返穗。

是年 省立韶州中学校改为省立第二中学校。次年改名为"省立第三师范学校"。1935 年改称"广东省立韶州师范学校"。该校的前身为南宋乾道六年（1170 年）所建相江书院。

民国十年（1921 年）

春 省立南雄中学爆发学潮，学生曾昭秀等反对校长王道纯专制

和贪污，罢课1个多月。

5月 阳山全邑水灾，沟江暴涨两丈余，黄坌、岭背二乡损屋逾百间，溺死乡民20多人，财物庄稼损失殆尽。

6月13日 桂系军阀陆荣廷下令，兵分三路进攻广东，北江讨沈战役开始。

自1920年11月桂系军阀败回广西后，陆荣廷等旧桂系军阀时刻都在打算反攻广东。是月，陆荣廷兵分三路，以陈炳昆部从梧州攻郁南、罗定；以申葆藩部袭高（州）、廉（州）地区；以沈鸿英部进犯北江。

中旬 粤军分路迎击桂系军阀反攻。北路粤军梁鸿楷率第一旅两个团和第二旅第三团向乐昌前进，邓铿率陈铭枢团及邓演达独立营向连县、阳山迎击沈鸿英军。赣军赖世璜、李明扬、卓仁机部亦参加在连县星子与阳山间的战斗。

7月4日 邓铿部收复阳山，击溃沈鸿英部进犯。

12日 沈鸿英在贺县通电宣布"自治"，所部四十二营改称"救桂军"，声明与陆荣廷脱离关系，与广东采取一致行动。

是日 省立第二中学更名为"省立第三师范学校"（韶州师范前身），校长黄遵庚。

23日 中国共产党在上海成立。

8月13日 讨桂粤军占领桂林。至9月底，粤军经过四个月战斗，致使旧桂系垮台。

10月8日 孙中山向国会提出北伐案，经国会非常会议通过。陈炯明提出反对，孙中山乃令其先返广州，主持后方接济。

31日 孙中山令驻广州粤军李福林率所部进抵韶州。

11月8日 赣督陈光远致电北京政府称："孙中山北伐，将赖世璜、邓铿等3个师集中在韶州，邓部已抵达南雄，赣南防务告急……"

是月 李熙畴任曲江（韶州）首任"民选"县长。

自1920年12月，陈炯明掌握广东军政府大权后，即在省内推行联省自治改革，成立省制编纂委员会，由其主持会议，讨论自治条例等问题，出席者有胡汉民、陈融、古应芬、金章、林云陔等十余人，会议决定取"半干涉主义"，由县民直接选举县长候选人三名，再由省长择一委任。后由于陈炯明赴桂督师援桂战役，民选县长至1921年

韶文化研究丛书

民国初年至大革命时期（1912年1月—1927年7月）

11月才落实。

12月4日 孙中山在桂林设立北伐大本营，大本营警卫团由粤军第一军第一师直属部队机枪营、工兵营和粤北游击队等部合编，由原师参谋长陈可钰任团长，以薛岳的机关枪营为第一营，营长薛岳；以李章达的工兵营为第二营，叶挺为营长；驻粤北的北江游击司令李安帮部改编为第三营，营长张发奎。任命驻粤北粤军李福林为第三军军长。

【薛岳】（1896—1998年）又名仰岳，字伯陵，广东乐昌九峰人。1910年加入中国同盟会，曾任孙中山警卫团的营长。1927年4月，蒋介石发动"四一二"反革命政变后，11月，薛岳随张发奎发动广州政变，脱离李济深，投张发奎部。在国民革命军第四军任教导第一师师长。一个月后，中共领导广州起义爆发，薛岳率部镇压。1928年1月，薛岳率部投入蒋介石阵营，后因不满蒋介石，先投汪精卫、陈公博秘密反蒋，后归张发奎部反蒋。中原大战后，薛岳一度负伤，辞职在九龙闲居。1933年5月，蒋介石为"剿共"起用薛岳，任薛岳为第五军军长，协助陈诚对江西苏区进行第五次围剿；11月，薛岳升任北路第三路军副总指挥兼第七纵队司令。1934年1月，出任北路军第六路军总指挥，围剿、追剿红军。1935年任贵阳绥靖主任，一度代理黔省主席。抗战开始后，薛岳主动请缨杀敌，率部参加了"八一三"上海抗战。1939年代理第九战区司令长官，负责指挥两湖和江西部分地区对日作战。1941年12月，薛岳组织"第三次长沙会战"，沉重地打击了日本侵略者的嚣张气焰，取得著名的"长沙会战"大捷。抗战胜利后，薛岳被任命为徐州绥靖公署主任、总统府参军长、广东省政府主席兼海南岛防卫总司令。1949年底，人民解放军发起海南岛战役后，薛岳下达总撤退令。1950年到台湾后，历任台湾"行政院"政务委员、"总统府"战略顾问。1998年去世，享年102岁。后人著有《薛岳传》《薛岳先生事略》等述其生平。

是年 广东省增设曲江审判检察厅，所辖各县设分庭，分庭内设监督检察官。民国十七年（1928年），曲江审判检察厅改为南韶连地方法院。

民国十一年（1922 年）

1 月 11 日　广州国民政府确定北伐总方案：在桂（林）超过四万北伐军，分七路（军）向湘赣出发。以李烈钧部为前锋，许崇智部为后队，李福林部集中在韶州。

2 月中旬　北伐军前锋进入湖南境内，留守广东的陈炯明和湖南督军赵恒惕结成反对孙中山联盟，阻止北伐军假道湖南北进。孙中山被迫变更北伐计划，令北伐军回师广东。

【赵恒惕】（1880—1971 年）字夷午、彝五（午），号炎午，湖南衡山人。湖北方言学堂毕业后，赴日本留学，入东京振武学校及陆军士官学校第六期，1905 年加入同盟会。1909 年回国，随蔡锷主办广西陆军小学堂，历任广西常备军协统、广西督练公所会办。武昌起义爆发，率新军拥广西巡抚沈秉堃宣布独立。旋率部北上，驰援武汉，任左翼军司令，驻孝感，与南下之清军对峙。中华民国成立后任第十六旅旅长，返湘协助湖南都督谭延闿整编军队。二次革命起，率师攻鄂，旋被袁世凯派遣入湘的汤芗铭俘获，押解入京判刑 10 年。1915 年经蔡锷等具保，获释出狱。次年，回湖南，任湘军第一师师长，后代任督军。1920 年 11 月被广州军政府任命为湘军总司令，后又任省长，倡议联省自治，创制省宪，与直系军阀吴佩孚联结甚紧。1921 年 4 月通电反对孙中山任非常大总统，次年春反对北伐军入湘作战，并镇压农民，破坏农会，压制民众运动，为湖南各阶层人民所反对。1926 年 3 月被迫去职，退居上海。抗日战争爆发后任国民党军事委员会军事参议官，1939 年 8 月任湖南省临时参议会议长。抗战胜利后为省参议会主席。1949 年去香港，后去台湾，1951 年在台湾任"总统府资政"。

3 月 21 日　傍晚，粤军参谋长兼第一师师长邓铿，在广州大沙头广九火车站遭暗杀。

26 日　孙中山在桂林召开紧急军事会议，议班师回粤。

此前，由于陈炯明背约，停止接济北伐军粮饷、武器，并暗中与赵恒惕勾结阻止北伐军假道湖南北伐，所以，孙中山在桂林召开紧急

军事会议，商讨今后的军事行动。在会上，许崇智主张回师广东，蒋介石则主张讨伐陈炯明，胡汉民亦主张回兵，孙中山遂决议班师回粤，改道赣南北伐。

4月16日 孙中山在梧州召开扩大军事会议。会议决定"出师江西，悉命诸军集中韶关，北伐大本营设于韶关"。

19日 孙中山下令北伐军分三路前往韶关：一路由封川江口出发，取道北江，抵韶关；一路由三水出新街车站，通过粤汉铁路线遣运军队；一路从广州黄沙火车站上车，乘粤汉线火车北上。估计有3万人分别从上述3个地点出发，他们奉命在指定的日期到达韶关。

是日 在梧州，北伐军雇梧州桂省轮船"梧州号""广威号"及民船数十艘，快速运兵出发。据当时《民国日报》记："民船十余艘满载北伐军抵省（广州），将乘车赴韶。"孙中山派员抵韶关，选定韶城旧镇署（今韶关警备司令部所在地）为大本营。

20日 北伐军一部陆续由连州、阳山抵达韶关，另一部经三水、清远进入粤北。

25日 许崇智、梁鸿楷、黄大伟等致电各将领："奉大元帅命令，北伐讨贼，即日出发，集中韶关，听候前进。"

【梁鸿楷】（1887—1959年）字景云，广东新兴人。早年加入同盟会，从事民主革命。1917年参加粤军援闽，任营长、统领。1920年随粤军回师驱桂。次年，任粤军第一师师长，后兼任广州卫戍副司令。1923年4月任中央直辖广东讨贼军第四军军长，旋兼两阳、三罗等处安抚使，高雷钦廉各军总指挥。1924年建国军成立，任第一军军长。1925年涉嫌刺杀廖仲恺案，被捕入狱，后获释。抗日战争时期，任国民政府军委会中将参议，抗战胜利后，曾任广东省政府顾问。1953年转赴台湾，任国民大会代表。

【黄大伟】（1886—1944年）字子荫，号毂孙，湖北黄陂人。比利时皇家军官学校毕业，在欧洲加入同盟会。1911年回国参加辛亥革命。1917年抵粤参加护法运动，任大元帅府参军、代理参军长。后入粤军，任第一路司令，参加粤军回师讨桂、援桂、北伐入赣等战役。1922年陈炯明叛变后，任东路讨贼军第一军军长，次年出走香港，投靠陈氏，遭孙中山下令通缉。1924年逃匿厦门鼓浪屿。抗日战争时期，曾出任伪闽粤边区总司令，1944年在上海遇刺身亡。

5月2日 北伐军第二军许崇智部在广州东校场誓师北伐，由孙中山授旗。随后张惠长、陈庆云也率飞机队进驻韶关。

【张惠长】（1899—1980年）广东香山（今中山）人。在美学习飞行，1917年回国，历任孙中山侍从武官、航空处副处长、航空局副局长、广东航空学校校长、南京航空署署长、中央航校校长、西南国民政府空军司令、国民党中央委员、驻古巴公使、中山县县长、立法委员、国民大会代表。逝于台湾。

【陈庆云】（1897—1981年）广东翠微南溪（今珠海市香洲区前山镇南溪村）人。在日本加入中华革命党，在英、美学习飞行。1917年回国任飞机副队长、广东航空处副处长、虎门要塞司令、广东海军副司令、广东省政府委员、广州市公安局局长、国民党候补中央委员、中央航空学校校长、国民党中央执委、海外部部长。1949年后寓居美国。

3日 北伐军第二军许崇智部，粤军第一师梁鸿楷部抵达韶关。

4日 孙中山下达北伐令，讨伐徐世昌："受命诸将，分道出师，亲履行间，以除民贼。出师宗旨，在树立真正之共和，扫除积年政治上之黑暗与罪恶，俾国家统一，民治发达。所认为民贼者，惟徐世昌及共恶诸人，师行所过，如有去逆效顺者，必视同一体，其毋自贰。"

6日 孙中山偕胡汉民、许崇智、程潜、黄大伟、蒋作宾、古应芬离穗至韶关大本营。孙中山到达韶州，设北伐大本营于原韶州镇台署（今建国路韶关警备司令部所在地）。

是日 中路军李烈钧率滇、赣军出南雄攻大庾、新城，右翼许崇智率本军及梁鸿楷、李福林军从南雄出乌迳攻信丰，左翼黄大伟军从仁化攻崇义、上犹。

【程潜】（1882—1968年）字颂云，湖南醴陵人。1903年，考取湖南武备学堂。1904年8月被保送到日本留学。1905年8月，加入同盟会。1907年进入日本陆军士官学校学习，1908年12月毕业回国。辛亥革命爆发，参与黄兴领导的汉阳保卫战。1913年，孙中山发动讨袁"二次革命"，失败后，亡命日本。1915年4月被推举为护国军湖南总司令。1917年9月，被推为湖南护法军总司令。1920年11月，孙中山重组军政府，程潜被任命为陆军部次长。1924年9月，孙中山在韶关誓师北伐，程潜随从出征。11月，程潜任攻鄂军总司令。1925

年6月，回师广州，参与平定杨希闵、刘震寰的叛乱。1927年3月，程潜由武汉国民政府任命为第二方面军总指挥。同年8月，武汉国民政府东征讨蒋，程潜为东征军江右军总指挥。1928年2月，程潜兼任湖南省政府主席并被推为国民政府委员、军事委员会委员。1937年7月，抗日战争爆发后，程潜以参谋总长名义担任平汉线方面指挥，旋任第一司令长官。1938年2月，兼任河南省政府主席，统一军政。年底，程潜改任天水行营主任，驻西安统一指挥西北战场。1940年5月，程潜调重庆任军事委员会副参谋总长，兼战地军政委员会副主任委员，还一度代理参谋总长，直到抗战胜利。1948年7月，程潜调任长沙绥靖公署主任兼湖南省政府主席。1949年，程潜、陈明仁领衔发出和平起义通电，脱离"广州国民政府"。8月下旬，程潜参加中国人民政治协商会议第一次全体会议。新中国成立后，程潜历任中央人民政府委员，中央军委副主席，国防委员会副主席，中南军政委员会副主席，中南行政委员会副主席，湖南省军政委员会主席，湖南省人民政府主席，湖南省省长，民革中央副主席，第一届全国人大常委，第二、三届全国人大委员会副委员长，第一届全国政协委员，第二、三、四届全国政协常委，第一、二届湖南省各界人民代表会议协商委员会主席，第一、二、三届湖南省人大代表等职。1968年4月9日在北京逝世。

【古应芬】（1873—1931年）字勷勤，也作湘芹，广东番禺人。1904年赴日本留学，入读日本法政大学速成科，次年加入同盟会。1907年学成回国后，任广东法政学堂编纂、广东咨议局书记长。1912年任广东都督府核计院院长、琼崖绥靖处总办、都督府秘书。二次革命失败后，在港澳和南洋筹款反袁，后参加护国、护法运动。1923年任广州大本营江门办事处主任，大本营秘书长；8月随孙中山讨伐陈炯明。翌年9月任大本营财政部部长、广东省财政厅厅长、军需总监、广东省政务厅厅长。1925年任广州国民政府委员、财政部部长。次年1月当选为国民党第二届中央监察委员；曾奉命北上慰劳北伐军。1927年3月赴上海参与蒋介石策划反共"清党"，旋南下参与策动广州"四一五"反革命政变。南京国民政府成立后，任国民党政府常委兼财政部部长，次年赴日本、欧美等地考察政治，归国后任国民党中央政治会议委员，南京国民政府文官长。1929年3月被选为国民党第

四届中央监察委员、中央政治会议委员。1931年2月与邓泽如通电弹劾蒋介石，支持胡汉民；5月任广州反蒋派国民政府常委；10月病故。著有《双梧馆诗文集》《孙大元帅东征日记》。

8日 孙中山下达北伐总攻击令，并任命李烈钧为北伐总司令兼中路军总指挥，许崇智为北伐总指挥兼右路军总指挥，黄大伟为左路军总指挥。

9日 孙中山在韶关誓师，下令北伐，北伐军共4万余人，兵分三路分别从南雄、仁化、坪石等地进军湘、赣。

13日 北伐军分三路由粤北入赣作战，赣南、湘南的战斗正式打响。中路军由李烈钧辖滇赣军朱培德、彭程万、李明扬三部及湘军第六混成旅陈嘉祐部、黔军谷正伦部，由始兴出发，攻南康、赣州；右路由许崇智率粤军第二军及第一师梁鸿楷、福字军李福林、赖世璜旅，由南雄出发，攻大庾、信丰、南康，会师赣州；又由赣军龚师曾的一个支队进攻"三南"（龙南、全南、定南）；左路由黄大伟率部从仁化出发塘江圩攻崇义、上犹。总兵力达4万人，并有飞机助战。

15日 福字军李福林部在韶州誓师，孙中山亲往主持。

17日 右路北伐军分队一部率先攻占"三南"。

20日 孙中山亲往南雄誓师，并任命刘濂为大本营咨议。次日任命徐天琛为北伐军咨议。

25日 中路北伐军李烈钧部出大庾，攻克南康。

29日 左路北伐军黄大伟部攻占崇义，右路北伐军主力攻占信丰。

6月1日 孙中山由韶关返广州，留胡汉民留守大本营，同时，任命许崇智为粤汉路警备司令。

2日 右路北伐军分队攻占安远、会昌。次日再占会昌。

6日 中路北伐军率先攻占赣州。

13日 左路北伐军一部，右路北伐军主力及分队，与中路北伐军会师赣州。

15日 北洋政府任命的赣督陈光远（北军）逃往南昌，由蔡成勋接任北军指挥。

是日 胡汉民在韶关北伐大本营召开军事会议，决定北伐第二阶段作战计划：①第二军许崇智部、第一师梁鸿楷部、福字军李福林部分两部向万安前进；②李烈钧部滇赣北伐军沿河左岸向万安前进；③第一路军由上犹、社溪圩等处进占遂川，与另两路军夹击吉安。

16 日 陈炯明在广州发动叛变，迫孙中山下野。

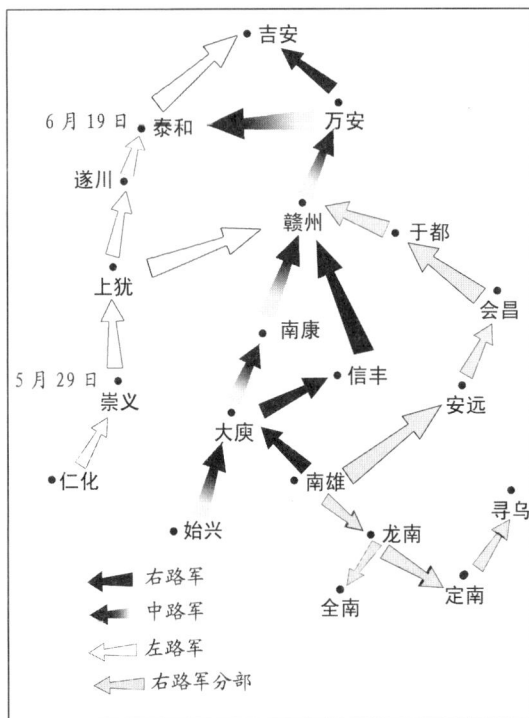

北伐军进攻赣南作战路线图（1922 年 5 月 12 日—6 月 19 日）

19 日 孙中山密令李烈钧部留守江西，余部迅速回粤讨叛。又令副官马湘去港，与邓泽如等筹措军饷、军粮。同日，胡汉民率韶北伐大本营撤离韶关，前往江西。

是日 中路北伐军与右路北伐军进逼万安，左路北伐军也进逼泰和，到达吉安外围。

20 日 陈炯明部叛军杨坤如、翁式亮两部进入韶关。

【杨坤如】（1884—1936 年）字达波，广东归善（惠州）人，绿林出身。曾任桂系警卫军营长，驻潮汕。1918 年加入援闽粤军，任营长。1920 年随粤军回师驱桂，升任广东警备游击第一路司令，旋参加援桂战役。1922 年随陈炯明叛变，据守惠州。次年率部进攻广州，失败后撤返惠州。1925 年以困守惠州无望，向滇军胡思舜投降，逃往香

港；后投靠许崇智，任建国粤军第五军军长，据惠州；许被解职后复叛，再度归附陈炯明，任粤军第六军军长；10月国民革命军第二次东征攻下惠州，兵败后逃往香港。

27日 胡汉民由营长张发奎护送抵赣，当晚决定由粤军许崇智部第二军、第一师梁鸿楷部、福字军李福林部、滇军朱培德部回粤平叛，李烈钧率其滇军余部留守赣南。

【张发奎】（1896—1980年）字向华，广东始兴人。1916年毕业于武昌陆军第二军官预备学校，回粤军由排长逐级升至旅长。1925年冬任国民革命军第四军第十二师师长，次年参加北伐战争，在攻占汀泗桥、武昌城等作战中，因有战功升任被誉为"铁军"的第四军军长。1927年4月，宁汉分裂，张拥护汪精卫，反对蒋介石。6月，被武汉国民政府任命为第二方面军总指挥，率部入赣，准备讨蒋。7月宁汉合流后，张随蒋、汪反共。9月入粤，11月与汪合谋，发动兵变，驱逐桂系势力，行使广州军事委员会分会主席职权。12月，张镇压中国共产党领导的广州起义。同月，李济深率部配合黄绍竑部进攻广州，张兵败辞职，依附蒋介石。1929年蒋桂战争中，任蒋军第一路追击军司令兼第四师师长，进驻湖北宜昌。9月，张获悉蒋欲消灭所部，遂联桂攻粤，再次反蒋，12月被陈济棠部击败。1930年蒋（介石）、冯（玉祥）、阎（锡山）战争中，张联合桂系支持冯、阎反蒋，山兵岳阳，失败。抗日战争期间，先后任集团军总司令、兵团总司令、战区司令长官、方面军司令官等职，率部参加过淞沪、武汉、昆仑关等战役。1945年抗战胜利后，任广州行营（后改行辕）主任，1947年改任总统府战略顾问委员会委员。1949年3月任陆军总司令，7月辞职，前往香港定居。1980年3月10日病逝。

7月2日 三路北伐军回师粤北平叛。

在接到孙中山回师平叛令后，北伐军除李烈钧部留守江西，其余分三路回师粤北。第一路是朱培德部从湘南入乐昌回师；第二路是许崇智、李福林部从湘南入仁化回师；第三路是张民达、黄大伟部从赣南回师。

是日 许崇智、李福林部由仁化出发，滇军朱培德部由乐昌出发，两军会攻韶关。时陈炯明部的杨坤如、翁式亮两军驻守韶关及周边四乡，回师北伐军在大塘圩首先与叛军展开激战，不久，叛军即向韶关

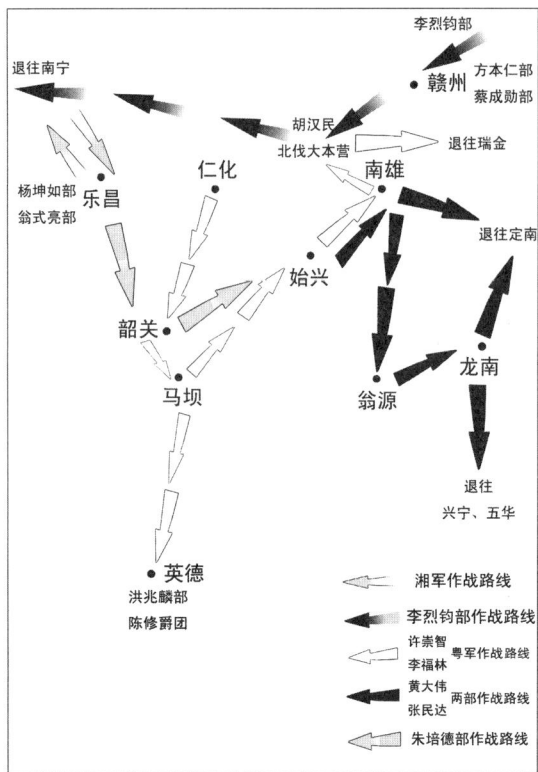

北伐军回粤平叛进军图（1922 年 7 月 2 日—8 月 8 日）

退守，北伐军乘胜追击至韶关城周边，与叛军在帽子峰、芙蓉山及黄岗岭展开反复争夺，战况日趋激烈。

18 日　第三路平叛北伐军张民达、黄大伟两部在翁源与叛军熊略部展开激战，叛军败退翁源。

20 日　叛军熊略部反击，一度攻占翁源，北伐军再次与其展开争夺战，不久即夺回翁源。

24 日　叛军熊略部第三次攻击翁源北伐军，不久叛军败去。同日驻守韶关叛军翁式亮部开始败退，北伐军向马坝、英德追击前进。

27 日　第二路北伐湘军第六混成旅陈嘉祐部由湘南进入粤北，到达曲江周田、火山一带。

28 日　广州叛军洪兆麟和陈修爵部增援从韶溃退的翁式亮部叛军，北伐军寡不敌众，回撤韶关。

29 日　广州叛军大规模增援粤北，北伐军开始向湘、赣退去。占翁源北伐军张民达、黄大伟两部放弃翁源，退往龙南。许崇智、李福林等平叛北伐军亦退守南雄、始兴江口。在曲江的陈嘉祐部且战且退。

8月3日 胡汉民在南雄召开军事会议，因陈炯明、蔡成勋南北夹击，北伐已不可能，决定北伐军分两路退兵：一路由李烈钧率赣军赖世璜、李明扬部，湘军陈嘉祐旅，滇军朱培德部退入湘南进广西；一路由北伐大本营率许崇智、李福林部退入江西会昌、瑞金，与退至龙南的黄大伟部会合进入福建。

【蔡成勋】（1871—1946年）字虎臣，行伍出身，天津人。1900年从北洋武备学堂毕业。1912年升任陆军第一师师长。1917年冯国璋在南京代理大总统后，被封为绥远特别区域都统，成为直系骨干。1921年5月任陆军总长。1922年6月，蔡成勋奉曹锟命，率部接江西督军陈光远的班，节制全省军队，9月任江西督理一职，1924年12月因部下合谋倒戈而下台，先逃避上海，后回天津定居，过上寓公生活，直到去世。

4日 陈炯明叛军占领南雄。

6日 北伐湘军第六混成旅陈嘉祐部兵败乐昌，退往湘南。北伐军回师平叛战役至此结束。

8日 叶举令翁式亮守韶关，杨坤如守南雄，谢文炳守乐昌，李云复、罗绍雄守翁源，陈炯光守始兴，黄业兴、黄强两部调回广州。

【叶举】（1884—1934年）字若卿，广东惠阳人。毕业于广东将弁学堂，武昌起义后，参加光复高州，旋任广东陆军第三混成协参谋长。1912年任广东陆军第三旅旅长、全省总绥靖处参议、高阳绥靖处督办，二次革命时投靠龙济光，升任第二师师长，后去职。1916年随陈炯明参加广东反袁讨龙（济光）斗争。1917年任援闽粤军总司令部参谋、参谋处处长。1920年粤军回师驱桂，任中路指挥。参加援桂之役，任驻桂粤军总指挥兼粤桂边防督办。1922年5月率部回粤，6月随陈炯明发动叛乱，炮轰总统府，并派兵至粤北击败回师靖乱的北伐军，旋任总司令部参谋长，1923年退据东江，任伪粤军各路总指挥、广东军务督办，与广州革命政府对抗。1925年被东征军击败，逃往天津，后寓居香港。晚年创建工读学校，捐资建广东西湖医院。1934年春在香港病逝。

民国十二年（1923 年）

1 月 桂军总司令沈鸿英接受孙中山领导，讨伐陈炯明，攻克韶州。

2 月 孙中山发现沈鸿英有背叛迹象，令沈鸿英退出韶州，由中央直属滇军总司令杨希闵部师长赵成梁进驻韶州，主军政权。

【杨希闵】（1886—1967 年）字绍基，云南宾川人。先后毕业于云南讲武堂和江西讲武堂，曾任赣军第三旅参谋，滇军团长、旅长。1913 年参加湖口反袁起义，1915 年参加云南护国战争，1922 年拥护孙中山，任滇军总指挥，中央直辖滇军总司令。1923 年杨联合桂军刘震寰、沈鸿英部入粤讨伐陈炯明，后任建国滇军总司令。1925 年与刘震寰发动叛乱，被击败，逃往香港，后隐居绍兴、昆明等地。新中国成立后，任云南省政协委员。1956 年加入中国国民党革命委员会。

4 月初 桂军总司令沈鸿英受北京政府的收买，公开背叛孙中山，集结部队于新街、韶州等地发动叛乱，得到新任南雄镇守使邓如琢的援助，两次攻占韶州。

【邓如琢】（1888—1944 年）安徽阜阳人，原为直系蔡成勋部属，任陆军第五混成旅旅长。后归方本仁部，任中央陆军第一师师长、南昌警备司令。1925 年 3 月任赣北镇守使，11 月任安徽省督办。1926 年任江西省督办、赣军总司令，11 月被国民革命军击败下野。1944 年 4 月在南京逝世。

【方本仁】（1880—1951 年）字耀庭，又作耀廷，湖北黄冈陶家楼人。幼入私塾读书，20 岁作塾师，后投武昌右旗马队营当兵，被选送湖北陆军特别小学堂，1908 年入读北京陆军军官学校。曾任江西省将军署参谋长，1917 年任赣西镇守使，1922 年 10 月任赣南镇守使，1923 年 3 月被授予将军府平府将军。1925 年 1 月任江西军务督办，2 月为善后会议会员，次年 3 月脱离直系，参加国民革命军，任江西宣抚使、国民革命军第十一军军长。1929 年 6 月任湖北省政府委员、代理省主席兼民政厅长。1931 年，任军事参议院上将参议。1932 年后赋闲，任中国工农银行常务董事、湖北民众抗敌后援会监察委员会主席、

商办江南铁路公司监察人、湖北省税捐监理委员会主席等社会职务。抗日战争前夕，在汉口开设长江饭店、同济信托公司，开采蕲州裕利煤矿兼办普一煤球厂。1938年武汉沦陷，随政府西迁重庆，不久，为保护私产从重庆回到武汉，未接受伪职。旋返回黄冈，遁入法门，后寓居武汉。曾受国民政府通缉，1949年武汉解放前夕，国民党武汉地方政府撤销对其通缉。曾捐资兴办萍乡平民工厂、黄州平民织布厂、白福寺楚黄高等小学、武昌启黄中学等。

15日 桂系沈鸿英就任北京政府任命的广东军务善后督办之职，并通电要求孙中山取消帅府，离粤去沪。又令李易标部率兵数营，分三路进攻广州。剿平沈鸿英叛乱战役开始。

19日 方本仁、邓如琢两部，自赣南向粤北发动进攻。由于北军中的樊钟秀部已与孙中山暗中联系，故北军进展缓慢。

24日 黎元洪任命邓如琢为南雄镇守使。

月底 东路"讨贼军"占领英德，开始向曲江、韶关进击。

5月3日 孙中山令省长徐绍桢嘉奖、慰劳协助讨贼军作战的北江民团。

【徐绍桢】（1861—1936年）字固卿，原籍浙江，迁居广东番禺，清末举人。因博览群书，深研兵法，先后任福建武备学堂总办、江西常备军统领，调任两江总督兵备处总办。武昌起义后，任江浙联军总司令。1921年任非常大总统府参军长。投靠蒋介石后，任国民政府委员。一生从戎，好藏书，任南京卫戍总司令职时，购后湖地15亩，建藏书楼及亭园，聚书至20余万卷。辛亥革命前后，所藏为张勋纵火所焚。

8日 东路"讨贼军"攻占韶关，沈鸿英部退往始兴。

17日 西路滇、桂讨贼军攻占连县，叛军沈荣光部退入广西贺县、八步。

6月2日 沈鸿英、邓如琢、方本仁联络驻乐昌的陈炯明部叛将谢文炳旅又由粤北南攻，进抵韶关北10公里长坝。

4日 沈鸿英联合方本仁、谢文炳从乐昌仁化、始兴分三路攻占韶关。

5—8日 谢文炳旅相继攻占马坝、河头、英德等地。由于形势不利，孙中山急调东江滇军到北江作战，又劝导北江民团协同助战。

27 日 孙中山亲率东路讨贼军,到北江连江口督师。由此,平叛战局开始有转机。

30 日 孙中山率领的东路讨贼军连续收复英德、河头。

7 月 3 日 东路讨贼军攻占大坑口,紧接占领曲江,收复韶关等地。

6 日 孙中山到韶州视察,布置防务,指挥追击沈鸿英叛军。

7 日 讨贼军收复乐昌、仁化。谢文炳旅败退湖南境内,被湘军收编。

15 日 讨贼军向赣南进军,追剿北路叛军,收复始兴。

8 月 2 日 受孙中山派遣,共产党员谭平山及杨殷、刘尔崧、侯桂平到达韶关,在北江各地进行宣传慰问和战区调查。谭平山等人到韶关后,即分头向群众演讲,并召开各界公民大会,声讨沈鸿英两次蹂躏北江的罪行,动员群众拥护孙中山,联合一致抵抗沈鸿英。这是共产党人最早在北江地区的活动。

【谭平山】(1886—1956 年) 曾用名彦祥、鸣谦、聘三,广东高明人。早年入读两广优级师范学堂,后加入同盟会。1917 年考入北京大学,参加五四运动。1920 年毕业回广东,任广东高等师范学校哲学教授,8 月发起组织广州社会主义青年团,10 月参与创办《广东群报》,次年参与创建广州共产主义小组,任中共广东支部书记、中国劳动组合书记部南方分部主任。1923 年出席中共三大,当选为中央委员、中央局委员,任中共广东区委书记。1924 年参与孙中山改组国民党的准备工作,任中国国民党中央执委会党委兼中央组织部部长等职。1925 年后历任中共四届中央委员、五届中央政治局委员,武汉国民党中央执委会常委和政治委员会委员,武汉国民政府农政部部长。1927 年参加南昌起义,任中国国民党革命委员会委员和主席团主席。后脱离中国共产党。1930 年参与组织中国国民党临时行动委员会,从事民主运动。抗日战争时期,历任国民党军委会政治部指导委员兼设计委员、国民参政会参政员、三民主义同志联合会常委等。1947 年至香港。翌年参加组织中国国民党革命委员会,任中央常委,并出席全国政协第一届全体会议。新中国成立后,历任中央人民政府委员、政务院政务委员、人民监察委员会主任、全国人大常委、民革中央副主席等职。1956 年 4 月 2 日在北京逝世。主要著作有《谭平山文集》。

【杨殷】（1892—1929年）字孟揆，广东中山人。1911年加入同盟会。1922年秋加入中国共产党，同年底被派往苏联学习。1923年回国后在广东从事工人运动，参与领导省港工人大罢工。1927年党的八七会议后，任中共广东省委常委兼省委革命军事委员会主任、中共中央南方局委员。同年12月参与领导广州起义，任广州苏维埃政府肃反人民委员，负责总指挥部参谋团的工作，在一线指挥参与战斗，率领敢死队攻下广州市公安局，张太雷牺牲后，被任命为广州苏维埃政府代主席。1928年7月在中共六届一中全会上当选为中共中央政治局候补委员、候补常委，任中共中央军事部部长。1928年11月起任中共中央政治局委员、常委。1929年1月任中共中央军事部部长、中共中央军委委员、中共中央军委主任兼中共江苏省委军事部长。1929年8月24日由于叛徒告密，杨殷与彭湃等一批共产党人在上海被捕。被捕后，敌人对其软硬兼施，企图迫使他们屈服，从中得到更多共产党的核心机密，但遭到杨殷等严词斥责。杨殷自知敌人绝不会放过他们，在给党中央的信中说"我们已共同决定临死时的宣说词了，我们未死的那一秒以前，我们努力做党的工作，向士兵宣传，向警士宣传，向狱内群众宣传"，表现了共产党员至死不渝的理想信念。1929年8月30日，杨殷被秘密杀害于上海龙华。

【刘尔崧】（1899—1927年）广东紫金人，广东早期工人运动著名组织者和领导者。1923年出席中共三大后，以个人身份加入中国国民党。11月，被孙中山指定为国民党临时广州区党部执行委员会成员之一。1924年7月，沙面英法颁布新警律，广州工人代表会派他和施卜等进入沙面，领导沙面大罢工。罢工最终导致了新警律的取消，轰动粤港。1927年蒋介石发动"四一二"反革命政变，刘在广州被捕，4月19日被秘密杀害。

5日 沈鸿英及北军3 000人第三次南攻韶关，抵达南雄、始兴，李易标部败退东江，投靠了陈炯明，任陈炯明军第四军军长。

10日 滇军韦杵旅反攻，克始兴，滇军赵成梁部进驻韶关。

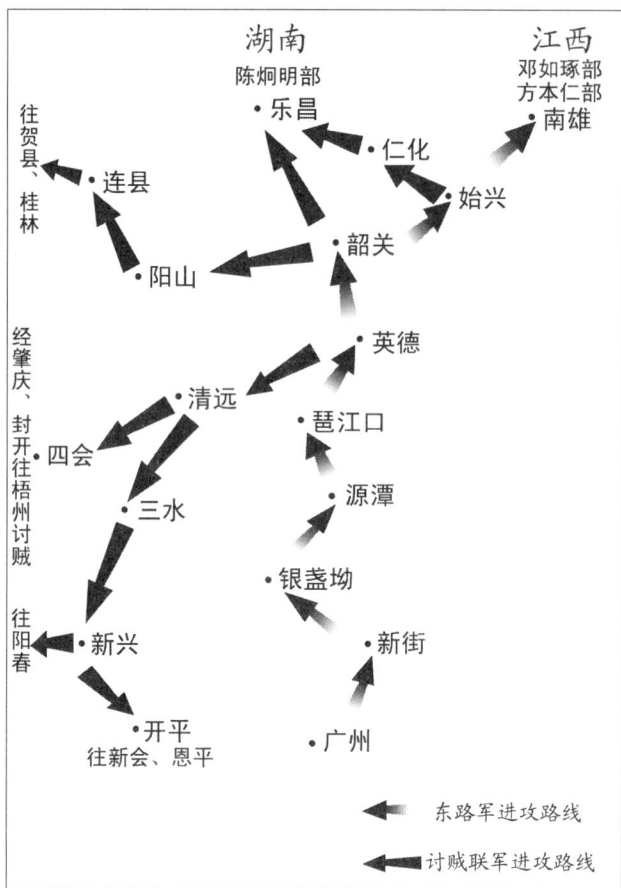

剿平沈鸿英叛乱进军图（1923年4月15日—8月17日）

【韦杵】（1883—1951年）名明俊，字天培，贵州安龙人。幼入乡间私塾，后入府城景氏塾馆。1902年考入湖南师范学校任教。1908年弃教投入云南新军。1909年考入云南讲武堂特别班。翌年，参加蔡锷领导的辛亥重九起义。后参加护国之役，随军入川作战，在护国军第三梯团顾品珍部任排、连、营长。1920年任顾部第三混成旅第六团团长。1922年率部辗转到达广西柳州，奉孙中山令，与桂军会盟，誓师东下征讨陈炯明，以功升旅长。1927年5月，任二十八师师长。南昌起义时，中共前敌委员会任命韦杵为第九军军长，朱德为副军长。南昌起义失败后，韦杵驻军玉山县，消极对待蒋介石的剿共命令。1933年，蔡廷锴、蒋光鼐、陈铭枢等酝酿建立抗日反蒋政府。11月，参加蔡廷锴、李济深等主持的"中华共和国人民政府成立大会"。后为避蒋介石追杀，化名赵善成从上海回到贵州望谟。1936年初，韦杵任剿匪军

第二路总指挥部军训处少将处长，后改任滇黔绥靖公署干部大队少将大队长。抗战开始，韦杵任五十八军新十二师副师长兼旅长。不久，从事军训工作，全力培养军事人才。1946年，杵退出军界，直至云南解放。1950年，韦杵任云南省人民政府参事室参事，1951年病逝于昆明。

16日 "讨贼"滇军收复南雄，北军残部退回赣南。沈鸿英叛军退出广东，逃回桂林，北江战事暂告一段落。

10月1日 驻守韶州城防赵成梁率部赴东江讨伐陈炯明，城防司令职由朱槐代，主韶关军政权。

10日 滇军赵成梁在北江收编的原沈鸿英部惯匪钟福林、梁林安，暗中与沈鸿英勾结，共缴械两部四百多支枪，除遣散一部分外，其余200多名惯匪被解往韶关处理。钟福林、陈元嘉、陈福泰为匪首多年，素性反复，南（雄）始（兴）人民普遍受其害，当群匪被押解回韶时，群请申冤，赵成梁当即派员将钟福林等匪首押赴郊外枪毙。

27日 河南樊钟秀部被吴佩孚派来"援粤"，所部不愿作战，故南下赣州、南雄后，即与孙中山联络。方本仁部欲将其缴械，樊遂于是日倒戈，投向孙中山。

11月18日 为对付叛军陈炯明的进攻，讨贼湘军总司令谭延闿部星夜回广州，余部仍驻乐昌。

27日 谭延闿部讨贼湘军从广州回师，与驻乐昌余部，联合围攻始兴。经血战三个昼夜，始兴县城被攻克，方本仁、高凤桂败走。

12月2日 谭延闿部再克南雄，分兵向南康、信丰、虔南、梅岭追击方本仁部北路叛军。

民国十三年（1924年）

1月16日 沈鸿英再次率兵到粤扰乱，他亲率黄汉功旅，攻占阳山。其余部沈荣光也率3 000人由坪石攻乐昌配合，被湘、滇联军朱培德、赵成梁、宋鹤庚战败。

17日 湘、滇联军收复坪石，沈荣光部退湖南宜章。

是日 何克夫、吴剑学部收复阳山。沈鸿英的何才杰部进攻连县，并派其掌握的土匪扰乱英德车站。

19日 驻韶州滇军赵成梁师两个营，由翁源驰往英德助战。

20—30日 孙中山在广州召开第一次全国代表大会。大会确定了联俄、联共、扶助农工三大政策。李大钊、谭平山、毛泽东、林伯渠、瞿秋白等十名共产党员，被大会选为国民党中央执行委员会的执行委员和候补执行委员。共产党人还担任国民党中央组织部部长、农民部部长和秘书，以及工人部秘书等职务。会后，大批共产党员和共青团员（1924年前为社会主义青年团），先后到达北江，担任农民运动特派员，参与改组、建立国民党县党部及指导工人运动等工作。北江地区的农会、工会及妇女解放协会等群众革命组织迅速发展起来，共产党和共青团组织陆续在北江地区建立起来。

27日 滇军第一师赵成梁向韶州车站强行提取款项，导致车站职工罢工。2月9日孙中山下令，禁止该师向韶州车站乱提款。

3月9日 驻韶豫军在韶关强借居民用具，并伤毙人员，抢掠商店财物，引致韶关全市商户罢市。从四乡附近开来的商团1 000余人与豫军展开对峙。

11日 豫军总司令樊钟秀亲自到达韶关处理豫军伤人事件，并允惩凶恤伤，豫军迁出所占商店。

13日 在豫军迁出所占商店后，韶关城区各商户复市。

是月 北江船业工人工会在韶关成立，选举邓仲瑜为工会会长，这是韶关成立较早的一个工会组织。

5月下旬 大小北江洪水暴涨，韶（州）、连（县）一带田地被淹十之八九，韶关东、西两浮桥因水势湍急被水冲断。粤汉铁路清远段路轨被淹，附近民房被浸无数。

7月22日 援粤陕军（北军）胡景翼部马献章军1 000余人越过大庾岭，抵达南雄。

是日 林虎、李易标部由河源经连平到粤赣边，拟与北军方本仁部会师，夹击讨贼军。讨贼军张民达师由翁源开抵连平陂头，两军在连平的密溪山激战两天，双方均有增援。讨贼军突围退至陂头，战事暂停。

此役为"进攻连平之役"。据史料记载，1924年二三月间，建国粤军正式成立，许崇智任总司令，张民达为第二师师长兼任第四旅旅长（叶剑英为参谋长）。孙中山特别重视第二师。7月，张民达奉命攻

击连平叛逆李易标、黄任寰、黎生等部。部队于 15 日抵英德，后占翁源。22 日张民达奇兵出击，抄小道直迫连平城。24 日部队攻城，击毙李易标部师长麦胜芳，陈炯明部大震。后因广州商团酝酿叛变，张部奉命撤回广州警戒。

【张民达】（1885—1925 年）广东梅县人，马来西亚归国华侨。辛亥革命前，张民达通过邓泽如介绍结识孙中山，后加入同盟会，在南洋联络华侨积极筹饷支持革命。1920 年后在粤军中历任营长、团长、旅长、师长等职，多次参加孙中山领导指挥的重大战役，身经百战，所向披靡。1925 年 4 月 25 日，张民达从蕉岭返汕头商议平乱，不幸在潮州覆舟殉难，时年 40 岁。翌年 8 月，国民政府追封其为陆军上将。1953 年，中央人民政府追认张民达为烈士。

【黄任寰】（1888—1952 年）字旭南，别署惭书剑庐。广东嘉应（今梅县）人。早年毕业于广东陆军速成学校，后回乡执教。辛亥革命时参加民军起义，曾任营长。1916 年桂系护国军入粤，在新会率部响应，升任团长兼两阳警备司令。1920 年粤军回师，黄在阳江归正，入编陈炯明的钟景棠部，为第一统领。次年参加粤军援桂战役。陈炯明叛变后，其被调往韶关阻抗北伐军，任陈军独立旅旅长。1923 年率部入闽，击败臧致平军，参与围攻广州，升任第一军第一师师长。1925 年东征中被击溃，逃往上海。其后，历任西江绥靖公署参谋长、第八路军参谋长、教导旅旅长。1932 年后任独立第一师师长、第四军军长、梅（县）蕉（岭）平（远）（大）埔守备区司令等。抗战胜利后，参加民社党，曾任国民政府监察委员、民社党广东省党部委员等。1952 年在香港病故。

27 日 援粤陕军马献章部 1 000 余人进犯南雄县城，在九渡水触地雷败退。

9 月 3 日 国民党中央政治委员会第七次会议决定再次北伐。次日孙中山立即部署北伐军事：①湘、赣、豫军全部，滇、粤军抽调一部，分头北伐入湘、赣，以谭延闿为北伐军总司令，李烈钧为北伐前敌总指挥；②北伐大本营迁韶关；③胡汉民留守广州，代行大元帅职务兼广东省省长；④廖仲恺任财政部部长兼省财政厅厅长、军需总监；⑤唐继尧为建国副元帅兼滇川黔联军总司令（但唐不就任）。此任命 9 月 11 日发布。

8 日 湘、赣、豫北伐军开赴韶关、南雄集结。随后朱培德部、滇军赵成梁部、何成浚部、桂军一部、陕军路孝忱部、刘玉山部亦先后开抵粤北,待命北上作战。

12 日 孙中山移师北伐大本营到韶关。临行前孙中山告诉记者:"余为顺应大局之势,即向陈炯明让一步亦无妨,宁放弃广东以向中原而跃进。"

13 日 孙中山亲率警卫队、军官学校学生第一队、吴铁城警卫军、赣军、滇军各一部,迁大本营到达韶关,指挥北伐。同日,孙中山发布东江撤兵命令,并要求陈炯明悔悟自新。

18 日 中国国民党发表《中国国民党北伐宣言》。宣言指出"十三年来之战祸,直接受自军阀,间接受自帝国主义""北伐之目的,不仅推倒曹吴,尤在推倒军阀所赖以生存之帝国主义"。

20 日 孙中山在韶关举行誓师典礼。北伐军分两路出发,第一路由朱培德、何成浚、赵成梁、李明扬、樊钟秀等部及湘军一部组成,称为援赣军,谭延闿兼司令,先锋队总指挥樊钟秀,率 4 000 人由仁化先出发。第二路由湘军、皖军柏文蔚部、赣军胡谦部及廖湘云和李国柱 4 个旅组成,称为援鄂军,总司令程潜,4 万大军水陆兼程,集结南雄,进军湖南。

22 日 孙中山下令北伐各军一律改称建国军。滇军改称建国滇军,杨希闵任总司令;湘军改称建国湘军,谭延闿任总司令;粤军改称建国粤军,许崇智任总司令;豫军改称建国豫军,樊钟秀任总司令。

是日 北伐军赵成梁全师先行入赣,抵达大庾岭。湘军鲁涤平、吴剑学部,山(西)陕(西)军路孝忱部均开抵南雄、始兴间。

23 日 孙中山到达南雄、始兴督师。

是日 应孙中山电召,广东工团军和农团军由谭平山、罗绮园、阮啸仙带领到达韶关,孙中山亲往致训词,并要求谭平山对工团军、农团军施以军事、政治训练,就地开展宣传工作。

25 日 北伐军进至仙霞岭、风门坳及乐昌、坪石。建国豫军3 000人从韶关出发,进抵湘南。

29 日 韶关军民在韶关南校场召开"韶州各界赞助北伐大会",会上高悬"打倒军阀""农工大联合"的标语。谭平山主持大会,孙中山发表题为"北伐之原因"的讲话,大会发布会议《宣言》,大会

结束后举行了巡行。工团军、农团军、黄埔军校以及省立第三师范等学校师生，农会会员 4 000 多人参加。在到会的团体中，还有曲江东厢翻溪桥农会和腊石坝村农会，这是曲江最早的农会。

是日 北伐军前锋樊钟秀部豫军取道仁化，绕过大庾西进入江西，夹击方本仁部马龙标团，将马团全歼，北伐军获大胜。同日，孙中山任命张开儒为大本营高等顾问。

月底 段祺瑞的代表许世英携段祺瑞亲笔信，从广州赴韶谒孙中山，商讨建立反"直系"的同盟问题。许在韶期间，孙中山亲自陪其游览南华寺。

【许世英】（1873—1964 年）字俊人，一作静仁，安徽至德县人。19 岁中秀才，光绪二十三年（1897 年）以拨贡生选送京师参加廷试，得一等，以七品京官分发刑部任事，从此跻身官场，历经晚清、北洋、民国三个时期，宦海浮游 60 余年，成为我国近代政坛上的一位著名历史人物。晚清时，八国联军侵占北京，慈禧、光绪出奔西安，在两宫回銮时，许世英随驾护行，一手承办沿途刑案。由于护驾有功，1906 年年终考绩时，被列为京察一等，得以四品任用资格。1907 年 4 月，清廷宣布东三省改行新制，设省建置，任徐世昌随员同往东三省，后被任命为奉天高等审判厅厅丞（相当于高级法院院长），此后，许世英在全国司法界崭露头角，并被视为司法专才。1910 年清廷委任徐谦为正代表，许世英为副代表，赴美国华盛顿参加万国司法制度及改良监狱会议，会后考察欧美十国司法制度。回国后，任山西提法使，旋任布政使。武昌起义爆发后，许世英受辛亥革命的影响，与张锡銮联名呼请清帝退位，拥护袁世凯上台，先后在袁世凯、黎元洪、段祺瑞军阀政府中任大理院院长、民政总长，福建、安徽省省长，国务总理。1927 年蒋介石在南京成立国民政府，许世英表示支持。10 月，南京政府请许世英主持直、鲁两省赈务，后直、鲁赈务扩组为国民政府赈务委员会，许任委员长，主持全国救灾事务达 8 年之久。1938 年出任驻日大使，日本侵华战争爆发，许愤然回国就任全国赈济委员会委员长。1947 年就任行政政务委员兼蒙藏委员会委员长。1948 年辞职，移居香港。1951 年被挟至台湾后，蒋介石聘其为总统府资政，1964 年 10 月病逝于台北。

10 月 2 日 豫军樊钟秀部首先进入赣境。湘军及赵成梁、路孝忧、卢师谛、李明扬、朱培德、柏文蔚等部，亦抵达始兴、南雄、大庾、仁化、乐昌、坪石一带。

6 日 孙中山在韶任命谭延闿为建国军北伐总司令，程潜为建国军攻鄂总司令，党代表为林祖涵（林伯渠），任命孔绍尧为赣南善后委员会委员长，林支宇为赣鄂宣抚使。

【林伯渠】（1886—1960 年）名祖涵，字邃园，号伯渠。湖南省安福（今临澧）人。其父林鸿仪以教书为业。林伯渠 1896 年入道水书院，1902 年入湖南公立西路师范学堂，1904 年春留学日本，1905 年加入同盟会。次年回国，在长沙、吉林等地从事革命活动。1911 年辛亥革命爆发后，推动湖南新军响应武昌起义。1914 年加入中华革命党。1917—1918 年到湖南、广州参加护法运动。1921 年 1 月在上海加入共产主义小组。次年下半年以中共党员个人身份加入中国国民党，1923 年 1 月被孙中山任命为国民党总务部副部长。1924 年出席国民党一大，当选为中央执行委员会候补委员，任农民部部长。1926 年 1 月任国民革命军第六军副党代表兼政治部主任，协同程潜等率该军攻占南昌、南京等地。1927 年参加南昌起义，任革命委员会委员兼财务委员会主席。起义失败后赴苏联学习。1932 年回国后，进入江西中央苏区，历任中央工农民主政府国民经济部部长、财政部部长等职。在长征中任红军总供给部长等职。西安事变后，任红军驻西安联络处总代表。1937—1948 年，担任陕甘宁边区政府主席，积极领导边区的政权建设和经济建设。他还以中国共产党代表的身份参加国民参政会，提出废除国民党一党专政、建立联合政府的主张。1938 年 10 月补选为中共六届中央委员。1945 年 4 月，当选为中共七届中央委员和政治局委员。1947 年跟随中共中央留在陕北坚持与国民党军队作斗争。1949 年参加中国人民政治协商会议的筹备工作。中华人民共和国成立后，历任中央人民政府委员兼秘书长，全国人民代表大会常务委员会副委员长等职，1956 年当选为中共八届中央委员和中央政治局委员。1960 年 5 月 29 日在北京病逝。

【孔绍尧】（1876—1940 年）江西赣州人，自幼聪慧异常，清光绪中举后，东渡日本留学，毕业于明治大学。在日留学期间，参加孙中山领导的同盟会，当选过国会议员、护法国会委员。为赣南中学创办人。

8 日 苏联军舰"沃罗夫斯基"号抵广州,海军官兵团即日到达韶关,谒见孙中山。

9 日 孙中山在韶州北伐大本营接见苏联海军巡洋舰"沃罗夫斯基"号官兵团,并宴请该舰全体官兵。

10 日 孙中山在韶关参加庆祝辛亥革命 13 周年集会。会上,孙致辞号召北伐军拿下赣州、南昌。会后,孙中山检阅了即将出发的北伐军部队,苏联海军官兵访问团一行亦参加集会。

是日 孙中山致函蒋介石令迅速将苏联援助的军械送往韶关,用以训练一支革命军,兵员在谭平山所率工团军、农团军中招收,以黄埔军校学生为骨干。

△ 广州商团发动叛乱,制造"双十惨案"。孙中山闻讯,电令胡汉民、许崇智、李福林等严办,并劝令商民复市,否则采取进一步行动。同日,孙中山成立"革命委员会",由其本人亲任会长,以廖仲恺、汪精卫、蒋介石、许崇智、陈友仁、谭平山为委员,鲍罗廷为顾问,指挥军警全权处理商团事件。

12 日 叛乱的广州商团贴出"驱除孙文""打倒孙政府"标语,广州宣布戒严。次日,商团封锁市区,构筑工事,并令近省城各县商团、民团合围广州,又令新街、源谭等地民团破坏铁路路基,以阻止北伐军回援。

14 日 拂晓,商团在广州发动叛乱,孙中山下令胡汉民将商团缴械解散,又令在韶警卫团和湘军一部、张明达师奉命星夜赶回省城戡乱。15 日晨,李福林、莫雄、范石生、张明达以及黄埔学生军、工团军、农团军等部与商团军激战 4 小时,商团叛乱被平定。

【广州商团叛乱】广州商团成立于 1912 年,在一段时期内是广州商民维持社会治安、保护商家生命财产安全的自卫武装。1919 年汇丰银行广州分行买办陈廉伯接任商团团长后,广州商团实力不断扩充,政治倾向日趋反动,逐步演变为买办阶级反对孙中山革命政府的工具。1924 年国共合作联合战线建立后,陈在香港英国殖民当局唆使下大肆攻击孙中山的革命政策,煽动商民对抗革命政府。5 月底陈廉伯等人在广州擅自召集广东全省商、乡团联防会议,拼凑成立由陈廉伯任总长,邓介石、陈恭受任副总长的"广东省商团军联防总部",妄图以商团武力推倒孙中山的革命政府,另组"商人政府"。8 月 11 日广州革命政府扣留商团私运的大批军火，并揭露商团头目的阴谋。陈廉伯以"扣械"事件为反对孙中山革命政府的借口，大造反孙反共舆论。8月12、15日商团军代表两次向大元帅府请愿，要求发还被扣留的军火；8月22日后更胁迫佛山及广州等埠商民罢市、拒收政府纸币、拒不纳税；联防总部迁到佛山后，陈又命令各属商、乡团来省作乱。孙中山对陈廉伯操纵广州商团进行的谋叛活动，一度采取严厉措施：8月12日接见商团请愿代表，指出陈等颠覆政府的罪证，劝商团同人猛醒；15日指令商团代表静候政府解决"扣械"问题；20日派邓彦华赴商团总部，进一步揭露陈的阴谋，晓谕发还"扣械"办法；陈等煽动的罢市事件发生后，命省长廖仲恺下令通缉陈廉伯、陈恭受，抄没两陈之家产，并接见商团代表，严令立即取消罢市；在军政联席会上主张武力制止罢市和严办商团，并于会后发布饬商民开业令。当英国当局支持商团作乱和对革命政府进行武力恐吓与干涉时，孙中山于9月初发表《为广州商团事件对外宣言》《致麦克唐纳电》，予以强烈抗议和谴责。然而，当时国民党中央和革命政府内部对处置商团态度并不一致。孙中山于9月13日赴韶关督师北伐后，又对广州商团采取容忍态度。9月15日陈廉伯、陈恭受通电表示拥护孙大元帅和广州革命政府后，孙中山于19日令省长公署取消对两陈的通缉令，发还其家产。后孙中山又令范石生、李福林等在商团缴足北伐经费、改组立案后，可办理发还一部分"扣械"。10月初商团头目为索还团械准备发动第二次全省罢市时，孙中山仍谕大本营秘书处致函商团，晓谕政府发还团械办法及诚意，10月9日又令胡汉民、李福林等依李所拟办法发还团械。当晚李奉孙中山命令到黄埔军校运回枪支4 000多杆、子弹12万多发，于次日中午在广州西濠口交商团代表收领。商团军领械后即屠杀双十节游行的民众，发动武装叛乱。

【莫雄】（1891—1980年）原名仁，字志昂，广东英德人。毕业于广东陆军讲武堂，1907年加入同盟会，长期追随孙中山从事民主革命活动，曾参加广州新军策反工作、黄花岗之役及粤军援闽等战役。1922年6月参加讨伐陈炯明叛军，任张民达师独立旅旅长。1923年1月被孙中山委任为中央直属第一旅旅长。1925年春任粤军第七独立旅旅长兼前敌总指挥。1927年冬在薛岳师任团长。1932年任第八十师孙元良部独立旅旅长，参加淞沪抗战。旋调升税警总团团长、军委会军

事特派员。1934年后，历任江西省德安行政督察员兼德安地区保安司令、贵州毕节地区行政督察兼毕节地区保安司令、毕节县县长、广东省南雄县县长、韶关地区行政督察专员兼保安司令、北江挺进纵队司令及第七战区第二挺进纵队司令。曾帮助和支持中共党员和进步人士。1946年当选为"制宪国大"代表。1947年调张发奎处任少将参议，兼北江警备指挥部少将指挥官。1948年任顺德县县长，后又任韶关行政督察专员兼"清剿"司令。广州解放前夕赴香港。新中国成立后，由港返粤，历任广东省人民政府委员、广东省参事室副主任、广东省政协副主席、全国政协委员、民革中央委员。1980年2月12日病逝于广州。

【范石生】（1887—1939年）字小泉，号小翁。云南河西（今峨山）县人。16岁中秀才。清废科举改设学堂后，考入云南优级师范学校，加入同盟会。1909年考入云南讲武堂，与同学朱德、邓泰中、杨蓁等人志同道合，遂结为金兰之好。1911年毕业，被分到新军十九镇七十五标任见习排长，见习期满转为少尉排长。武昌起义后，参加蔡锷10月30日起义，升任上尉连长。1915年，范石生任顾品珍部营长，编入蔡锷指挥的第一军。讨袁成功后，范石生升为师参谋长。1920年，因与上司不和被免职务，范解甲归农。不久，唐继尧复任其为少将参议。1921年，顾品珍被孙中山命为北伐军滇军司令，委以范石生为北伐先遣司令。1922年，参加平定陈炯明叛乱升任直辖滇军第三师师长。1923年，在讨平沈鸿英战役升任直辖滇军第二军军长。1926年，范石生所率滇军第二军改编为国民革命军第十六军，作为北伐军总预备队。"四一二"反革命政变后，因抵制蒋介石，范的十六军被调至湘、赣、粤三省交界的城口待命。在得知朱德率领的南昌起义部队就在附近活动的消息，范便立即派人寻找，商量合作，时朱德率领的起义部队正处于极端困难之际，经协商后，朱德率领的起义部队暂用十六军四十七师一四零团番号，朱德化名王楷，任团长兼副师长和军总参议，范石生给起义部队补充弹药、冬装、棉被等各种配备，并给官兵发零用钱。1929年初，十六军被改编为第八路军第五师，范任师长，继又改编为五十一师。年底，五十一师调驻襄阳，范石生任师长兼襄樊地区警备司令。贺龙、周逸群率领的红军在建立湘鄂西革命根据地后，向川、鄂交界地区发展，蒋介石令范石生前去围剿，范令

一五二旅派队尾随，并不与红军接触，以应付蒋命。1932年，范请辞职，1934年获准，另委以军事参议闲职，寓居庐山。1937年七七事变后，范石生回云南，在昆明以行医为业，不问政事。1939年3月，被人枪杀于昆明街头。

25日 发动"北京政变"的冯玉祥致电孙中山，邀请其北上共商统一全国大计。正在韶关督师北伐的孙中山接冯玉祥电后，与廖仲恺、汪精卫商讨如何应付北方政局，孙中山决定应邀北上，并且命令北伐军继续进攻湘赣。

27日 孙中山分别电复冯玉祥、段祺瑞，应允即可北上。

30日 孙中山离开韶关北伐大本营返回广州，准备北上。

11月4日 孙中山下令，其北上后以大本营总参议胡汉民留守广州，代行大元帅职权；建国军北伐总司令谭延闿全权办理北伐事宜，驻韶关。又通令肃清余孽，绥靖地方。

是日 孙中山发表《北上宣言》，重申"北伐之目的，不仅在推倒军阀，尤在推倒军阀赖以生存之帝国主义"，提出"第一步使武力与国民相结合；第二步使武力为国民之武力"，对于时局"主张召集国民会议，以谋中国之统一与建设"。

7日 湘军总指挥宋鹤庚遂越大庾岭攻占江西的青龙圩及新城，接受方本仁部的投降。

自孙中山离韶后，北伐先遣队豫军樊钟秀先入江西作战，因为军费无所出，后续部队暂缓出师，樊部孤军深入，在吉安、湖南桂东一带艰苦作战。赣南镇守使方本仁想取江西督军蔡成勋而代之，遂向北伐大本营诈降，欲利用北伐军力驱蔡，大本营亦想取南昌后北伐会师中原，于是，北伐湘军宋鹤庚率部进入江西。

9日 "驱蔡成勋战役"开始。

在北伐湘军宋鹤庚率部进入江西接受方本仁部投降后，即与方本仁部并肩作战，展开对蔡成勋部攻击。是日，宋、方联军攻取赣州；20日，方本仁通电讨伐蔡成勋；25日，宋北伐湘军攻占吉安。

23日 驻韶关北伐援鄂军程潜部自乐昌攻克宜章。

25日 湘系赵恒惕军唐生智部反攻宜章，程潜部退守坪石。

是日 谭延闿在韶关召开军事会议决议：江西内乱，樊钟秀先遣军已入赣，限各军5日内集中南雄及粤赣边待命北伐。

27 日　唐生智占宜章，程潜部退守乐昌。

12 月 6 日　建国北伐军总司令谭延闿下达命令，驻韶北伐军分三路攻赣。以樊钟秀为前敌总指挥，中路军宋鹤庚部由梅岭、大庾、青龙圩、南康攻赣州；右翼朱培德部由乐昌、仁化、古坡圩会攻赣州；左翼陈嘉祐部由城口、崇义、上犹、遂川攻击前进。

8 日　孙中山第二次北伐"赣南战役"开始。三路北伐军攻占南康。

9 日　北伐军攻占赣州。同日，方本仁不费一兵一卒进入南昌，在结束驱蔡战役的同时，方本仁部反叛，攻击入赣北伐军。

据史料记载，方本仁在取代蔡成勋江西督军后，怕李烈钧回江西夺了他的职权，便又反叛北伐军，依附北军，并联合湖南督军赵恒惕、广东陈炯明、兴梅林虎联合夹击北伐军，湖北的萧耀南则资助其弹械军火。

14 日　段祺瑞任命方本仁为江西军务善后督办，取代原江西督军蔡成勋。

21 日　北伐军收复吉安、峡江，三路北伐军会师。

22 日　谭延闿下令北伐军总部由韶关移至南雄。

是日　反叛的方本仁部不敌北伐军，又来请降。北伐军以其反复无常，予以拒绝，两军住吉安、吉水激战。敌军邓琢如佯败退至峡江，北伐军中路张辉瓒不知是计，随后追击，行至峡江、新淦、临江时，被邓部包围，北伐军力战突围后撤。

26 日　方本仁部直趋江西吉安，北伐军急退至秦和、苍岭。时林虎叛军已分由寻乌、翁源进至塘江，湘南赵恒惕部也已从修水进至万载，北伐军陷于三面受敌之境。

28 日　北伐湘军宋鹤庚部败退苍岭，方本仁占领吉安。

是月　曲江重阳暖水乡农民协会成立，会员有 100 多人，并组织了 30 多人的农民自卫军。欧日章被选为农会负责人。同月，乌石鹅鼻洞农会成立，梁展如为农会执行委员。

是年　省立南雄中学校改为省立第六中学。

△　基督教教徒山德牧师（美国人）来韶传教，成立浸信会，并在今韶关市区东河韩家山办有韶州普光孤儿院。

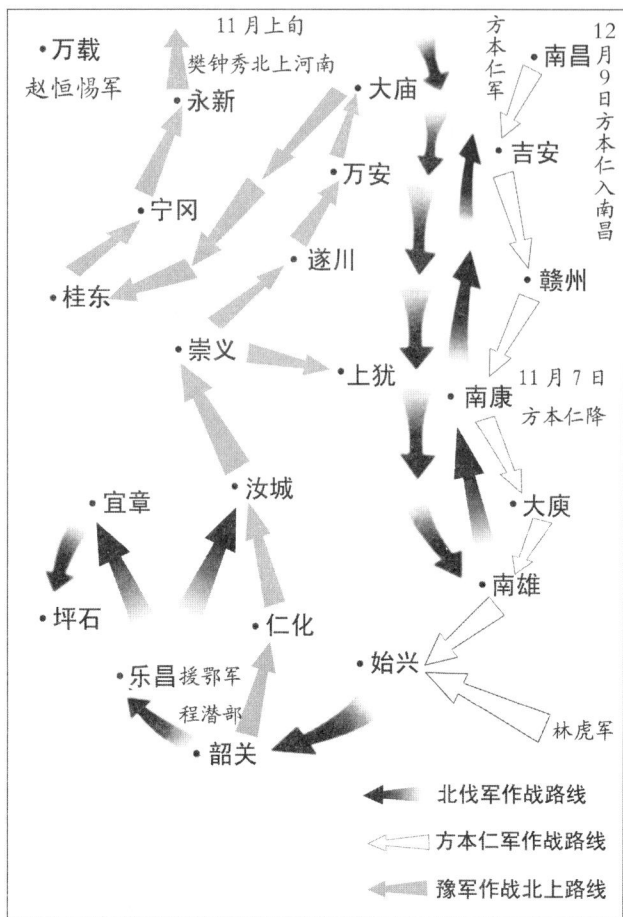

孙中山第二次北伐战况图（1924 年 11 月 7 日—1925 年 1 月 5 日）

民国十四年（1925 年）

1 月 3—5 日 入赣北伐军由于粮饷、弹药供应不继，由赣州、南康撤退到大庾、南安、南雄一带。

12 日 右路北伐军程潜部退入粤境坪石、乐昌。

此前，北伐军在三路攻赣时，就已发现据东江的陈炯明部亦蠢蠢欲动，为避免两线作战，北伐大本营不得不终止北伐。至此，北伐军全部退入粤境。

1—4 月 曲江重阳先后有清水塘、陀村、大沙洲、芹村、水心、南岸、烈本、重阳、黄土坛、水口、乐夫 11 个乡村成立农民协会,有会员 2 000 多人。重阳、乌石等乡村农民协会分别成立重阳十三区和乌石第四区两个农民协会,欧日章、梁展如分别任重阳、乌石农民协会执行委员长;随后又成立了曲江县农民协会筹备委员会,叶凤标等人为委员。

春 曾昭秀等南雄籍进步学生在广州成立南雄留省学生会,出版《雄声月刊》。

2 月 12 日 胡汉民下令裁撤韶州北伐大本营。

3 月 12 日 孙中山在北京病逝,终年 59 岁。韶州各界群众和军队共万余人,在校场举行盛大的追悼会。

是月 粤汉铁路的工程、工厂、司机、车务、木匠 5 个工会,组成统一的粤汉铁路临时总工会,粤汉铁路北江流域各车站同属临时总工会领导。

5 月 1 日 广东省第一次农民代表大会在广州召开。曲江县农民代表叶国棠等出席大会。大会制定农会章程,通过农民协会方针、农民自卫军与民团问题等七项决议,并正式成立广东省农民协会。

6 月 19 日 韶州各界召开援助省港大罢工大会。驻韶北伐军及全体警团两部 5 000 多人参加大会。大会由屈子健任主席,李汉藩报告省港大罢工经过,国民革命军第二军第四、八师师长,苏联顾问,农工代表分别在会上讲话,会后进行游行。

【李汉藩】(1902—1928 年)湖南耒阳人。1921 年春加入中国社会主义青年团,次年 4 月加入中国共产党。1923 年秋与毛泽东在衡阳相识。次年春由毛泽东、夏曦、袁达时举荐投考黄埔军校第一期获取,编入第二队学习。毕业后留校,供职于军校政治部,协助主任周恩来工作。后担任军校教导第一团第一营第一连党代表。1926 年初任国民革命军第二军政治部宣传科科长兼党务科科长。同年 6 月改任第二师第六团党代表。蒋介石"四一二"反革命政变之后,任中共湖南省委军委委员、军委书记。1928 年春在衡阳被捕就义。

下旬 受中共广东区委的派遣,龚楚以国民党中央农民部特派员的身份,赴省农民协会北江办事处,从事农民运动工作。北江办事处决定让他回家乡乐昌,协助县农民协会筹备处负责人陈德钊组织开展全县农民运动,并负责联络指导仁化县的农运工作。同年冬,龚楚参与建立国民党乐昌县党部，被选为县党部执委和监察委员。

【龚楚】（1901—1995年）又名鹤村，字福昌，后改名松庵，广东乐昌人。云南讲武堂韶关分校第一期毕业。早年在粤军任职，1925年加入中国共产党。1927年8月参加南昌起义。1928年5月任红四军十师二十九团党代表。1929年夏任南宁市公安局局长，12月参加百色起义，任红七军参谋长。1930年11月兼任红七军第十九师师长。1931年1月任红七军参谋长兼五十五团团长；10月，任红十二军三十四师师长；12月任红七军军长。1932年2月，任红军模范团团长；5月，任红二十二师师长兼江西省军事厅厅长，同年冬任粤赣军区司令员。1934年4月，任红军总司令部代理总参谋长；9月，任赣南军区司令员；10月，任中央革命根据地军区参谋长。1935年5月，在长征途中脱离部队回乡，后投靠国民党军，任广东第一集团军第一军参谋，抗战爆发后，任第七战区司令长官部少将高参。1938年任第七战区军官补训团政工总队总队长。1940年5月，任第七战区挺进第二纵队副司令。1942年春任第六十三军一五二师参谋长；同年冬，任第七战区挺进第二纵队司令。1944年11月兼任乐、仁、乳守备区副司令，抗战胜利后曾任徐州市市长。1947年任广东行辖少将高参。1949年3月，任广东省仁化县县长；8月，任广东省第二区（韶关）行政督察专员兼保安司令；11月，上旬在广东乐昌投诚；12月，前往海南从事策反工作，后赴香港。1990年9月，回乡定居。1995年7月24日在广东乐昌病逝。生前撰有《龚楚将军回忆录》《我与红军》。

7月1日 中华民国国民政府在广州正式成立。汪精卫、胡汉民、张人杰、谭延闿、许崇智、于右任、张继、徐谦、林森、廖仲恺、戴季陶、伍朝枢、古应芬、朱培德、孙科、程潜16人为委员，汪精卫为主席，胡汉民为外交部部长，许崇智为军事部部长，廖仲恺为财政部部长。聘任鲍罗廷为中华民国国民政府高等顾问。

月初 广东省农民部先后派谭昆等人到仁化董塘一带开展农民运动。

是月 广东省农民协会派农民运动特派员侯凤墀、刘胜侣赴曲江协助丘鉴志组织农会。经20多天的组织发动，曲江成立80多个乡农会。

【侯凤墀】（1896—1942年）广东花县人，1924年加入中国共产

党；同年 7 月被选送到广州农讲所第一期学习，结业后任中央农民部北江特派员，返邑组建农会，10 月任县农会执委。1925 年 8 月任广东省农民协会委员、省农协北江办事处主任、中共北江特委委员。1926 年 11 月侯凤墀参与创建北江农军学校。1927 年 4 月率北江农军北上武汉，任总指挥兼第一大队队长。后率部参加南昌起义，不久，奉命回粤接应南昌起义军南下，途经香港，因病留治。后离港往新加坡，行医为业。1942 年夏病逝。

△ 共产主义青年团曲江特别支部成立，由侯凤墀主持工作。11 月，按照新的团章进行改组，改组后的共青团曲江特别支部，由徐金良任书记。次年 3 月由王造时（王度慈）继任。

△ 国民党中央执行委员会任命朱节山为国民党乐昌县组织部部长，负责建立乐昌县党部工作。朱到乐昌后，经 1 个多月的工作，先后成立三个区党部。9 月，国民党中央组织部又加派叶宝荣、李式如（李传楷）、丘剑一、邓惠云、龚猷微为乐昌县国民党党部筹备员，会同朱节山开展工作，于 1925 年冬正式成立国民党乐昌县党部。在县党部执行委员和监察委员中，除李式如、曾昭声外，其余都是原来或后来发展的共产党员和共青团员。

8 月 20 日 廖仲恺在广州遭暗杀。曲江县数万农民在韶关集会，沉痛追悼廖仲恺先生，声讨帝国主义反动派的罪行，并致电国民政府，要求缉拿凶手。

是月 始兴张光弟、陈竹君等 70 多人在始兴县城组织"新兴社"，出版《始兴青年》，宣传民主革命思想。同年冬，陈竹君在南七约乡千家营成立农民协会，陈竹君被选为负责人，领导农民开展反压迫反剥削的斗争。

【张光弟】（1893—1945 年）字贵宽，号伟生，广东始兴人。1921 年参加谭平山、谭植棠在广州举办的宣讲员养成所学习班。次年 3 月参加广东社会主义青年团成立大会，成为广东最早的社会主义青年团员之一。1926 年任国民党始兴县党部宣传部部长，领导县农民运动。大革命失败后流亡他乡。1931 年回乡，恢复农会，成立农协。1935 年春，在国民党第二路军总部秘书处任中校秘书。后受张发奎派遣，回到始兴开办学校，创办《风度周刊》《乌鸦》杂志。抗日战争时期，任始兴中学教导主任、省参议会驻会委员和始兴临时参议会议长，创立始兴青年抗日同志会。1945 年 10 月被国民党当局杀害。

【陈竹君】（1888—1928 年）字朗斋，武庠生，广东始兴人。少时，陈在私塾攻读四书五经，准备科举考试，后科举废，遂转读新学。毕业后，在乡教书。由于长期居住在农村，耳闻目睹农民生活的贫困悲惨，陈一度放弃教书生活，前往广州参加毛泽东同志主办的农民运动讲习所学习班。回始兴后，陈竹君继续执教，利用教学之暇，走家串户，宣传革命真理。1926 年春，始兴县成立南七约乡农民协会，陈竹君被推举为会长。1926 年秋，陈竹君在千家营陈氏宗祠召开农民大会，号召广大农民团结起来，开展减租减息，与土豪劣绅、贪官污吏进行斗争。会后，陈竹君率与会农民和农民武装到县城示威。后游行示威消息不胫而走，南雄地下党领导人曾昭秀与陈竹君联系，共同组织领导南（雄）始（兴）乡农会斗争。1927 年蒋介石叛变革命，始兴县亦掀起反共高潮，1928 年 3 月 21 日陈竹君在始兴县城遭暗杀，时年 40 岁。

△ 驻粤"建国湘军"被国民政府军委会改编为国民革命军第二军，军长谭延闿、副军长鲁涤平、参谋长岳森，下辖三个师：第四师，师长张辉瓒；第五师，师长谭道源；第六师，师长戴岳。

9 月 16 日 南雄县第一个农民协会在南雄上朔溪十房祠堂（四德堂）成立，有会员 300 多人，协会选出彭九斤、彭显伦、徐步庭等 9 人为执行委员。

【彭显伦】（1895—1958 年）广东南雄人。早年参加农民协会，1926 年加入中国共产党。曾任中共南雄县区委书记，参加南雄农民起义。1930 年彭参加工农红军。后任红军政治部组织科科员、军需处科长、军医处政治委员，红三军第九师供给处主任，红一军团第一师第二团供给处主任，军团供给部出纳科科长。参加了中央苏区历次反"围剿"斗争和中央红军长征。抗日战争和解放战争时期，任八路军第一一五师供给部出纳科科长，山东军区供给部政治委员，滨海军区供给部政治委员，华东军区供给部政治委员。中华人民共和国成立后，任山东军区后勤部政治委员。1955 年被授予少将军衔。1958 年 5 月 1 日病逝。

18 日 曲江县农民协会筹备处再次联合韶关工农兵商学各团体万余人，在韶州南校场召开追悼廖仲恺先生大会。中央农民部、妇女部、省农民协会亦派代表出席大会。驻粤湘军总指挥鲁涤平到会讲话。大会通过工农兵商学大联合，打倒帝国主义，肃清一切反革命的决议案。

【鲁涤平】（1887—1935 年）湖南宁乡人。行伍出身，曾入湖南陆军兵目学堂。辛亥革命时为湘军排长，营管带。1915 年加入中华革命党。1923 年拥护孙中山，率部到广东。1926 年北伐中，升任国民革命军第二军军长，后任第四集团军第一军团总指挥，序列上为第四集团军总指挥李宗仁麾下。1928 年鲁任湖南省主席，后被桂系迫走，并引发桂系与蒋介石之间的蒋桂战争。之后任武汉卫戍司令，江西省主席，负责围剿中共中央苏区。1931 年任浙江省主席。1934 年离任，1935 年病逝于南京。

是月 粤汉铁路总工会正式成立。不久，粤汉铁路工人纠察大队成立，粤境广韶段下辖黄沙、英德、韶关三个中队。韶关中队 30 余人，由张九任中队长。

11 月 20 日 曲江县农民协会成立暨第一次代表大会在韶州下后街"宏仁善堂"（今建国路小学）内召开，到会代表 112 人。广州农民运动讲习所第五期学员出席曲江农民协会的成立大会，彭湃代表省农会向大会授犁头旗和印章并致贺词。

26 日 广东妇女解放协会韶州分会成立，袁恩珍为分会主任。分会共有 84 名会员。

12 月 15—18 日 乐昌县第三区西门口、老虎头和第四区大吼坪、歧岗岭、烘莲洞、笮篱塘六个乡的农民协会先后成立。省农民协会代表、农民运动特派员丘鉴志和陈德钊及国民党乐昌县党部代表谭军略、朱节山参加成立大会。这是乐昌县成立较早的一批乡农民协会。

19 日 由国民党中央党部、中华全国总工会、省港罢工委员会、省农民协会、青年联合会、中央妇女部、省妇女解放协会等组成的慰劳第二军代表团到达韶关。代表团由罗绮园率领，成员有蔡畅、蔡如平、高恬波、王备等共 13 人。

【罗绮园】（1894—1931 年）广东番禺人。出身于官僚地主家庭。1916 年考进上海同济大学，攻读文科。1921 年，参加社会主义青年团。不久，回广州从事革命活动，并加入中国共产党，是广东最早的共产党员之一。1923 年 5 月，罗绮园担任青年团广东区委候补委员，负责编辑团的机关刊物《青年周刊》。1924 年 11 月，罗绮园被选为中共广东区委委员，不久，又担任中共广东区委农委书记。同年 8 月至 12 月，任中国国民党中央执行委员会农民运动讲习所第二届主任。讲习所开办期间，适逢广州商团发动叛乱，罗绮园将学生组成农民自卫军，参加平定反动商团的叛乱。同年 11 月，罗绮园接任国民党中央农民部秘书工作。1925 年 5 月，广东省农民协会成立，罗绮园被选为常务委员。1927 年蒋介石政变革命后，中共广东区委改组为中共广东省委，罗绮园担任广东省农民部部长。5 月广东北江农军成立，罗绮园担任总指挥，北上武汉，讨伐以蒋为首的国民党反动派。9 月，罗担任中共中南局秘书。10 月 5 日，被选为中共广东省委候补委员。11 月，党中央在上海召开临时政治局扩大会议，罗绮园任中共中央宣传部部长。12 月广州起义，罗担任农军总指挥。1929 年在党的六届二中全会上，罗改任中共中央宣传鼓动部副部长，担任党的机关刊物《布尔塞维克》主编。1930 年兼任中共中央农民运动委员会副部长。1931 年 7 月，任中共中央宣传部副部长。后因生活作风问题，被女方丈夫告密被捕，导致党组织遭受严重损失。中共中央遂于 8 月 28 日通过《中央关于叛徒罗绮园、廖划平、潘问友的决议》，开除罗绮园党籍。不久，罗绮园被国民党反动派枪杀。

【蔡畅】（1900—1990 年）湖南湘乡人。蔡和森之胞妹。长沙周南女校毕业。1919 年 12 月随母兄赴法国勤工俭学，入蒙达尼女校读书。1920 年夏加入新民学会。后在巴黎、里昂边做工边学习，参加留法学生爱国运动。1922 年加入中国社会主义青年团，1923 年转为中国共产党党员。1924 年同李富春结婚，年底被派赴苏联，入莫斯科东方大学读书。1925 年秋回国到广州，任中共广东区委妇女运动委员会书记，协助国民党中央妇女部部长何香凝领导妇女运动。1926 年秋兼任全国妇女运动讲习所教务主任，主持讲习所工作。同年 11 月任中共江西区委妇女部部长。1927 年春改任中共湖北区（省）委妇女部部长，大革命失败后，转移到上海从事秘密地下工作。1928 年春赴苏联莫斯科。1931 年冬进入中央革命根据地瑞金。此后历任江西省苏维埃政府工农监察委员会主席，中共江西省委组织部部长、妇女部部长等职。1934 年 2 月被选为中华苏维埃共和国中央执行委员。1935 年 10 月随红军长征到达陕北后，任中共陕甘省委统战部部长、组织部部长。1936 年 7 月改任中共陕甘宁省委白区工作部部长。1937 年 5 月出席中共全国代表会议，被选为主席团委员，兼任中共陕甘宁边区党委妇女部部长。抗日战争时期先后任中共中央妇女运动委员会常务委员、书记，主持中央妇委工作。1945年4月中共七大，被选为中共中央委员，兼任中国解放区妇女联合会筹备委员会主任、中国解放区人民代表会议筹委会常务委员。解放战争时期担任中共中央妇女运动委员会书记。后赴东北兼任中共中央东北局妇女运动委员会书记，被选为中华全国总工会执行委员，兼任女工部部长。1949年3月中华全国民主妇女联合会成立，被选为主席，并担任国际民主妇女联合会副主席。中华人民共和国成立后，任中共中央妇女运动委员会书记，历任中央人民政府委员，第二、三届全国妇联主席，第四届名誉主席，第一至三届人大常委会委员，第四、五届全国人大常委会副委员长等职，中共第八至十一届中央委员。1982年因年迈体弱主动辞去所任领导职务。1990年9月11日因病在北京逝世。

【蔡如平】（1888—1948年）原名祖荫，字锡蕃，号葛民，广东东莞人。1924年加入中国共产党，回乡开展农民运动。1925年任东莞县农民协会执行委员长，领导减租减息斗争；同年到省农民协会工作。次年当选为中共广东区委农民协会委员、省农民协会常委、中共北江地委委员兼省农民协会北江办事处主任。1927年任中共东莞县委负责人、中共广东省委候补委员，期间曾密谋发动暴动，未果。1928年后任教于香港华南实验小学和长沙书院。1941年冬回邑，投身抗日战争，任东宝农民协会主席。1948年秋病逝。

【高恬波】（1898—1929年）广东惠阳人，17岁考入广州妇孺产科学校。1923年加入中国社会主义青年团，同年与青年团广东区委书记阮啸仙结婚。1924年春，高恬波加入中国共产党，成为广东省第一个女党员。第一次国共合作期间，高恬波按照党的指示以个人身份加入国民党，担任国民党中央妇女部干事，成为妇女部部长何香凝的得力助手。1924年7月，高恬波参加彭湃主持的广州第一期农民运动讲习所。学习结束后，担任农民运动特派员，奔走于广东花县、顺德、中山、潮梅等地农村，开展农民运动。1925年冬，参加何香凝、邓颖超等发起组织的"军人家属妇女救护员传习所"。1926年，随国民革命军北伐，任救护队队长。大革命失败后，高恬波按照党的要求转移到农村坚持革命。1927年12月广州起义爆发，高恬波回到广州，组织领导妇女救护伤员，起义失败后，被派到江西省委工作。1929 年 12 月，因叛徒出卖，高恬波被捕。同年，英勇就义，牺牲时 31 岁。

20 日 慰劳第二军代表团在韶州南校场召开慰劳大会，军民 8 000 多人参加了大会。会后，共青团广东区委鉴于团曲江特别支部在组织上无发展，教育训练工作也比较差，遂指定蔡畅在曲江召开团员会议，进行教育整顿。

是月 共青团乐昌特别支部、南雄特别支部成立。乐昌特别支部有团员 4 人，书记朱节山。次年春，乐昌特别支部书记改由张惠影担任，后又改由龚楚担任。南雄特别支部有团员 3 人，书记傅恕。

△ 受省农民协会派遣，特派员王蔚垣到英德县开展农民运动，并在农运工作中培养吸收吴若臣、梁金等加入中国共产党。1926 年春夏间中共英德支部成立，书记王蔚垣。

△ 经农民运动特派员侯凤墀、刘胜侣的考察，曲江县农民运动骨干梁展如、欧日章、叶凤章参加中国共产党，中共曲江支部成立。

是年 修仁（南雄）13 户农民创建第一个陶瓷龙窑，窑长 30 米，宽 3 米，生产缸、坛、钵、盆、管等日用陶瓷。

民国十五年（1926 年）

1 月 29 日 广东省农民协会执行委员会决定成立农协北江办事处，办事处设在韶城内（罗纱巷 19 号），领导曲江、乐昌、仁化、乳源、翁源、英德、南雄、始兴、阳山、连县、连山 11 县的农民运动，主任丘鉴志，书记韦启瑞（1 月调西江，由卓庆坚继任），委员侯凤墀。办事处内同时成立中共支部，丘鉴志、卓庆坚先后任书记。

2 月 22 日 南雄县召开县民大会，参加大会者万余人。大会发出通电，声援省港罢工，声讨吴佩孚、张作霖勾结帝国主义者，请政府早出兵北伐，成立南雄国民会议促成会。

月底 国民革命军第二军（原驻粤建国湘军）奉命"围剿"北江股匪。

时北江匪首谢观象、黄细苟分别盘踞英德枇杷山和曲江乌石等地，为非作歹、抢劫财物，致使粤汉铁路线、北江水路及陆路交通严

重受阻。

是月 南雄县召开国民党代表大会，选举产生国民党南雄县执行委员会，共产党员傅恕、夏明震被选为执行委员。同年夏，增补共产党员陈赞贤为执行委员。

3月 国民党粤汉铁路特别支部韶关办事处主任李甫，到韶关开展铁路工人运动。不久，中共广东区委为加强北江粤汉铁路工运工作，加派任益年为英德铁路工会干部，负责创办职工业余学校；并设铁路工人子弟学校英德分校，由罗伟任分校主任；又派甄博亚任韶关铁路工会理事，开办职工业余学校和工人子弟学校。

4月 国民革命军第二军第五师谭道源、第六师戴岳两部进剿始兴白旗塞匪。

从2月底至4月中旬，为剿灭北江地区的股匪，扫除北伐障碍，安定北伐后方，国民革命军第二军第五、六师和教导师（陈嘉祐部）各一部，历时49天，先后剿灭北江惯匪谢观象、黄细苟等部。在剿匪中，第二军副党代表兼政治部主任李富春、第五师党代表方维夏、第六师党代表萧劲光以及苏联顾问曾米诺夫等，都亲临前线参与指挥作战。

5月1日 南雄县总工会成立，陈赞贤任委员长（后由陈德贵继任）。会员共958人，其中，木匠工会268人，缝业工会120人，理发工会70人，捆烟工会500人。

【陈赞贤】（1896—1927年）江西省南康人。1921年考入江西省立第一师范学校，1922年到广西参加孙中山领导的国民军。后因病回到家乡，期间，大量阅读进步书刊，接受马克思列宁主义。1925年加入中国共产党。1926年被党组织派到广东南雄任总工会委员长。不久，被党组织派往国民革命军第二军第五师政治部任宣传科科长。1926年7月，北伐战争开始，陈赞贤受党组织派遣，回到江西赣州领导工农运动，同年，中共赣州特别支部成立，陈赞贤任支部书记，并兼任国民党赣南党务及17县工农运动指导员。1926年11月，赣州总工会成立，陈赞贤当选为总工会委员长。1927年2月被选为江西省总工会执行委员、副委员长。1927年3月，驻赣州国民党军队以"制造阶级斗争""扰乱治安""破坏社会秩序"等罪名逮捕陈赞贤，并将其枪杀，时年31岁。

1—15 日 广东省农民协会第二次农代会在广州番禺学宫举行。省农协北江办事处主任丘鉴志代表北江农协在大会上作《北江办事处报告》。后由大会通过《北江办事处会务报告决议案》，决议案指出："北江现有协会组织者仅五县，会员只万余人，会后应注意各县农会之发展，使所有农民尽为协会会员。""边陲之乐昌、连县、南雄、始兴等县农民，急宜从速严密组织起来，以便伸张国民革命势力于中原。""曲江县农民协会组织颇为松懈，亟应迅速整顿，严申纪律，肃清不法分子，使农会健全发展。""要武装起来，组织自卫军，为农民利益及农会发展的保障。""要积极设法取消田主苛例及高利贷，减轻农民经济压迫。""北江遍布基督教机关，应引导农民由反基督运动，进而参加反帝国主义运动。" 会议开除了曲江假农民协会的地主分子 4 人会籍，改组了县农民协会组织。最后，大会选举阮啸仙、彭湃、罗绮园、周其鉴、蔡如平为省农民协会常委。

至第二次省农代会召开前，北江地区已成立县农民协会 1 个，区农民协会 10 个，乡农民协会 210 个，有会员 15 000 多人。其中，曲江县农民协会 1 个，区农民协会 7 个，乡农民协会 141 个，会员 11 327 人；乐昌县区农民协会 3 个，乡农民协会 33 个，会员 1 698 人；南雄县乡农民协会 16 个，会员 1 246 人；英德县乡农民协会 11 个，会员 585 人；仁化县乡农民协会 10 个，会员 453 人。

15 日 梁展如在曲江乌石、白沙吸收林永福、李春富等 12 人加入中国共产党，成立中共乌石、白沙支部，梁展如任支部书记。

20 日 国民革命军第四军第十师（陈铭枢部）、第十二师（张发奎部）奉命抵达韶关待命北伐。叶挺独立团（隶属张发奎第十二师指挥）作为北伐先遣团由坪石进入湘南。

据叶挺独立团史料记载，进入湘南的叶挺独立团于是月与吴佩孚的赣军谢文炳一部千余人发生激战。经一昼夜冒雨进攻，独立团占领汝城，取得北伐进军的首战胜利。

30 日 曲江县各界集会，纪念"五卅"惨案一周年，到会军民共两万余人。在游行时，沿途高呼"废除不平等条约""打倒帝国主义"等口号。同日，乐昌县也召开"五卅"纪念示威大会，到会有 60 多个团体 6 000 余人。

是月 龚楚接任共青团乐昌特支书记。是年夏天，乐昌县农民协会组建乐昌县农民自卫军，龚楚因有军事经验，任自卫军指挥官。其间，龚楚在乐昌积极开展党的活动，介绍谭军略、龚猷征等人加入中国共产党。

6月11日 仁化农民协会组织全区农友举行联欢大会，县民团团长黄子云指挥民团，压制农民游行，并向县署诬告农民协会。12日，县长王永煌率警察拘捕农民，并殴伤多名农民，声称非解散农民协会不可。王的行为激起民愤，仁化县各乡农民协会联名向省政府控诉。经8月9日省务会议决定，给予仁化县县长王永煌撤职查办处分。

28日 蒋介石下命驻韶国民革命第四军第十师、第十二师自韶关出发，北伐援湘。

是月 为统一曲江各区农民自卫队，便于训练、指挥，配合国民革命军第二军进剿乌石等地土匪及自卫，曲江县农民自卫大队正式成立，由欧日章任大队长（后由叶凤章继任）。"四一五"政变后，自卫大队编入北江工农自卫军，撤至湘南。不久，一部北上武汉，一部由梁展如、叶凤章领导，返回粤北。南返的农军于1927年6月23日协同仁化等县农军，参加了"仁化暴动"。

△ 中共南雄支部成立，支部设在南雄县城塔前街延祥寺（后共青团南雄特别支部也在此办公），书记傅恕。

7月1日 广东国民政府军事委员会颁布北伐动员令，并召开国民党中央临时全体会议，通过《国民革命军北伐宣言》。

4日 仁化董塘区农民协会成立，选举黄梅林、蔡卓文、廖汉忠等为执行委员会常委委员，接着又成立了董塘区农民自卫军，共300多人，编为一个大队两个中队。

9日 国民革命军组成8个军约10万人，兵分三路，开始从广东正式出发北伐。

15日 广东省政府开征烟（叶）税。广东各地农民纷纷要求免除烟（叶）税，南雄、新会等地烟农通过农民协会咨请政府予以免除。

21日 郭沫若乘火车离开广州，抵达韶关，翌日乘船北上，翻越南岭，追踪以北伐军先遣队叶挺独立团为核心的第四军（时郭沫若在周恩来的安排下，任国民革命军总政治部宣传科科长，兼北伐行营秘书长，授军衔中校）。

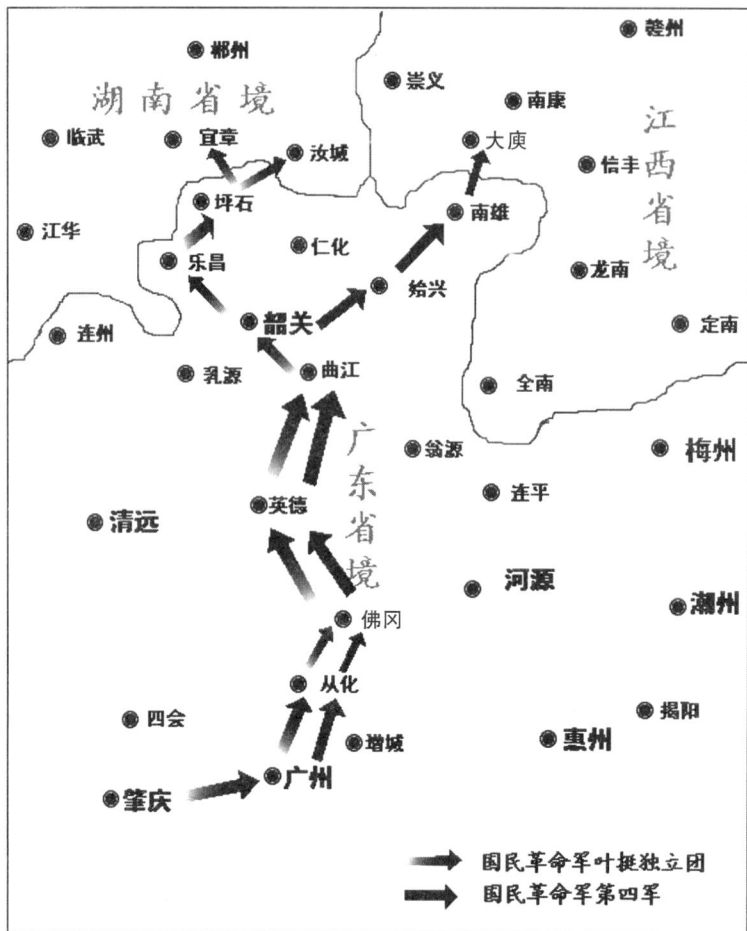

1926 年北伐战争粤北进军图（1926 年 5 月—1928 年 12 月）

【郭沫若】（1892—1978 年）原名郭开贞，又名郭鼎堂。四川乐山人。作家、诗人、剧作家、历史学家、考古学家、古文字学家、社会活动家。郭沫若早年留学日本，先学医，后从文。1918 年开始新诗创作。五四时期，发表新诗《女神》等，成为中国新诗的奠基人。1926年任广东中山大学文学院院长。1927 年参加南昌起义，在起义部队南下途中参加中国共产党。1928 年因受蒋介石通缉，旅居日本，从事中国古代史和古文字学的研究工作，著有《中国古代社会研究》《甲骨文研究》。1941 年皖南事变后，创作了《屈原》《棠棣之花》《虎符》《孔雀胆》等历史剧和战斗诗篇《战声集》。新中国成立后，历任中央人民政府委员、政务院副总理兼文化教育委员会主任、中国科学院院长、中国科学院哲学社会科学部主任、历史研究所第一所所长、中国

科技大学校长、中国文联主席、中国人民保卫世界和平委员会委员、中日友好协会名誉会长等职。1978年6月12日，在北京逝世，终年86岁。所著《甲骨文研究》《两周金文辞图录考释》《金文丛考》《卜辞通纂》等，曾在学术界引起震动。生平著述收入《郭沫若文集》（17卷）和《郭沫若全集》。

24日 国民党中央决定划广东全省为7个警备区，国民革命军第二军教导师师长陈嘉祐兼任南韶连警备区司令。

是月 曲江县农民协会改组。由省农民协会派常委蔡如平、周其鉴、彭湃等人到曲江，宣传发动群众，召开曲江农民代表大会，会议选举梁展如、欧日章、叶凤章为曲江县农民协会常务委员。

△ 南雄县农民协会筹备处宣告成立，负责人傅恕、彭显模等。

△ 为支援国民革命军北伐，粤北成千上万农民参加北伐军事运输。仅曲江县就有3 000多农民参加北伐随军服务工作。

△ 谭延闿率领谭道源第五师和陈嘉祐教导师，留守广东南雄、始兴、马坝等地。鲁涤平、李富春、岳森率领张辉瓒第四师和戴岳第六师参加北伐。

8月 龚楚和杨高林、邓水石、薛仰圣等人代表乐昌县农民协会出席广东省农民协会执委扩大会议。

是月 南雄籍中共党员曾昭秀、陈召南、张功弼、周序龙、曾昭慈等返南雄开展工作。同时中共南雄支部也在南雄发展了一批党员，党员总数达二三十人，遂决定成立中共南雄特别支部，傅恕任书记。1927年，傅恕离开南雄，曾昭秀继任特支书记。

△ 国民革命军第二军教导师师部由广州移防韶州。南韶连警备区正式成立，教导师师长陈嘉祐上任警备区司令。

9月3日 国民革命军第二军第五师谭道源部自南雄向江西推进。

6日 国民革命军第二军第五师谭道源部占领梅关、大庾，趋江西吉安。

24日 曲江因大旱失收，农民要求减租。省农工厅厅长刘纪文拒绝，曲江救灾会派代表到省请愿，并向省农工厅提出质问。广东国民政府答应代表们的请求，并以去前方慰劳将士为名，将刘纪文、古应芬调走。是年，交租七成在曲江执行。是为"曲江农民减租事件"。

【刘纪文】（1890—1957年）字兆铭，广东东莞人。1909年加入同盟会，负责秘密工作。1914年中华革命党成立后，追随孙中山，10年内不离左右，基本属于机要秘书和内勤特务的角色。1932—1936年，"南天王"陈济棠控制两广，刘在建设地方和振兴实业方面颇有作为，1933年2月建成的广州海珠大桥，是刘任内的最大工程，也是广州甚至整个国内最著名的工程之一。同样，值得称道的是刘任广州市市长不满4年，共计修马路39万多英尺（约合11.7万米），并明确界定市内路线1356条。作为教育救国论的身体力行者，刘还在广州首创六年制国民义务教育学校100所。

是月　韶（州）小（湖南宜章小塘）线公路开始动工修筑。至1928年7月，韶关至乐昌段竣工，长55公里，是韶关历史上最早的一段公路。1934年3月，韶小线全线通车，总长126公里。

10月10日　韶关各界举行庆祝国民革命军北伐胜利大会，省立第三师范学校（今韶州师范前身）和县立、区立、私立学校均派代表参加。

16日　韶州妇女解放协会分会召开大会，进行改组选举。到会会员约700人，中央妇女部、省妇女解放协会均派代表到会，大会选出执行委员5人，候补执行委员3人。

是月　广东妇女解放协会南雄分会成立，曾昭慈为主席。

【曾昭慈】（1906—1997年）又名碧漪，广东南雄人。1923年冬毕业于韶关德华女子师范学校，次年考入广东工业专门学校。1925年，参加共产主义青年团，同年转入中国共产党，任广东省妇女解放协会南雄分会特派员，在南雄开展革命活动，不久被选为中共南雄县委委员。国共合作时期，曾昭慈出任国民党南雄县党部执行委员、妇女部部长、广东妇女解放协会南雄分会主席等职。1928年正月组织南雄农民武装暴动，成立县苏维埃政府，暴动失败后与堂兄曾昭秀（中共南雄县委书记）转移寻乌，任寻乌苏维埃政府妇女工作部部长。1929年，曾昭慈与古柏（时任中共寻乌县委书记）结婚。1930年，古柏调任红四军前委秘书长，她也随调红四军前委，任前委书记毛泽东的秘书。1934年，红军长征后，古柏留在中央苏区，任中央政府办事处秘书，1935年6月在广东龙川县鸳鸯坑战斗中牺牲。1937年，曾昭慈携子回到南雄湖口家中隐蔽，动员堂弟曾文玉、妹妹曾华、表兄张功佩上延安抗日军政大学。1940年左右，曾昭慈到韶关民间医务所

工作，并以此为掩护，为地下党购运药品、传送情报。新中国成立后，曾昭慈调北京，先后在中国红十字会总会、中央纪律监察委员会、中国革命博物馆等部门工作，曾任全国政协第四、五届委员。1997 年病逝于北京。

11 月 2 日　根据国民党中央《对广东农民运动议决案》，为培训农民协会干部，广东省农民协会执委扩大会议决定，在韶关开办农民训练班。是日，农民训练班正式开学，第一期招收学员 300 名，其中曲江县占 30 名。

27 日　曲江各界召开军民代表联欢会。到会的有 70 多个团体的 220 名代表，公推甄博亚、卓庆坚、刘瑞庭、刘国均、袁恩珍、何辉、陈嘉祐、钟忠组成主席团。会上，陈嘉祐详细介绍了 10 月召开的国民党第二届中央执委会及各省区联席会议的经过和内容，强调北伐的胜利靠民众的支持，也靠民众来巩固，应加强民众的团结，实行军民联合，表明陈嘉祐仍坚持国共合作的意向。

12 月 9 日　中共北江地、特委在韶关成立，书记卓庆坚（中共北江地委负责领导英德以北各县党组织工作）。

【卓庆坚】（1902—1927 年）广东大埔人。1924 年在广东大学学习，加入共青团，后入农民运动讲习所学习。1926 年入党任北江特委书记。1927 年"清党"后，组织北江工农革命军总队，任党组书记，率队参加北伐军，后又去南昌，改编为工农团任团长，参加南昌起义。8 月 4 日离开南昌，在与钱大钧部队战斗中牺牲。

是日　广东省农民协会北江办事处与北江特委筹办的北江农军学校，在韶关正式开学（校址在今韶关建国路），主任蔡如平（后朱云卿）。学校组织有教务会议及军事训练委员会、政治训练委员会、财务管理委员会等。第一期由各区乡选送农军骨干 100 名入学，授以军事政治常识，学期为三个月，毕业后分配回原籍训练农军。学校共举办了两期，培训学员 200 余人。

是月　龚楚参加在韶关举办的北江农军学校第一期学习班，至次年 2 月中旬结业。

△　中共北江地委在韶关成立，卓庆坚任书记。中共仁化支部成立。中共南雄县支部成立，傅恕任书记，县委成员有曾昭秀、陈召南、张功弼、曾昭慈、周序龙、彭显模等。中共韶城支部成立，冯××任

书记。

冬 南雄县第一次农民代表大会在县城召开，1 000 多名代表出席，成立南雄县农民协会，选举陈召南为委员长。

民国十六年（1927 年）

1月1日 韶州各界 100 多个团体数万人，召开庆祝北伐胜利大会。南韶连警备司令陈嘉祐到会并讲话。大会发出《宣言》，提醒人们在胜利时，还要警惕帝国主义与军阀硬的和软的阴谋；吸取辛亥革命因没有民众基础而失败的教训，注意发展民众组织，打倒土豪劣绅、贪官污吏，铲除封建势力，打破反革命堡垒，巩固下层革命基础；拥护第二次军事行动，争取早日废除不平等条约，完成国民革命。同日，英德连江口海员工会第二分部和粤汉铁路二十九支部等团体，也召开庆祝北伐胜利大会。会上高呼"工农团结起来""拥护总理农工政策""打倒帝国主义，铲除贪官污吏、土豪劣绅"等口号。

是月 英德县召丌农民代表大会，正式成立英德农民协会，选举刘裕光、王蔚垣、蓝醒奎、胡瑞泉、吴若臣等为农民协会执行委员。

【刘裕光】 （1903—1933 年）广东英德人。英德农民革命运动创始人之一，曾组织英德著名的"英城""潭洞""鸡麻湖""鱼湾"等农民武装暴动，历任英德县农民协会主席、县长。

2月7日 韶州各界召开纪念"二七"四周年大会，会上发表《纪念"二七"殉难士宣言》。同时，曲江县农民协会、省农民协会北江办事处、北江农军学校也发表《为"二七"四周年纪念日告各界同胞》，强调只有工农群众才能担负国民革命的责任；只有被压迫民众团结起来，才能肃清一切反革命势力，实现全中国被压迫民众的解放。

是月 南韶连政治讲习所在韶关正式开学（今韶关建国路市粮食局所在地）。这是一所为培训农军政治干部的讲习所，表面上讲习所以南韶连警备司令部名义主办，实际是共产党领导的军事学校。国民革命军第二军教导师师长陈嘉祐任理事长，教导师司令部秘书长刘小山（共产党员）任讲习所主任。第一期招收青年学生 200 余人。"四

一五"清党后，该所学员大部分编入北江工农自卫队，北上武汉，后转赴南昌参加八一起义。

△ 中共乐昌县支部成立，由龚楚任书记，组织开展农民运动。同月，仁化第二、三、四区农民协会也相继成立。

3月9日 曲江龙归民团勾结土匪袭击第六区（龙归）农民协会，杀害工作人员23人，并进攻各乡农民协会，制造"龙归惨案"。惨案发生后，北江农军学校、驻军陈嘉祐教导师一部及欧日章、梁展如领导的农军前往反击，民团及土匪被击溃。

【欧日章】（1892—1929年）广东曲江人。1924年由香港、新加坡返乡。次年任曲江县十三区农民协会执委并组建农民自卫队，加入中国共产党。1927年任广东省农民协会北江办事处主任。4月随北江工农自卫队北上，8月转赴南昌参加南昌起义，10月当选中共广东省委委员。在曲江发动"西水暴动"，失败后下乡打游击。1929年3月在战斗中牺牲。

【梁展如】（1901—1949年）广东曲江人。在省立韶州师范就读一年后，回乡参加农民运动。1925年加入中国共产党，后任中共曲江县委书记。"四一五"清党后，随北江农民自卫队北上武汉，任军需长，后回曲江工作。1930年任中共北江特委宣传部部长。抗日战争爆发，梁在曲江组织抗日武装。解放战争时，任中共曲（江）南（雄）游击大队大队长、北江一支队三团副团长。1949年2月在翁源南浦黄竹坪反围剿战斗中被俘，同年4月英勇就义。时年48岁。

13日 广东省农民协会在广州召开第二次扩大会议。北江办事处代表刘裕光在会上作《北江办事处报告》。会议谴责制造"龙归惨案"的民团。北江各县农民协会会员每人捐赠一个铜板，慰问"龙归事件"死难家属。

4月1日 连县、连山、阳山瑶族地区划出，成立连阳化瑶局，局址设于连县县府内。民国二十四年（1935年）连阳化瑶局改为安化县。民国二十五年（1936年）6月1日又改为安化局。民国二十八年（1939年），安化局址迁连县三江圩。民国三十五年（1946年）改为连南县，由连南县政府统辖连阳一带少数民族，取消瑶长、瑶练制，以保甲制代替。

7日 曲江各界民众在韶关南校场召开追悼"龙归事件"死难农

友大会，到会群众 3 000 余人，北江农民协会办事处代表及南韶连警备区司令陈嘉祐、曲江县县长钟忠等参加追悼会。

15 日 广东地区国民党继蒋介石发动"四一二"反革命政变后，亦发动"四一五"反共政变，在广州屠杀共产党人及革命群众。

16 日 北江农民协会、海员工会及陈嘉祐教导师在韶关宣布脱离广东省政府，收缴第五军驻韶部队枪械，扣留中央银行分行 50 万元，另组织广东农民协会总指挥部、南韶连政务处、"党权运动大同盟"等机关。是为"北江独立"事件。

20 日 仁化县农民协会武装与驻韶陈嘉祐教导师一部，汇集从广州撤往北江的革命武装，在仁化县发动起义，是为"仁化起义"。

"四一五"反革命大屠杀后，撤往北江的广州农军革命武装，联络曲江、仁化各地农军与驻韶北伐军陈嘉祐师部分队伍在韶关周边地区举行起义，反对国民党反动派对共产党人的屠杀。

是日 广东省政府主席李济深下令"围剿"拥护武汉革命政府的北江地区革命势力。

广州"四一五"事件发生时，黄沙铁路工人受到反动军警的袭击后，即刻发电报至韶关站，通报情况，时任粤汉铁路工会委员的李甫接到电报后，即采取措施，停止了韶关客运火车开往广州。在西江的中共广东区委亦派遣周其鉴，前往韶关与北江特委联系，并一连三天召开紧急会议。会上，周其鉴传达广东区委关于"实行以革命的武装反抗反革命武装，与国民党反动派展开针锋相对的斗争"的指示，会议作出决定，一是组织工军；二是令北江各县农军集中韶关，准备北上武汉；三是组织革命政府，惩办反动分子。

根据中共广东区委和北江特委指示，20 日，各地工农武装开始行动。粤汉铁路工人纠察队改编为工军大队，由甄博亚领导，下辖三个中队，一中队以"四一五"事件后冲出反动军队包围到达韶关的黄沙铁路工人为主；二中队以粤汉铁路英德铁路工人为主；三中队是粤汉铁路韶关铁路工人。大队共 130 多人，陈嘉祐所属教导师每天供给每人伙食费四角支持，并拨给 20 多支枪。

【李济深】（1885—1959 年）字任潮，原名李济琛，原籍江苏，生于广西苍梧（今梧州）。民国初年北京陆军大学毕业，留校任教。1922 年参加北伐军，任粤军第一师参谋长、代理师长、黄埔军校教练部主任，参加平定商团叛乱、东征和平定刘（震寰）杨（希闵）叛乱等战役。1925 年任国民革命军第四军军长。次年当选为国民党第二届中央执委、候补中央常委。北伐时任国民革命军总司令部参谋长、黄埔军校副校长，留守广州。1927 年参加蒋介石反共活动，在广州发动"四一五"清党政变，兼任广州政治分会主席、广东省政府主席。后与蒋介石矛盾激化，1929 年被蒋介石软禁于南京汤山，九一八事变后获释。曾任训练总监、军委会办公厅主任、鄂豫三省"剿匪"副司令。1933 年与蔡廷锴等发动福建事变，成立中华共和国人民革命政府，任主席，提出抗日反蒋。失败后去香港，组建中华民族革命同盟。抗日战争时期，主张团结、反对分裂，历任国民党战地党政委员会副主任、军委会西南办公厅主任、军事参议院院长等。1944 年参与筹建国民党民主促进会，次年被选为国民党中央监察委员。抗战胜利后，反对蒋介石的独裁内战政策，被国民党开除党籍。1948 年在香港发起成立中国国民党革命委员会，任主席。次年参加全国政协第一届全体会议，新中国成立后，历任中央人民政府副主席、全国人大常委会副委员长、全国政协副主席、民革中央主席等。1959 年 10 月 9 日在京病逝。

22 日 韶州召开军民联欢大会，有 50 多个团体，数万人参加。南韶连警备司令陈嘉祐主持大会并讲话，他说："当此左右派短锋相接的时候，民众必须看清谁是真止的单命者……我们教导师是站在民众利益方面的，是与人民合作的，要求民众极力拥护我们教导师，去铲除一切革命的障碍物。"会上通过决议，坚决拥护武汉国民党中央和国民政府，以及国民党二届三中全会有关决议案。

23 日 在陈嘉祐教导师第一团的支持下，英德县人民团体联合会成立。委员有韩毓涛（教导师一团党代表，共产党员）、郑瑞熊（国民党英德县党部执委）、戚锦（铁路工会代表，共产党员）、刘裕光（县农民协会负责人，共产党员）、胡醒群（商会代表）、李维、胡瑞泉（共产党员）、邓仲芬、伍大鹏 9 人。

△ 在韶北江农军学校迁往南雄后又撤往湘南郴州编入广东北江工农自卫军，北上武汉，后又转赴江西南昌参加八一起义。

24 日 清远挑选 280 人组成北上农军大队，由叶文龙任总指挥，李资为总队长，下设三个中队和若干分队。由省派人员和农军骨干任中队长等职务，北上韶关集结。出发前农军占领县城，拆除县区通信器材，切断敌人的联络。

时由中共广东区委员周其鉴、北江特委书记叶文龙以及赖松柏等20人组成的"非常时期特别委员会"，在清远地区组织、指挥北江地区的农军，集中韶关，准备北上的工作。

25日 为组织革命政府、惩办反动分子，英德县人民团体联合会接管英德县政权，成立英德县政府委员会，由刘裕光主持县政工作。同日，在连江口，包括清远、花县等地农军乘粤汉铁路火车至韶关，其他各县的部分农军分别于月底前汇集韶关。

26日 陈嘉祐部教导师一团协助农军逮捕在英德的反动分子，县长代理人王镏沧、县法院检察官谢豪等人，并执行枪决。广州国民党政府闻讯后，随即派出万余人部队北上，由于敌我力量悬殊，教导师一团与英德农军百余人撤出英德北上，与韶关北上农军汇合。

月底 集结在韶关的工农军召开动员大会。会上，罗绮园宣布成立广东北江工农自卫军总指挥部，由罗绮园任总指挥，周其鉴任副总指挥，朱云卿任参谋长。参谋部工作人员有王蔚垣、李资等。总部下设三个大队，每个大队设3个中队，9个小队。其中，第一大队长由侯凤墀仼，指导员卓庆坚；第二人队长叶义龙，指导员卢克半；第三大队长甄博亚，指导员林子光。大会决定工农军随陈嘉祐教导师北上，要求大家服从命令，遵守纪律，准备将来打回广州。

【朱云卿】（1903—1931年）广东梅县人。早年到印尼做工，1924年回国，黄埔军校第三期学生。1925年加入共产党，参加过东征。曾任中共北江特委委员、北江农军学校主任、北江农军总指挥部参谋长。1928年任红四军团长，参加建立井冈山根据地。1929年任红四军参谋长、红一方面军参谋长及红军总参谋长。1931年在吉安医院治病时被国民党特务杀害。

【叶文龙】（1900—1928年）海南文昌人，生于四川秀山。曾在海南搞"学运"，1920年入上海沪江大学。1925年入共青团和共产党。回广州后任中华全国总工会干事、中共广东区委组织部干事、秘书、农运特派员。1927年领导清远农民起义，后北上任北江工农自卫军第二大队队长，抵武汉任中央农民运动讲习所教务长，年底回粤工作。1928年2月在清远被国民党军杀害。

【北江工农自卫军】"四一五"事变后，从广州败退的粤汉铁路工人与清远、英德农军会合，共同攻占英德县城，在坚守数日后退至韶关，与仁化、南雄、始兴、曲江、乐昌的农军，以及北江农军学校第二期学生合编，共同组建成"北江工农自卫军"，有2 000余人。

5月1日 工农军在韶关宝灵（林）寺召开誓师大会。会后，工农军举起犁头红旗，吹起军号，浩浩荡荡踏上北上征途，当天，部队在桂头宿营。

2日 工农军到达乐昌。时在乐昌由龚楚、谭军略率领的乐昌农军500余人，与北江工农军汇合，组成"北江工农讨逆军"，由龚楚任总指挥。后又有宋华带领的仁化县农军百余人赶到，汇集乐昌，工农军总人数达1 200多人，在乐昌停留一天后，继续北上。与工农军到达乐昌的同日，由李济深任命的北路总指挥钱大钧（第二十师师长）亦率军由南向北，进军韶关。广西的吕焕炎等2个旅也从粤北连县配合进军韶关。

时广东省国民政府为从南方包围武汉国民革命政府（帝国主义和南京国民政府已经济封锁武汉），联合湘、桂两军共同"围剿"拥护武汉国民政府的驻粤北革命武装。钱大钧部从清远、英德向粤北开来，桂军吕焕炎部亦从连县向粤北开来，北部湘军许克祥团则驻防粤北湘边伺机而动。

【许克祥】（1890—1965年）湖南湘乡人。湖南讲武堂毕业，参加辛亥光复湖南之役。民国成立任湘军连长、营长、团长，1925年任黔军旅旅长。1927年任何键第三十五军第三十三团团长。5月21日在长沙发动"马日事变"，大杀共产党员、进步人士，升独立第二师师长，驻乐昌，曾被蒋介石任为第二路司令。后参加中原大战。阎冯失败，许回江西"剿共"。1933年任副军长兼第二十四师师长，调陕甘打红军。1937年因病退役，任军事参议院参议。1949年去澳门、台湾，任"国策顾问"，1965年病死。

3日 钱大钧部攻克英德，驻韶关第二军教导师师长兼南韶连警备司令陈嘉祐（拥护武汉国民政府）恐四面受敌，紧急从坪石向湘南后撤，北江工农自卫军随陈嘉祐部一同退往郴州、耒阳、桂东、永兴等地。

4日 武汉国民政府任命陈嘉祐、罗绮园等为南韶连政务委员会委员，时陈嘉祐与罗绮园率所部北上。是日，北江工农自卫军翻越天

127

险蔚关岭。

6日 钱大钧进驻韶关,经南雄向赣南进发,第一游击司令胡凤璋也向湘南进发,拟合击陈嘉祐。蒋介石下令通缉陈嘉祐。

8日 北江工农自卫军进抵湖南郴州,受到郴州农军的欢迎。时中共郴州县委负责人夏明震接见工农自卫军,工农自卫军在郴州休整三天,时由朱云卿所率北江农军学校第二期学员100多人也赶到。于是,陈嘉裕与罗绮园商定:工农自卫军进驻未阳训练,教导师主力进驻衡阳,一部分留驻郴州。

14日 北江工农自卫军到达未阳后,将北江农军学校学员编入工农自卫军。随教导师北上的南韶连政治讲习所学员,除大部分由教导师调去外,其余30多人也分配到工农军做政治工作。工农自卫军的建制由原来的大、中、小队,改为营、连、排。时教导师改编为第十三军,工农自卫军亦改为十三军补充团,由龚楚任团长,李资为副团长,对外仍沿用广东工农自卫军名称。

17日 陈嘉祐协同在韶工农自卫军反攻坪石、乐昌。后因钱大钧部援军到达,陈部退回郴州。

21日 长沙许克祥发动"马日事变",在未阳、衡阳的北江工农自卫军与陈嘉祐的十三军,困在未、衡两地,在反动势力与地方民团气焰日益嚣张的情况下,经工农自卫军总部领导人的商量,决定多数人在湘粤边打游击,总部分发经费,由连队保存,每人发12元大洋。

是月 根据党的有关指示,龚楚、谭军略率领乐昌农军500余人抵达韶关,与留守北江工农自卫军汇合1 100多人,组成"北江工农讨逆军",龚任总指挥,前往武汉参加讨蒋。当北江工农自卫军抵达湘南未阳进行整训时,被改编为第十三军(军长陈嘉祐)补充团,龚楚任团长,李资任副团长。

6月1日 由国民革命军北路总指挥部政治部主办的《北江日报》在韶关正式出版,报社地址设在市区风度路光南堂内。创办之初,报纸为四开四版,每周一期,此为近代在韶关出版的最早的地方报之一。

3日 在未阳的北江工农自卫军离开未阳,移驻湖南永兴县十八都。8日,陈嘉祐部派团党代表韩毓涛到十八都工农军总部,与三十五军军长何键谈妥,可通过长沙,但不能兴工农自卫军的旗,要用第十三军补充团番号。工农自卫军同意了,正准备出发,属仁化、曲江的部分农军要求回师粤北，打击向农民反攻倒算的土豪劣绅。于是，北上工农自卫军分成两路，一路北上，一路南返。南返一路由叶凤章、梁展如（曲江）、蔡卓文（仁化）率领 120 多人，在永兴鲤鱼塘与地方民团武装打了一仗后，折回仁化。

11 日 北上的工农自卫军约 600 人，在周其鉴、叶文龙等人率领下，到达衡阳，并于 12、13 日，由衡阳乘船到株洲，14 日乘粤汉铁路火车通过长沙，15 日到达武昌，驻徐家棚琴园。

24 日 北江工农自卫军举行"仁化暴动"。

自从北江工农自卫军撤到湘南后，北江地区土豪劣绅开始残酷捕押杀害革命群众，引致群情激愤。于是撤往湘南的仁化工农军及曲江、乐昌的部分工农军数百人又返回粤北。是日，蔡卓文部工农军及返回粤北的农军攻打仁化县城，曾一度攻入县城，打开牢房，在救出被捕群众 80 多人后，工农军主动撤出。

月底 因敌军进剿，参加"仁化暴动"大部分工农军转入渐溪山活动（打游击）。

7 月 14 日 国民党省党部发布通告，解散南雄县国民党县党部和农民协会，其执行委员曾昭秀等 7 人被开除出国民党党籍。

20 日 国民党第十六军军长范石生率部由广西抵达广州，随即奉命开赴粤北韶关驻防。

21 日 汪精卫在武汉发动反革命政变后，在武汉的北江工农军接中共中央关于设法脱离第十三军开赴南昌集中的命令，以来武汉"后水土不服，又逢疾病流行……"为由，脱离了十三军，乘船离开武汉。

26 日 滇军范石生部接受黄绍竑指挥，被派赴韶关协助钱大钧部阻止张发奎军回粤。

自汪精卫在武汉发动反革命政变（"七一五"事变）后，原国民革命军北伐第四军第十二师师长张发奎意图率军回粤，继续反蒋，李宗仁、李济深均向张发出警告，劝其不要回粤参与争夺"地盘"。

【黄绍竑】（1895—1966 年）字季宽，广西容县（今玉林）人。1916 年保定陆军军官学校毕业。1922 年被孙中山委为广西讨陆（荣廷）军总指挥。1924 年加入中国国民党。同年与李宗仁、白崇禧等成立"定桂讨陆联军"，统一广西。先后任桂军第二军军长、国民革命

129

军第七军党代表、第十五军军长。1926 年北伐开始后任广西省政府主席兼留桂军军长。1927 年参与发动"四一二"反革命政变，同年 8 月参与逼蒋下野。1929 年与李宗仁、白崇禧发动反蒋战争，失败后去香港。11 月响应张发奎倒蒋。次年任中华国民军第一方面军副总司令，与蒋合流，历任国民政府内政部部长，浙江、湖北省政府主席。抗战期间任第二战区副司令长官。1947 年任国民党政府监察院副院长。1949 年为南京国民政府和平谈判代表团成员，参与国共和平谈判。同年，去香港脱离国民党政府。新中国成立后，任政务院政务委员，是第一届全国人大常委、中国国民党革命委员会中央常委。1966 年 9 月在北京逝世。

29 日　北江工农军乘船抵达江西九江，30 日乘火车到达南昌，被编入叶挺二十四师教导团。31 日晚，北江工农军接到起义总前委命令：决于明（8 月 1 日）二时开始向城内外所驻敌军进攻。你部农军于攻击前，应即完成新营房之防御部署，并相机增援二十四师教导团对新营房南面敌军之进攻。

土地革命时期
（1927 年 8 月—1937 年 7 月）

8 月 1 日　中国共产党在江西南昌发动起义，向国民党反动政府打响武装斗争第一枪。北江工农自卫军在起义中冲锋陷阵，奋勇杀敌，坚定执行了起义总指挥的命令。

3 日　南昌起义成功后，北江工农自卫军大部被编入二十军三师六团二营，由龚楚任营长。一部分编入政治保卫处特务连；一部分编入粮秣管理处运输队。是日至 5 日，龚楚率部分北江工农自卫军撤离南昌，转往赣南。

7 日　中共中央在汉口召开紧急会议，批判和纠正陈独秀的右倾机会主义路线，确定实行土地革命，以武装起义推翻国民党统治的总方针，决定在湖南、湖北、江西、广东四省举行秋收起义，夺取乡村政权，组织革命委员会，向反革命势力进攻。

11 日　南昌起义时北江工农自卫军改编为广东农民自卫军，编入贺龙领导的第二十军三师六团，以彭湃为总指挥（龚楚任该团第二营营长），开赴潮汕地区。

18 日　钱大钧部两个团在壬田布防，由龚楚率领的六团二营担任前卫作战任务，在壬田与敌展开短暂的战斗，挫败了钱部两个团的兵力，缴获大批武器。

20 日　中共广东省委正式成立，由张太雷任书记。广东省委传达贯彻了中央"八七"会议精神。为配合正向广东进军的南昌起义部队夺取广东，实现湘鄂粤赣四省秋收暴动计划，中共广东省委决定在全省各地发动工农暴动。

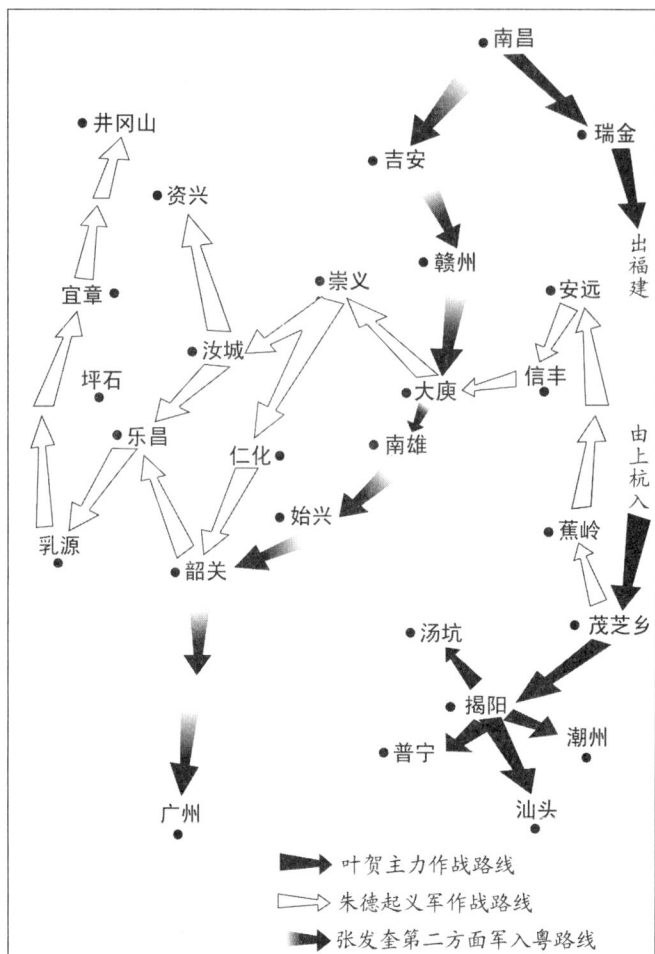

南昌起义军作战路线图（1927年8—10月）

24日 南昌起义部进抵江西会昌，遭遇驻会昌之敌阻截，起义军对会昌守敌发起攻击。广东农民自卫军担任正面突破，与正面强悍部队短兵相接。此役，以起义军占领会昌城，斩获敌军枪械千余支，俘敌900余人告捷。但在这次战斗中，包括广东农民自卫军部分领导人卓庆坚、甄博亚、唐振和数十名农军战士，全壮烈牺牲。会昌战斗后，起义军折返瑞金休整，广东农民自卫军所在第六团第三营与起义军总指挥部的两个监护连一起，改编为警卫营，担负领导机关的警卫任务。

月底 北江地区各县开始恢复、发展中共组织，开展活动。

是月 龚楚被党中央调往长沙，参加领导秋收起义工作。后龚楚因中途被敌军袭击，失去联络，被迫转赴香港与地下党联络，潜回家乡。

9 月 3 日 南昌起义部队一部与驻守赣粤边境国民党钱大钧部激战于赣粤边境。

自南昌起义爆发后，陈济棠为阻止南昌起义军入广东和防止东江农民起义，先后令黄绍竑布防北江，陈济棠自己则布防在东江，命钱大钧在赣边截阻南昌起义军。

【陈济棠】（1890—1954 年）字伯南，广东防城县（现为广西防城港）人。1907 年，陈考入广东陆军小学堂，秘密加入同盟会。辛亥革命后，入广东陆军速成学校，之后任粤军军官，从排长累升至团长。在护法战争及讨伐陈炯明战争中，陈追随孙中山先生，任粤军李济深部第二旅旅长。1925 年国民政府成立，陈济棠任李济深部下，国民革命军第四军十一师师长。1929 年蒋桂战争，陈济棠支持蒋介石。升任第四军军长兼广东绥靖委员，后任第八集团军总司令。1931 年 5 月，汪精卫等在广州另立国民政府，陈任第一集团军司令。九一八事变后，广州国民政府取消，数年后陈集广东党政军大权，人称"南天王"。

在主政广东期间（1929—1936 年），陈济棠对广东发展颇有建树。先后兴建各类工厂、港口公路、大中小学等。广州百业繁荣，市政建设成绩显著，如海珠桥、中山纪念堂、中山大学五山新校舍、爱群大厦等，以及 30 多条马路，皆是陈济棠主政广东时兴建，这段时期被称为"老广州的黄金时代"。1936 年 6 月，陈与桂系联合，以"抗日救国军"名义反蒋。但陈手下空军大队为蒋介石重金收买，司令黄锐光于 7 月带领 48 架飞机飞往南昌投奔南京。陈手下其他大将，如余汉谋等亦通电表示服从中央。陈济棠事败被迫出走香港。抗战时，陈出任国防最高委员会委员、战略委员会委员。1949 年，任海南行政长官兼海南警备司令。1950 年到台湾，任总统府战略顾问。1954 年 11 月 3 日卒于台湾。

8 日 黄绍竑亲抵韶关，坐镇指挥阻击南昌起义军入粤，并阻止张发奎部回粤。

20 日 张发奎率部由江西进入粤北，其主力到达南雄。张本人赴香港，由黄琪翔代理第二方面军总指挥。

是月 曲江县立中学在韶州创办，校址设在始巷头（今和平路）曲江县立第三高等小学内。翌年 1 月，校址迁到风采路府学宫。校长由县长陈秉锋兼任。

岭南文化书系

百年粤北纪事

10 月 15 日 中共中央南方局和广东省委召开联席会议，贯彻中央"八七"会议精神，改组省委，曲江、清远农运领导人欧日章、赖松柏被选为广东省委委员。会议要求党领导工农群众，打破依赖军队的思想，自动起来夺取政权，解决土地问题，建立苏维埃政权。

23 日 中共中央致南方局并转广东省委的指示信中指出："以后工人武装改称工人革命军，农民武装改称农民革命军，合称工农革命军，用工农的红旗""政权机关在乡村则为农民协会或农民委员会，在城市则为工农兵革命委员会"。原北江工农自卫军由"广东农民自卫军"更名为"广东工农革命军"。

是月 曲江《民国日报》创刊。报纸由国民党曲江县党部主办，报社设在韶关市区平治巷曲江县党部。报纸为对开四版，周日出版，此为近代韶关最早的地方报之一，

11 月 18 日 黄绍竑下令驻北江的桂系第七军"剿平粤乱"。

是月 中共曲江县委成立。同时成立的还有中共清远县委和英德县委。

在南昌起义暴动后，部分随南昌起义部队到东江参加暴动的北江工农自卫军骨干，在东江暴动失败后，一些原籍北江和曾在北江工作过的同志，由中共广东省委陆续派回北江，与活动在北江的地下党同志一起，参与恢复和健全粤北一些县的党组织。

△ 曲江县县长陈秉锋，以曲江县城尚未有公园，将县府衙地址（今市政府大院内）迁至原岭南道尹公署（今北江公安分局所在地），开始筹建中山公园。

12 月 1 日 中共南雄县委成立。选举彭显模、彭显伦、欧阳哲为县委委员，彭显模为县委主要负责人。重新登记的党员共 18 人。

10 日 驻湖南汝城的国民革命军十六军（军长范石生）撤回粤北。参加南昌起义的朱德部也于同日到达仁化董塘，随即朱德部在董塘圩召开各乡农民协会干部会议，决定严惩土豪劣绅。随后部队配合农军，先后逮捕了土豪劣绅 36 名，并召开群众大会，枪决其中罪大恶极者 27 名。

12 日 朱德部开赴韶关，拟南下参加广州起义，后获悉起义已经失败，遂驻韶城西北之犁铺头进行整训。

朱德部自 11 月在江西崇义上堡整编后，通过收编农军，扩大了队伍。为求得掩护和休整，朱德利用他与驻汝城国民革命军第十六军军

长范石生过去在云南讲武堂同学的关系，开展统战工作。经范同意，朱德化名王楷，任第十六军总参议兼第四十七师副师长，兼第一四〇团团长。朱德部改番号为第一四〇团，该团独立建制，驻防始兴、仁化、曲江犁铺头、坪石等地休整和训练，由范石生提供部队补给。12月中共广东省委命令该团南下支援广州起义，途中闻广州起义失败，停止南下行程。

15 日　中共南雄县委联络商团，派农军潜入县城，以宴请豪绅的方式，诱杀了南雄县联团防局长卢焜和南雄县清党委员黄逸品。

16 日　南雄县委再次派农军入城，捕杀国民党南雄县党部改组委员麦显荣、彭求福，并占据国民党南雄县党部等处，揭开了南雄暴动的序幕。是为"杀卢暴动"。

【卢焜】（？—1927 年）字藜青，广东南雄人。1924 年投靠滇军师长赵成梁门下，多方钻营，被省署委任为南雄县联团防局长。卢焜上任后以筹措团防经费名义，增派捐税，虚报团防兵员，大吃空额。是年，土匪抢劫三角岭村，卢不派团兵出击，事后却派团兵进村勒索军饷。匪去兵来，民不堪其苦。区、乡捕得土匪，亦往往因卢焜得贿而被放纵，人民群众对卢恨之入骨。1925 年 9 月，曾有进步青年以"南雄公民"的名义发表《驱卢宣言》。"四一二"反革命政变后，卢焜派武装人员封闭总工会、农民协会、革命青年联合会、妇女解放协会。中共南雄县委决定为民除害，制订诱杀卢焜计划。12 月 15 日晚，由省立南雄中学学生会主席欧阳璋出面，在县城美香馆酒楼宴请卢焜，共产党员卢世英率 30 多名农民自卫军，埋伏于酒楼附近。卢焜不知是计，前去赴宴，酒酣之际，被农民自卫军当场刺死。

22 日　中共广东省委委员长欧日章与驻犁铺头的朱德部取得联系，在朱德部队一个连的支持和参加下，组织了数百名农军和农民，向大沙洲下村的地主武装发起进攻，打死地主 1 人，处决 4 人，缴获长枪 10 多支，没收谷米等财物一批，揭开了"曲江西水暴动"序幕。

27 日　中共中央指示朱德："为避免消灭的危险，你们只有坚决地脱离范石生，联络北江的农军及广州暴动后退往北江的队伍，参加北江区域的农民暴动，扩大和深入北江的土地革命，做成北江农暴的主要付力，造成海陆丰农暴割据东江的同样的局面，这是你们队伍存在和发展的唯一途径，并且对于广东全省总暴动的前途，更有深切的关系。认清此点你们必须迅速执行。"

28 日 曲江民团和地主武装 1 000 多人，围攻水心、暖水、芹村和黄沙岭等处，向"西水暴动"的农军、农民猖狂反扑，焚烧村庄，抢劫财物，农军和农民被打死 5 人，伤 20 余人。朱德部闻讯派兵前往支援，将民团击退，毙民团十余人，伤百余人。战斗结束后，朱德部在清水塘召开群众大会，鼓励民众团结起来，坚持斗争，夺取胜利，并送给农军一批枪支弹药。

31 日 中共北江特委成立，书记叶文龙，委员有刘一声、赵自选、卢克平、朱德。

在广州起义失败后，以李立三为书记的广东省委认为革命形势仍不断高涨，决定在全省各区造成一县或数县的割据局面，包围广州，进而夺取广州，并认为：北江有农运基础；撤到花县的广州起义的武装和驻韶关的朱德部，均是农暴很需要的付力；军阀之间的战争使他们无力顾及北江，可使北江作为全省暴动的中心地区之一，农暴能大规模地爆发起来，因此决定成立中共北江特委，以利指挥暴动。

是年 由英国基督教循道会创办的私立循道高级护士职业学校因"兵燹"停办。

△ 兴宁人在南雄县城开设的"广裕兴"商号，首先使用手摇木制卷烟机生产"一心""一德"两个牌号卷烟。日产卷烟 250 条。

△ 国民党政府将连县、连山、阳山三县的瑶族地区设为"连阳化瑶局"，局址设在连州镇。

民国十七年（1928 年）

1 月 1 日 国民党侦知朱德部隐藏在范石生所部第十六军，蒋介石下令范石生即刻逮捕朱德，范即通知朱迅速离去。

5 日 朱德、陈毅率领南昌起义部队，以范石生第十六军第一四〇团的名义，脱离范石生部，离开曲江犁铺头。

是日 朱德部抵达仁化并攻占仁化县城。同日，在朱德部的协助下，参加仁化暴动活跃在渐溪山的农军，正式成立仁化工农革命军第四独立团，刘三凤任团长。

6日 朱德部离开犁铺头后，范石生第十六军即与民团共千人，进攻欧日章领导的西水农军，复攻暖水、乐夫等村。因敌强我弱，敌先后攻破暖水、乐夫、清水塘等地。

是日 朱德部离开仁化，经乐昌县的廊田楼下、长埪、大洞、湖洞，到达乳源县梅花区大坪。

12日 朱德部从乳源智取宜章，拉开湘南暴动序幕。

在离开范石生第十六军后，朱德部第一四〇团正式改编为工农革命军第一师，向湘南进发，在坪石打败国民党军独立第三师许克祥和第三十五师何键一部后，智取宜章。

13日 朱德部在宜章与国民党第一游击司令胡凤璋部激战五天四夜，毙敌数十人。

14日 原北伐国民革命军第四军（缪培南为军长）与桂军在龙川、五华发生激战，第四军第二十六师师长曲江人许志锐在激战中阵亡。

【许志锐】（1894—1928年）原名叔龙，广东曲江人。从小随父读书。小学毕业后，适逢广东陆军小学堂招生，随即考入该校第六期，以优异成绩毕业。后又先后到武昌陆军中学和保定陆军军官学校深造。军校毕业后，在山西阎锡山部任见习排长。见习期满，随即南下回粤，在张发奎部卜仕职。在讨伐沈鸿英、陈炯明、杨希闵、刘震寰以及扫荡占据琼崖的邓本殷等战斗中英勇善战，由连长、营长、参谋长晋升团长。1926年7月，张发奎率领该师两个团参加北伐。许志锐的团则奉命留守琼崖，兼任琼崖警备司令。1927年6月张发奎军进驻武汉后，许志锐晋升为第二十六师师长。1928年1月14日，许志锐在与桂军作战中负伤，因伤势过重阵亡，时年仅34岁。许志锐系为张发奎的爱将，后张发奎创办志锐中学（现广东北江中学前身）以示怀念。

21日 曲江西水暴动农军在范石生的强敌镇压下，不得不主动撤到山上，"曲江西水暴动"失败。此后，西水农军在欧日章的领导下，转入游击战争。

23日 阮啸仙等人在仁化举行"仁化董塘圩暴动"。同日，董塘区乡苏维埃政府和仁化县革命委员会成立，同时成立的还有广东工农革命军北路第八独立团。暴动当日，独立团打退了地主武装的多次进攻。由此，掀起仁化农暴高潮。

是月 中共广东省委派军委书记张善铭任北江特委书记，又派巡视员周其鉴、赵自选来北江指挥"北江年关暴动"。下旬，应北江特委之请，工农革命军第一师朱德部攻占乐昌、坪石，以协助仁化暴动。当时举行年关暴动的除仁化、曲江（西水暴动）外，还有南雄、乐昌等县。

△ 韶（关）连（州）公路动工修筑。至年底，曲江至乳源路段完成通车。公路全程59公里，属官民合办。

2月1日 朱德率工农革命军第一师，在宜章岩泉至乐昌坪石一线，与由韶关奔袭朱德部的独立第三师许克祥部5个团发生激战，许部败退，红军乘胜追击，占领坪石，是为"坪石大捷"。

【坪石大捷】当朱德率领湘南起义军在湖南智取宜章后，控制广东的李济深密令驻韶关的独立第三师师长许克祥"即日进剿，不得有误"。许克祥接到命令后，立刻带着全师人马，从韶关直接开赴乐昌，并日夜兼程北上坪石，以扑灭朱德领导的湘南起义。此时，朱德率领的工农革命军主力部队已发展到3 000多人。1月中旬，许克祥部开抵坪石，将其教导队和补充团留在坪石镇，并亲率两个主力团进到岩泉圩一带，把另外两个团在坪石、长岭、武阳司、栗源堡一线摆开，搜寻工农革命军。面对许克祥部，朱德决定采取避实就虚、诱敌深入的战略方针，主动撤退，将部队隐蔽在深山中的圣公坛，然后寻找有利战机，适时消灭许部。1月30日，朱德判断歼灭许克祥部的条件已经成熟，决定兵分两路：一路由熟悉地形的胡少海、谭新带领，迂回敌后，阻击增援之敌，截断岩泉圩敌军的退路；另一路由其和陈毅率领精锐，直捣岩泉圩，消灭许克祥的两个主力团。31日，工农革命军向岩泉圩悄悄进发。2月1日早晨七时许，工农革命军突然以迅雷不及掩耳之势冲进岩泉圩，此时，胡少海、谭新带领着另一路兵马，也从侧后杀入，前后夹击，许克祥部腹背受敌，无法招架，仓皇而逃。攻下岩泉圩后，朱德命令部队乘胜追击，不给许克祥部有喘息的机会，以最快的速度向坪石挺进。许克祥部刚逃回坪石，朱德带着工农革命军就赶到了，许克祥仓皇应战。在朱德指挥下，工农革命军穷追猛打，很快便占领坪石镇，许克祥只能带领其残部数十人向乐昌逃窜。据战斗结束后统计，工农革命军在此次战斗中，共歼敌千余，缴获步枪

2 000余支，以及重机枪、迫击炮、山炮和各种弹药装备一批，几十挑子银圆。坪石大捷，不仅开创了工农红军以少胜多的光辉战例，也给国民党反动派以一个沉重的打击。此役是中国共产党领导的工农武装进入湘南后的第一个大胜仗。

是日 中共南雄县委改组，曾昭秀任书记。改组后的中共南雄县委，决定进一步在全县发动农民暴动。

2日 朱德率部离开坪石，北上郴州。

3日 朱德部在摺岭（骑田岭）打败何键军，追击至郴州良田，将其全歼，毙敌副师长1名。

13日 参加董塘圩暴动的广东工农革命军北路第八独立团攻入仁化县城，发表《仁化县革命委员会政纲》和《暴动宣言》。同日晚，南雄县爆发农民武装暴动，各乡农军进攻所在地的厘卡和粮局，毙税厂务人员24人，缴枪20多支。

14日 由于国民党正规军和民团、土匪的联合进剿，占领仁化县城的广东工农革命军北路第八独立团退守安岗华阳寨。

18日 中共南雄县委在黄坑召开四个区万人大会，成立县苏维埃政府，并通过各乡同时发动暴动的决议，立即进行暴动。大会决定，宣传赤卫队为南雄苏维埃政府的武装部队，成立南雄游击队，下设油山、南山、北山游击队。

从2月18日至3月17日，在南雄参加暴动的武装农民在3万以上，参加土地革命的农民在5万以上，成立了二、三、五、六区苏维埃政府和120个乡苏维埃政府。为应付暴动后的繁重任务，南雄县委又于2月25日进行改组，选出县委委员11人，曾昭秀任县委书记。

24日 南雄起义军曾昭秀、陈昭南等部与国民革命军第十六军陈学顺团在龙潭、里东一带作战。当时南雄新田、弱过、上祥均已成立了苏维埃政府。

【曾昭秀】（1900—1930年）广东南雄人。1921年，曾昭秀就读于省立南雄中学，曾因组织先进青年反对校长专制、贪污罢课，被开除学籍。1922年秋，考入广东省立第一中学（广雅中学）。1923年暑假，曾昭秀回南雄联络一些进步学生组织"青年学社"，设立"青年学舍"，开办"民生书店"，推销革命书籍和进步刊物。1924年秋，考入广东大学预科，参加中国共产党领导的"新学生社"，发起组建

"南雄留省学生会"。1925 年 5 月创办《雄声》月刊,连续发表文章,宣传革命。同年七八月间加入共青团。1926 年春,参加中国共产党。暑假期间,受组织委派,回到南雄工作。8 月,任中共南雄特别支部副书记,在国民党县党部任常务委员、青年部长。1927 年 2 月,中共南雄特别支部书记傅恕离开南雄,曾昭秀负责特别支部工作,广泛开展工农运动,出版《珠玑》周刊。1927 年"四一二"反革命政变后,曾昭秀转入农村活动,组织集训农民自卫军,诱杀县联团防局长卢焜等人,打响了武装斗争的枪声。1928 年 2 月 1 日中共南雄县委改组,曾昭秀任县委书记。13 日晚,领导南雄农民武装暴动。18 日,成立县苏维埃政府,曾昭秀被选为县苏维埃政府主席,领导农民开展"平田""平仓"斗争。1930 年春,曾昭秀受错误路线迫害,被诬为"AB团",遭杀害。新中国成立后,平反昭雪,被追认为烈士。曾昭秀及其弟昭度、文玉、文蔚、美善 5 人,先后参加革命。昭度、文玉为革命牺牲。

月底 仁化县委书记阮啸仙离开仁化,廖汉忠继任县委书记。国民党军加强对仁化"农暴"的镇压,农军退守石塘双峰寨。

是月 省立第三师范学校创办附属小学(今韶州师范学校附属小学),校址在太平镇平民路(今韶关市峰前街)。

3 月上旬 国民党第十六军第一四〇团进驻南雄,组织"清剿委员会",以一个营的正规军纠合民团 500 余人进攻珠玑凤凰桥。曾昭秀等集中湖口、灵潭等地赤卫队和革命群众 3 000 余人,与敌人激战一天。国民党军毫无所获,退回县城。其后,一四〇团团长陈学顺又纠集 800 余人,进犯县苏维埃所在地——上朔村。曾昭秀组织上朔村及附近乡村 1 万多名赤卫队队员和革命群众,拿起梭镖、大刀,扛起土枪、土炮,包围国民党军队。陈学顺突围而逃。

13 日 南雄国民党陈学顺部纠集民团、商团 3 000 多人,再次进犯上朔。曾昭秀鉴于赤卫队几经激战,人员伤亡重,弹药缺,不可固守,遂率苏维埃人员转移到弱过村。国民党军队尾追而来,曾昭秀沉着指挥,与敌相持 3 昼夜后,于 16 日夜撤出弱过村。曾昭秀转移到江西全南县社迳乡大曾屋村,建立党组织,继续开展革命斗争,后任中共寻乌县委书记。

15 日 "北区善后委员公署"成立,王应榆(桂系)任主任,辖南雄、始兴、曲江、乐昌、乳源、翁源、阳山、连山、连县等共11县。

是月 仁化县委和广东工农革命军北路第八独立团一部据守的华阳寨被敌攻破，县委率工农革命军大部分转渐溪山开展游击战争，小部分和群众700多人于中旬退守石塘双峰寨。

在仁化县委率工农革命军大部转渐溪山后，为镇压退守石塘双峰寨农军，国民党桂系第七军七师（后改为十五军三师）接替范石生的十六军持续围攻石塘，攻势更为猛烈。从3月起，桂系国民党军由副师长蒙志坐镇指挥，先后采用迫近爆破、挖塘决断水、架云梯堆茅火攻、筑土垒俯攻、调炮兵助攻等办法，攻击双峰寨，都未能得逞，反而死伤官兵100多人。到后期因寨内缺水，瘟疫流行，敌人又派飞机轰炸，最后才于年底将该寨攻破。

△ 北区善后委员公署通令韶关各县将各区私塾一律取缔或改良。

4月28日 活动于粤北的粤、湘边的朱德部进入井冈山宁冈砻市，与秋收起义毛泽东部会师，合编为中国工农红军第四军，朱德任军长，毛泽东任党代表。

5月29日 南雄湖口赤卫队被围于长庆围，与敌浴血奋战三昼夜，因弹尽粮绝，寡不敌众，于6月1日陷敌，赤卫队和群众10多人壮烈牺牲。

是月 驻南雄国民党军陈学顺部再次纠集反动武装向南雄的湖口、老圩、高田、老屋、园门口等村庄发动猖狂进攻。

6月18日 原仁化县委书记阮啸仙出席中国共产党第六次全国代表大会，阮在会议上介绍了仁化暴动的情况和经验教训。

21日 经北区善后委员公署讨论，全体代表提议，请将北江各属大小赌博场所悉予禁绝，以苏（纾）民困。

据广东民国史料（原文）记载："以粤自刘（振寰）杨（希闵）开施赌禁，毒流社会，甚于浩水猛兽，从前政府以大军北伐筹饷为急，因而袭之，原为饮鸩止渴之谋，然各县赌徒所得认饷承办者，亦限于防务经费一项，不谓祸机一开，愈衍愈剧，北江各属赌商，其由财政厅承饷，原呈祗请办防务经费一项，及奉准开办，列于防务经费，即番摊外，所有十二位牌九、牛牌、啤牌、兽虾蟹、掷骰、公子牌、三军、六字票、白鸽等一切杂赌，无一不应有尽有，公场开摆、良莠庸聚、妇孺蛊迷，及其赌败，强者流为盗贼，弱者出于自杀，是政府此举，谓为筹饷，毋宁谓杀人，政府所得几何，人民之受祸已惨。”

是月 南雄暴动失败后，陈召南、周序龙、周群标、彭显模等联络在各地隐蔽的赤卫队到油山集结，成立油山游击大队，大队长刘子明，下设3个中队：第一中队长赖其美，第二中队长欧阳老四，第三中队长彭禄山。

7月 中共中央指示广东省委："应特别注意北江工作及南雄暴动之复起，使与赣南、湘南相联系，而形成粤赣湘边区的割据"，并批评广东省委："不注意北江是错误的。"

在广东省委接到中共中央指示时，省委开始并不同意中央的意见，认为"湘南、赣南等处，是一部分武装和若干无组织群众之行为，在敌人压力稍大时，便会站不住，省委的工作不能为这种表面的现象而转移"，但到九月份，由于湘赣边区等地武装割据局面的形成和发展，广东北江的地位日益重要，广东省委遂于9月作出决定，恢复中共北江特委。

是月 中共南雄临时县委在油山平田坳组成，由陈召南负责。成立油山游击大队。

△ 广东省政府拟将乳源县瑶区划归连阳化瑶局所辖，经乳源24坑瑶族代表上书请愿，未遂，仍保留原瑶目。

8月1日 韶州市政局成立，由李辉南任局长，拟定《韶州市政局临时组织章程》。

是日 韶州市政局所辖区域、警察、学校、公地、款项与其他一切机关事项筹备就绪。已开办较大的工程有拆卸城墙、开辟马路、设立市场、开筑渠道、新建两街、设置屠场6项。此外，还筹划建南门固定桥、增辟南区、展筑堤路，创办医院、设立公共体育场、改良厕所等所需设施六项。这是韶关建市之始。

据有关史料记载，清末民初的韶州城区，仍保留旧的城墙。范围北起今中山路南至今韶关中山公园前，东西以浈、武两江为界，今东堤路、中山路、西堤路、熏风路等都是当时的城基或城墙外围边缘。

城内共有11条主要街道，总长约4公里。呈一纵十横布局，依风度路中轴线为南北纵线，除风采路贯穿风度路呈"十"字状走向外，余皆为呈"丁"字形的断头路，呈"鱼骨"状不对称分布格局，风度

路以东，自北向南，依次分布有青石街、风采街东段、豆粉街、弓箭街（后称总镇街）、漂布塘街（今兴隆路），风度路以西，自北向南，依次分布有署前街（孝悌）、康王街（今风采路西段）、罗沙巷、道前大街、华春里四庙街（为东岳庙、武帝庙、龙王庙、文昌宫所在地）。全城面积不到1平方公里（见"韶州附城图"）。

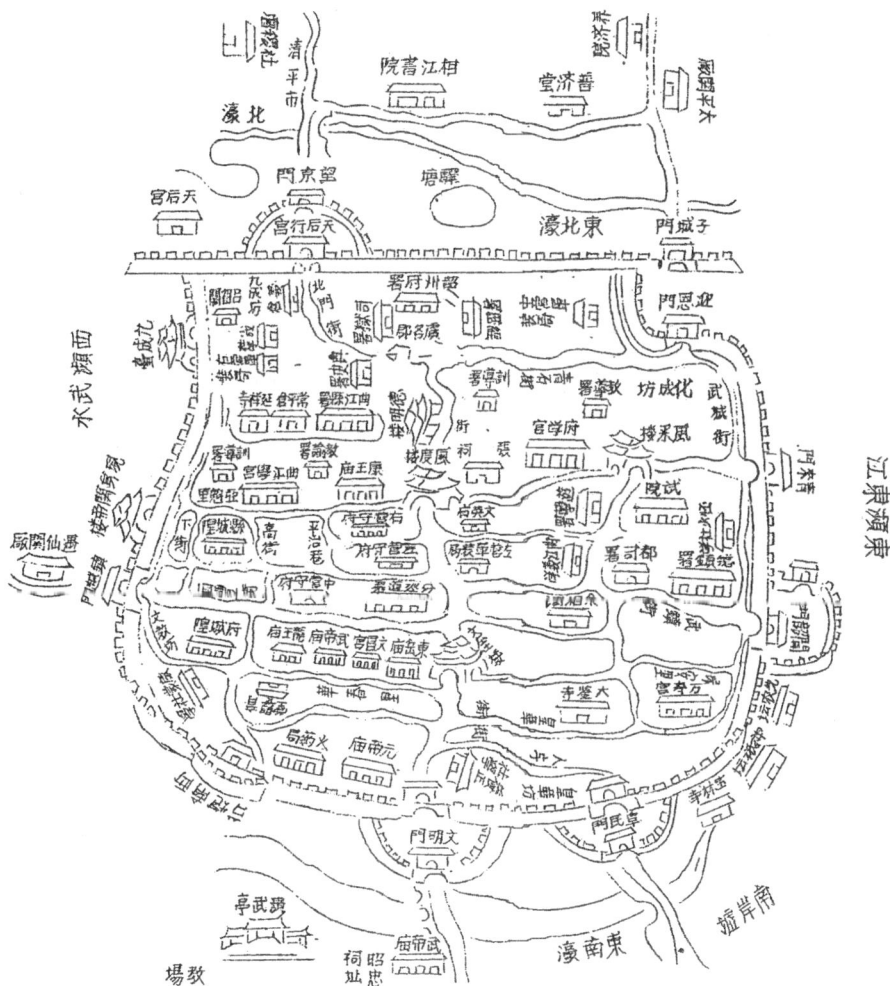

韶州附城图

韶州市政局成立后，开始拆除城墙辟建东西两侧城墙边马路，其中，自城东北子城角至东门辟建闻韶北东大街（又称相江街、民生路、东堤北）；北门外护城壕至子城角辟建峰前街；辟建北门城墙为中山路；由新东门至老东门（闻韶门）辟建闻韶南路（又称民权路、东堤南）；由老东门至西南城角辟建熏风路，由西南城角到西门辟建九城南路（今解放路西段、西堤中路）；由西门至西北城角辟建九城北路（今中山路西端），在城北门郊外辟建升平路。

抗战时期，韶州为战时省会城市，市区辖地范围扩至浈、武两江外及黄冈地区。城区的道路超越了中州岛的范畴，先后在浈、武两江岸辟建浈江路，执信路，武溪中、南路等一批城市道路。至新中国成立初期市区城市主要道路已达 31 条，总长 19.49 公里。城市建成区 1.7 平方公里。

9 月 21 日 仁化县委向北江特委报告仁化情况：①广东工农革命军第八独立团的一部仍困守在石塘双峰寨，并已与朱德部队取得联络；②由于县委已实际上解体，故仁化县委改选和补选了县委及县革命委员会；③建议将仁化县属广东工农革命军第八独立团改编为广东工农革命军北路赤卫队。

10 月 12 日 北区善后委员会公署奉广东省政府训令，各县属施行禁绝星相卜筮以除迷信，以锄民害。

15 日 仁化县委再次将仁化"农暴"情况向北江特委做汇报。

是日 广东省政府发表湘粤边境连山、乐昌、宜章、汝城等 7 县《联防协约》25 条。

27 日 中共广东省委代表杨石魂在韶关召开中共北江特委会议，贯彻党的六大精神，并任特委书记。在此前后，省委开始纠正兵运中的盲动主义，强调兵运要在士兵中开展宣传教育和经济斗争，以提高阶级觉悟；在革命高潮到来时，再配合广大工农群众夺取政权。

【杨石魂】（1902—1929 年）广东普宁人。五四运动时为揭阳县学生会主席和岭东学联总会主席。1924 年 10 月任中国社会主义青年团粤区执委。1925 年 3 月创建中共汕头特别支部，任支部书记。后历任中共潮梅特委委员，中共汕头地委委员、代理书记，汕头市总工会执委，汕头市总工会执行委员会委员长。1926 年 12 月，赴揭阳时被绑架，经营救脱险。1927 年 4 月参加普宁"四二三"武装暴动，任中共东江特委委员。1928 年以后，历任中共广东省南路特委书记、北江特委书记、中共广东省委常委。1929 年元旦赴上海，受中共中央派遣，到武汉任中共湖北省委常委兼秘书长，4 月 5 日在武汉被捕遇难。

是月 中共乐昌县委成立。南雄县委改选,陈召南任南雄县委书记。

11月8日 广东北区善后委员会公署发令给韶州市政局长李晖南,称韶州关帝古楼,建筑有名,是名胜古迹,属重点保护地。因此,拆城墙筑马路时,韶州关帝古楼被保留下来。

【韶州关帝古楼】原名"现身关帝庙",因其建在西城楼上,故又称"现身关帝楼"。始建于清嘉庆八年(1803年),由邑(曲江)人刘坤元倡建。同治十一年(1872年)与民国二十二年(1933年)曾重修。民国二十七年(1938年)毁于日机轰炸,时被炸死、伤民众200余人。

是日 广东北区善后公署令韶州市政局局长李晖南对韶州孔庙"请依原校修复,加以保护"。

【韶州孔庙】即现在韶州府学宫。始建于北宋景德三年(1006年),明万历年间曾毁于火灾,随后重建。此后,清康熙、雍正、道光、同治年间屡有维修。孔庙建筑格局、结构均具有民族特色。原建筑群布局,包括明伦堂、东西两庑、大成殿、崇圣殿、尊经阁、名宦祠、乡贤祠等,占地近万平方米。系为粤北早期官办教育机构之一。

28日 被围仁化石塘双峰寨的农军李建龙、刘亚荣、钟贞莲、周娇好、李炳胜、谭牛仔6人,冲出了国民党吕焕炎师的重围,逃到曲江桂头,当日即被捕。

是月 中共广东省委召开第二次代表大会。会议接受党的六大决议案,认为中国革命第一个高潮到广州暴动失败而过去,党目前的总任务是争取广大群众,积聚革命力量,以迎接新的高潮的到来,强调加强城市工作和对工人运动的领导。会议认为在湘、赣农民斗争发展与深入的时候,北江北联湘、赣,对粤、湘、赣三省暴动,具有很重要的地位,应该努力健全北江特委的组织与领导。北江特委应以粤汉铁路和韶关为中心,注意英德、清远、花县、乐昌、仁化、南雄等县的组织工作。由于北江特委书记杨石魂在这次会议上被选为省委常委,调省委主持宣委兼农委的工作,省委另派省委委员文和为北江特委书记,陈魁亚、庞子谦等为特委常委,并由黄更巡视北江,省委委员欧日章兼曲江县委常委。

△ 曲江县农会常委、农军副大队长叶凤章在乌石鹅鼻洞作战

时，为掩护大队长梁展如等人而牺牲。曲江西水妙子角刘冠英等 4 人被捕，罪名是"共党"。

是年 广（州）韶（关）线公路分段动工修筑，南段由广州通至从化良口；北段由韶关通至翁源官渡；中段建成通车，全线 321 公里。

民国十八年（1929 年）

1 月 1 日 在旧南校场菜地建筑的屠场竣工并投入使用。牲畜屠场设检验员，开始检验屠宰牲畜。

8 日 北区善后委员公署军务处布告各界，追查装置在韶州东河坝高地兵工林场（韶关学院后山）一门"古炮"上散失的机件。

该炮是 1918—1919 年李根源任粤赣湘边防督办时，从东莞虎门转运到韶州安置的。此炮能旋转，炮长 8 公尺，口径 20 公分，炮弹径 27 公分，炮身上有"H017""FRIEDKRUPP"（即克鲁伯）和"德国 1891 制造"字样。该炮属古老武器，曾供游人观览。

10 日 韶州市政局在旧皇帝殿（今第一市场所在地）兴建的第一市场竣工，开始投入使用，市场内设市场管理员。

18 日 中共省委巡视员吕品（人称"五口先生"）到达韶关。

中旬 曲江附城常备队在皇冈村逮捕了"共党"古亚发、李子秋、朱兆光 3 人。

21 日 韶州市政局在旧县学宫（韶州府学宫）左侧空地连康庙地址兴建的第二市场投入使用，内设市场管理员。

23 日 因叛徒出卖，中共北江特委被破坏，省委巡视员吕品，特委书记文和，共青团省委常委、北江特委常委庞子谦，北江特委执委谭天、卢瑞球（负责兵委）及黄英（负责交通）等 6 人被捕，是为"北江特委事件"。

【庞子谦】（1909—1929 年）广东番禺人，十多岁入石井兵工厂当童工。1924 年初，中共广东区委派杨殷、沈青等到石井兵工厂活动，庞子谦参加工人十人团，年底，石井兵工厂成立工会，庞子谦成为工会职员。1925 年初，庞子谦加入团组织，不久转为中共党员。11 月，中共广州地委成立经济斗争委员会，庞子谦被任命为委员，并负

责筹建广州手车夫工会，1926 年 2 月广州手车夫工会正式成立，庞子谦担任党支部委员。1927 年广州反革命政变，庞子谦根据市委指示，带领手车工人响应市委发动"一日总同盟罢工"的号召举行罢工。"四一五"后，中共广州市委为震慑敌人嚣张气焰，成立了赤色恐怖队（手枪队），庞子谦等十多名党员成为队员，专门担任镇压工贼、叛徒任务。1927 年 11 月，广州工人赤卫队第二联队成立，庞子谦任副联队队长。12 月 9 日，庞子谦等联队骨干举行起义宣誓仪式，参加广州起义。1928 年 1 月底，庞子谦被推选为共青团广东省委委员。2 月上旬，省委派庞子谦等人到汕头重组中共潮梅特委，庞子谦等 4 人担任特委委员，庞子谦兼任共青团广东省委巡视员。4 月，庞子谦在海陆丰地区参加由彭湃领导的武装起义和苏维埃运动。10 月，中共广东省委调庞子谦到北江地区工作，担任中共北江地委委员。11 月，庞子谦到北江特委负责兵运工作。1929 年 1 月 23 日深夜，敌人破获北江特委机关，庞子谦和文和、卢瑞球、谭天、黄英等 6 人被捕，庞子谦身份暴露。同年 2 月被杀害，牺牲时年仅 20 岁。

是日 突出重围的红四军占领大庾，为牵制国民党军对苏区"围剿"，减轻井冈山红五军的压力，在红四军的帮助下，南雄红色游击队正式成立。

月初，为打破国民党军 20 个团的包围，中央红军开始东征，向赣南、闽西进军。中旬，红四军从井冈山突出重围后，为减轻井冈山红五军压力，同时也为吸引"围剿"的国民党军，红四军在江西南康的新城圩和崇义两地，打败国民党军追击部队王均师、刘士毅旅，占领江西大庾。国民党军金汉鼎部来攻，红四军撤退至梅关及信丰豺狼山一带吸引金汉鼎部，后进入南雄、乌迳。

24 日 毛泽东、朱德、陈毅率领红四军二十八团和三十一团及特务营、独立营近 4 000 人，从大庾县城入南雄县上下杨梅。

25 日 红四军所部经益田、平田坳击退国民党政府军 1 个团的拦截，出夹河口，经上朔，宿乌迳，在黄木岭召开群众大会。

26 日 红四军经界址入江西信丰县李庄。

下旬 为阻止红四军入粤，粤军方派桂军第二师副师长蒙达为前敌总指挥，在南雄设大本营，统一指挥粤北国民党军。

是月 为"围剿"赣南红军，广东国民党军在南雄修建了飞机场。

当时机场占用农田 130 多亩，机场跑道长 1 800 英尺，宽 500 英尺。

2 月 7 日 南雄县委游击队与赤卫队 50 多人，攻打六区大塘，毙敌 4 人，缴枪 12 支。

15 日 中共"北江特委事件"中被捕的省委巡视员吕品、特委书记文和、特委委员庞子谦等 6 人被驻韶桂系军阀杀害。中共广东省委发出追悼通告，追悼中共广东省委巡视员吕品，北江特委书记文和，共青团省委常委、北江特委常委庞子谦，北江特委执委谭天、卢瑞球及黄英等 6 人。

17 日 北门外大菜地水塘边（现中山路市场所在地）兴建的第三市场投入使用，市场内设市场管理员。

是月 三届庙（现南门桥脚，已毁）辟为第四市场。

△ 南雄县的党组织已发展到 330 余人，并成立了二、三、五、六区区委。中共乳源梅花（今属乐昌）特别支部也在本月成立，该特支的成员主要为湘南疏散来粤的党员，陈耆枝任特支书记。

3 月 22 日 农军领袖欧日章及欧元蔡在西水耙齿山、天门坳战斗中牺牲，国民党军将其枭首请功，其妻、女也被俘。

24 日 李宗仁、黄绍竑在广州召集军事会议，决定广州戒严，并决定兵分四路入赣，一以防红军入粤，一以作对付蒋介石之部署：中路第四军、桂军吕焕炎部由粤汉路经南雄入赣；东路第五军由连平、和平、翁源、兴宁、五华入赣；西路范石生、许克祥由湘东汝城、桂东、仁化城口入赣；另桂军伍廷飏部由广西入湘攻赣。会后李宗仁、黄绍竑去梧州，部署桂军作战方略，然后分工由李入湘指挥作战，黄回粤坐镇。

下旬 中共广东省委决定，撤销中共北江特委，改由中共曲江县委联系北江各县党组织。

是月 中共曲江县委接替被破坏的北江特委的工作，代管北江地区党组织工作。曲江有四个支部得到恢复。除英德外，其余各县均与曲江县委取得联系。乐昌县委下属有五个支部。仁化县委因反动军警严密包围进剿，民军武装暂时解散，各村党员也分散各地，伺机再起。

△ 借用"中英庚子赔款"，粤汉铁路株韶段建设复工。由铁道部设立粤汉铁路株韶段工程局继续施工。先筑韶州至乐昌 51 公里，成立韶乐总段。

4月1日 桂军黄旭初、吕焕炎、王应榆 3 个师由粤北韶关入湘，配合由桂入湘的桂军，伍廷飏等部北上救武汉时，桂军改称"靖难军"，总指挥白崇禧，前敌部指挥黄旭初。

2日 驻韶关的桂军 3 个师由乐昌、仁化入湘南，以阻截红军西进。

是日 南雄县委召开党员代表大会，改选了县委，选出县委委员 9 人，以书记和负责组织宣传的 3 位委员为常委，3 位委员组成工农科，3 位委员组成军科。县委书记陈召南。这时南雄有 4 个区委，30 多个党支部，党员有 360 多人。

8日 余汉谋部第一旅抵达粤北韶关接防。

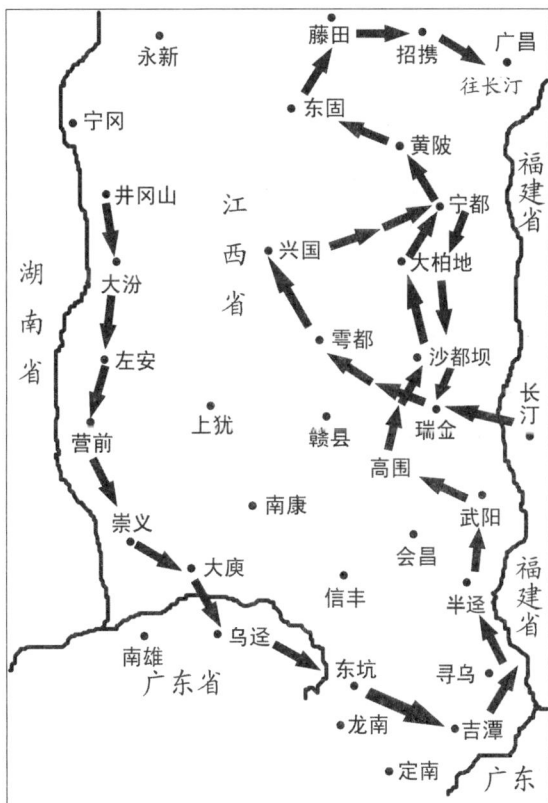

红四军向赣南、闽西进军图（1929 年 1—4 月）

5月20日 由彭德怀率领的红五军进入粤北，攻占仁化城口镇，缴枪 200 余支，筹款数千元。

23日 彭德怀率红五军攻占仁化长江镇。

26日 中共广东省委在获悉红五军攻占仁化数乡后，写信给朱德、毛泽东，肯定红五军的战斗历程，并介绍蒋桂战争爆发以来的政治形势；建议他们发动和组织群众，扩大游击战争范围，扩大红军；避免不必要的拼命和牺牲，不要冒险打大城市，不要打韶关。

27日 红五军一部攻占扶溪镇，拟攻占仁化县城，后因获悉南雄空虚，遂绕道闻韶、百顺，转战南雄。

是月 中共湘粤边工委在湘南临武正式成立，辖临武、宜章和广东连县，书记尹子韶。

【尹子韶】（1896—1938年）字美五，湖南永兴人。1922年，衡阳船山中学结业，在县城高等学校任教。1925年冬，被选为永兴讨吴（佩孚）委员会委员兼青年股长。1926年9月，任永兴县农民自卫队大队长，同年，加入中国共产党。1928年2月7日率领尹纯孝、刘在南等在宜章县夺取民团枪支，宣布成立工农革命军第一师，队伍发展至1 000多人。3月，尹子韶参加湘南工农兵代表会议，被选为湘南工农兵苏维埃政府执行委员。湘南起义失利后，他联络流散的共产党员，成立湘南人民革命军事委员会。1929年春，组建中共湘粤赣边工作委员会，任工委书记，恢复各级中共组织，建立游击队。1931年春，中共湘南特委恢复，任特委书记。8月，尹子韶被派往桂阳县开展工作，1932年中共桂阳县委成立，尹子韶任书记，并兼任蓝（山）、嘉（禾）、临（武）、桂（阳）4县的政治指导员，开展武装斗争。抗日战争爆发后，尹子韶被通知到陕北参加抗日，此事被国民党侦知，遂买通土匪，于1938年5月将尹子韶暗杀。

△ 中共乐（昌）乳（源）宜（章）边工委在粤北乳源正式成立，书记李光宗。

6月1日 彭德怀率红五军的第四、第五纵队和王佐特务营由仁化扶溪经闻韶奔袭南雄。在攻占南雄县城后，彭部即在县城展开筹款筹粮等革命活动。此间，中共南雄游击队也攻占了一些乡镇，除协助红军筹款筹粮外，还在县城召开群众大会，成立南雄革命委员会。

4日 彭德怀率红五军撤出南雄，经大庾返回井冈山。

16日 在南雄县城的南雄游击队突遭国民党部队攻击，在后撤中，游击队遭受了一些损失。由于敌四处清乡搜剿，中共南雄县委决定暂将游击队解散，将枪支隐藏，俟机再行恢复。

是月 南雄县委改组，改组后的县委，委员从9人增至11人，县

委书记陈召南。南雄游击队扩大到 100 多人，有长枪 120 余支，短枪数支。

7 月 1 日 韶州市政局颁布《韶州市设立屠场暂行简章》《韶州市公立屠场管理规则》《韶州市公立屠场征费章程》《韶州市设立市场暂行简章》《韶州市市场管理规则》《韶州市承租市场摊位章程》，开始征收市场租。

6 日 广东省政府决定裁撤韶州市市政局。

是日 国民党徐景唐部败于兴宁，退江西"三南"，拟去湖北投靠张发奎。粤军总部调香翰屏旅由西江出发，抵达韶关，巫剑雄、陈枚新 2 个团向"三南"进发，前往堵击。

15 日 被裁撤的韶州市市政局，由曲江县政府接管。

8 月 4 日 仁化中岑村农军邱傲古在县署被杀害。

27 日 驻韶余汉谋第一旅一部与驻曲江、乐昌和汝城国民党守军，联合驻仁化县地方民团分路"进剿"澌溪山活动的赤卫队。仁化赤卫队被迫分散转移。

自入夏以来，仁化赤卫队在蔡卓文、刘镇平、李载基的领导下，重新在澌溪山一带积极活动。仁化县县长何炯章为进剿澌溪山仁化赤卫队，多次召开各区警卫队"剿匪"会议和第五区各段长会议，并报请省政府批准，出驻韶第一旅余汉谋部派兵 个营到仁化协剿，还咨请曲江、乐昌和湖南汝城等县派队堵截。部署完成后，各路国民党军开始分路进剿澌溪山。

秋 原中共湘粤边工委与中共乐（昌）乳（源）宜（章）边工委两组织在乐昌坪石镇合并，更名为中共湘南工委，工委机关驻粤北连阳，书记尹子韶，由中共广东省委领导。

△ 中共广东省委派黄更负责北江工作。

10 月 4 日 国民党军第五十师谭道源部由湖南开抵南雄、韶关，参加讨桂战争，战事结束后才回原防地。

13 日 曲江县委负责人一夫（叶均康），因共青团北江特派员陈策被捕叛变出卖，在韶关被捕，曲江县委解体。

月底 中共曲江县委恢复。负责中共北江党组织工作的黄更，除领导曲江、乐昌、仁化等县外，又恢复了清远、英德县的党组织，始兴也新成立了党支部。

11月2日　中共南雄县委书记陈召南、常委周序龙及委员周群标、何新福等15人，在江西大庾右源附近隐蔽，因被捕人员陈宝俚招供，陈召南等人被敌包围而被捕。

3日　陈召南、周序龙、周群标、何新福等人，在南雄被国民党军杀害。

14日　中共广东省委派李一鸣接替黄更，为北江巡视员兼北江特委书记，负责恢复北江党的组织。

下旬　中共广东省委复函北江特委，认为特委提出的"北江工作以铁路、曲江、英德、清远为中心是正确的"。尤其是英德情况好转，应即刻加紧工作；南雄的工作要设法恢复起来。要发动铁路工人的斗争，积极领导各县的减租运动，由减租发展为抗租。是月，中共南雄县委重建，彭显模为书记。

是月　北江特委根据乐昌县委和坪石市委的报告，决定撤销坪石市委，改为坪石特别支部，归乐昌县委领导，并致函在乐昌一带活动的湘南武装人员，要他们编为乐昌游击队，开展乐昌游击战争，与北江各县的游击战相配合。

是年　北区善后公署颁布训令，成立小学教员讲习所，招学生一个班，学习3个月后，被派往乡村任小学教员，为撤销私塾做准备。省教育厅为推广乡村师范教育，通令各县至少应设立乡村师范学校一所。随后，清远、始兴、仁化、乐昌、连山、阳山等县相继成立乡村师范学校，乐昌县立中学还附设师范科，借以培养乡本村师资。

△　广东烟酒税局改为烟酒事务局，并分别在南雄、韶州、连县设南始、韶州、连阳事务分局。

民国十九年（1930年）

1月　恢复、调整和新发展的北江各县党组织，有曲江、英德、乐昌3个县委，有清远（县委改特支）、韶关、坪石（市委改特支）、始兴4个特别支部，下属10个区委，43个党支部，党员300多名（南雄县委已归赣南特委领导）。曲江县委党员共发展到150人，有7个区有党组织。各县工会、农会亦在恢复中。赤卫队或游击队方面，曲江有五六十人，英德有百人，乐昌有十多人，乐昌、英德的部分地区，已开展减租、逃租的斗争。

2—3月 刘镇平等重新恢复仁化游击队，在渐溪山开展武装斗争。

3月18日 红军总前委发出通告，决定红四军主力向赣粤闽边游击，发动群众，组织工农暴动，扩大红色区域。

20日 毛泽东、朱德率领红四军进军赣南、粤北。

21日 为迎接红四军入粤，南雄县委派彭吉妹带一个游击中队，到赣南与朱德领导的红四军联系。彭吉妹率游击队攻入南康县城，缴枪20多支。朱德闻讯，立即派部队开往南康，与彭吉妹中队会合。

春 南雄县委领导的武装力量，已由原来的几十人发展到一百多人，并正式成立油山游击队，彭禄山任大队长，县委书记彭显模兼政委，叶朗琪、徐道球任副大队长，下设3个中队。

4月1日 红四军由朱德、毛泽东率领，由江西南康、新城攻入南雄县城，县长梅翊翔携印潜逃。在占领南雄县城后，红四军随即开展革命宣传，并进行筹粮筹款。

3日 红四军一部再克始兴、仁化。期间，红四军部与国民党军一个营发生遭遇战，在中共南雄县委领导的南雄游击队的配合下，红军毙伤国民党军百余人。

4日 广东省委致函北江特委：要抓住红四军攻占南雄的有利形势，加紧工作，立即发动英德七区和曲江四区的游击战争，深入土地革命；发动韶关的篷船和油业工人斗争；立即发动乳源的兵变；将乐昌、仁化的武装斗争集中起来，在乐昌、仁化间开展游击战争，与红四军相呼应向曲江发展；立即在城市和铁路沿线组织破坏铁路、收缴警察保卫团枪械、散发传单等军事骚动；组织群众游行集会等，以配合红四军的行动，并要求接到省委指示后，立即讨论执行，并派国光、国英赴乐昌、英德传达布置。

7日 红四军在南雄县城驻扎一周后，在朱德、毛泽东率领下撤出南雄县城，经乌迳入信丰。南雄游击队随红四军到达信丰后，编入红军二十六纵队第二大队（一说四大队），大队长杨白，政委邓事谦。

9日 驻韶国民党粤军由南雄进入赣南，"助剿"朱、毛红军。

10日 红四军在江西信丰歼灭了南雄靖卫团，毙国民党信丰县县长和警察队队长。

中旬　赣粤闽三省"剿匪"总司令金汉鼎急将其总部由福建迁江西赣州，就近指挥作战。

30 日　红四军在朱德率领下，进至大庾岭，驻韶粤军吴文献部急开至南雄，以阻止红四军进入粤北。

5 月上旬　中共广东省委指示曲江、英德县委：曲江、韶关必须在城市抓住铁路、篷船、码头、油业工人的斗争，在农村抓二区（附城）、四区（桂头）农民抗租抗税的斗争，推动一区（县城）、六区（龙归）的斗争，发展游击战争以汇合韶关工人的斗争，组织地方暴动。曲江、英德还要积极领导粤汉铁路工人正在进行的反抗减薪的斗争，在斗争中组织与发展赤色工会，发展党的组织。

是月　根据广东省委关于在"五一""五三"发动群众斗争的工作布置，中共曲江县委领导了韶关米机工人要求增加工资，码头工人反对工头剥削的斗争；英德县委发动了英德、翁源江篷船工人斗争。

夏　驻连阳的中共湘南工委，更名为中共湘粤边工委。湘粤边工委派尹子韶、黄平、李鄂、何鼎新等十多人，打入国民党连（县）阳（山）边区联防办事处主任兼大队长李锦全部当兵。

9 月　打入连阳边区联防的地下党组织，成立湘南游击队。

是月　南雄县委重归北江特委领导。为便于协调武装斗争，中共南雄县武装由赣粤边区革命军事委员会统一指挥。南雄县委书记彭显模任赣粤边区革命军事委员会常务委员。同月中共北江特委书记李一鸣调离北江，彭叙继任北江特委书记。

10 月 20 日　南雄县游击队汇同信丰县游击队共数百人，凌晨攻占大塘圩，午后又攻占乌迳，毙伤敌警卫队、特务队员数名，俘敌 20 余名，缴获枪支 20 余支，后又控制黄坑、大塘、新田、乌迳、平林一带大片地区，并恢复南雄县苏维埃政府。国民党南雄县政府十分惊慌，急电请第八路总指挥部派兵到南雄防剿。

11 月 8 日　驻韶关第八路总指挥部独立第三团的中共地下党组织秘密召开会议，计划策动机枪、步兵各一个连发动兵变。

9 日　驻韶国民党第八路军各部在陈济棠的命令下，开始在粤北南雄、始兴、仁化一带全面布防，准备堵截红军。

早在 11 月 4 日阎锡山、冯玉祥通电下野，中原大战结束后，蒋介石由北方抽调数十万兵员，亲自坐镇南昌，布置对鄂、湘、赣、闽四

省红军同时进行"围剿"。其中,第十九路军蒋光鼐、蔡廷锴的两个师及朱绍良的第六路军向赣南进发,对中央苏区实行大包围,并下令限期3个月"肃清"中央红军。

12日 驻韶粤军第八路军独立三团在共产党人领导下发动兵变,因事机不密,由共产党人领导的机枪连被缴械,20多人被捕,其中罗得标等5人在韶关被杀害。

20日 曲江县委在韶城芙蓉山脚召开有各乡干部群众800人参加的大会,驻韶国民党六十三师一二五旅据报,派一个营的兵力于凌晨将西河区包围,逮捕80多人,其中共产党邓如兰等6人同时被捕。

【**邓如兰**】(1903—1931年)广东曲江人,出身农民家庭,幼时曾入学读书,后为生活所迫被卖大地主家为媳,婚后得丈夫支持继续求学。在学期间,积极进取,向往革命。受第二次东征宣传,投身农民运动,与县委常委刘福等人深入曲江东厢一带发动组织贫苦农民起来革命。1925年广东妇女协会曲江分会成立,被选为领导人之一,政治上逐步走向成熟。1926年邓如兰加入中国共产党。"四一二"反革命政变后,邓如兰毅然放弃地主家庭的舒适生活,随北江工农自卫军北上武昌。汪精卫叛变革命后,自卫军武装被收缴,其返回家乡,在曲江城西厢一带秘密活动,参与恢复农民协会,组织"姐妹会"和"十兄弟会"等工作。1930年12月20日,她在西河坝召开秘密会议时,因其公公(大地主、国民党曲江县党部执行委员)告密被捕,被定为要犯。1931年1月19日,与其他6名革命者被杀害于韶关北门外帽子峰山边,牺牲时年仅28岁。

12月中旬 为剿灭南雄游击队,粤军第八路总指挥陈济棠派巫剑虹、谭朗星两个团到南雄防剿。

月底 为统一宜(章)临(武)连(州)边及乐(昌)乳(源)宜(章)边和郴县东边岭一带党组织的领导,扩大武装斗争,配合苏区红军反"围剿",中共湘南工委在乳源梅花区大坪杨家(现属乐昌)敏球堂召开湘南(驻粤)工委扩大会议,成立中共湘粤边工作委员会,选举尹子韶为工委书记,曹彬为组织部部长,谷子元为宣传部部长,何鼎新为军事部部长,彭良、陈俊宗、杨高林、欧阳健、黄平等为委员。工委活动范围包括五岭南北两侧各县,东起乐昌之九峰、黄圃,西至连州、江华。工委决定派欧阳健任宜、临、连边工委书记,

155

工委机关设在乳源加昌水口附近的师公坑木炭窑。在工委领导下，黄圃司塘村、京口、牛栏冲、坳丘等地，都建立了党团组织和农民协会。

冬 国民党加强了对苏区的经济封锁，造成中央苏区食盐奇缺。为解决食盐问题，南雄县苏维埃政府在南雄开辟了一条由南雄到中央苏区的食盐运输线。运输通道从南雄的乌迳圩起，经沧浪、铜锣湾、赵岭、井石，过江西信丰、赣县前往于都中央苏区。南雄县苏维埃政府在南雄境内沿途设立临时饭店、客栈和茶摊，为挑盐入山的群众提供吃住，并派出十几名赤卫队队员沿途巡逻，保护商旅的安全，保证这条运输线畅通无阻，时间达半年之久。

是年 煤商谭礼庭以 3 万元股票作抵，收买广州协兴公司在曲江县丝茅坪（今浈江区曲仁办事处）一带开采煤矿的矿产权及全部设备，并成立富国煤矿股份有限公司，产煤运销汕头、广州、香港等地。

【谭礼庭】（1876—1966 年）广东新会人。其父谭毓秀以发明人力脚踏车渡船代替人力拉纤桅杆渡船而闻名。谭礼庭青年时就辅助其父经营航业和商业。清光绪三十二年（1906 年），谭礼庭承建官商合资的广州自来水厂并承办供水业务。光绪三十四年（1908 年），谭礼庭具呈清廷农工商部，请求准许航商承包开设西江轮渡，获准。第二年在广州开办江州公司，经营广州、江门、肇庆间航运。1913 年，谭礼庭筹资白银 80 万元，在广州西郊创办广南船坞，是广东近代最大的民用船舶修造厂，至 1917 年共建造大小轮船 16 艘，其中"北合"号是广东近代建造的最大的轮船。1917 年，谭礼庭为扩大航运业务，设立广兴轮船公司，在广州白蚬壳修筑该公司的仓库和码头。1923 年，北伐军向广南船坞征调 30 吨～100 吨轮船 20 多艘，谭氏乐于应征。之后，他干脆把这批船只全数送给孙中山作为军用。1924 年秋，因军政府修理海军舰艇需要，经多次磋商，议定将广南船坞，包括厂房设备及一部分船只，以 45 万元售给政府，由政府先行接收，以后陆续付款。后因孙中山逝世，国民政府财政部未将该项价款付清。清宣统三年（1911 年），谭在广州河南金花庙开设安兴祥煤店，代理法商经营鸿基煤，运往华南各地销售，经营多年，后代理权为其他商人夺去。1929 年，谭以 3 万元收购在韶关附近开采煤矿的协兴公司的矿权及全部设备，又投资 30 多万元购买矿用轻型路轨和运输器械。经两年多时间筹建，1930 年创办富国煤矿股份有限公司，并招收外股，有官僚资本入股。1949年新中国成立后，该矿由人民政府扩大经营，更名为曲仁煤矿。1966年谭礼庭病逝。

民国二十年（1931年）

1月6日 省委原北江巡视员兼北江特委书记李一鸣在广州被捕后叛变，广东省公安局侦缉大队随即到达韶关，与曲江县保安大队、警卫队到龙归、马坝、西河坝、东河坝等处搜捕共产党员和革命干部，共逮捕17人，致使曲江乌石、马坝党组织解体。是为"北江特委二次事件"。

19日 李明瑞、邓小平、张云逸率领红七军进入广东连山、连县、阳山。

从1929年底至1930年初，邓小平与张云逸、李明瑞等一起，成功地领导广西百色和龙州起义，成立了红七军和红八军。邓小平担任红七军和红八军中共前敌委员会书记兼两军政治委员，开辟了广西左右江革命根据地。1930年夏，李立三"左"倾冒险主义在党中央占据了统治地位，他们强令各根据地红军冒险攻打中心城市，实现以武汉为中心附近省区革命的首先胜利。他们嫌左右江革命根据地过丁偏僻，对武汉影响太小，遂于1930年9月间派出中央代表邓岗到左右江地区，强令红七军执行中央制订的北上攻打柳州、桂林计划。当时红七军只有7 000余人（红八军成立后不久因战失利，减员过多，亦编入红七军），放弃原有根据地攻打中心城市，显然是冒险行动，然而中央代表邓岗以"谁不执行命令，谁就是反对中央"相要挟，邓小平和红七军军长张云逸、原红七军红八军总指挥李明瑞等领导人，不得不率领部队，从左右江根据地出发，远征北上，准备攻打柳州。红七军一出师，即遭失利，伤亡300余人，接着在长安、武岗又连连受挫，全军锐气大减。面对现实，邓小平、张云逸果断放弃攻打桂林的计划，转而率师东进，由桂入粤，试图在小北江立足建立根据地。

【李明瑞】（1896—1931年）广西北流人。1918年考入云南讲武堂韶州分校炮兵科。1920年毕业后到桂军任排长、连长、营长、团长等职。1925年冬率部参加讨伐军阀邓本殷的南征战斗。1926年起任国民革命军第七军旅长、师长、副军长。在北伐战争中，屡建战功，被誉为北伐"虎将"。1929年蒋桂战争爆发，李明瑞以拥护蒋介石为名倒戈桂系。10月联合张发奎誓师反对蒋介石，在南宁任南路讨蒋军副总司令。反蒋失败后受中国共产党影响，毅然投身革命。1931年4月任河西临时总指挥部总指挥，统一指挥赣江以西部队，在进攻安福县城战斗中，李明瑞身先士卒，连克茶陵、安仁、遂川等城，有力配合了中央苏区第二次反"围剿"作战。5月任红七军军长，7月率部东渡赣江，与中央红军胜利会师，随后率部参加中央苏区第三次反"围剿"。1931年10月，李明瑞受"左"倾冒险主义迫害，在江西于都县黄龙镇朱冈村被无辜杀害，时年仅35岁。

是月 中共广东省派黎凤翔任中共北江特委负责人。

【黎凤翔】（1901—1931年）广东丰顺人。1919年在县立小学毕业，先后就读于丰顺县立中学、省立梅州中学及厦门集美学校，后执教于丰顺汤坑和附城等地学校。1926年春，加入中国共产党，奉派参加筹建国民党丰顺县党部，当选第一届执委。同年，在县城主持以小学教员为对象的农民运动讲习班，培训农运骨干，推动全县农民运动蓬勃兴起。9月，任中共丰顺县委组织部部长，举办农民自卫军训练所，训练农会骨干，培养农民武装人才。"四一五"反革命政变后，黎与其他县委领导人转移到农村，5月组织工农自卫军，和农会会员5 000多人举行暴动，攻打县城，因力量不济遂撤回原乡，遭敌人通缉。10月黎与梅县工农武装汇合，成立广东工农革命军东路第十团。1928年5月，黎与十团部分武装骨干返回九龙嶂，组成中共丰顺临时县委，任书记。通过艰苦工作，各地的党支部得以恢复。后与古大存取得联系，成立梅（县）、丰（顺）、（五）华、兴（宁）、（大）埔五县暴动委员会，黎任组织委员。年底，黎在丰顺重建中共东江特委机关。1929年1月任中共丰顺县委书记。1930年5月，黎当选东江苏维埃政府执行委员。同年底调任中共广东省委机关工作。1931年奉派前往北江特委工作，因叛徒出卖被捕，并被杀害，时年30岁。

2月3日 邓小平、张云逸率红七军抵达粤北乳源梅花一带，与布防在乳源的国民党军发生激战，由于误报敌情，致红七军仅数小时即伤亡700余人，减员几近三分之二。

乳源一战失利使红七军遭受重大损失，在粤北立足已不可能，更

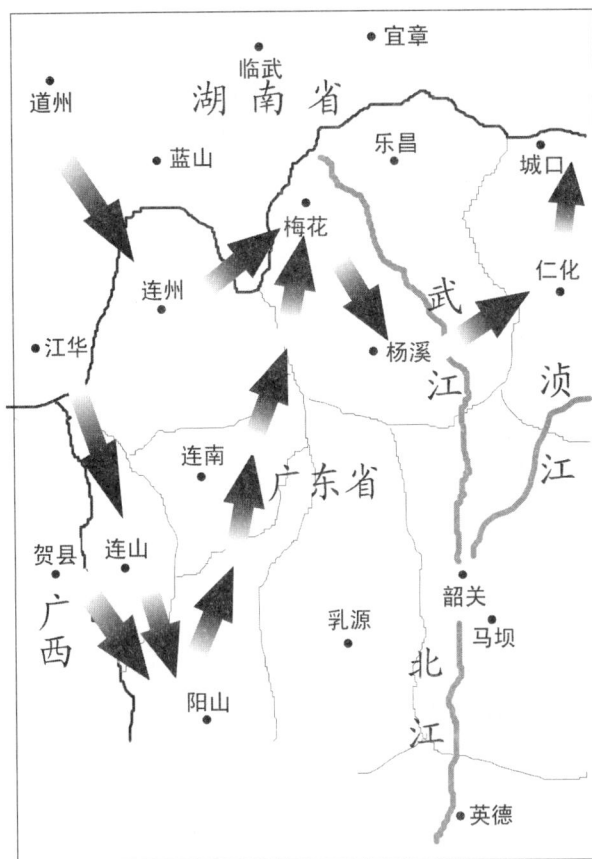

红七军转战粤北进军路线（1931年1月19日—7月12日）

无力开辟北江革命根据地，邓小平遂决定引军北上向江西中央苏区靠拢，与朱、毛红军汇合。

5日 邓小平和张云逸、李明瑞率领疲惫不堪的红七军五十五团、五十八团1 000余人，到达粤北韶关与乐昌县城之间的杨溪长来渡口，强渡武江转向粤湘赣边靠拢中央苏区。

【红七军强渡武江】2月5日上午红七军到达乐昌杨溪长来渡口，面对水深流急的武江（乐昌河），如红七军不能及时渡河将陷于背水而战的危险境地。为抢在敌人赶到之前过河，邓小平和李明瑞率五十五团先行渡江，抢占有利阵地阻击敌人，张云逸则指挥五十八团和军直属队殿后。下午3时左右，已渡过江去的五十五团刚控制岸边高地，后面的五十八团刚开始渡江，闻讯从韶关乘车急驰而来的粤敌郭华润团，就向红七军五十五团阵地猛扑过来。邓小平、李明瑞指挥五十五团拼死顶住敌人进攻，掩护后续部队渡江，但敌人猛烈的火力将江面封锁，后续部队无法过河。危急之时，红七军军长张云逸只好带领未能过河的五十八团一部和军直属队约600人，撤退到粤北乳源县瑶族聚居的山区活动，而邓小平和李明瑞则率五十五团和五十八团一部，于当日傍晚冲破敌三面包围，向仁化境内转移。

6日 渡过武江（乐昌河）的红七军一部，经董塘绕过仁化县城，然后取捷径直插粤湘赣交界处的长江镇，进入湖南汝城境内，开始转战于粤湘赣边地区。

11日 邓小平率红七军突然转向赣东，越过张网山，进入江西崇义县西南边陲的文英境内。

20日 彭禄山率南雄游击队攻打南雄东六区民团头子冯宠华的巢穴延村水楼，击毙冯宠华、冯宠汤兄弟，俘民团十余名，缴获步枪30余支，短枪6支，没收大烟、银圆一批。这一战拔除了南雄东部一大反动堡垒。

22日 谢泰谦率北江红军南雄县独立团攻打水口圩，活捉南五区"清剿"委员叶子汤，押回油山处决。

【谢泰谦】（1908—1932年）广东南雄大塘镇人。1925年，谢泰谦就读于省立第六中学。1926年春加入共产主义青年团，被派到六区（大塘、乌迳一带）组建农民协会。同年夏，参加中国共产党，同彭显模一起在六区发展党员，建立党组织和农民协会，开展减租、减息、反对苛捐杂税的斗争。"四一二"反革命政变后，留在六区秘密活动，组建和训练农民自卫军。1928年2月谢泰谦组织领导六区农民参加全县农民暴动，被选为南雄县苏维埃政府委员。暴动失败后，于同年7月率赤卫队上油山开展武装斗争。10月谢被选为中共南雄县委委员，负责军事。1930年10月，北江红军独立营成立，谢泰谦任政委。1931年江西大庾、信丰、南康等县与南雄游击区连成一片，游击队发展到上千人。赣西南特委西河分委将4县游击队合编为北江红军独立团，谢泰谦任团长。同年夏，粤军派重兵"围剿"，游击队受到损失，取消团的番号，谢泰谦仍任南雄游击大队政委。1932年11月谢任油山游击队队长。12月8日谢泰谦潜回秘密交通站时，遭国民党余汉谋部丘桂馨团包围，在战斗中牺牲。

春 中共两广省委撤销湘粤边工委，成立湘南特委，书记尹子韶（8月王涛接任）驻在坪石，辖郴州、桂阳、宜（章）乐（昌）、耒阳4个县委和宜章县工委。

春夏间 在粤军的进剿下，南雄县的苏维埃区域大部丧失，游击队退到油山活动，以油山为根据地。当时南雄游击队共有三百支枪，武装有一个大队，下属有 30 支枪的中队 3 个，归赣粤边界革命军事委员会统一指挥。

3 月 3 日 由于王佐才被捕后叛变，中共北江特委负责人黎凤翔在韶关被捕，不久牺牲，北江特委工作停止。

4 月中旬 韶州大雨，河水飞涨，因浮桥被拆，过河者争渡，船户图利不限乘客，导致渡船覆没，溺死数十人。农田损失不可胜数。曲江三、四、六区所属附近大小河流也同时暴涨，沿岸人村、房屋多被冲塌，田地多变沙场。洪水还波及英德、清远一带。

5 月 6 日 粤军连日频繁调动，香翰屏师布防东江，李扬敬师布防北江，陈汉光警卫团调回广州。驻桂粤军撤回广东，桂省交由李宗仁、白崇禧管理，大批军火运往韶关。

【陈汉光】（1888—1943 年）字计达，广东防城县（现为广西防城港）人，陈济棠堂史，少将军衔。广东护国军第二军讲武堂毕业。1918 年加入肇军，历任排长、副连长。1923 年任粤军第一师一旅上尉副官、参谋，西江督办公署警卫连长。1926 年任国民革命军第四军十一师三十二团营长、团副。1928 年任广东西区绥靖公署副官长，第八路军总部教导团长，广东宪兵司令部上校大队长。1931 年任第一集团军警卫旅少将旅长，兼琼崖绥靖委员，南路绥靖司令。1932 年 6 月任国民革命军驻广东第三军独立一旅旅长。1934 年任追堵长征红军的国民革命军团南路军第一纵队警备旅旅长。1936 年 2 月授陆军少将，任第六十六军一六〇师师长，同年 9 月因病辞职返乡。1943 年病故。

6 月 英德县委发动"鸡麻湖暴动"。暴动农民杀死地主，收缴附近团警枪支，成立丰霖乡苏维埃政府和五道坛临时办事处，还建立一支赤卫队。暴动后，国民党县区政府纠集附近团警 600 余人，分三路向农民和群众进攻，均被击退。

30 日 驻韶李扬敬第三军第八师二十四团前往英德驻剿"英德鸡麻湖暴动"。该团抵英后，派第三营包围鸡麻湖村，农民奋起抗击，激战一昼夜，毙伤敌 20 多名后突出包围圈，转移上山。坚守在炮楼的 30 多名农军未及时撤出，继续与敌人展开殊死战斗。除英勇牺牲的外，有 10 多人被俘，其中 9 人被反动派杀害。

下旬 北江发生有名的"辛未洪水"。报纸报道："北江江洪暴涨，灾情重大，基围崩塌，灾民露宿风餐，嗷嗷待哺，情形甚惨，灾民遍野，饥饿堪虞。"

夏 彭叙两回曲江，组织中共北江特委。此时，北江只有曲江乌石、马坝及英德东乡少数党的组织，北江特委遂改称曲江县委（亦称曲江工委、北江工委），由彭叙任县委书记。

7月初 红军进至赣南，与李扬敬、香翰屏2个团在南雄水口发生战斗。又与余汉谋军之叶肇师战于南康、大庾间之池江。国民党军周至柔部来援，红军退出粤境。

【余汉谋】（1896—1981年）广东高要人。保定军校学生，毕业后任北洋军一师排长。回粤入陈炯明部任连长、营长。后离开陈炯明，任陈济棠部副师长、副军长、军长。参加围攻中央苏区。"两广事件"后投靠蒋介石，任广东绥靖主任、第四路军总司令。抗战时任第七战区司令长官、国民党中央执委。1948年任陆军总司令、华南军政长官。逃台后任"总统府"战略顾问。

9日 广东省政府为救济"辛未洪水"灾民，将国民政府财政拨款5万元交省民政厅放赈。

是日 韶关市区又遇浈、武两江洪水同时上涨，全市内外一片汪洋，东、西河沿江民房被洪水浸过屋顶，市内低处水深丈余。英德县大部分受到特大洪水袭击，境内连江和翁江都出现历史最高洪水。阳山县三区水灾，空前严重，很多山头水穿土石而出，射出的水柱高达十丈，有几百处之多，瞬间平地水深二丈，附近房屋、物产荡然无存。新中国成立后，水利部门查测得：北江韶关站洪峰水位为57.90米，英德站洪峰水位为35.52米，乳源南水站洪峰水位为87.28米，翁江黄岗站洪峰流量为6 830米/秒。

12日 邓小平率领红七军在江西兴国与中央红军会合，归建红三军团。

8月1日 中共曲江县委在北江地区发布《告农友书》《告工友书》，号召北江农民、工人起来参加和支持夏收斗争。

28日 中共曲江县委在英德组织"英德鱼湾暴动"。参加暴动农军及农民达四五百人。暴动农军一举摧垮了鱼湾区乡政权，并占领鱼湾镇，打死区长，消灭反动武装，共缴获枪支24支。暴动后中共曲江县委在鱼湾成立了苏维埃政府，并建立了两支赤卫大队。后因反动军队和民团进剿，赤卫队撤出鱼湾。

9 月 15 日 英德县长官其兰约请翁源、佛冈两县县长和代表，在鱼湾召开三县联防会议，粤军独立第四旅亦派两个营兵力到达鱼湾驻剿。

17 日 粤军独立第四旅的两个营和民团，连续向鸡麻湖、神前、梅子坑、坳头、倒洞等地包抄进攻。农军分散转移，退守山上。在战斗中，曲江县委员、鱼湾暴动领导人刘裕光牺牲。

18 日 日本帝国主义发动九一八事变，侵占中国东三省，在韶学生上街游行、抗议。

27 日 南雄、信丰、南康游击队分三路埋伏在南康县龙回圩附近的窑下，引敌靖卫团进入伏击圈，歼灭其 3 个中队，缴获机枪 8 挺，步枪三十多支。

28 日 中共中央指示中共广东省委，要注意加强东江、北江农民斗争，由反对拉夫封船、反抗苛捐杂税的斗争，发展为游击战争，实行土地革命。

秋 自南雄县委夏收归广东北江领导后，南雄的革命斗争与赣南的联系发生了极大困难，故应赣西南特区西河分委的要求，南雄县委又划归西河分委领导，此后即与广东北江脱离关系。

11 月 中共南雄县委书记彭显模率南雄游击队大部到江西崇义活动，后编入中共赣南独立第九师四十三团。南雄县苏维埃政府也同时解散。彭显模走后，由王贵文接任南雄县委书记。

冬 仁化城口特别支部成立，党员多为湘南疏散来粤的以烧炭作掩护的工人。

是年 九一八事变后，曲江县城韶关学生罢课抗日，并持续举行查禁、抵制日货等活动，成立中国人民救国会曲江分会，将中学生编入义勇军，增设军训课。

△ 广东省建设厅把乐昌沿溪山的白毛茶、仁化县雉鸡山茶、黄岭的白毛茶、曲江县黄坑茶列为著名的土特产。

△ 由刘运锋、陈宗瀛等人编撰的《乐昌县志》成书，全书共 23 卷，编排体例分：地理五卷；财政、建置、教育、实业、兵防、党部、议会、寓贤、大事记、古迹、艺文各一卷；职官、金石各二卷；人物传三卷。今存世。

民国二十一年（1932 年）

1 月 南雄县委书记王贵文，因私自释放豪绅地主而被惩办。不久，原南雄县委书记彭显模及李华生等，又被上犹中心县委书记李孟弼等人诬为"AB 团"分子。

是月 西北区绥靖委员公署成立。建立绥靖委员公署的目的在于整肃各地私塾、私学。

2 月 13 日 南雄县委书记彭显模与李华生，在江西上犹县被杀害。

"左"的肃反路线的错误，大大削弱了南雄党的领导，彭显模被杀害后，在南雄党员和群众中形成了恐惧、悲观的情绪，以致南雄党组织解体，一些党组织的骨干分子也进入信丰境内和油山一带。

23 日 赣军熊式辉部第三十四旅马昆部被红军围困在赣州，粤军独一旅范德星部奉命驰往解围，粤军、红军"赣南之战"爆发。

由于"左"倾错误思想在中央的影响，1931 年 12 月 6 日中共临时中央发出"首取赣州，迫吉安"的指示，中共苏区中央局决定攻打赣州。1932 年 2 月 4 日赣州战幕拉开，时赣州城三面环水，易守难攻。守城敌军有 8 000 余人，主攻部队是红三军团（军团长彭德怀、政委滕代远）的 1.4 万人，红五军团第四军在南康、新城、杨眉寺一带警戒广东方面的粤军。2 月下旬，红三军团围赣州，粤军陈济棠接蒋介石令增援赣州。

24 日 粤军独一旅范德星前锋一部抵达新城，遭红五军团第四军阻击，被歼一个营，驻大庾粤军另一个团闻讯前往增援，中途又遭红军伏击，急退回大庾。

是月底 陈济棠命第一军军部进驻南雄，第二师叶肇部进驻信丰，又命第一师李振球部往赣州接替范德星。

3 月初 国民党陈诚部罗卓英率两个师约 2 万人，增援赣州，并以一部隐蔽进入城内，清晨突然反击，使红三军团处于十分不利的境地，损失很大，靠红五军团掩护，攻赣州城红军撤出战斗，"赣南之战"失败。

赣南之战历时 33 天，城未攻克，红军损兵折将，丧失了扩展苏区的有利时机。在红军退出赣南后，粤军陈济棠下令在赣南成立"铲共

团"，以加强地方反共武装。桂军王赞斌师入赣后划归余汉谋节制。

9日　红四军十一师派叶修林回南雄工作，在油山召开南雄县党员代表大会，选举县领导，恢复了南雄县委，叶修林任县委书记。

【叶修林】（1904—1934年）广东南雄县界址镇人。1926年毕业于赣州师范学校，1927年参加革命。1928年2月南雄农民武装暴动，与彭显伦、叶朗琪、黄云标等带领赤卫队攻打夹河口、黄地等税厂。暴动后，叶发动群众开展"平仓、平田"斗争，抗击国民党军警的镇压。暴动失败后，奔赴油山打游击。是时，叶修林被国民党政府通缉，母亲、妻子被捉去坐牢，二弟被杀害，但叶修林不畏强暴，动员三弟上山参加游击队。1930年8月，叶修林所部赤卫队被编入红四军十一师，随军转战粤赣湘闽各地。1932年3月上旬，回南雄任中共南雄县委书记。7月参加"水口战役"后，任游击队支队长，转战油山、孔江一带。9月，奉命率队入江西，与国民党军队激战于韩坊、于都、信丰等地。后来，所部编入粤赣军区第二十三军，驻筠门岭。1934年4月在与粤军陈济棠部战斗中牺牲。

28日　国民党驻粤空军第三中队飞韶关"剿共"。

是月　中共广东省委派潘洪波为北江巡视员，检查指导曲江县委工作。潘到北江后，经过整顿，健全了县区级党的组织。时曲江县委下辖西水、乌石、英德三个区委和犁市、城口两个特别支部，有党员90多名。

4月1日　乐昌与湖南宜章、郴县国民党当局，在宜乐边的赤石司成立三县联防委员会，确定每县抽调警团100名组成该会"剿共"基本队伍，联合进剿频繁活动于乐昌黄圃、皈塘一带由湘南特委领导的湘南游击队。

19日　国民政府任命何应钦、陈济棠分别为粤赣闽边区"剿共"总、副司令，贺国光为参谋长。陈随即将第一集团军的"剿共"军作如下部署：第一军余汉谋驻赣州至南雄一线；第二军香翰屏驻信丰一带；第三军李扬敬驻寻乌、安远一带；独一师黄任寰部驻福建上杭、武平一带；独立师李汉魂部驻粤北，为总预备队，与占领崇义、上犹、攸镇、江口零都的红三军团对抗。

【李汉魂】（1894—1987年）字伯豪，号南华，广东吴川人。1919年保定陆军军官学校第二期毕业。1926年参加北伐战争。抗日战争时期历任军长、军团长、集团军总司令、广东省政府主席。抗战胜利后，游历考察欧洲、拉丁美洲 20 多个国家，1949 年春回台湾，出任台湾当局总统府上将参谋长，后任内政部部长。1982 年曾回北京、广东等地探亲、访问。著有《岳武穆年谱》《欧洲散记》等。

25 日 为调动在赣南的粤军回到粤北，红三军团派红五军二师、三师 5 000 余人由江西崇义县进入粤北仁化，攻占长江镇。攻击中，红五军击溃敌一个营，毙敌连长以上 100 余人。

26 日 红五军一部攻占仁化扶溪。

27 日 红五军一部进占仁化与湘南汝城交界地城口。

30 日 红五军进到仁化县城的赤石迳，拟攻仁化县城。驻韶粤军急调陈章独立第二旅、陈汉光警卫旅到仁化增援。

是月 西北区绥靖委员公署饬令各县取缔私塾，限期 3 个月内到各县教育局登记。登记后，由各县教育局分别考验，责令改善课程及教授方法，不堪改善者，勒令解散。在学校附近五里内，一律不得开设私塾。

5 月 5 日 红五军撤离城口，进入湖南汝城、桂东。

6 月 5 日 中共临时中央发布军事训令，指示"红一、五军团主力应与河西三军团相呼应，解决入赣粤敌"，以打击粤敌，巩固中央苏区，以便尔后红军主力向北发展。

下旬 红一方面军一、五军团自闽南回师江西，向粤北赣南的南雄水口地区推进，控制南雄北部和东部地区。彭德怀的红三军团也移师至崇义、新城。

7 月 1 日 中央红军一、三、五军团主动由闽南进入赣南，出击粤赣边的陈济棠粤军，南雄"水口战役"开始。

按照临时中央"解决入赣粤敌"的指示，中央红军主力随即由闽南回师赣南。粤军得悉后，立即调集 6 个团的兵力向大庾集中，企图各个击破红军。

2 日 红一方面军第三军团首先在大庾东北池江地区击溃国民党军 4 个团，国民党溃军退守大庾，红军林彪部败粤军李振球一师于南康、池江、大庾间。

3 日 红三军团占领南康。随后红三军团一部南下池江，拟攻占南雄以北梅岭关要隘。在池江，红三军团部击溃国民党守军一个团，攻击大庾，是为"池江战役"。

4 日 红三军团多次围攻大庾，未果。此间，国民党军周至柔第

十四、第五十二师及粤军第四、第五师和独立第三师分别由上犹、韶关、信丰向大庾、南雄急进，企图从南北两个方向合击红军。

7 日 粤军第五师、独立第三师进抵南雄，第四师进抵乌迳。

8 日 红一方面军决定集中 3 个团，消灭由南雄出动和进抵乌迳的粤军。当红五军团向乌迳进击时，得知乌迳之粤军已西逃，红五军团遂向南雄以东水口方向截击，并在水口对岸蒻过村，击溃粤军第四师 2 个团，迫其余部退守水口。

9 日 粤军援兵 6 个团由南雄赶至，水口粤军增至 10 个团。红五军团未悉军情之变，仍按原计划攻击水口，结果造成很大伤亡，幸江西军区红军独立第三、第六师及时援至，稳住了战局。

10 日 红一军团、闽西红十二军赶至水口地区，红军各部对水口守军发起总攻，击溃粤军 10 个团，迫其退守南雄。

11 日 红军攻占南雄水口，水口一战，全歼国民党 2 000 余人。

12 日 国民党丁纪徐被任命为空军入赣"剿匪"前敌总司令，率机 5 架飞韶关参加"剿共"战斗。

【丁纪徐】（1902—1979 年）广东东莞麻涌人。幼时在家读私塾，考入广州培英中学。毕业后赴法学医，继留德专攻航空专业。1926 年携眷返粤，后在广东航空学校任少校飞行教官。翌年 2 月，被送往苏联学习，12 月初返回广州。1928 年春，重回航校，当飞行主任。1930 年曾驾机助蒋参加中原大战，后回防南京，晋升空军上校。1932 年"一·二八"淞沪抗战，广州空军总部派他率机支援十九路军抗日，配合南京空军对日机展开空战。不久，蒋介石命令粤机往蚌埠集中，飞离淞沪前线。5 月，丁飞返广州。7 月，奉命率机 5 架飞海口，炸沉陈策所辖的飞鹰舰，受到海内外舆论谴责。1933 年，陈济棠主粤时期，丁得以重用。1936 年，陈下野后，他移居香港。1937 年 8 月，丁被任为空军驱逐司令，指挥驱逐机队配合上海作战。8 月 30 日，与队长黄光汉执行轰炸任务时，误炸在日舰队中间行驶的美轮"胡佛号"，丁纪徐因而被解职。后赴云南、四川等地参加民航部门工作，为国民党空军上校。新中国成立后，丁历任广东空军校术顾问、广东省政协委员、广州参事室研究员、民革广州市委员会委员等职。1979 年病逝于广州。

13 日 占南雄水口红军分三路南攻广东：中路在公寨、坪江、长坊歼国民党 1 个团后即撤回苏区；右路攻占仁化的长江圩；左路在和平与粤军张达师激战。

17 日 转战粤赣边红军作战略转移，撤出粤赣边，后又撤出南康、大庾。

20 日 国民党第一集团军第三军军长李扬敬衔陈济棠命，在南雄召开"剿共"会议。

【李扬敬】（1894—1988 年）字钦甫，广东东莞城区县后坊人。早年就读于广东陆军速成学校及保定陆军军官学校、北京大学预科，毕业后先后任粤军参谋少将旅长、国民革命军十一师参谋长。1929 年兼讨逆第八路军总部参谋长，后调六十三师任师长。广东军田、湖南祁阳战役后，任第一集团军第三军军长兼国民政府（广州）军事委员会委员。1933—1934 年，李率部参加对中国工农红军第五次"围剿"，历任第三军军长、南路军第二纵队司令。1936 年 1 月，授陆军中将衔，同年，参加反蒋的"两广事变"。抗战爆发后，任国民党军事委员会军事参议官。1938 年 6 月选任三民主义青年团筹备时期中央临时干事会干事，7 月任干事团部训练处处长。1939 年任湖南省府委员兼秘书长，1942 年兼任民政厅厅长，并一度代行省政。1945 年 8 月任广东省政府委员兼民政厅厅长。1949 年 2 月，任广东省政府委员兼秘书长，同年秋，调任广州市市长，旋任海南防卫总部副总司令兼参谋长。曾当选中国国民党第四、五、六届中央执行委员。李扬敬升任军长后，较长时间控制东莞明伦堂，直至东莞解放。1950 年李往台湾，任"国防部"中将参议、"总统府"国策顾问、"光复大陆设计研究委员会"委员。1976 年、1986 年两次当选台湾"国大"代表。1988 年 7 月 20日在台北逝世。

29 日 中央红军主力全部撤回苏区，水口战役结束。

水口战役，双方伤亡甚大。在回师粤北过程中，红一军团与闽、粤军在福建上杭、芦丰、茶地、白砂等地与国民党部队曾发生多次战斗。在水口战役中，参加战斗的红军除林彪的红一军团、彭德怀的红三军团、董振堂的红五军团外，尚有红军闽西军区、江西军区、南雄游击队和革命群众。国民党军参战的有第一师李振球、独三师李汉魂、第四师张枚新，还有陈诚第十八军的两个师、第三十八军一个师、铲共团等。

月底 水口战役后，南雄县委书记叶修林离任，由李乐天接任。

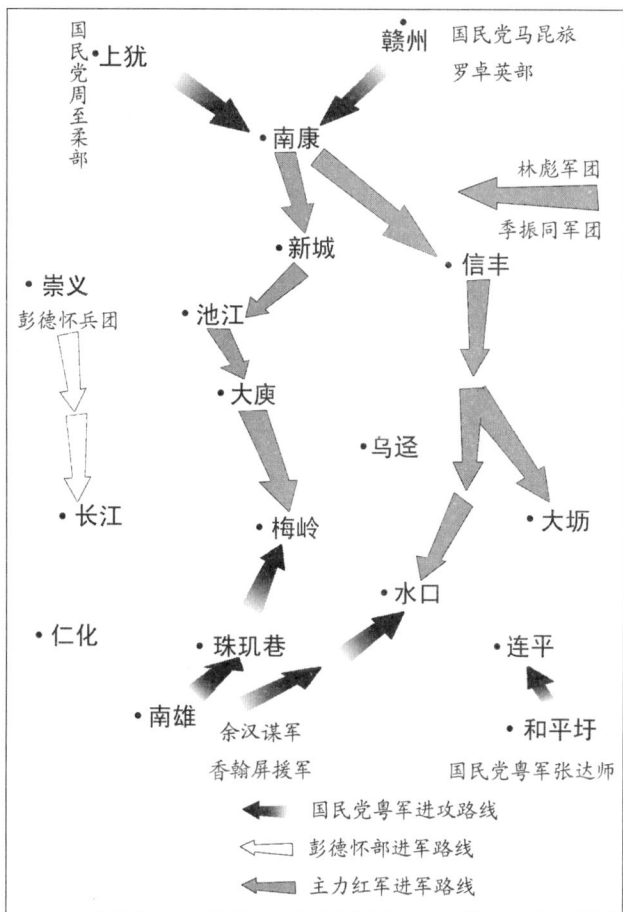

红军南雄水口战役示意图（1932 年 7 月 1—29 日）

【李乐天】（1905—1937 年）原名清操，字励冰，广东南雄人。1927 年加入中国共产党，次年参与领导南雄县武装暴动大起义。起义失败后留在油山打游击，为游击队负责人。后率部配合中央红四、五军作战，协同毛泽东、朱德有力粉碎了敌人的"围剿"。1932 年春任中共南雄县委书记。中共红军主力长征后，任中共赣粤边特委书记兼军分区司令员、政委，坚持游击战争。1936 年 6 月李乐天利用"两广事变"有利形势，积极开展游击战争，扩大政治影响。翌年 3 月在定南、全南、龙南一带率部开展游击战时与敌遭遇，突围时牺牲。

是月　国民党第二军第四师张枚新部开赴赣南"剿共"。余汉谋在粤北赣南成立"双田公司"，私运钨矿去香港牟利。

8 月 2 日　黄光锐、丁纪徐在韶关组织国民党国防第六航空队，进行"剿共"。

4 日　中共两广临时工委致函指示北江工委："北江是两广军阀进攻赣苏区红军的后方，在敌人第四次'围剿'苏区和红军时，北江党的任务更重了，应该动员组织武装，领导广大劳苦群众特别是工人阶级，起来攻击国民党及一切反动力量，骚扰敌人后方，发动游击战争，以至于创造新的苏区与红军，以响应和配合赣南、粤北红军苏区的发展。"在指示信中，中共两广临时工委同时批评北江工委的右倾消极情绪。

是月　湘南游击队由李兆甲、刘汉、彭良等带领，在阳山收编绿林人马，共有数百人枪，活动于湘粤边的连县、阳山、宜章、乳源、乐昌一带，不断打击敌人。

9 月　据统计，广东西北区设立的慈善机构有：乳源县同善堂、仁化县仁爱善堂、翁源县公立赠医局、翁源县附城溺女会、连县熙平施医所、英德县第三区区立医院、英德县救济院、乐昌县救济院、广义堂等 9 间。

10 月　在中共南雄县委书记李乐天的主持下，南雄县苏维埃政府重新恢复。

秋　两广工委派马锦为曲江县委书记，卢毅生为省委北江巡视员。中共翁源支部成立。

11 月 2 日　为攻打红军，蒋介石在汉口召开 7 省会议，决定修筑开封至广东、洛阳至韶关等 11 条公路干线。至 1936 年 6 月两公路干线全线通车。

12 日　韶州数百名苦力工人到曲江县政府、国民党县党部和教导师等机关请愿，要求维护劳工事业，取消包工制，恢复苦力工人原日工作和照发原日工资，禁止剥削。

12 月初　中共两广工委在《关于广州公社五周年纪念决议》中，要求北江发动和扩大秋收年关斗争，创立北江游击队和湘南新交通，集中力量建设铁路、公路等一切交通要道和加强苏区附近农民的工作。

22 日　乐昌坪（石）宜（章）公路开始动工。

27 日　南雄—韶关公路干线建成通车。

是月　两广工委书记潘洪波被捕叛变，致党、团两广工委和香港市委机关又一次遭到大的破坏。省委北江巡视员卢毅生和北江派往香港学习的廖宣等也同时被捕。

【中共两广工委】1932年3月中共两广省委常委、省委驻香港特派员廖亦通被捕叛变，省委机关被破坏，中央巡视员翁泽生、两广省委书记陆更夫、省委秘书长王兰英、妇委会佘一梦、广州特支书记杨泓章等被捕。此后，中共两广临时工委成立。但由于根据地内错误开展反"AB团"运动，加上军事指挥上的失策，红军主力在突围中损失惨重，致使各级党组织也遭受严重摧残。为尽快恢复各地党组织与省委和中央的联系，9月中共两广临时工委召开会议，决定恢复两广省委，成立中共两广工委，由潘洪波任书记。12月中旬中共两广工委书记潘洪波被捕叛变，省委组织部部长陈允材、常委陈均华、青年团两广工委代理书记刘志远等20多人被捕，中共两广省委再次遭受破坏。

△ 南雄县委委员、游击队负责人谢泰谦，在流塘村被敌独立第三师第三团所属部队包围，在突围时牺牲。

是年 张日麟等人重刊《曹溪通志》。

据黄恒林撰《重刊曹溪通志》序记：稿本重刊之时"苦无底本，惟曲江黄茂才与谟藏有是书，慨然将出以付抄誊，议成以序相属……"重刊《曹溪通志》版本，系据《重修曹溪通志》（怀善堂版本）所刻。

民国二十二年（1933年）

1月 由南雄至韶关公路正式通车。该公路于1930年6月动工，由驻军和地方筹款兴建。

2月 曲江、乳源县发生大面积蝗灾。

3月 南雄县委书记李乐天派陈兴辉、刘捕念率油山游击队的一部分80多人，开到帽子峰，收编了非党领导的武装杨木生部，成立北江游击队和中共北山区委。油山剩余的武装，一部分由赖水石带领到南山活动，一部分仍称油山游击队。

5月2日 北江暴风疾雨，英德望埠圩内被雷毙1人；乐昌福昌小学校内之柏树连根拔起；韶坪汽车站内之阅报亭被风吹塌；仁化县五区石塘村塌屋10余间，瓦面被风卷去达百余间，该村接龙门之小街两旁高墙被风吹倒，压伤经墙下之农民20余人、死3人、重伤12人，又历林、中垒各村之百年古树，连根拔起达二三十株，为五六十年所罕见之风灾。曲江、阳山等县灾情也甚为严重。

7日 广东各界在中山大学召开欢送会，欢送由邓龙光、谭启秀、张炎率领的粤桂闽三省抗日军即"援热（河）先遣队"北上抗日。粤军独立第四师、桂军第四十四师及第十九路军四团参加大会，广东各界以"忠勇杀敌"锦旗三面分赠各师。粤军潘彪团抵达韶关。

是月 粤汉铁路韶（关）—乐（昌）段通车，路段全长51公里。

△ 北江党组织再次遭破坏，大部分党员或分散隐蔽，或避逃到外地。北江地区除已归属或原由赣南、湘南领导的南雄、乐昌、连县党组织外，其他各地的党组织先后解散。

6月4日 桂军第二十四师（师长覃联芳）由韶关开拔，经南雄去赣南"剿共"，广东独立第四师邓龙光部则在乐昌待命。

【邓龙光】（1896—1979年）别号剑泉，广东茂名人。广东黄埔陆军小学第六期、武昌陆军第二预备学校、保定陆军军官学校第六期步科毕业。1923年起历任国民党第四军第一师、第三师、教导第一师副团长、团长、师参谋长、副师长、师长，广东海军司令、八十三军军长、六十四军军长、十六集团军副司令、三十五集团军司令、第二方面军副司令官、广东行辕副主任。1937年任八十三军军长时，率部保卫南京，在光华门、麒麟门歼日军第十八师团松井石根部3 000人，受当局奖两万银圆，又在撤退路经芜湖时，以少胜多进攻芜湖，消灭日军十八师团大部，全歼伪军于正山部。1939年12月因率六十四军取得粤北大捷而受奖，次年1月晋升三十五集团军总司令。新中国成立初，邓龙光随国民党军退往台湾。1979年病逝于台湾。

7月15日 赣粤闽湘鄂"剿匪"军南路总司令部行营主任余汉谋将其行营由南雄推进至大庾。

是月 粤汉铁路株（洲）—乐（昌）段全面动工。

9月16日 韶州南门桥承建工程在广州市商会开投，南记公司以投标数额低和建桥经验丰富中标。

月底 粤汉铁路韶（关）—乐（昌）铁路段，交由粤汉铁路南段管理局管理。

是月 时任广东省西北区绥靖公署要职的李汉魂，前往南华寺参

佛。目睹南华寺残破，乃礼请虚云老和尚为南华寺住持（次年 6 月），并与佛教护法居士叶恭绰等，共同发起劝募重修南华寺。

秋 韶关四乡发生大面积蝗灾与旱灾，秋稻严重失收，以曲江、乳源为最。

据曲江县政府呈报，县属第五区龙归各乡中南（龙归、江弯）、东北（重阳）三乡，蝗虫害稼，龙归最惨，上造尚有二三成之收获，下造则无一粒之收者居多数，遍览三乡民菜色，惨目伤心，卖子卖女以购谷米度活。据乳源县政府呈报：县属各乡发生虫旱灾，稻谷失收，甚至薯芋栗等杂粮无望，全县可供三个余月之粮食，尚缺 8 个月之粮，缺粮 12 万担。

11 月 10 日 韶州南门桥（曲江桥）举行奠基典礼。

是年 报准广东省教育厅立案，意大利天主教会在韶关创办"私立励群初级中学"（韶关市第一中学前身），校址设在韶州城孝悌路（今西堤横街）。

△ 曲江县（韶州）广达电话股份有限公司开始营业，其前身是曲江私营灵通电话股份有限公司。

△ 广东开始推行自治制度，粤北各县县以下仍设区、乡（镇），区公所设区长，乡（镇）公所设乡（镇）长。乡镇之下设里。

△ 曲江各界集资重修韶州关帝楼并辟武溪公园，园内建燕誉亭一所，面积一百一二十井（注：井为长度计量单位），园址在太平西关厂旧址荒地上（现西河桥头南侧）。

在李汉魂倡导重修关帝楼、新建武溪公园后，曲江县商会会长黄逸园，积极发动乡绅及曲江（韶州）各商业行业分会捐款，筹建两处文化设施，同年，武溪公园建成（见书前附图）。新建成的武溪公园，园内亭台花木，用假山相间，砖木架相叠，其结构仿佛仿照前人沈复"浮生六记"中的闲情记趣园艺部分。名花异卉，疏密高低，各得其宜。围墙旁植以桃、李、杏、柳，安排整齐有序，不觉其滥，适当地方还设休憩坐具。园内除设有燕誉亭外，尚建有长廊占园六分之一长径，题刻碑曰："诗境"，长廊内竖有十余碑石，刻有历代名人在韶题写碑刻（见本书前附图），正、草、隶、篆字体齐备。新建的武溪公园，正如李竹园所录"沁苑"诗："韶关佳胜著西堤，'沁苑'浓阴与额齐。百尺栏杆行不尽，立身处处有诗题。"1941 年由于日机制造

韶文化研究丛书

土地革命时期（1927 年 8 月—1937 年 7 月）

173

"关帝楼惨案"，武溪公园亦日渐荒芜、没迹。

【黄逸园】（1880—1949年）本名黄家骧，韶关市人。出生于教书之家。10岁丧父，因家境贫寒，13岁入韶关市区陈氏志贤处当学徒，专学雕刻。3年出师后，到青石街其大哥黄家驹的"汲古轩"做工，始当雕刻图章的手工业工人。1911年离开"汲古轩"，到宝元书局与刘石樵合股，专门经营手工印刷及图章雕刻业务。1917年左右，黄逸园接下因经营不善、亏损累累的商务印书馆曲江分馆，独资经营。因经营得当，家道中兴，渐成韶关市区富商之一。1932年黄逸园被选为韶关板木业同业公会会长。抗战爆发前，黄逸园当选为曲江县商会会长。抗战爆发后，黄逸园致力于积极参加韶关的抗战宣传，利用自己的印刷厂大量印刷抗战宣传进步书刊。在公益慈善业方面，其以自己的影响力发动在韶各商会捐资助贫，并兴建"武溪公园"，助资民间创办"救火会"。黄逸园自幼喜爱中国传统文化，刻苦勤奋使他练就一笔好书法，其书写的篆体和魏碑体在当时很有名气。另他亦工于吟诗和作对联，写的七律也颇工巧。抗战时期，黄逸园曾仿郑板桥字体题诗："不慕高官不羡仙，不为商罥不耕田；闲来刻得图章卖，不使人间冤枉钱"，并用黑底白字，做成拓片样挂在自己的寝室中明志。1945年，日本投降后，逸园先生将风度中路被毁住宅重建，题为"半村"，并写下《半村题壁》："斗室重营曲槛通，庭阶草色透帘栊。闲来隔坞闻啼鸟，兴到倾樽气吐虹。几本紫花聊岁月，半篱黄菊傲西风。赏心时有天真乐，迎面朝霞映树红。"黄逸园一生艰苦自守，至新中国成立前夕病逝，享年69岁。

是年底　广东军政府决定在粤北韶关兴建飞机制造厂，选址于韶州城南（现中山公园）。

民国二十三年（1934年）

1月30日　北江地区国民党县属始兴、曲江、仁化、南雄、乐昌五县召开反共联会，决定联防"会剿"红军游击队。

春　湘粤边赤色游击队在队长李林率领下，决定在湘粤边的宜章和乐昌县六、七、八区开展游击战争。

2 月 14 日 湘粤边赤色游击队队员百余人，在队长李林率领下，包围乐昌田头警卫队，缴获枪支 33 支和子弹、警服一批。次日，赤色游击队奇袭桃坪添子地破阳村，缴土豪的枪支 10 余支。

3 月 23 日 香港工委派原北江交通员欧子祥回到北江，找到原曲江县委组织部部长邓强，前往香港，接受恢复北江党组织的任务并开展工作。后由于在港被叛徒潘洪波发现，邓强、欧子祥被捕，致使恢复北江党组织工作再次中断。

是月 粤北南雄至江西大庾的跨省公路建成通车。

4 月初 李林率领湘粤赤色游击队袭击乐昌塘村国民党军一个连的哨所。驻韶国民党粤军独立第三师派第一团二营前往乐昌坪石等地驻剿。

16 日 国民党粤军独立第三师李汉魂部，在湘粤边与红军（赤色游击队）发生战斗。

是月 白崇禧由桂来穗，与陈济棠会商"剿共"事宜。白先去赣南前线视察了月余，回到广州后在军事会议上说："蒋介石的碉堡、公路战术已初见成效。半年内，江西红军可能放弃闽、赣，经粤北入湖南湘西、桂东建立新根据地。"故应加强粤北兵力。为此，陈济棠即调琼崖陈汉光警卫旅至从化、翁源布防，又令教导师罗策群团移防英德，独二旅陈章部进驻南雄，以防中央红军西征。

【罗策群】（1893—1937 年）广东兴宁人。保定陆军军官学校第六期工兵科学生。后在粤军中历任参谋、营长、团长、师参谋长。1937 年任陆军第六十六军第一五九师第四七五旅旅长，军衔少将。再升任第一五九师副师长。同年 12 月，在对日南京保卫战中，于 12 日在太平门战斗中牺牲。

△ 广东军政府在韶关兴建飞机制造厂，进入实际设计建厂阶段。首任厂长周宝衡（后梅龙安、林福元）。

【韶关飞机厂】根据广东军政府的安排，韶关飞机厂于 1934 年 4 月开始设计，1935 年 8 月工厂基本建成。全厂员工 500 余人，厂部设工务、总务两处。工务处分建造、设计、调配、材料、检查各科；建有金工、白铁、机身、机翼、热铸、装配、水电等车间。韶关飞机厂依靠从外国引进设备、器材，并聘请美国人当顾问和工程师。期间，还吸纳了 20 多名归国留学生参加设计、建设。同年 12 月 1 日，第一批飞机投产，飞机命名为"复兴"号。1936年5月20日，韶关飞机厂生产的第一架飞机首次升空试飞，试飞成功之后，韶关飞机厂前后共生产了4架"复兴"号飞机。1937年8月，飞机厂被南京政府接收。1939年迁去云南，1940飞机厂停产。

△ 湘赣军区工农红军独立第四团李宗保部由湘赣边区转移到湘南，进入连县天光山的梅树冲、板寮一带，不久在宜章与湘粤边赤色游击队会合。游击队编为红四团第一营，在郴县、宜章、连县天光山、乐昌黄圃、坪石等地，与敌周旋开展游击战争。

5月10日 驻韶粤军独立第二师师长张瑞贵，广东西北区绥靖公署委员李汉魂联名发布集资重修风度楼布告，布告称："认为风度楼年代远，倾圮堪虞，自筑路后，益现危楼一角之态。"张、李发起集资重修风度楼。成立重建风度楼办事处，并委派罗求、张虞（科长）负责讨论风度楼图案、设置风度图书馆。

11日 南雄油山游击大队由大队长曾彪率领，袭击大庾县西华山护矿常备一中队七分队，击毙其分队长，缴获该分队的全部枪支、弹药。

21日 国民党粤、湘"剿匪"会议在宜章召开，粤方代表陈伯英、湘方代表陈辉章出席。决定自7月1日起会同进攻红军李明瑞部。

6月 为统一领导和指挥赣粤边的革命斗争，赣粤边军政委员会成立，李乐天任主席。

夏 广东西北区绥署委员李汉魂派人到福州鼓山涌泉寺邀请虚云来曲江主持南华寺重修。

8月18日 红军长征先遣队到达湘南桂阳，陈济棠部署防堵：以粤军独立第三师李汉魂为总指挥，其指挥部设仁化；陈伯英部守乐昌；吴以起部驻仁化；何麟瑞部驻南雄；独二旅陈章部进抵上犹、崇义；李振球和张达部防守信丰江、赣江。

是月 广东省政府停征各种内地关税与府县商税，韶州太平关被裁撤。

9月7日 （粤）西北区绥靖公署提出构筑粤北封锁碉堡的规划，陈济棠允拨款构筑。

10月10日 中央红军开始长征，8.6万红军由瑞金、于都、长汀、宁化出发。以红一军团（林彪、聂荣臻）、红九军团（罗炳辉）

为左翼；以红三军团（彭德怀、杨尚昆）、红八军团（周昆、黄［更生］）为右翼；教导师及红五团（董振堂、李卓然）殿后，掩护第一野战纵队（司令员叶剑英）。何键、陈诚、薛岳部队随后紧追红军。行前中共中央决定成立党中央分局，书记项英；政府系统成立中央办事处，主任陈毅。

14 日 南昌行营令南路军陈济棠部赶修赣州、大庾、南雄的碉堡封锁线，以阻止红军西征。

是日 红一、九军团从江西于都攻信丰，与李汉魂独三师及叶肇第二师交锋。

20 日 陈济棠以长征红军进入仁化、乐昌，急命李扬敬部尽数由东江开去筠门岭、寻乌；令独一师黄任寰部驻梅县、蕉岭；独二师张瑞贵部驻潮汕；独四师邓龙光部去惠州驻防。

是日 红一、九军团在白石歼信丰常务备队二中队。

22 日 中共中央再成立中央军区，司令员兼政委项英，划定瑞金、会昌、于都、宁都之间的地带为基本游击区，率领红军二十四师、独三团、七团、十一团及赣南军区杨殷部、赣州军分区的地方红军共三四万人就地坚持游击战争。

23 日 为掩护主力，红一、九军团占新田、重石、古陵、安息，击败粤军第一师李振球部，突破第一道封锁线，经南康、新城向南雄挺进，然后分二路西征。

26 日 红一、九军团在乌迳与李汉魂部小有接触。

28 日 红一、九军团抵大庾、崇义、上犹进仁化长江圩、城口，与粤军警卫旅莫福如团、黄国梁团接战。

30 日 南昌行营令南路军速于汝城、仁化一线堵击长征红军，并以大部队追击之。湘、桂、黔军及各路"剿匪"军亦各有任务。

下旬 陈济棠下达"保境安民令"，传达至团长，不准堵击红军。为此，蒋介石电责陈济棠："此次按兵不动，任由'共匪'西窜，贻我国民革命军以千秋万世莫大之污点。"蒋下令陈济棠用 27 个团的兵力在蓝山、嘉禾、临武之间堵截红军，以赎前愆，否则就要绳之以法。

是月 红军长征后，苏区革命形势急剧变化。为有利于坚持赣粤边的斗争，在江西于都小溪成立中共信（丰）、（南）康、赣（县）、（南）雄特委。

11月2日 红一、九军团歼粤军彭智芳团。

3日 红一、九军团与驻仁化粤军在汝城、城口圩外围的铜鼓岭发生激战，当晚红军撤出战斗。

6日 红一、九军团抵达宜章境。南昌行营令驻乐昌粤军夹击宜章红军。

7日 红一、九军团越过乐昌、麻坑等地，突破国民党军第二道封锁线。粤军李汉魂、叶肇两师及陈章旅随之尾追。李汉魂军与红军战于延寿金樨坳，陈济棠下达"保境安民令"。

11日 粤军李汉魂、叶肇两师在追击中发生误会，混战一场。

15日 红军一、九军团越过第三道封锁线向嘉禾、临武前进，国民党军则移师阻止红军渡过湘江、漓水。

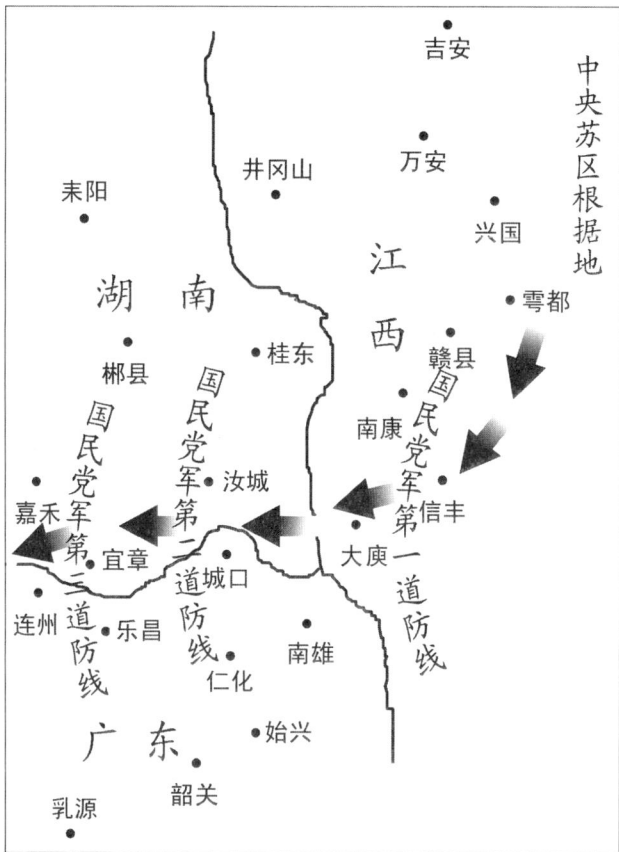

红军长征转战粤北进军路线（1934年10月10日—11月15日）

178

自 10 月 10 日赣南苏区中央红军开始长征，国民党军先后在赣南、湘南及粤北分别设置了三道防线，围堵中央红军向西进军。至 11 月 15 日，中央红军主力终于突破国民党军在粤赣湘边设置的三道防线，完成中央红军长征向湘、桂挺进的战略目标。

19 日 余汉谋在韶关召开团以上军官会议，决定缩短防线巩固粤边。张达师留守赣县及大庾；黄任寰师调回梅县；黄质文师调回兴宁、五华；邓龙光师开往寻乌、安运。第三军军部移回惠州。

是日 陈济棠任命李汉魂为南路"剿匪"前敌指挥，追击长征红军。

22 日 红一、九军团抵达广西贺县。因红军已进入广西境内，陈济棠急命粤军张达师赶往连县星子、江华堵击红军。

30 日 陈济棠设韶关行营，余汉谋任主任。

下旬 中共信（丰）、（南）康、赣（县）、（南）雄特委机关和 600 余武装部队，转移到南雄廖地村，改称赣粤边特委和赣粤边军分区。李乐天任特委书记兼军分区司令员，杨尚奎任特委副书记。南雄县委书记为罗世珍，下设油山、北山、南山和水口区委。

中央红军长征后，南方 8 省共建立了 14 个游击区，由项英、陈毅、贺昌领导。在广东建立的游击区，有李乐天、杨尚奎领导的中共粤赣边特委和油山根据地；黄会聪、何鸣领导的闽粤边根据地；冯白驹领导的琼崖根据地以及在大埔桃源、桃花、尖山、东瓜坪坚持斗争的古大存率领的只剩下陈华等 17 人的红军小分队。

是月 红军长征进至粤湘边，原活跃在湘赣边区的红四团主动攻打敌人碉堡，为红军扫清障碍，牵制敌人，配合红军长征。

另外，为保证中央主力红军顺利渡过湘江，负责殿后的红五军团一部在粤西北的连阳地区两度牵制粤军，与李汉魂部在连县发生激战。

△ 南雄至信丰的省级公路开通。

12 月 红五军三十四师在掩护红军主力渡过湘江后，未能渡江随大队西进，遂折返湘南，在湘粤边的连县天光山、黄洞山等地开展游击战争，时间达一年之久。

冬 中共赣粤边特委书记、军分区司令员兼政委李乐天率领特委机关和长征留下来的部分武装 700 余人进抵油山，开展武装斗争。

是年 韶州各县大部分私塾被取缔，部分或改办或合并于私立小学。

△ 韶州第一个民间文化社团——韶阳诗社成立，创办人为陈介士。诗社标榜三唐遗响，提倡味醇敦厚、韵律严谨的诗风，以"同题分咏"的征诗形式收集诗作，每年以《征诗揭晓》结集出版。诗社于1949年停办。

【陈介士】（1890—1981年）原名宪中，英德人。1913年迁韶关，后在韶开设中善书局，经营文具、图书。因介士自幼酷爱诗词，在开办书局后，便以此为活动中心，创办韶阳诗社。诗社标榜三唐遗响，提倡敦厚味醇、韵律严谨的诗风，推崇诗为世用之宗旨，以"同题分咏"的征诗形式收集作品、排列名次，编《征诗揭晓》集子流行于世。至1949年诗社停办，共计汇编《征诗揭晓》23期。新中国成立后，陈介士退居赋闲，笔力犹健，以诗词自娱，多有诗作在《广东文艺》等刊物登载。1981年春，陈介士因年高体衰逝世，享年91岁。

△ 由何炯璋、谭凤仪等人编撰的《仁化县志》成书，全书共分8卷，书名由李汉魂题写，版本现存世。

民国二十四年（1935年）

年初 省立第三师范学校更名为省立韶州师范学校，其附属小学也随之易名为省立韶州师范附属小学；省立第六中学（在南雄）易名为省立南雄中学。

1月 由陈毅、项英领导的中共赣粤边特委率领机关和军分区部队建立油山根据地。

2月 龚楚、史犹生率红二十四师七十一团，从于都突围后，经南康、大庾、油山、北山挺进湘粤边，拟收编二十四师零散人员，建立湘粤边游击区，在乐昌北、连县天光山等地活动。

据史料记载，中央军区参谋长龚楚率领红二十四师七十一团余部从赣南苏区突围后，由湖南临武进入连（州）县天光山和黄洞等瑶区，发动土地革命，建立天光山地区农会，当地瑶民纷纷参加。

3月3日 中央红军长征后留在江西坚持斗争的中共中央分局、中央办事处和中共赣南省委的机关、部队在瑞金突围后，在赣南仁风

地区被国民党军围困。红军兵分两路向赣粤边突围。余汉谋部队数倍于红军的兵力在马岭、牛岭一带堵截红军。

6 日 中共赣南省委书记阮啸仙战死,军区政治部主任刘伯坚被俘。

21 日 赣粤边军分区政治部主任刘伯坚在大庾县就义。

是日 部分从中央苏区突围出来的红军,与中共粤赣边特委书记李乐天、副书记杨尚奎领导的游击队在油山会师。两支部队在项英、陈毅的领导下,活动于大庾、信丰、南雄、北山、油山、梅岭、帽子峰一带,总兵力达到 1 000 余人,开始粤赣边三年游击战争。由于阮啸仙已牺牲,中央赣南省委改由蔡会文、陈丕显领导。

【杨尚奎】(1905—1986 年)曾用名杨上魁、老穆,江西兴国江背乡人。1928 年杨尚奎开始参加革命活动,1929 年加入中国共产党。在苏区时曾历任乡支书,县委宣传部部长,县委书记,省委宣传部部长。红军长征后,奉命坚持游击战争,系著名的赣粤边三年游击战争的主要领导人之一,曾任赣粤边特委副书记、书记等职。新中国成立后,曾担任中共江西省委第一书记兼江西省军区第一政委、江西省政协主席,以及华东局书记处书记、福州军区第三政委、江西省人大常委会主任等职。是中共七大、八大、十二大代表和四届、五届全国人大代表,任中央顾问委员会委员和全国人大常委会委员。1986 年逝世,享年 81 岁。

【蔡会文】(1908—1935 年)号赤潮。湖南攸县凉江山田人。1926年 3 月,加入中国共产主义青年团,同年,转为中国共产党党员。1927 年 7 月,入武昌国民革命军第二方面军总指挥部警卫团,任第一营一连党代表。9 月,参加湘赣边秋收起义,任工农革命军第一军一师一团一营一连党代表。随部上井冈山,后任中国工农红军第四军连党代表、教导队党代表。1929 年初随部向赣南闽西进军,任支队党代表。同年夏任红四军三纵队党代表,参加中共红四军第九次代表大会(即古田会议)。1930 年 8 月任红一军团第三军政委,与军长黄公略率部参加第一、二、三次反"围剿"。1932 年 1 月任江西军区政治部主任。同年 10 月调任湘赣军区总指挥兼政委和红八军政委,并为中共湘赣省委执行委员。1933 年春,湘赣革命根据地第四次反"围剿"中,与军长萧克指挥红八军连战皆捷,同年 6 月任红六军团十七师政委。

1934 年 4 月任粤赣军区司令员，9 月任赣南军区司令员。中央红军主力长征后，留下坚持斗争。1935 年 3 月奉命率部突围到上犹、崇义、桂东一带，任湘粤赣游击支队支队长兼政委。1935 年 12 月 4 日所部在湘赣边界赤水仙山区遭国民党军袭击，重伤被俘，宁死不屈，壮烈牺牲。

春 蒋介石调粤军第一军和江西保安团第十一、十二团及各县铲共团计 4 万余人，成立"赣南第六绥靖区"，派余汉谋为司令官，对赣粤边游击区进行大规模的"清剿"，扬言要在三个月内消灭游击队。

4 月 项英、陈毅、李乐天率领红军一排由油山转移至北山。

为贯彻"长岭会议"精神，针对敌人大规模的"清剿"，项英、陈毅采取小规模、分散、群众性的游击战，以突然袭击和伏击为主，奇袭敌人的据点和后方。其中影响最大的是在信（丰）、（南）雄公路上的一个大圩镇——乌迳袭击敌人，游击队员仅用半个小时就打开了圩镇，活捉了敌人的靖卫团总和区长，缴获敌枪支、物资一大批，迫使敌人从里山撤兵。5 月，游击队又奔袭了敌大庾游仙圩据点，使余汉谋"限期三个月消灭赣粤边共军"的计划破产，油山和北山两地的游击队增至 500 多人。

【长岭会议】1935 年 4 月上旬，项英、陈毅和赣粤边特委转移到北山后，即在江西大庾县长岭村召开干部会议（简称"长岭会议"）。会议分析了当时的形势，研究和部署了在赣粤边坚持和发展游击战争的方针和策略。中央分局书记、中央军区司令员兼政委项英，中央分局委员、中央政府办事处主任陈毅以及蔡会文、李乐天、杨尚奎、陈丕显、王龙光、刘新潮、李国兴、张日清等近 70 人参加会议。项英在会上作形势报告，指出："中央苏区虽然丧失了，但主力红军的存在和游击战争的进行，必将推动新的形势到来。中国革命正在新的条件下向前发展，那种认为中国革命失败了的悲观情绪是错误的。"陈毅在会上也讲了话，要求大家对新形势有足够的认识，采取新的斗争方式，发展游击战争，积蓄和保存力量。要插一杆红旗在山顶上，寻找适当时机，给敌人以打击，粉碎敌人的"清剿"，壮大自己，扩大武装，扩大根据地。会议根据中央电报指示精神，结合赣粤边实际，提出以油山、北山为主要根据地，以南岭山脉为依托，依靠群众，长期坚持在赣粤边进行游击战争，使整个工作与游击战争的环境相适应。

为完成长期坚持游击战的任务，会议要求在斗争策略上，以保存有生力量为主体，以领导群众斗争为主体，反对游击主义，防止死打硬拼和消极隐蔽的倾向；在斗争策略上，要求采取灵活机动的斗争方式，游击队要学会在隐蔽条件下进行武装斗争。会议制定了"依靠群众，坚持斗争，积蓄力量，创造条件，迎接新的革命高潮"的方针。会议还决定分散特委机关，建立秘密交通联络网，以保持中央分局和特委与各地游击队的联系，适应游击战争的需要。根据长岭会议确定的"统一指挥，分兵行动"的原则，项英、陈毅调整了红军和游击队的部署，将在赣粤边的红军和游击队编成 4 个大队和若干小队，分散到 5 个地区开展灵活机动的游击战争，并设法与湘赣省委和湘南游击区取得联系。项英、陈毅在北山，指挥各地斗争。

长岭会议是中央分局认真贯彻中共中央关于"彻底改变组织方式和斗争方式"的一个果敢行动，是赣粤边游击区由正规战争转入游击战争的转折点。这次会议的意义在于"当革命遭受严重挫折的时候，制定了正确的方针和策略，顺应了战略转变，因地制宜地开展了游击战争，积极稳妥地保存了革命力量，从思想上和组织上为坚持赣粤边游击战争奠定了坚实的基础，是赣粤边游击战争的新起点"。

5 月 2 日 转战于粤湘桂边的红军总指挥龚楚，私自脱离部队回乡变节，走向另一条道路。

7 月 24 日 韶州忽降倾盆大雨，一夜之间浈、武两江水位突涨七尺余，往始兴、南雄公路中的灵溪桥被洪水冲溃。

30—31 日 受台风影响，北江两大干支流发生特大洪水，其中支流武水的乐昌站和犁市站出现第四位洪水，干流韶关站出现第三位洪水，支流南水的龙归站、乳源站分别出现第一、第三位洪水。

8 月 中共湘粤边工委重建，由谷子元任书记。同时恢复的还有中国工农红军湘粤边赤色游击大队，先后由肖良略、李林任大队长。

湘南特委自 1934 年 12 月被破坏，1935 年 1 月又因宜章县委书记彭见才的叛变而解体。1935 年春，林长春、肖良略、贺畔朵、谷子元、李林等先后转移到乐昌加昌、水口和乳源县梅花等地隐蔽。此次重建后，湘粤边地方党组织工作基本得到恢复。抗战初期，湘粤边赤色游击大队编入新四军特务营。1937 年春谷子元调离，湘粤边工委消失。

是月 韶州南门桥（曲江桥）竣工。该桥由麦蕴瑜设计，为 11 孔钢筋混凝土悬臂吊桥，桥高 12 米，宽 6.92 米，长 359 米，石碑上"曲江桥"三个大字由当时驻军军长余汉谋题写，韶州老绅士蔡溥泉先生剪彩后通车。

秋 应李汉魂之约，虚云禅师由鼓山到达南华寺主持重修工作。

此次是南华寺历史上最大的一次改建重修。由虚云禅师亲自督工兴修大小殿堂、楼、阁，重修工程历经十余年，共建成房屋 300 间，装塑佛像 700 多尊，能容一两百僧众常住。由于工匠们辛勤劳作，精心制造，改建后的南华寺颇为壮观，重新成为广东首屈一指的佛教圣地。

9 月 1 日 中共粤赣边军分区司令部参谋长向湘林率部队去油山，行至南雄益田、寨下时，与粤军第一师第三团十一连相遇，战败被俘，后叛变。

10 月 13 日 龚楚率领 30 余人伪装成红军游击队，诱使粤赣边游击队后方主任何长林叛降，并在南雄北山龙狮石以召集游击队开会为名，将北山游击队一部诱入其设好的埋伏圈，胁迫投降。结果发生战斗，游击队除逃走八九人外，其余 30 多人均被打死，是为"北山事件"。

20 日 龚楚与何长林等再次进山寻找项英、陈毅，他们化装成游击队，诱骗游击队侦察员吴少华带路，上北山帽子峰，企图活捉项英、陈毅等人，被识破。

11 月 赣南特委在信丰潭塘坑召集南雄和信康赣县负责人联席会议，针对敌人移民并村，将要发起新的进攻的动向，决定动员党团员随群众出山，重建党支部，指挥部人员则分散到县委，县委领导再分散到区委。项英、陈毅、刘建华留守信（义）、（南）康、赣（州），杨尚奎、陈丕显去南雄、大庾（不久，陈毅也去了），李乐天去三南，罗世珍调信（义）南（康），杨尚奎兼任南雄县委书记。

12 月 1 日 韶关飞机制造厂和机场建成，正式开始投产，生产飞机命名为"复兴"号。

是月 南雄油山游击队接到南雄县委情报，粤军三辆满载军火和物资的汽车由韶关开往大庾。游击队夜过敌封锁线，埋伏在（南）雄（大）庾公路边，至第二天敌军车开来时，游击队猛烈开火，护车敌

人四处逃窜，三车军用物资全部被游击队缴获。

冬 由韶州师范学生自治会发起，联合曲江中学、德华女中、励群初级中学组成学生救国联合会，分赴城乡进行抗日救国宣传活动。

民国二十五年（1936 年）

1 月下旬 赣粤边特委书记兼军分区司令员李乐天，在赴南雄开会后返回信南时，经信丰县小河乡坳高村，与粤军第二师第六团的搜索部队遭遇。李乐天在突围战斗中壮烈牺牲。

2 月 李乐天牺牲后，南雄县委书记罗世珍调信（义）、南（康）工作，此后约有一个月时间由陈毅兼管南雄县委工作。

3 月 杨尚奎兼任南雄县委书记。

4 月 28 日 粤汉铁路乐（昌）株（洲）段全线通车。至此，株韶段也全面贯通。史料记："当国民政府铁道部部长张嘉局长与总工程师凌鸿勋亲自钉下最后一个道钉，标志着当时中国南北大动脉——粤汉铁线全线贯通。"

是月 "始兴青年歃血团"在始兴成立，团长刘世周，书记陈培兴，顾问张光弟、刘梦兰，共有 30 多人枪。

【始兴青年歃血团】前身是始兴秘密农民协会小组的武装组织。该组织成立于 1931 年，由早期参加革命的始兴农民协会负责人张光弟等人创办。

5 月 7 日 中国人民革命军抗日救国军西南联军组成，总司令陈济棠，副总司令李宗仁。第一集团军将原有的 3 个军扩编为 5 个军，总司令陈济棠兼，参谋长何荦，兵站总监李洁之。第一军军长余汉谋，副军长李振球，第一师师长莫希德，第二师师长叶肇，第三师师长张瑞贵；第二军军长张达，副军长李汉魂，第四师师长巫剑雄，第五师师长李振良，第六师师长张枚新；第三军军长李扬敬，副军长黄延桢，第七师师长谭明星，第八师师长黄质文，第九师师长欧阳新；第四军军长黄任寰，副军长邓龙光，第十师师长曾友仁，第十一师师长严应鱼，第十二师师长陈汉光；第五军军长缪培南，副军长林时清，参谋长罗策群，第十三师师长谭邃、副师长梁公福，第十四师师长陈章、副师长陈骥，第十五师师长张境澄、副师长李如佩、参谋长曾泽寰；警卫军军长陈维周（未编成，陈济棠下台）；独一旅旅长孔可权。第四集团军总司令李宗仁（番号略）。

【张瑞贵】（1891—1977年）字玉麟。广西钦州人。1910年从军，曾参加反袁讨龙（济光）及护法诸役，1922年参加讨伐陈炯明，旋升任旅长。后所部为国民革命军第四军收编，出任第十一师补充团团长。1927年率部"追剿"南昌起义军贺龙、叶挺部。1928年升任副师长。1931年间，历任独立第二师中将师长、第一五三师中将师长。1937年抗日战争爆发后，调任第六十三军中将军长。曾参加粤北两次会战。抗战胜利后，历任"国大"代表、粤桂南区"清剿"总指挥、广州绥靖公署副主任。后赴台，曾任"光复大陆设计研究委员会"委员。1977年春在台北病卒。著有《戎间集》。

14日 参加"围剿"粤湘边红军游击队的粤军退出郴州，巫剑雄师回到汝城，李振良师回到九峰，黄质文师回防坪石。余汉谋军仍留守赣南。入湘先头部队集中在小塘。

6月1日 广东军阀陈济棠与新桂系联合举兵反对蒋介石，"两广事变"爆发。

【两广事变】自1931年以来两广地方实力派即处于独立、半独立状态，与南京中央政权相对峙。蒋介石一直想要消灭两广的割据势力。然而，由于日本帝国主义加紧对华侵略引发全国抗日热潮，加上中央红军"北上抗日"，使蒋"攘外必先安内"的反共政策在国内不得人心。1936年5月12日，国民党元老中央执行委员、中央常务委员会主席胡汉民在广州病逝。蒋介石企图乘机消灭两广实力派。广东陈济棠闻讯焦虑不安。15日，李宗仁派白崇禧、黄旭初、潘宜之、刘斐4人由广西抵广州为胡汉民吊丧，事后与陈济棠会晤，向陈分析国内形势，劝陈乘此时机反蒋抗日。适逢蒋介石也派王宠惠、孙科等8位委员来穗吊丧，王、孙二人秉承蒋的旨意向陈济棠暗示："加强团结，一致抗日"，首先要取消国民党中央执监委员会西南执行部和国民政府西南政务委员会。陈济棠认为自己在广东地位将发生动摇，当即表示拒绝。16日晚，陈济棠乃约在穗的高级将领余汉谋、张达、缪培南、黄任寰、黄延祯等密商，述说白崇禧抗日反蒋意见后，表示"值得考虑去干"。19日晚，陈召集在穗将领余汉谋等20余人密商，明确指出：

"抗日反蒋是我们一贯主张，这是救国要道，舍此莫由"，白崇禧也参加会议，重述与陈谈过的抗日反蒋有利形势来说服大家。20日，李宗仁由广西飞抵广州，与陈济棠会商两广联合抗日反蒋计划，决定以"抗日救国"名义，反对蒋介石对日不抵抗政策，组织西南联军，分兵入湘，出师武汉，再转南京倒蒋。30日晚，陈济棠又召见各高级将领，再次强调"抗日反蒋是我们一贯的主张，现在双管齐下的机会已经到了"，并说广西李、白确实诚意合作，湖南何键同意出兵合攻武汉，并告诫诸将，"只有跟我反蒋才有出路"，令他们回驻地待命。白崇禧回广西准备发动，李宗仁则留穗与陈谋划。6月1日，陈济棠、李宗仁公开揭出抗日反蒋旗帜，他们组织的西南政务委员会和国民党西南执行部正式集会，并电呈南京国民党中央党部和国民政府，吁请抗日，并请准予陈、李所部北上抗日。2日，又成立军事委员会和抗日救国西南联军，饬令陈、李所部之一、四集团军改称"中华民国国民革命抗日救国军"，任命陈济棠、李宗仁为西南联军正、副总司令，并以陈济棠、李宗仁、白崇禧等西南将领数十人名义通电全国，表示誓率所部，"为国家雪频年屈辱之耻，为民族争一线生存之机"，发动两广国民党各级组织和群众团体通电响应，举行抗日示威运动。

6日 西南联军以"北上抗日，保卫华北"为名，出兵湖南。粤军主力第一军余汉谋自韶向湘南、赣南挺进。

9日 粤、桂两省部队分别进至郴州、永州一带，欲一举攻下长沙而趋武汉。

面对西南联军的北上，蒋介石当即调兵进入湖南防御，派陈诚坐镇长沙，指挥两个军抢先控制衡阳，使北上的西南联军受阻。同时，蒋介石采取瓦解两广联盟、"拉李除陈"的手段，派人对广东陆、海、空军将领进行收买分化，瓦解陈军。

是月 粤赣边红军"南山游击队"进抵三南地区，在南坑伏击保安团1个连，进到南雄之水口圩后，扩军改编为"三南游击队"，在乌迳、里栋、邓坑等地与国民党军作战。

7月2日 粤空军驱逐机3架由黄居谷空军少尉率领自广州天河机场起飞，轻轰炸机4架由黄志刚空军少尉率领，自从化机场起飞，战斗机2架自韶关起飞，脱离陈济棠而飞往南昌投靠蒋介石，收编为蒋介石空军第十七中队，还有数十名空军官兵逃港，他们是由戴笠通过陈策的干儿子陈振兴策反而倒陈投蒋的。

4 日 陈济棠主力第一军军长余汉谋被蒋收买倒戈，在驻地江西大庾通电投蒋，并部署兵力，准备向南雄、韶关推进，对陈济棠实行"兵谏"。

8 日 余汉谋由上官云相陪同，乘专机飞往南京，出席国民党五届二中全会，与蒋介石商谈收拾粤局办法。行前他致电陈济棠，反对其陈兵倒蒋。

8—9 日 陈济棠与西南诸领袖在广州召开紧急会议，决定以巫剑雄兼任第二军副军长。又决定缩短防线，巫剑雄由韶关退至大坑口。

9 日 余汉谋发电报给粤省各将领，请大家服从南京，团结力量，一致主张，共济"国难"。13 日，余汉谋飞返大庾。同日，国民党二中全会决议：撤销西南的中央执行部与政务委员会两机关，取消一、四集团军名义，免除陈济棠本兼各职。分别任命余汉谋、李宗仁为粤、桂绥靖主任。

10 日 国民党召开五届二中全会。会议对两广采取分化手段，决定李宗仁为广西绥靖公署主任，白崇禧为副主任。

是日 陈济棠调第十三师赴韶关，又向东、北江增兵并派飞机轰炸江西吉安附近。桂军则向贵州推进。

11 日 第一军副军长李振球率领莫希德、叶肇、张瑞贵 3 个师由信丰、大庾、南雄开拔回粤北，提出"打倒陈济棠，拥护中央"的口号。第二军李振良师也通电响应余汉谋，请陈济棠悬崖勒马。

是日 第二军第四师巫剑雄部与余汉谋军在南雄发生战斗。

12 日 第一集团军缩短防线，小北江（连州）的李扬敬军退至英德，防务由桂军接防。陈济棠令炸毁清溪铁桥，切断广韶交通。广州戒严，宪警总动员。

13 日 国民党五届二中全会决议撤销由陈济棠控制的"国民党中央执监委员会西南执行部""国民政府西南政务委员会"。消息传来，驻韶关粤军第二军军长张达首先响应，通电"服从中央"，欢迎余汉谋回粤主持军务。

是日 国民党军事委员会发表人事命令，原广州绥靖主任陈济棠免去本兼各职。改派余汉谋为广东绥靖主任兼第四路军总司令兼第一军军长。第一军副军长李振球，第二军军长张达、副军长李汉魂，第三军军长李扬敬（李又兼第四路军副总司令）、副军长黄延桢，第四军军长黄任寰，第五军军长缪培南、副军长林时清。空军驻粤指挥官黄光锐。省江防司令张之英。

△　陈济棠接免职令电后和李宗仁、李扬敬商议对策。粤北战事激烈。

14 日　莫希德师距韶关仅 15 公里，陈济棠令粤军主动撤出韶关，以英德为一道防线，源谭为第二道防线，军田为第三道防线。

是日　余汉谋在大庾通电就职。通电说："外患日亟，非御侮不能图存，非统一不能御侮。中央之力图和平统一，实为集中力量之救国要图。"以前"奉命率师入赣，即矢志'剿'御侮及和平统一救国"，却不料"我广东当国难日亟之际，忽然称兵，阴结外寇，进窥邻省，发动内战，破坏统一"。自己"忠言见拒，计智俱穷，用特飞京，请示挽救。……自半生戎马，淡泊自甘，有权利在念？唯国家民族生存，不可不顾。是毅然就职，贯彻初衷，耿耿此心，可质天日"，并敦促陈济棠于二十四小时内离开广东，以免同室操戈。随即余汉谋前往南雄，指挥各部队向韶关、翁源推进。

15 日　余汉谋所部主力集中于英德、军田一带，准备进入广州接替陈济棠对广东的统治地位。

18 日　陈济棠王牌广东空军，在空军司令黄光锐、参谋长陈卓林等组织指挥下，72 架飞机集体北飞投蒋。当日晚，陈济棠通电宣布下野离开广州。

24 日　余汉谋由韶关进驻广州接掌了陈济棠原有的军权，就任蒋介石委任的广东绥靖主任兼第四路军总司令职。他撤销 5 个绥靖委员公署和 5 个军司令部，将部队整编为 10 个师，1 个教导旅，保留所有特种部队。

月底　余汉谋的第一军从大庾、信丰、南雄等地撤走，江西的保安团、铲共团也龟缩起来。赣粤边形势出现了转机。赣南特委在信丰潭塘坑召开有各县县委书记、游击队长和交通站长参加的干部会议，会议由杨尚奎主持。项英、陈毅讲话时指出："两广事变"的实质，是假抗日，真争夺，不过是打出"倒蒋抗日"的旗号，以便达到夺取南京国民党政权的目的。会议决定以赣粤边红军游击队的名义，发表《为两广事变告群众书》，提出反对军阀战争，实行抗日战争，变军阀战争为抗日的革命战争的政治口号；要求游击队相应地集中，进攻敌人的据点，扩大游击区。

夏秋间 项英、陈毅指挥各游击队，趁广东军阀部队离开之机，集中兵力打击保安团队和地主武装，将北山游击队调到油山，先后攻击了大庾的新城、青龙、池江、长江、留地，南雄的里东、水口、乌迳，信丰的九渡、大河、黄泥排等敌人驻地，取得重大胜利。油山游击队在群众配合下，偷渡章水，半夜包围了池江区公所，俘自卫队数十人，缴获枪支数十支。

8月11日 蒋介石抵广州坐镇，在广州设置国民政府军事委员会广州行营，重任黄慕松为广东省政府主席，曾养甫为广州市市长，改组国民党省、市党部。自此，多年来处于半独立军事割据状态的广东，正式统一于蒋介石把持的南京中央政权。

9月17日 蒋介石与李宗仁在广州谈判，李宗仁、白崇禧与蒋介石妥协，蒋介石以军事委员会名义任李宗仁、白崇禧为广西绥靖公署正、副主任，两广事变遂告平息。

是月 "两广事件"后，蒋介石派嫡系部队四十六师取代广东军阀部队，向油山周围的游击区进行疯狂的"围剿"。他们向赣粤边发动第一次"清剿"，将赣粤边划分成信康赣、信康余、余雄、三南4个"清剿区"，实行梳篦式"搜剿"，扬言"四个月内肃清红军游击队"。项英、陈毅召开干部会议作出"九月决议"，要求各地党、游击队坚决依靠群众，积极开展对敌斗争。

10月 国民党特务机关布置叛徒陈海，乘项英、陈毅等迫切希望与中央取得联系的心情，谎称中央已派人来大庾城，设下圈套，企图诱捕游击队负责人。陈毅去到大庾城接头时，发现情况有变，便机警地脱离险境。叛徒陈海诡计落空，便带领敌人上山包围游击队指挥机关所在地斋坑，幸执勤放哨人员发觉后开枪报警，项英等立即转移隐蔽起来。敌人搜索了两个小时未果，便撤走下山，在路上正好遇上从大庾回来的陈毅，敌抓住他并要他带路，在途中陈毅也机智地逃出虎口，安全回到梅山，史称"梅岭事件"。

11—12月 项英、陈毅部粤赣边红军游击队被国民党第四十六师围困在梅关山上达20余天之久。此间，陈毅创作著名的《梅岭三章》。

12 月 西安事变爆发。西安事变和平解决后，蒋介石采取"北和南剿"的反动方针，继续"围剿"粤赣边红军根据地。

是年 国民政府审判决定采用三级三审制：地方法院初审，8 个高级法院（包括汕头、北海、琼山、曲江、惠阳、高要、茂名、梅县）分院为二审，最高法院为三审。

民国二十六年（1937 年）

2 月 围困梅关的国民党军四十六师，先后两次向赣粤边游击区发动进攻。游击队采用兜圈子办法，避敌锋芒，每遇有利时机，则主动出击。项英、陈毅、杨尚奎、陈丕显等领导人分散隐蔽。

全面抗战时期
（1937 年 7 月—1945 年 8 月）

7 月 7 日　卢沟桥事变爆发，中国革命进入了全面抗战时期。

8 日　中共中央发出《中共中央为日军进攻卢沟桥通电》，号召全国同胞、政府与军队团结起来，抵抗日寇的侵略。在中国共产党的推动下，蒋介石于 9 月 23 日发表谈话，承认中国共产党的合法地位，实行两党合作。抗日民族统一战线正式形成。

11 日　赣粤边国民党军四十六师，终止对项英、陈毅、杨尚奎、陈丕显领导赣粤边游击队的围剿。

29 日　赣粤边红军游击队司令陈毅致函大庾县长彭育英，提出与国民党谈判及有关红军游击队参加抗日行列的问题。

【彭育英】（1900—1968 年）别号少武，江西万安县人。18 岁东渡日本留学，在早稻田大学攻读政治经济。5 年后学成归国，先后任《南浔铁路月刊》编辑、江西省建设厅行政科科长、省长总署秘书等职。1926 年 11 月，经林祖涵（即林伯渠）推荐，被委以虔南县（今全南县）县长，彭育英由此加入国民党，1936 年 5 月调任大庾县县长。抗日战争爆发后，彭育英审时度势，感到趁此停止内战，一致对外，确是上策，便于 8 月 27 日签发"简秘代电"，欢迎游击队下山共商抗日事宜。1937 年 9 月 6 日，彭育英等先期与陈毅带领的中共赣粤边特委和游击队进行磋商，谈妥举行正式谈判的有关事宜后，彭育英释放了在大庾关押的共产党员，并与中共赣粤边特委签署了关于游击队下山的协议。接着，彭育英又亲自陪同陈毅赴赣州与国民党江西省政府代表谈判，达成南方（赣南游击队）国共合作共同抗日协议。1939 年国民党五中全会提出"防共、限共、溶共"方针，使彭育英对

国民党的前途深感失望。1941 年，彭育英趁国民党员总登记之机，愤然撕毁党证，辞去县长之职，就此终止"七品官"生涯。半年后，彭育英到景德镇当了一家银行的分行行长。1949 年 5 月，彭育英重回赣南，任江西银行赣州分行经理。新中国成立后，彭育英被安排在上海人民银行工作，后又被安排到上海市文史馆、上海市人民政府参事室工作。1968 年 12 月，彭育英在上海病逝，终年 68 岁。

是月 时任中共中央江西分局书记项英和中华苏维埃共和国临时中央政府办事处主任陈毅等，获悉西安事变与卢沟桥事变的真相及党中央关于建立抗日民族统一战线的消息后，以项英的名义编印了《中国新的革命阶级与党的路线》一文，在红军游击队和群众中广泛宣传。同时，赣粤红军游击队改番号为"赣粤人民抗日义勇军"。

8 月 8 日 项英、陈毅等以中共粤赣边特委和赣南人民抗日义勇军的名义发表《停止内战，联合抗日》的宣言，要求实行全国抗战，红军游击队愿与国民党政府合作。又派代表 2 人至南雄与国民党驻军联系，商谈合作抗日事宜。

25 日 中共粤赣边特委发表《告赣南民众书》，号召停止进攻国民党军，一致抗日。

27 日 国民党江西大庾县县长彭育英向赣粤边红军游击队发出"简秘代电"，愿与红军谈判。

31 日 侵华日军飞机首次空袭轰炸曲江。韶州各中小学被迫停课。励群初级中学、开明中学停办。省立韶州师范学校迁至曲江县马坝上伙村的车寮。

是月 粤、闽两省划为第四战区，余汉谋任第四战区副司令长官兼第十二集团军总司令，第四战区司令长官由国民政府军事委员会参谋总长何应钦兼。

由于何应钦就职于国民政府军事委员会，余汉谋实际上就以副司令长官名义行使司令长官的职权，成为指挥闽、粤两省军事的最高长官。就职后的余汉谋，即着手改编所部粤军，将部队整编为五个军，其番号和军长分别是：第六十二军军长张达、第六十三军军长张瑞贵、第六十四军军长李汉魂、第六十五军军长李振球、第六十六军军长叶肇。

△ 中共广州市外县工委负责人邱萃藻（麦蒲费）等，在南雄筹

建中华民族先锋队（即"民先"队）南雄县队。次年，"民先"队改为"抗先"队南雄县队，队长董天锡。

【邱萃藻】（1914—1940年）又名郁文，曾用名马超、麦蒲费、柏舒，广东南雄人。1934年就读于广州勷勤大学（广州文理学院、华南师范大学前身）。次年参与组织进步青年团体"中国青年同盟广州分盟"。1936年7月加入中国共产党；9月参加中共广州市临时工委、外县工委的领导工作，1938年4月中共广东省委重新成立，任省委青委书记。次年兼任中共南雄中心县委书记。1940年12月在南雄病逝。

9月8日 中共赣粤边特委派陈毅为代表到南雄县钟鼓岩寺内与国民党大庾县县长彭育英谈判。在谈判中，国民党大庾县当局承认中共赣粤边组织和游击队的合法地位，并把军队陆续从游击区周围撤走。

24日 项英代表中共领导的南方游击队，至南昌与国民党江西省府谈判，随后即以中共中央分局的名义发表《告南方游击队公开信》，由各地国民党驻军递交至各地红军游击队，分局亦派代表至各游击区转达国共合作抗日政策。

是月 为加强广东党组织，中共中央派张文彬到广东改组中共南方临时工作委员会。又派张云逸到广州，与第四路军总司令余汉谋就华南地区国共合作、建立八路军等问题达成协议。在赣粤边，中共特委命令各地游击队集中整训，等待下山抗日。

10月1日 侵华日军飞机18架，轰炸曲江、马坝等地，被国民政府空军击毁2架，伤1架。

2日 根据国共两党协议，湘、粤、赣、闽、浙、鄂、豫、皖八省边区10多个地区红军游击队，改编为国民革命陆军新编第四军，叶挺任军长，项英任副军长。

3日 项英发表《宣言》，宣布停止武装推翻国民党，停止土地革命，将红军游击队改编为抗日武装力量，并令南方各地区红军游击队集中，听候改编。

7日 日军飞机再炸粤汉铁路各站及广州黄埔、长州，曲江、马坝，两军空战激烈，击落日机2架，其中1架坠落中山、顺德之横档。国民政府空军两位分队长陈顺南（南海人）、黄凌波（开平人）牺牲，与另一空战中牺牲的飞行员梁国朋共3人同葬于广州东郊云鹤岭空军坟场。

上旬 南雄北山、油山和江西信康赣地区红军游击队共 200 多人，根据陈毅与国民党江西省政府代表熊滨谈判达成的九项协议，前往大庾池江集中整训，改名为江西抗日义勇军赣粤边支队，支队长曹跃全，政委刘震英。

12 日 粤赣边项英部、闽粤边张鼎丞部、鄂皖边高敬亭部、湘鄂赣边傅秋涛部、浙闽边刘英部合编为新编第四军，军长叶挺，副军长项英，参谋长张云逸，副参谋长周子昆，政治部主任袁国平、副主任邓子恢。下辖 4 个支队，1 个特务营。项英部编入第一支队第二团，张鼎丞部编入第二支队第三团，新四军部于 1938 年 1 月组成。军部先在南昌，后迁安徽岩寺。以皖南泾县及繁昌一带为根据地。由第三战区副司令长官顾祝同指挥。

是月 中共南方工作委员会在香港成立，张文彬为书记，薛尚实负责组织，饶彰风负责宣传，邱萃藻（后尹林平）负责外县工作委员会。

△ 中共南雄县委改组，袁达郊任县委书记，属赣粤边特委领导，次年改属赣南特委领导。

秋 云广英受张云逸委派，经广州前往粤赣边南雄、大庾陈毅、杨尚奎所率领的中共武装。在大庾，云广英通过赣南的联络点，寻找到游击队公开建立的办事处，时陈毅因公外出，云广英会见了杨尚奎等人，并口头向他们传达了党的抗日民族统一战线政策。自此，坚守赣南三年游击战的陈毅，重新与中共中央取得了联系，回港后，云广英将赣南情况向张云逸、张文彬做了汇报。

11 月 5 日 赣南人民抗日义勇军项英、陈毅部，派代表陈丕显到达南雄，与国民党南雄县县长曾绳点及驻军官员谈判，要求国民党地方当局立即停止"清剿"，保证三南游击队安全抵达集中地点，改编为新四军；同时，要求南雄县政府释放在押的政治犯，停止地方的军事行动。

11 日 日军飞机 28 架空袭韶州风度、风烈路等一带，投弹 50 余枚，韶关商业几被炸平，损失惨重。

是月 中共广州市外县工委派邓勋芳从广州转学到南雄的广东省立第六中学就读（南雄中学）。邓到南雄中学后，即进行建党工作，成立中国共产党南雄中学支部。

12 月 日军多次派飞机轰炸粤北韶关、曲江等地。

民国二十七年（1938 年）

1 月 6 日 新四军军部在南昌成立，广东等 8 省 13 个地区的红军游击队编入新四军，军长叶挺，副军长项英，参谋长张云逸，副参谋长周子昆，政治部主任袁国平、副主任邓子恢。下辖 4 个支队，以陈毅、张鼎丞、张云逸、高敬亭分任一至四支队司令员，兵力 10 300 人。

是日 赣粤边红军游击队在江西大庾县池江正式改编为国民革命军陆军新编第四军第一支队，陈毅任司令员。原北山游击队被编为第一支队第二团第二营第四连，连长温凤山，指导员张日清；油山游击队为第五连，连长吴积德，指导员罗炳；三南游击队为第六连，连长刘矮古，指导员朱□□。

24 日 国民党南雄空军机场（1929 年建）出动 11 架飞机，在南雄、始兴两县交界上空击落偷袭南雄县的日军轰炸机 5 架，缴获 1 架，毙日军飞行员 11 人，俘 1 人。

是月 中共宜（章）乐（昌）县工作委员会成立，书记肖林；工委机关设在乐昌坪石街，属湘南特委领导。1940 年 2 月，肖林牺牲后，由蔡坚继任工委书记。同年，蔡坚调离，由罗良名接任工委书记。1945 年 11 月，罗良名遇害，宜（章）乐（昌）工委被彻底破坏。

2 月上中旬 曲江进步青年组成的民众救亡团体——曲江青年战时服务团（简称"曲青团"），在风采路孔庙大成殿（当时曲江县立中学大礼堂）正式成立，并通过了曲青团章程、成立宣言，选举丘学炎、刘白亮分任正、副团长。

时曲青团作为曲江的青年团体组织，很快就吸引了广大青年的注意，大约五十名青年参加组织，一时曲青团成为曲江抗战救亡宣传最具影响力的团体，亦因其"广泛开展抗日民族统一战线宣传，公开赞同中共的抗日主张"，遭到国民党曲江地方的干扰、破坏，至 1938 年夏末，曲青团实际上已陷于停顿状态。

21 日 日军出动飞机 60 多架狂炸广州、鱼珠，广九路之平湖及粤汉路，横沙、牛栏岗亦被炸。国民党南雄空军机场出动数架飞机在

韶关迎战，击落日机 1 架，伤其 1 架。

22 日　日军出动飞机 46 架轰炸增城、从化、樟木头、横沥及军田、乐同、（浧）江、大坑口、沙口等地。

23 日　日军出动飞机 46 架次轰炸英德、深坑、沙口、乐同、军田、大朗、平湖、上塘、新塘及唐美。

24 日　日军出动飞机 15 架空袭南雄、始兴。苏联空军志愿队首次在广东参战。中苏联合机队出击，击落日机 4 架，坠于始兴、增城，新丰举林乡俘日飞行员 1 名，余人毙命。飞行员陈其伟（番禺人）壮烈殉国，葬于空军坟场。

25 日　国民革命军陆军新编第四军第一支队在陈毅率领下，开赴苏皖抗日前线，结束赣粤边为时 3 年的游击战争。

是月　在中共党员黄克西、黄克东的推动下，成立曲江青年战时服务团，团长邱林，副团长刘白亮。南雄中学组建的"抗敌同志会"更名为南雄"广东青年抗日先锋队"。

3 月 15 日　在全国学联的号召下，南雄县成立"南雄城中小学联合会"（简称"学联会"）。学联会以"抗日救国"为宗旨，将南雄包括公立、私立学校的全体中小学及师范学校的学生团结起来。学联会主要工作："是加紧教育干部和健全各校救国的组织，所以特别注意座谈会、读书会等的举办……"是日，学联会在县城举行了全城学生大游行，进行抗日救亡宣传。

26—30 日　日军飞机多日连续轰炸粤汉铁路之军田、横石、樟木头、新塘、横沥。27 日，日机 52 架狂炸（浧）江、军田、深坑、乌涌、河头、沙口、横石。28 日，日机 60 架分批在韶关投弹 60 余枚，在南雄投弹 30 枚，河头、沙口、横石、波罗坑、银盏坳、军田被炸。30 日，日机 36 架轰炸（浧）江河头、沙口、源潭、军田。

是月　中共南雄中学支部改为特别支部，由邓勋芳本人担任支部书记，属广州外县工委领导。

△　为扩大南雄抗日敌后援委员会，由国民党县党部书记长雷颂常出面对后援会进行整合，在原有委员 20 余人的基础上，从中选 5 人为常委。组成后援会机构，时包括雷颂常、彭兰春、邓勋芳、李偕贤、李宏华等 5 人，是这一民众组织的主要领导人。

春　为恢复和发展粤北各地党组织，中共广东省委派联络员张尚琼到曲江、英德、翁源等地，联络梁展如、廖宣等人。

4月　日军多次派飞机轰炸韶关、曲江等地。

是月　中共广东党组织在广州召开扩大会议。会议决定撤销中共南方工作委员会，成立中共广东省委员会，书记张文彬。省委成立后，确定当前的工作任务为：一是以建党为中心，切实搞好建党工作，由点带面地发展党的组织；二是大力开展群众运动，争取群众团体的合法地位，或加入到当局名义组织的群众团体中去，以掩护党的发展和开展抗日工作；三是利用广东当局部分上层人物比较开明的有利条件，以余汉谋、谌小岑、钟天心等为主要对象，开展统一战线工作；四是积极参加自卫团队，领导地方群众的抗日武装。

5月6日　日本军先后出动飞机24架，两次空袭英德县城，计烧毁、炸毁、震毁楼房6间，民房30间，商店65间；炸死13人，伤17人，有100余人流离失所，无家可归；炸毁装满货物船一艘，价值国币20.9万元。

5—6月　日军飞机对韶关进行更频繁的空袭，多次轰炸韶州城、曲江等地。

6月16日　日军6架重型轰炸机从福建起飞，偷袭粤北，企图破坏粤汉铁路沿线交通，国民党空军南雄机场出动9架飞机截击，在仁化、乐昌两县交界上空与日机遭遇，激战近1个小时，击落日机5架，击伤1架，毙日空军机师41人，俘日空军机师中岛正夫。国民党空军仅伤战斗机1架，取得空战最好成绩。

夏　中共广东省委派党员进入国民党第四战区政治部第三组工作，并成立中共地下支部，书记石辟澜，直属省委书记张文彬领导。

广州沦陷后，第三组随战区司令部迁到韶关。省委派出的这批共产党员积极利用第三组这块合法的宣传阵地，组织各种督导团和战地视察团，分赴战区前线进行战地鼓动，并编印小战报、小册子开展抗日救亡宣传活动。1939年初，军统特务分子丘誉接任战区政治部主任，在第三组活动的党员受到监视。根据中共广东省委指示，为保存党的力量，4—6月，第三组的全体党员撤出。

【石辟澜】（1910—1947年）又名鸣球、尔平，笔名石不烂，曾化名余清。广东潮州人。1932年初抵穗，就读于国民大学夜校，接受马列主义，组织秘密读书会。翌年参加中国文化总同盟广州分盟。1934

年流亡香港，任《大众日报》记者、编辑，宣传抗日；后任香港抗日救国联合会负责人，1936年夏被选为全国各界抗日救国联合会执委及总干事。次年抵穗，以中共党员身份参加广东各界抗战御侮联合会工作，旋任广东省文化界抗日救亡协会理事会理事。1938年奉命到第四战区政治部任职。广州沦陷后到粤北，主办《新华南》。1940年调任中共粤南省委宣传部部长。1942年夏抵延安，入中央党校二部。1945年奉派任南乐县委副书记。1947年夏入大别山，任鄂豫皖区地委副书记、麻城东古木地区土改工作队队长；11月在麻城被捕牺牲。

7月7日　日军出动飞机20余架空袭英德县城，造成英德民众重大损失。

23日　日军出动多架飞机空袭韶州市区，韶州许多居民躲入关帝楼，一枚重型炸弹命中关帝楼，当场炸死、炸伤200余人，重建于1934年的韶州关帝楼被毁，史称韶关"关帝楼惨案"。

据民国广东档案史料记载，关帝楼惨案发生后，时任广东省第二行政督察区专员的林友松，于8月份签发"呈请给发韶州市被炸灾民恤费壹万元由"报告，给时任广东省政府主席吴铁城。报告指"查韶州市自去年8月迄今，遭受敌机轰炸计共24次，死民众370余人，伤200余人，毁民房铺户660间。灾民之无家可归者逾千数。尤以去月23日西门关帝庙被炸一役，灾情最惨。是役死者104人，伤者105人……敬恳特别抚恤，准予比照汕头恤灾先例，由省给发韶州市被炸灾民恤费壹万元……俾伤者得以治疗，流离者得以安集，死者之遗孤□子获复生活□……"

【林友松】（1886—1951年）字柔仲，号正烩。广东吴川县人，毕业于方言学堂（两广高等学堂，中山大学前身）。友松先生出身于名儒家庭，父亲是清末民初著名教育界人士及诗人。

林友松少时受家庭影响，性情耿介，闲静少言，貌肃穆，家人畏之，非下在其衣冠，不敢趋谒。唯对友则和蔼可亲。如遇知音，侃侃而谈，终日不倦。素以廉隅自励。历任台山、香山（现为中山）、东莞、广西平乐县知事（县长），广东省第二行政区及安徽省第五行政区督察专员、保安司令，广东省府委员顾问兼广东侨资垦殖委员会副主任委员。卸任后家无恒产，两袖清风，食则淡饭清茶，穿则粗布衣服。事上鄙阿谀奉承，御属礼贤下士。部下有贫而无告者，恒输俸以济困。在任广东省第二区行政专员时，林友松励精图治，勤政爱民，对民生非常重视，尤其对地方医疗卫生事宜，视为急务。曲江县立西医院是其首创。新中国成立前夕，林友松脱离国民党，与黄绍竑、林温伯等人，参加李济深先生组织的"国民党革命委员会"，从事民主革命活动，1951年逝世。

26日 凌晨，日军飞机猝然空袭韶州，城中弓箭街（今建国路）合元商铺中弹，死伤数人，被炸现场血肉横飞，惨不忍睹。

是月 在中共赣南特委的领导下，南雄、始兴、乳源、曲江、翁源等地的一批进步青年（20多人），在八路军驻广州办事处的帮助下，先后奔赴革命圣地延安。

△ 日军飞机轰炸曲江，炸毁韶州明代建筑"曲江三界庙"。

七八月间 中共广东省委派廖琼到翁源中学开展建党工作。

8月28日 日军29架飞机再炸韶关、南雄。南雄机场国民党空军迎战，日军6架飞机被击落坠于南雄、始兴及曲江之深山中。国民党空军两名队长在空战中负伤。

30日 国民党开明人士莫雄到任南雄县县长兼广东第23游击区司令，辖南雄、始兴、仁化、乐昌等县。

在莫抵南雄后，经中共南雄县委地下党员工作，莫雄接受中国共产党团结抗日的主张，在南雄县释放在押的300多名政治犯，接着又释放24名共产党员。莫雄还邀请前往南雄的中共党员郭大同（又名郭汉）、李镇靖、刘登等分别在其司令部任中校参谋处长和少校参谋。

31日 日军分别出动两批次共17架飞机，对粤汉铁路及南雄机场实施报复。一批次对银盏坳、宝太公路的霄边、源潭、（滘）江进行轰炸，另一批次轰炸丰顺及南雄空军机场，炸死、炸伤300余人。当日上午，驻南雄空军8架飞机起飞还击，与日机空战30分钟，击落日机两架。在空战中，大队长吴汝鎏座机油箱不幸中弹起火坠毁，吴汝鎏壮烈牺牲，南雄军民隆重举行追悼会，南雄机场被命名为"汝鎏机场"。

【吴汝鎏】（1907—1938年）广东新会人。1927年，吴中学毕业，考入广东航空学校第三期甲班航空科深造。1929年4月，被派到广东空军服役，不久即担任飞行员、航校飞行教官。九一八事变后，吴汝鎏同仇敌忾，参加了淞沪抗战。吴跟随广东空军队长丁纪徐等人，7

人驾机 7 架，组成轰炸驱逐混合机队，直飞淞沪，支援十九路军抗战。是淞沪抗战后击落日本飞机的第一人。1936 年吴汝鎏被聘为广西国民革命第四集团军航空处飞机第一队（后改编为中央空军第三大队）副队长、队长，管辖第七、第八、第三十二等三个中队。不久，广西空军实行全面改组，领导职务全由桂籍飞行员担任，吴便调广西西南航空公司任驾驶员。1937 年 7 月，抗日战争全面爆发。吴汝鎏晋升少校大队长。1938 年 3 月吴汝鎏率领第三大队第七、八中队参加台儿庄战役。8 月，吴汝鎏奉命率领第三大队第三十二中队移防衡阳，担负保卫粤汉铁路的防空任务。31 日在与日机展开空战中，以身殉国，牺牲时年仅 31 岁。国民政府授予其烈士称号。1986 年 8 月 25 日，广东省人民政府批准追认吴汝鎏为革命烈士。

是月 张尚琼在曲江成立中共马（坝）乌（石）支部，书记梁展如，副书记廖宣。

△ 广东省委派中共党员陈枫（阳山人）回阳山开展党的工作。

【陈枫】（1916—1986 年）广东阳山人。1938 年参加革命，同年加入中国共产主义青年团。1938 年 2 月在延安抗大加入中国共产党；8 月奉中共广东省委命回阳山，组建阳山县青年抗敌同志会和中共阳山县支部，任支部书记。1941 年起，历任中共从潖工委书记、江北路东地委组织部部长、广西桂柳区委书记、广西城市工委书记。新中国成立后，曾任中共梧州市委书记，市军管会副主任，柳州市委书记，广西民政厅副厅长，南宁市委书记、市长。1965 年调外交部工作，历任亚非司副司长，驻阿富汗、布隆迪、冰岛、毛里求斯大使等。1986 年 8 月 26 日在北京逝世。

9 月 19 日 侵华日军大本营制定 201 号大陆令，拟以日军佯攻汕头，然后发动广惠战役，以策应武汉会战和切断华南地区抗日海外补给线。

是月 中共广东省委书记张文彬在延安参加六届六中全会期间，在延安向中央请示，建议将江西赣南特委划归广东省委领导，以便粤北地区一旦沦陷，就在粤赣湘边开展游击战争，中央表示同意。次年 3 月，中共赣南特委正式划归广东省委领导。

10 月 12 日 日军乘国民党军队主力集中在广九路，广惠防线空虚懈怠之机，在数十艘军舰和 100 余架飞机掩护下，于当日拂晓，强

行在大亚湾的稔山、澳头、平海、霞涌、长沙湾、盐步头登陆。国民党第一五一师严植营仓促应战，大部官兵阵亡。广惠战役开始。当晚日军攻占淡水。

登陆后的日军兵分三路，分别进攻惠州、东莞、增城等地。在惠州，国民党守军莫希德部顽强抵抗。14 日，日军首先攻占惠州，并派飞机狂炸博罗，博罗守军林君勋团长和县长黄仲榆弃城出逃。15 日，博罗沦陷。17 日，日军西进抵福田和罗浮山，旅长钟芳峻率领部队抗击，寡不敌众失败，钟旅长自杀殉国。18 日，余汉谋任命李振球为前敌总指挥，时独二十旅黄植虞营在正果英勇阻滞日军，不幸战败，正果失守。此时，一部日军北攻从化、花县并拟占领，以切断广州与韶关的联络。另一部日军也加紧攻击增城，第一八六师李振球部和陈崇范炮兵团向钟落潭退走。20 日，增城失陷，日军遂直下广州。同日，余汉谋计划在广增公路布防抗敌，然而，次日晨接蒋介石撤退粤北命令。21 日，余汉谋总部撤往花县、清远。陈章师在太平场、梁世骥师在莲塘与日军小有接触即北撤。曾友仁师和张浩东旅在龙眼洞、张简苏独九旅在太和亦溃退。21 日下午张瑞贵师后撤，日军机械化部队 3 000 人未遇抵抗由龙眼洞侵入广州。23 日，日军主力开进广州，广州陷落。进攻东莞的日军也分别于 19、21 日攻占石龙、龙门。22 日，日军占领源潭和太平场。23 日，虎门要塞司令郭思演弃守虎门。25 日，日军占领三水、中山。26 日，日军再占佛山、南海。广惠战役结束。

13 日 日军 3 架重型轰炸机袭击翁源城，投弹 18 枚，群众死伤 10 多人，毁房百间。此为日军第一次空袭翁源县城。

14 日 国民党广东省政府决定迁往翁源。

18 日 中共广东省委代书记李大林、长江局巡视员黄文杰召开紧急会议，商讨应变对策，决定：①省委迁韶关，八路军驻广州办事处随行，改名驻韶关办事处。②成立东江特委、西南特委以及东南特委，东江特委由尹林平任书记；西南特委（次年 1 月改名粤中特委）由罗范群任书记，冯燊任副书记；东南特委由梁广任书记。撤销中共香港市委。③广州市委组织部部长陆新夫妇留广州搞地下工作，其余党员全部撤退。会后，八路军办事处与省委随广东省政府迁往翁源。

【冯燊】（1898—1970 年）广东恩平人。1925 年加入中国共产党，历任中共恩平县工委书记、粤中区委特派员、上海海员总工会负责人。

1929 年出席在莫斯科召开的第五届国际工人代表会议。1934 年长征期间任红一方面军兴国师组织科科长。抗日战争时期，先后任中共恩平县工委书记、西南特委副书记、粤中特委副书记、西江特委书记。解放战争时期历任香港市委海委书记、广南分委书记兼军分区委主席、粤中临时区党委书记、中国人民解放军粤中纵队政治委员、中华全国总工会第六届执行委员。中华人民共和国成立后，任广东省人民政府委员、中共广东省委委员、广东政协副主席、省政协党组副书记等职。1970 年 6 月 27 日逝世。

【梁广】（1909—1990 年）广东新兴人。1925 年 6 月参加省港大罢工。1927 年 4 月加入中国共产党。第一、二次国内革命战争时期，曾任省港大罢工船艺工会宣传干事，中共香港九龙区委常委、香港市委组织部长兼港九工人代表会主席，全国五金职工会委员长，中华全国总工会中央苏区执行局主任，中共闽粤赣省委党委兼职工部部长，中华全国总工会组织部部长，中国工农红军工人师政委，中共福建省委常委兼职工部部长。1935 年赴苏联列宁学院学习，兼任中国部党支部书记、赤色职工国际中国代表。1938 年初回国。抗日战争时期，任中共广东省委党委兼职工部部长、粤东南特委书记、粤南省委书记、广东区党委委员兼组织部部长。解放战争时期，任中共广东区委副书记、中共中央香港分局委员、华南分局委员兼城市工作委员会书记、粤桂边区党委书记、粤桂边纵队司令员兼政委。新中国成立后，历任广州市副市长、广东省总工会主席、全国总工会执委会常委、广东省政协副主席、广东省人大常委会副主任等。1990 年 6 月 27 日在广州病逝。

是日　第三党广东临工委（负责人张梦醒，后杨逸棠）也迁往韶关，并派多个成员进入第十二集团军政治部工作，创办了《时间报》《朝报》。中共领导的抗日青年团团员 100 多人，由钟岱、黄桐华率领，编入国民党第六十五军别动部队。

【第三党】成立于 1927 年，由国民党左派邓演达等人组建，其早期名称为"中华革命党"，1930 年春，正式定名为"中国国民党临时行动委员会"。《政治主张》是第三党的纲领性文件。它的基本主张是进行"平民革命"，推翻南京国民政府的统治，建立"平民政权"的国家，进而"实现社会主义"。然而，第三党在倡导平民革命的同时，又反对真正代表工农民众利益的共产党及其领导的武装革命斗争。在对待国民党的问题上，由于第三党坚持进行反蒋，被蒋视作眼中钉。1931 年 8 月，邓演达被逮捕，同年 11 月，被秘密杀害于南京。邓演达的遇害，使第三党受到极大打击。此后第三党的成员，除一部分投靠蒋介石外，其他人仍继续坚持斗争，但在蒋介石高压政策下，他们只能在狭小的圈子内进行隐蔽的活动。

【黄桐华】（1910—1984 年）广东嘉应人。早年在国民党第一集团军总司令部政训处工作。1932 年加入国民党临时行动委员会（今农工党）。抗日战争爆发后，积极参加抗日救亡活动。1939 年初任韶关第四战区司令部少校副官，1940 年调至国民党第四战区挺进纵队。后任政训室中校组员。1941 年 10 月加入中国共产党。配合中共北江特委，致力于改造所在部队的统战工作。抗战结束后任北江交通警备指挥部副指挥。1946 年加入中国民主同盟，并当选为候补中央执委；同年奉派至广州、香港担负统战工作。嗣任粤赣先遣支队支队长、粤赣湘边纵北江第一支队副司令员。新中国成立后，历任北江人民临时行政委员会副主任、省政协副秘书长、省参事室副主任、农工党中央委员会顾问、农工党广东省委员会副主任委员等。1984 年 5 月病逝。

19 日 国民党广东省政府吴铁城、曾养甫率广东省、广州市政府撤退到翁源。

是日 八路军驻广州办事处由翁源迁到曲江（今韶关）河西安园（武江南路 62 号），同时改称八路军驻韶关办事处，主任云广英。

【八路军驻广州办事处】1937 年 11 月，张云逸、廖承志、张文彬等先后由中共中央委派到广州。1938 年 1 月，八路军驻广州办事处正式成立，地址设于广州德政北路 7 号二楼。受八路军驻武汉办事处和中共广东省委双重领导。开始由张云逸领导办事处工作，主任云广英。3 月，张调任新四军参谋长，办事处由廖承志接手管理。廖到任不久，即将其父廖仲恺在东山百子路（现中山二路）8 号和 10 号旧居让出作为办公场所。10 月，办事处随第四战区长官处撤往翁源，12 月撤往韶关，更名为八路军驻韶关办事处，地址在河西武江南路 62 号，受广东省委和八路军驻桂林办事处双重领导。八路军驻广州办事处是中国共产党在国民党统治区内，获得公开合法身份的办事机构。其主要任务包括：与国民党有关机关和上层人士联系，办理八路军、新四军的军

需，商谈有关事宜；与各界人士联系，开展抗日统一战线工作，扩大中国共产党的政治影响；不断组织进步爱国青年到延安，参加八路军、新四军；掩护中共广东省委和地下党的活动。办事处对促使国共两党合作、团结抗日起到重要作用。1940年10月，由于国民党顽固派加紧第二次反共高潮，办事处按中共中央指示撤往广西桂林，云广英及其夫人陈英经也撤往桂林，后办事处转重庆，1942年到延安。

21日 广州沦陷，国民党第十二集团军退守清远，总部迁翁源三华，国民党广东省政府、省党部、第四战区司令长官部撤退至韶关。韶关成为广东战时省会。

下旬 中共广东省委常委、军委书记尹林平，宣传部长饶彰风，以及省委工作人员王炎光、杨克毅、陈枫、余慧、何秋明、张尚琼等十余人从广州撤出抵达连县。王炎光、杨克毅、张尚琼等留下组成中共连阳特支；尹林平、饶彰风、余慧、何秋明等继续前往韶关与省委机关汇合。

是月 因广州沦陷，原在广州开办的大中学校纷纷外迁。中山大学（初迁到云南澄江）和附中、培正中学、培道中学等先后迁到乐昌坪石；岭南大学、广州大学法商学院、仲元中学、琼崖师范学校等迁到韶关；勷勤大学的教育学院（后改为广东省立文理学院）、文理附中（后改为粤秀中学）、钦州师范学校、广州女子师范学校等迁到连县，后来文理学院又搬到韶关复学。

△ 省立韶州师范学校从曲江县马坝迁至仁化县水南村德国教堂。

秋 广东青年抗日先锋队南雄县队成立，中共党员董天锡任队长。各中小学成立抗日同志会，广泛开展抗日宣传活动。

11月6日 日军飞机15架分5组排列成"品"字形抵连县连州上空，轮番向县城投弹扫射，达20分钟，伤亡近200人。

13日 日军飞机轰炸翁源、曲江、乐昌、南雄等县，共计有3所小学、2所中学的校舍被炸毁。

30日 日军飞机空袭韶州市区及火车站一带，被炸焚店铺70余间，炸死30多人，伤7人。

下旬 蒋介石在南岳召开高级军事会议，决定任命张发奎为第四战区司令长官，蒋光鼐、陈宝琛分任正副参谋长，李汉魂继吴铁城为广东省政府主席。

205

是月 张发奎率第四战区幕僚到达韶关，选定帽子峰南石山脚韶州师范学校为长官司令部，内设秘书长、办公厅、高参室、参谋处、军务处、副官处、卫生处等。

△ 在翁源中学开展工作的廖琼成立中共翁中支部，书记由廖琼担任。

△ 由梁嘉、邓楚白、陈中夫、于光远率领的部分广东青年抗日先锋队，在翁源开展抗日宣传和建党工作，并在翁源成立抗先北江临时区队部，队长陈中夫；同时建立中共翁源特支，书记邓楚白，属广东省委领导。在特别支部的领导下，先后有100多名学生参加青年抗日先锋队。

△ 省高中以上学生军事集训总队从广州迁往连县星子。中共地下党分别在总队下属的4个区团建立支部。一区团支部书记莫福生，二区团支部书记先后由杨瑾英、陈柏如担任，三、四区团支部书记张铭勋（张江明），均属省青年部领导。集训队于1939年春结束。

△ 中共阳山县支部成立，书记由陈枫担任。

12月1日 张发奎宣布正式就职第四战区代司令长官，发号施令。

2日 张发奎抵翁源三华圩十二集团军总司令部（时余汉谋任总司令），召集四战区各军师旅长以上军官开会。会上，张发奎严词指责十二集团军在"广惠战役"的失败导致广州失陷，并最后影响到武汉会战的失败。

7日 蒋介石自湖南来到韶关视察，召见第四战区各军长等，询问前方军事情况，并鼓励不要气馁。在韶住3天后，蒋一行赴桂林，返回重庆。

中旬 白崇禧、陈诚到韶关视察，召集师长以上会议，命驻韶各军将领分别报告部队情况，然后与张发奎、余汉谋商定人事变动、部队分防问题，约一周后离韶，去桂林、重庆。

23日 国民政府行政院下达改组广东省政府令，"免广东省政府委员兼主席吴铁城本兼各职……改任李汉魂为省府主席兼民政厅长"。24日，国民政府中央军事委员会改任张发奎为代第四战区司令长官，主管两广军事。余汉谋为副司令长官，撤销第四路军番号，将第四路军各军、师及在粤新编各师合并为第十二集团军，以余汉谋为总司令。

冬　中共广东省委在韶关西河黄田坝（武江北路 28 号）设立交通站，对外称八路军驻韶关办事处招待所，负责人先后有周微雨、张华等，主要是接待从外地来找省委的人员。

△　翁源县沦陷，日本军进入县城，烧毁民房约 7 000 间，宰杀牛、猪几百头，杀害至少 14 人。

年底　中共广东省委在韶关风度中路（风度楼附近）的五四书店设立交通站，由李筱峰负责。

是年　国民党中统局特务机构——调查统计室，因广州沦陷迁至韶州，秘密机关设在韶州孝悌路"基庐"内（现今韶关市第一中学）。

民国二十八年（1939 年）

1 月 1 日　第四战区司令长官部正式在韶关挂牌成立，张发奎所率的第八集团军到达韶关。随其来的还有第八集团军的战地服务队。该队到达韶关后，奉命解散，其成员分配在第四战区司令长官部及其下属单位工作。

【第八集团军战地服务队】成立于 1937 年 9 月。当时正值国共合作统一战线形成，郭沫若应上海东战区第八集团军总司令张发奎的要求，遵照周恩来的指示，在第八集团军组成一个类似北伐军政治部的政治工作机构，该队设总务科、宣传科、外务科，同时成立一个地下党组织——特别支部。特别支部（书记先后为左洪涛、刘田夫、孙慎、郑黎亚），由南方局领导。这个支部一直工作到 1947 年 8 月，最后留下的成员杨应彬、郑黎亚撤出张发奎部后才停止活动。战地服务队由钱亦石任队长。

7 日　中共广东省委在韶关黄田坝陈汝棠住地召开第四次执委扩大会议，会议由张文彬主持，会期 7 天，30 多人出席。先由南方局委员博古传达中共六届六中全会决议。经过讨论，会议制定了广东党组织的基本方针是在战争的过程中积极积蓄力量，准备在抗战最后阶段起决定性作用。会议指出中共广东省委当前的任务是：①广泛发动敌后游击战，配合正规军作战；②扩大动员组织群众；③作统一战线精诚团结的范例；④建立强大的党的基础。会议决定以东江、琼崖作为工作重点，成立北江、西江特委及高（州）雷（州）工委。会议还调整了省委领导班子，省委常委张文彬（书记兼抗战动员部部长）、李大林（组织部部长）、涂振农（宣传部部长）、古大存（统战部部长）、张越霞（妇女部部长，后由宋维静、区梦觉接任），委员廖承志、黄文杰、冯白驹、林李明、吴有恒、尹林平、梁广、罗范群、区梦觉、吴华（青年部长），候补委员饶彰风、曾生、孙康，秘书长张越霞（后王均予、刘田夫、冯燊），北江特委书记黄松坚，高雷工委书记周楠，赣南特委（由中共江西省委划归粤省委）书记杨尚奎。

【张文彬】（1910—1944年）湖南省平江县人，原名张纯清。少年时张文彬在校就读就积极投入学生运动。1925年加入中国共产主义青年团。1927年春在武昌中央农民运动讲习所学习，加入中国共产党。"马日事变"后返回平江，组织工农武装，任中共平江西乡特委书记。后被捕，经多方营救出狱，继续进行革命武装斗争，任平江县委军事部长兼工农赤卫队党代表、红五军第四纵队党代表，随彭德怀、滕代远率部奔赴井冈山，参加保卫井冈山战斗。1930年6月，红三军团成立任红五军党代表，在攻打长沙和中央苏区反"围剿"战斗中屡建功勋。1931年夏任红七军政治委员、红三军团保卫局局长。在第一、二次中华苏维埃共和国全国代表大会上，当选为中央执行委员。1936年春，任中国工农红军抗日先锋军第十五军团东渡黄河司令部政委，后调任毛泽东秘书。同年8月，受中共中央派遣进入西安，领导中共西北特支，对杨虎城、杜斌丞进行统战工作，以杨虎城的少校秘书身份进行活动，同张学良的东北军建立联系。西安事变后，作为中共代表之一，参加同蒋介石代表的谈判。1937年5月任红军驻兰州办事处主任，大力营救被关押在兰州集中营的西路军指战员。出席中共中央洛川会议后，奉命到广东组织人民抗日斗争。在香港主持召开党的会议，成立中共南方工作委员会，任书记。1938年4月中共南方工委撤销，任中共广东省委书记，开展抗日救亡运动。1940年10月，中央指示成立中共南方工作委员会，任副书记兼组织部部长。1941年香港沦陷后，与廖承志一道抢救在香港的文化民主人士，受到中共中央的通电表扬。1942年6月，南方工委机关因叛徒告密被破坏，张文彬随即被捕，在狱中张文彬坚强不屈，明确表示"宁可坐牢而死，决不跪着爬出去"。1944年8月张文彬牺牲于狱中，年仅34岁。

【黄松坚】（1902—1986年）原名黄明春，广西凤山县人（今属巴马瑶族自治县），壮族。1925年在百色省立第五中学求学时便投身学运。1926年任凤山县农民运动特派员，成为职业革命者。1929年8月加入中国共产党。土地革命斗争初、中期，历任凤（山）色（百色）农军总队第三路军司令、中共凤山县委书记、凤山县苏维埃政府主席、红七军二十一师副师长、中共右江特委常委、右江革命委员会常委、中共右江下游委员会书记等职，为创立、保卫右江革命根据地作出了积极贡献。1934年任中共滇黔桂边区临时委员会书记、军委主席，领导创建了滇黔桂边区游击根据地。1935年5月和1938年5月两次被国民党特务逮捕，狱中坚贞不屈。抗日战争和解放战争时期，历任中共广西省工委书记、广东北江特委书记、广东区委副书记兼农委书记、广州市委书记、粤桂湘边区党委副书记、中国人民解放军粤赣湘边纵队副司令员等职。新中国成立后，历任中共华南分局组织部副部长、纪律检查委员会副书记，广西省人民政府秘书长、民政厅厅长，自治区政协常委、副主席等职。1982年离职休养。1986年11月20日在南宁病逝。

【曾生】（1910—1995年）原名曾振生，深圳龙岗坪山镇人。青年时，曾生在广州中山大学文学院教育系读书。1936年10月加入中国共产党。1938年10月领导组建惠（阳）宝（安）人民抗日游击队。后与王作尧领导的东莞抗日武装合编，1943年12月东莞抗日武装发展为广东人民抗日游击队东江纵队，曾生任司令员。在对日抗战中，曾生与东江纵队政治委员林平等转战东江两岸、粤北山区。1941年太平洋战争爆发后，曾生参加组织护送撤离香港的著名民主人士、文化界人士和国际友人至后方。抗日战争胜利后，曾生率部反击国民党军的进攻。1946年7月奉命率所部撤到山东解放区。1947年曾生任渤海军区副司令员、人民解放军两广纵队司令员，参加了豫东、济南、淮海和解放广东等战役。新中国成立后，曾生任广东军区副司令员兼海军南海舰队第一副司令员等职。1955年被授予少将军衔，获一级独立自由勋章和一级解放勋章。1960年起任广州市市长兼广东省副省长并任交通部部长兼国务院顾问。1982年9月至1987年11月被选为中共中央顾问委员会委员。著有《曾生回忆录》一书。1995年在广州逝世。

15 日　广东广播电台在韶关成立开播,电台地址在西河(现市体育中心南面),电台隶属省政府战时通讯所。

21 日　国民党召开五届五中全会,会议确定"溶共、防共、限共、反共"政策,并决定对共产党和进步分子活动采取严格监视、限制,取缔共产党领导的抗日群众运动和抗日群众团体。

是月　广东省赈济委员会在韶关市北郊的黄朗坝村成立,著名爱国人士陈汝棠任赈济委员会驻会常委兼广东省救济总队队长。总队的骨干不少是中共地下党员。他们深入沦陷区抢救受难儿童,并护送至粤北地区各儿童教养院教养;收容、救济、安置受难同胞;在沦陷区对群众进行抗日宣传、教育和义务医疗。

【陈汝棠】(1896—1961 年)广东高明人。毕业于广州中法医科专门学校。早年曾加入同盟会和中华革命党。1926 年参加北伐,任北伐军医务院长。后在广州主办广东省地方武装警卫训练养成所,并任国民党海军司令部、第一集团军军事政治学校医务处处长。1928 年任西北绥靖区西江治安督导专员。曾创办高明县立第三小学和进步组织力社。抗日战争时期,任第四路军看护干部训练班主任、广东省救济委员会主任兼救济总队队长。解放战争时期,任香港《华商报》董事、香港达德学院董事、香港人民救国会港九分会主任、民盟南方总支部副主任、中国国民党革命委员会中央委员兼驻港办事处主任。新中国成立后,历任广东省卫生厅厅长、副省长,民革中央委员兼华南临时工作委员会主任,第一、二届全国政协委员。

△　为统一领导粤北地区的抗日先锋队组织,抗先北江办事处在韶关成立,由陈恩兼任主任。在此之前,北江地区的南雄、曲江、翁源、连县、阳山、佛冈、从化、清远等县均已先后建立了抗日先锋队组织。

△　原由国民党曲江县党部主办的《北江日报》,改由国民党广东省党部主办,报社地址仍在市区平治巷内。副社长潘允中。报纸由周刊改为日刊。因报纸刊登大量进步文章,同年 5 月被停刊。

2 月 28 日　日军飞机多次轰炸韶关机场。

下旬　清远潖江区升联乡战时服务团与汤塘青年抗日先锋队合并,成立广东青年抗日先锋队潖江支队,支队长黄劲秋,副支队长刘渭章、李术波。

是月　在连县就任广东省政府主席的李汉魂，决定将省政府从连县迁至韶关黄岗（曲江桂头），以韶关作为临时省会，将广东省府直辖的四个保安旅，改编为"暂二军"，辖两个师。以邹洪为军长，古鼎华任副军长，王作华、张君嵩分任师长。各县成立国民兵团，下设自卫大队、中队、班。

【邹洪】（1897—1945 年）原名德宝，字若虚。原籍广东长乐（今五华），生于台湾新竹。青年时，邹洪在江苏常州中学考入保定军官学校第八期。毕业后分派到粤陆军第二师，参加北伐战争，先后在第四、十一师任营长、团长、参谋长，继任第四十三师师长。1932 年邹参加"围剿"江西红军。次年任国民党军委会委员长南昌行营陆军整理处处长兼办公室主任。1936 年邹任粤汉铁路警备司令、广东省保安处处长。1938 年兼任潮嘉惠抗日总指挥。1939 年任国民党暂编第二军军长，率部转战于粤北。次年晋升中将。1941 年参加第三次长沙会战。翌年晋升为第三十一集团军副总司令。1945 年 1 月接任粤桂边区总指挥，驻防阳山，同年 4 月 16 日病逝于任内。抗战胜利后，被国民政府追赠为陆军上将。

△　中共翁源县工委成立，书记王炎光，组织部长陈祥，宣传部长邓楚白，统战部长陈中夫，妇女部长潘若茵，直属省委领导。

△　中共广东省委动员 200 多名党员，并由党员带动其他青年共 800 多人参加第十二集团军政二总队。

广州沦陷后，余汉谋受到各方面的指责，并被撤销四战区代司令长官的职务，担任由原第四路军缩编的第十二集团军总司令。余为重整旗鼓，以巩固其部队和地位，开始大规模整训，决定成立独自掌握的政工队伍，并通过八路军驻韶关办事处主任云广英向中共请求帮助，以加强队伍的政治工作。广东省委为帮助友军进步以利团结抗战，委托青年部统一布置，予以大力支持。

春　中共广东省委在曲江设立《新华日报》曲江分销处，经销《新华日报》，负责人李峰。这是共产党在广东地区公开发行党报的部门，1940 年 10 月被国民党特务焚毁。

3 月 8 日　广东省新生活运动促进会妇女工作委员会在韶关黄岗成立，主任委员吴菊芳（李汉魂夫人），陈明淑、李崎山等为委员，中共党员区梦觉任总干事。中共党员杨瑾英、杨蘅芬（杨行）等 100

多名女党员和进步女青年也在该会及下属单位工作。该会办有《广东妇女》半月刊。据统计，截至1943年，该会在沦陷区抢救难童11 000余人，女难民数百人，分别在该会办的难童教养院、妇女生产工作团予以安置。还开办妇女干部训练班、识字班、妇女战时工作队，做战时妇女组训工作。

15日 中共广东省青年委员会在韶关召开扩大会议，书记吴华传达中共六届六中全会精神和中央青年工作会议的决议，会议决定加强党对青年工作的领导，并指出目前广东青年运动的主要任务：一是积极参战，在敌后开展游击战争帮助军队保卫华南；二是团结广大青年，巩固广东青年统一战线；三是改善青年生活，发展战时文化。

【吴华】（1913—1988年）又名济生、壮飞，广东海康人。1931年就读中山大学时参加左翼文化运动，参与组织抗日剧社、中国左翼剧联广州分盟，苏维埃之友社等。1935年在北平中国大学加入中国共产主义青年团，任民族解放先锋队队长。次年加入中国共产党。曾任中共广东省委委员、青年工作委员会书记、青年部长，广东省青年抗日先锋队总队长。1940年在港澳等地从事地下斗争。新中国成立后，参加亚太和平会议，任印尼组组长，后调任中共中央侨务委员会政策研究室专员、党委委员、华侨事务委员会委员、国外司司长等。1955年曾随周恩来参加万隆会议。1988年7月于北戴河逝世。

21日 抗先总队部从翁源迁到韶关，并在韶关召开第三次全体会议，会议通过《在保卫华南战争中成长壮大起来的广东青年运动》与《为创造精诚团结、切实参战的模范而奋斗》两个报告。会议号召全体抗先队员到战区去，到敌人后方去组织和武装广大青年，将广东青年运动更向前推进。会议共开了两天。

30日 新一届国民党省党部在韶关宣誓，主任委员李汉魂，执委余汉谋、丘誉、余森文（兼书记长）、高信、黄麟书、伍智梅、蔡劲军、姚伯龙、孙甄陶、缪培基、邹洪等。

是月 根据党组织大发展的新情况，中共广东省委在韶关西河坝（黄田坝）举办了一期党员干部培训班。

时中共广东省委为扩大抗战时期中共组织在粤北的力量，反对国民党"溶共、防共、限共、反共"政策，按照中共中央的指示，在粤北地区展开了对党员干部的培训，每期党员三四十人不等，学习时间

一个月或几个月，培训课程设有列宁主义基础、战略与策略、党的建设、政治经济学、统一战线、群众工作、妇女工作、游击战争、工人运动、农民运动、形势和任务等。培训班在粤北共举办了四期，班主任均由中共党员苏曼担任。

【苏曼】（1914—1942 年），原名苏裕源，曾化名黄维、裴济、亚宋，广西苍梧人。1930 年在苍梧中学毕业后，考入广东省立工业专科学校，系原中共广西省工委副书记兼宣传部部长。

△ 为改进军队的政治工作，国民党十二集团军在翁源香泉水成立政工总队，举办政工人员训练班。中共广东省委根据中央"最普遍地推动友军、友党进步"的方针，把集中在曲江的 400 多名战时工作队队员，安排到政工总队参加训练，其中有 200 多名共产党员。他们在训练班里组建了中共工作委员会，书记廖锦涛，委员陈中夫、陈长源。培训完成后，政工队员被派往各军、师开展工作，中共工委撤销。

△ 国民党第四战区党政分会在曲江举办游击干部训练班，班内的中共地下党员成立了以何君侠为书记的支部。支部 7 名党员在完成训练班学习后，由中共广东省委安排到第二游击区（辖番禺、花县、从化、增城）工作，并组织中共支部，书记何君侠。1940 年 7 月，第二游击区改为第七战区第四挺进纵队，何君侠调离，杜路接任党支部书记。支部后来改为特支，属北江特委领导。

△ 中共湛江特别支部成立，书记徐青，直属省委领导。同期成立的还有中共英（德）东（乡）特别支部委员会，书记廖宣，委员邬强、廖碧波、胡希文、李拔才。特支直属省委领导。中共南雄中心县委，书记罗世珍，直属广东省委领导（七月至冬曾归北江特委领导）。

△ 中共广东省地方行政干部训练所在连县三江成立。地干所内设立中共总支部，总书记先后由莫福生和张江明担任。下辖 3 个支部，直属省委青年部领导。

3—4 月 中共广东省委为加强党刊发行系统组织领导，建立了曲江地区党刊发行系统党小组。由李殷丹、邓重行、李峰等组成，组长李殷丹，负责领导和联络曲江地区进步刊物的发行工作。时粤北地区由共产党建立和掌握的进步书店有五五书店、五四书店、生活书店、坪石书店、马坝救亡书店、南雄抗战书店、翁源进贤书店等。通过这些书店及党内的发行网,共产党在华南地区公开发行《解放》《共产党人》《新华日报》《新华南》等党刊和进步书刊,有100多种。

4月1日 《新华南》杂志在韶关正式出版。

《新华南》是一份以统一战线形式出版的中共党办刊物,刊物先由石辟澜、司马文森、邓重行等人筹办,正式出版后由尚仲衣任主编(中山大学教授、第四战区长官部上校组长,爱国民主人士)。尚去世后(车祸死亡),改由石辟澜为主编。1940年夏谭天度接任主编。编委有何家槐、左洪涛、任毕明、李章达、张文、李筱峰、陈原、魏中天等人。社址先期在曲江风度中路罗纱巷8号二楼,后迁河西韶西北54号。刊物出版之初先为旬刊,后改半月刊、月刊,由路易·艾黎办的中国工业生产合作社的印刷厂承印。刊物在办了50多期后,1941年春被迫停刊。

【何家槐】(1911—1969年)曾用笔名永修、先河、河溃等,浙江义乌人。1929年金华省立第七中学师范科毕业后,考入上海中国公学大学部政治经济学系,1932年入暨南大学中文系、外语系。同年参加中国左翼作家联盟,担任过大众文艺委员会主任和中国作家左翼联盟闸北区委书记。在中国左翼作家联盟后期任执委会常委,负责宣传和组织工作。1934年5月加入中国共产党。抗日战争前夕,参加上海文化界救国会,编辑文学刊物《光明》。"八一三"日本侵略军侵略淞沪,参加钱亦石、杜国庠领导的战地服务团。同年冬,随团驻金华活动。1938年,辗转到西南,由中共党组织派往第四战区长官司令部工作。1946年,潜回家乡,蛰居养病及从事译著。1948年,转道香港经武汉进入江汉军区,次年4月至北京。历任马列学院(后改为中共中央高级党校)语文教研室副主任、主任,中国科学院文学研究所现代文学组代组长、当代文学组组长。1964年9月,调广州任暨南大学中国文学系主任、校党委委员,广东省文联副主席。"文化大革命"中惨遭迫害,在监禁中因脑溢血逝世。1978年平反昭雪。生平创作编印成集的,有短篇小说《暧昧》《竹布衫》《寒夜集》,散文《怀旧集》《稻粱集》《旅欧随笔》,杂文《冒烟集》《寸心集》,文学评论《一年集》《〈故事新编〉及其他》《海淀集》《鲁迅作品讲话》等。

△ 在第四战区(韶关)的张发奎,对在战区政治部和政治部第三组的中共党员和进步分子,一律免除其在军内的职务,打击、解散

省内各地群众抗日团体，在全省范围内掀起反共逆流。

是月 中共滃（江）从（化）区工作委员会成立，书记王磊。区委先属广东省委领导，后改由北江特委领导。

5月15日 广东省临时参议会在曲江县立中学召开第一次会议，议长吴鼎新，副议长黄枯桐，秘书长郑丰，以及参议员、候补参议员胡木兰（胡汉民之女）、吴菊芳、金曾澄、李德轩、余森文、朱念慈、郑彦芬、陈炳权、丁颖、陈明淑、曾三省等人参加了会议。第四战区司令长官张发奎也到会。会议听取了省政府主席李汉魂的工作报告，通过了省政府提出的《战时施政纲要》（简称《纲要》）。《纲要》主要包括革新政治、发展经济、弘扬文化三项。要求今后工作逐年依据《纲要》制订年度计划。会上李汉魂还提出了公务员的《五约六则》。会议还通过了取缔操纵金融，办理救灾，解决盐荒，开办火柴厂，筹设县、市临时参议会等66宗议案。会后参议员下乡检查工作。会议于28日闭幕。

【吴鼎新】（1876—1964年）字济芳，号在民。广东开平人。1903年考入京师大学堂师范馆博物科。1906年毕业，列最优等，奖给举人、内阁中书加五品衔，调充广西提学司实业科科长兼广西优级师范学堂教员、广西工业教员讲习所所长，随改官同知。后奏准升任知府。辛亥革命后吴返粤。1912年任广东省参议会议员、秘书长，兼广东高等师范学校教务长、教授。1914年任广东省政府政务厅教育科科长。1917年5月奉派率团赴日本、菲律宾等地考察教育；9月任广西教育厅厅长。嗣两度赴美考察。1927年归国后在开平创办开平中学；同年任广东国民大学校董兼校长。曾为国民大学赴南洋募捐。1938年冬任广东省第一届临时参议会议长。1943年任广东县长考试典试委员、广东省监赈主任委员、第二届临时参议会副议长。抗战胜利后，任国民大学校长，致力于复校工作。1949年移居婆罗洲。1958年后迁居香港。1964年病故。著有《杏园吟竹》《乙未寿言集》等。

【郑丰】（1901—1989年）字瑞夫，广东茂名人。毕业于广州中山大学。曾任蒋介石南昌行营参议，福建武平、顺昌县县长。1937年任广东省省营物产经理处经理。次年，任第十九军团驻汉口办事处处长。1939年回粤，历任广东省临时参议会秘书长、国民党广东省党部委员兼书记长、广东省政府建设厅厅长、第四战区经济委员会委员。抗战胜利后，任经济部广州商品检验局局长、行政院参议。1949年任财政部两广盐务管理局局长。旋去台湾，1989年在台北病逝。

6月 为加强粤北地区出版发行党刊、进步刊物，以及党员文化人的领导与联系，中共广东省委宣传部派何家槐、石辟澜、李育培三人，成立了广东省委粤北地区党的文化领导小组，组长由石辟澜担任，负责领导《新华南》《广东妇女》，以及中国青年记者学会粤北分会、中华全国文艺抗敌协会粤北分会等组织。1940年初，文化领导小组撤销，成立了中共广东省文化领导机构。广东省文化领导机构在粤北国统区创办了一批报刊、书店，建立了一批文化团体，基本形成了以曲江为中心的共产党文化宣传阵地。

【李育培】（1904—？年）字慈元，广东归善（今惠阳）人。1921年北上读书，后入燕京大学，1927年任黄埔军校中校秘书，旋任燕塘军校政训处训育科科长、教官，后历任第一军政训处秘书、第一集团军政治部秘书、独立第二旅政训处主任、陆军第一五七师政训处处长。抗日战争爆发后，创办《南新报》《闽南新报》。广州沦陷后，调任第一五四师政治部主任。1941年任六十二军政治部主任。旋改任第七战区政治部少将督察。与友人创办《建国日报》于粤北，自任社长。抗战胜利后返穗，任该报总经理。后不详。

是月 中共曲江县委员会成立，书记岑振雄。曲江县委成立之初，由广东省委领导，后属北江特委领导。

△ 韶州的农村信用合作社开始萌芽，由曲江县政府组织的县农产促进贷款委员会，发动各乡村成立农产促进会。至次年3月，曲江县农村合作社已准登记的有168个，其中信用合作社162个。

7月 中共北江特委在曲江西河八路军办事处成立，书记黄松坚，副书记兼宣传部部长邓楚白，委员王炎光（兼组织部部长）、廖宣、谢永宽、张江明（兼青年部部长）。机关设在韶关黄田坝，时有党员200余人。统辖曲江、乐昌、乳源、南雄、始兴、英德、翁源、阳山、连县、连山、清远、佛冈等县及从化、花县、三水部分地区党组织。特委着手在北江第二挺进纵队莫雄部和第四挺进纵队伍观琪部开展兵运工作，主要工作是建党和训练党员。到1945年8月北江党员已达到1 500人，基层组织有南雄、曲江2个中心县委，宜章、乐昌2个工委，清远临工委，翁源县工委，从（化）滃（江）区委及佛冈、翁源

中学、连阳、马（坝）乌（石）、阳山、英（德）东（乡）等支部。

是月 中共北江特委为使新党员受到阶级教育和马列主义教育，在曲江马坝连续举办两期新党员训练班，训练班授课内容包括政治形势、统一战线、党的建设和组织工作、青年工作、妇女工作和游击战等。每期学员 10 至 20 人，学习一个月左右。

8 月 1 日 省教育厅选定连县、连山两县为广东省义务教育实验区。同日，省教育厅在连县三江镇（今连南瑶族自治县县城）成立办事处。

24 日 广东省"讨汪清奸"大会，在韶关中山公园举行。

是月 中共翁源县工委撤销，成立翁源县委，书记邓楚白。邓楚白调离后，张尚琼接任县委书记。

△ 中共韶州师范学生支部成立，书记吴群卓。翌年 11 月，该支部分为男生、女生两个支部：男生支部书记吴群卓，女生支部书记郭巾英。

秋 设在赣州的中国工业合作协会东南办事处派苏俊来曲江筹办"工合"，中共广东省委派邓重行等参加，先后办起印刷、樟脑、机器等工业合作社。至 1940 年 10 月，整个"工合"系统已发展到 17 个社，拥有榨油、面粉、锯木、造船、油墨、肥皂、石灰、缝纫、制鞋等加工能力，以后又发展到创办农场、旅店。不仅解决了部分军需民用，还为党组织筹集了大批经费，而且掩护了许多地下党员。1944 年 6 月，曲江"工合"遭国民党特务的破坏而解体。

9 月 国民党第四战区编纂委员会在曲江（韶关）河边厂成立（1940 年改为七战区编纂委员会），负责战区宣传刊物的编纂出版工作。为了更好地宣传共产党的抗日主张，中共广东省委派卓炯、黄焕秋、张铁生等一批地下党员进入编纂委员会工作。

是月 中共英德县委、佛冈县委成立，书记分别为廖宣、邹华衍。中共连（县）、阳（山）、乳（源）四属工委也于同月成立，徐沂（陈国保）任书记。

10 月 新丰县第一个中共支部在马头军屯成立，书记赵准生。

是月 中共广东省委机关迁往南雄瑶坑。

11 月 7 日 中共广东省委常委在南雄召开第五次常委扩大会议。会议根据中共中央 7 月 7 日提出的"坚持抗战，反对妥协；坚持团结，反对分裂；坚持进步，反对倒退"以及"隐蔽精干，长期埋伏，以待时机"两项指示，检讨了广东的党务工作。会议通过中共广东省常委工作报告，确定了以巩固党的组织，加强敌后武装斗争，转变工作作风，做好应付突然事变的准备为中心任务。会议要求广东各地党组织用4个月时间审查和教育党员，加强东江和琼崖的武装斗争。会议选出了出席党的七大的代表，广东代表古大存、区梦觉、唐初、方华、朱荣，香港代表吴有恒、何潮、周材、钟明、周小鼎，琼崖代表林李明、李黎明，赣南代表杨尚奎。随后广东、香港代表10人，由古大存领队，从韶关去桂林，转去新四军、八路军总部，于1940年12月16日到达延安。

12日 三青团广东支团筹备处在韶关黄田坝成立，由张发奎、余汉谋、李汉魂担任指导员，蔡劲军任主任，干事兼书记由李国俊（后陈玉符）担任。

【三青团】系国民党控制下的青年组织。抗日战争爆发后，在国共合作抗日民族统一战线推动下，各地爱国青年广泛开展抗日救亡活动，建立起许多团体。1938年4月国民党临时全国代表大会通过设立三青团。蒋介石派遣"复兴社"和"CC系"的骨干分子在武汉等地组建三青团，大量吸收公职人员、军警特务、政工人员入团，并且将"复兴社"完全并入三青团充作骨干力量。同年7月9日，三青团在武昌正式成立。蒋介石自任团长。由陈诚、陈立夫、康泽等三十一人组成中央干事会，陈诚、张治中先后任书记长。1947年9月国民党六届四中全会暨中央党团联席会议决定实行"党团合并统一"，将三青团并入国民党。

27日 日军近卫师团混成旅团以樱井兵团及根本、加藤、掘川、洼中楫等部，一万五千人组成第一路即右翼，由增城向龙门、新丰、翁源进犯；第二路即日军进攻的主力，以近卫师团、第十八师团共三万余人，由神冈、太平场沿翁从公路向良口、牛背脊、吕田方面进犯；第三路即左翼，以第一〇四师团的一个旅团，加上松冈野的一个联队和中野正撰大队共一万五千人，由军田向银盏坳、源潭进犯，第一次粤北会战爆发。

是月 中共曲江中心县委成立，书记岑振雄，组织部长黄焕秋，宣传部长吴震乾，负责领导曲江、仁化、乳源、乐昌四县的党组织。

冬　日军进犯新丰县黄竹坑村和马蹄石（今马石）村。两村群众四处奔逃，日军边追边开枪射杀，打死许多无辜群众。

12月1日　广东省临时参议会第二次会议在韶关举行，到会国民党参议员35人，余汉谋及两广监察使刘侯武到会致辞，李汉魂作施政总报告。会议期间，参会各参议员分赴各县及沦陷区调查情况。后通过议案86件，议案内容主要涉及禁止毫券低折，振兴工农业，检查走私漏税，查办公职人员贪污渎职，鼓励侨汇，救济难民、义民，辅币流通短缺，以及行政经费八折支给，而教育经费七折发给太不合理等问题。会议要求各地配合省政府开展战地工作，要求闽赣两省救济广东米荒、盐荒，并请行政院准许免税进口洋米度荒等。会议决定通电讨伐汪精卫，通电慰问前方将士各游击区人民。会议至15日闭幕。

【刘侯武】（1894—1975年）广东潮阳人。早年毕业于广州两广高等工业学堂，并加入同盟会，曾参加黄花岗之役，民国成立后，任国民党广东汕头交通部科长。1914年任暹罗（今泰国）《华暹报》记者。1918年返上海。旋任援闽粤军游击队第四中队队长。1920年粤军回师后，任潮汕卫戍区司令部第四统统带。后辞职往暹罗，任《中华民报》总编辑。复奉调回国，任国民党广东第一办事处交际主任兼汕头《晨报》编辑。1922年陈炯明叛变后，任江路讨贼军总部秘书。后任汕头《晨报》社社长、讨贼军第二军军务处处长。1924年赴越南主持华侨党务。次年任国民革命军东征军总指挥部政治科科长。旋出任潮安县（今潮州）县长。北伐时任总部海军处党务科科长、东江各属行政公署秘书长等。1931年任监察院监察委员。1939年任两广监察区监察使，嗣兼军委会军风纪巡察团委员等。1946年当选"国大"代表。次年辞职归里，筹办潮州大学，并任潮州修志馆主编委员。1949年夏后，移居香港、泰国、新加坡等地，曾任新加坡潮阳会馆名誉理事长、香港《广东文艺》编印委员会主任委员等。1975年在香港去世。

是日　第十二集团军所辖一五二师四五四旅向占领银盏坳日军发起攻击，拉开中国军队对日反击的序幕。

【第一次粤北会战】自11月27日，日军发动会战以来，日军先后在粤汉线南段的清（远）英（德）翁（源）地区，以及增（城）从（化）佛（冈）新（丰）地区，开辟了两大战场。英德与翁源为连接

两大战场的支点，成为日军重点攻击的目标。为此，会战战役首先在此爆发。

（1）粤汉铁路南段战役（11月27日—12月28日）

11月27日，第六十二军所辖一五二师四五四旅主力向军田狮岭圩之日军一〇四师团展开攻击，与日军反复激战至28日，日军不支向新街圩退窜，四五四旅追至狮岭圩附近。29日，日军出去千余向龙塘圩一五四师四六〇旅阵地攻击，另有数百日军向军田北鳌古皇之四五四旅阵地反击，阵地一度陷敌，战至30日中午，攻击龙塘圩日军转向银盏坳，对一五二师四五六旅阵地发起攻击，敌机三架助战，第十二集团军预备队增援，并以四五四旅一部由方田向敌侧击，敌不支向银盏坳西溃退。

12月1日5时，四五四旅向银盏坳西退日军开展攻击，至7时日军增援至三千余人，并借飞机、炮兵掩护，向我军反攻，我攻击部队始转移大岭背、大坳顶、方田之线，日军续向转移部队攻击前进，至中午，四五四旅由方田，四五六旅由源潭，分向银盏坳、天堂顶、老虎窝，与日军激战至3日，毙敌甚众。唯四五四旅之九〇八团围攻老虎窝日军阵地，因其工事坚固且有照明设备，无法得手。是日，固守在佛子窝、山口园、高岭下、鸡公髻、王子山之线的守军，竟日遭日机轰炸，并以炮兵向阵地轰击，掩护其步兵攻击，我守军固守阵地，卒将敌击退。

4日至8日，日军连日以约千或数百人，借飞机炮兵掩护迭向守军一五四师之牙鹰岭（龙塘东北）及一五二师之佛子窝、白水寨等阵地攻击，均未得逞，敌我呈对峙状态。8日6时敌四千余，以敌机6架掩护复向我成鼓石、佛子窝、上下禺、斗望、鸡公髻、王子山、尖峰岭之线一五二师阵地攻击，全线激战，反复得失数次，守山口园的九十二团第三营营长吴麟阵亡，山口园遂告失守，守王子山之九〇七团第四连全数牺牲，王子山遂被敌占。是日，守军伤毙日军千余，获战利品甚多，迄9日，由于一五二师伤亡过重，该部调往主阵地横石二渡河间，在浈江等地守备，以一五七师一部，进出青龙冈高山寨，主力控置大坪寨山心间地区。

9日至16日，无大战斗，迄17日，敌增援部队有一〇四师团之西山旅团、骑炮工兵各两大队并配合伪军约万人，续向我源潭阵地猛

烈攻击。

18 日，一五七师、一八七师分向源潭、青龙冈的日军进行围攻，一五四师四六二旅于午刻攻占迎咀车站，截断敌之后路，前后夹击剧战竟日，敌全线向伯公坳、大岭头溃退，守军乘胜进迫。同日，一五八师进出北江东岸，占领银盏坳，一部进出老虎窝、大坳顶，毙敌甚众，至夜，日军向军田增援千余，向守军反攻，守军退守胡屋仔以北高地，与敌对峙。

19、20 日，一五七师、一八七师各部继续向源潭、伯公坳、大岭头、青龙冈、飞天燕的日军展开攻击，日军退守官田、三兜松、伯公坳西侧高地之线，构筑工事，企图死守待援，守军主力奋力攻击，进占伯公坳、大岭头、青龙冈、飞天燕，一部克鲜水坑，据银盏坳日军一度向胡屋仔之一五八师阵地攻击，被守军击退，守军乘势进占松冈、鸡嫲山各据点。

21、22 日，日军自从化、增城方面续增援，为顾虑左翼安全，我守军调整部署以一五七师及一八七师转战狐狸山寨顶、观音坐莲、大马鞍、杨梅窝附近之线，一五四师四六二旅，于横坑附近一五八师留置一部，于丝苗咀附近与敌保持接触，主力绕道由横石渡江，从事左翼作战，一五二师主力集结琴石鳌头间，准备策应各方面之作战。

23 日，守军以从（化）增（城）方面紧张，令 五四师开往梅坑，归制一八七师，以原态势与日军保持接触，一五八师由石角向北江东岸转进。是日，在源潭的日军大举北犯，与一八七师在狐狸山附近激战，守军因伤亡过重，该阵地失守，同时，观音坐莲亦被敌突破，至 24 日，敌千余借飞机炮兵掩护，强渡滃江，与一八七师之五六一团激战，守军阵地被毁，营长刘季藻阵亡，全营官兵几全部牺牲。25 日，日军窜至滃江以北松冈、天堂山一带，与一八七师对峙，至 27 日，日军由滃江附近渡过北江西岸。28 日，分股绕攻横石守军东岸阵地，六十五军以一五八师之一部与敌保持接触，主力遵令向牛背脊、吕田前进，是为粤汉铁路南段战役。

（2）从化战役（12 月 18—25 日）与增（城）新（街）战役（12 月 15—25 日）

从化战役：12 月 15 日，广从线神冈、太平场等地，日军续增至约万，18 日，敌先头部队 500 余人由神冈窜至街口附近，一八六师五四七旅即予迎击，日军退守白田冈，守军进占木杓岭、猫儿嵊之线。19日，日军增援千余人向守军反攻，守军撤守大江埔、长腰岭、鹅头岭一线。20日，敌一股三百余窜犯和睦迳，被一〇九五团之一部围歼，另一股进犯凤院与我守军相持至21日，日军续犯灯盏架、鸡笼冈，同时，敌由水南头增至两千余，借飞机炮兵掩护，向守军猛攻，守军因阵地尽毁，转移至鸡笼冈北，横北排岭门楼关、仙人骑鹤之线断续抵抗，日军另一部千余，由黑山官村向驻守白沙村旱地埔之一〇九三团阵地进犯，守军转移于大石上洞附近。

22日，日军复以飞机炮兵掩护，向守军所在横排岭、门楼关阵地猛攻，反复肉搏，敌我伤亡均重，一〇九团第三连连长陈剑波以下或壮烈牺牲或重伤，营长曾震、参谋李流芳及连长以下二百余员，节节抵抗，23日，守军转移到良口附近主阵地。

24日，门楼关、米埗北进之敌四千余，并以飞机九架掩护，向石岭圩（良口西南）鸭洞等地猛犯，日军出动飞机狂炸，敌我争夺甚烈，黄昏时，日军迫近良口附近。至25日，石岭圩的日军千余人，突破守军良口西北之狗耳脑附近阵地，守军一〇九三团之一营全数壮烈牺牲，我守军侧背顿受威胁，且失联络，敌我遂成混战状态。另敌一部千余由鸭洞，窜抵溪头，进犯古田（牛背脊东）之一五一师阵地与我激战，一八六师退守高脑围、苦竹脚、亚姨山、胜塘、甲洞、鹿湖山、醋洞围一线，继续抵抗，良口、牛背脊等阵地，遂陷敌手。

增（城）新（街）战役：自12月14日起，日军从广州增兵到增城万余，其一部二千余，于15日分犯派潭、正果，与一五一师之一部激战，守军节节迎击。16日，日军窜抵正果，续向铁扇关门进犯，与守军激战竟日，不得逞。17日，五四二团一部由樟洞坑（派潭东北）夹击进犯铁扇关门的日军，不支退窜番风（正果北）。18日，日军二千余，借飞机炮兵之掩护，再向铁扇关门守军阵地猛攻，另一部千余，同时进犯合水潭（正果东），守军极力抵抗，卒因伤亡殆尽，阵地遂告失守。19日，敌二千余由铁扇关门进出永汉附近，被五四二团侧击，日军被击毙三百余人。22日，日军一部约七百人，自永汉沿增龙公路进占沙迳井，以炮兵掩护猛攻守军茶壶顶、青帽山一带山地阵地，与四五一团相持竟日，迄23日，日军续由沙迳北犯，与一五一师四五一团以及独二十旅第二团在新寮独胡椒（左潭南）附近激战，我守军

因伤亡过重，逐次转进左潭以北高椅栏寨、帽子峰及鬼子盘城（地派南）附近阵地，日军仍断续猛进，迄 24 日，独二十旅阵地被日军突破，地派陷敌。25 日，日军出动飞机十余架，竟日狂炸梅坑、吕田，掩护其地面日军约三千向一五一师吕田阵地攻击，守军奋勇应敌，虽阵地被毁，仍继续苦斗并转取攻势，与日军反复肉搏，敌我伤亡均重。是日，另一股日军千余人，由地派窜至梅坑，被守军教导团迎击，此时，一五三师一部亦由吕田向画眉堂之敌侧击，一部协同一五一师由吕田进出地派，从日军背后尾击日军，战局遂形成包围混战态势。

（3）由攻防转追击（1939 年 12 月 26 日—1940 年 1 月 8 日）

12 月 26 日，会战战况异常激烈，第十二集团军各线守军奋勇杀敌，而日军仍不断增援，企图挣扎，并易以飞机狂炸，其一部日军进入我守军主阵地带后，如狼奔豕突，四处流窜，战区副司令余汉谋为争取主动，并把握有利态势，下令全线转移攻势，分令各部务歼敌于梅坑、吕田间之山岳地区。自 27 日起至 31 日，在梅坑、吕田各路守军采取积极攻势，向日军发起进攻，战局态势随之发生转变。

1940 年 1 月 1 日，各路日军开始向南溃退，是日，第十二集团军实施向溃退之敌追击，战区为达成歼敌之目的，下令第三十五集团军（邓龙光为总司令）以暂二军（邹洪军长）全部自都由、四会向清远，沿北江西岸夹击进出北江东岸横石、佛冈以南地区，截断粤汉路及广佛间日军后退道路，第九战区亦派出第五十四军（此部于 31 日自湖南进抵韶关后，其第十四师一部进抵新江，与三百余日军接触，日军随即向翁源窜退）向南攻击前进。

2 日，日军出动飞机十余架掩护青塘、翁源之日军分途南退，一路经沙田退向吕田，在沙田丹竹坑间，被一五四师、一八六师五四七旅截击，日军丢下四百多具尸体；一路沿翁从公路退窜，在蒲署、水口、梅坑间，被一五三师、一五一师逐段截击，守军斩获数百；一路由白沙退向水头；另一路千余日军，由太平圩向下欣溃退，再在连江口附近渡过北江西岸，与英德之日军共二千余，会同向南溃退，均遭六十五军分别派队追击。

3 日，由翁源青塘南窜的日军，在迥龙、金竹园、画眉堂、沙田小步等处，被中国军队沿途截击。

4 日，第六十二军附一五四师到达新岗凤坑口一带，一五二师克复迴龙，六十五军到达黄牛头圩，一八七师克复青塘圩。同日，在东江的中国军队所部进占左潭，第五十四军主力亦进出翁源，一部到达英德河头，续向南推进。日军各路分别溃退至琴石、鳌头及高田等地，不断受到第十二集团军的截击、尾击，尤其以梅坑、吕田一路日军，遭到中国军队追击"抑留甚力，行动更感迟滞"。

5日起，第十二集团军为达成彻底追击的目的，再令六十二军由凤坑口经沙田向吕田，六十三军（附一五一师、教导团及保安二团）一部沿翁从公路出吕田，一部由地派出铁冈，六十五军附一五四师由黄牛头经遥田向牛背脊、良口，东江指挥所部队由左潭向铁冈分途追截，时日军狼狈向广州溃退。迄8日第十二集团军克复从化良口、派潭、永汉、正果等地，先头部队进迫神冈、太平场、增城等日据点。

三十五军集团军暂二军之暂八师，6日，向清远日军攻击，暂七师主力同日截击连江口南窜日军，激战甚烈，毙日军三百余，8日，克复清远城。

六十四军的一五五师一部，6日晚，从赤白坭以东地区截击日军后，予敌重大打击，一五六师于6日，全部渡过北江东岸，准备攻击，7日复奉命折回四会、高要原防。

8日，华南中国军队在恢复战前原有态势后，一面调整部署，一面清扫战场，并派一部袭击当固各剧点，第一次粤北会战遂告结束。

第一次粤北会战是华南（第四战区）正面战场，中国军队对日展开的第一次作战。会战自11月27日起，至次年1月8日止，战斗经过凡43天，范围包括东西北三江地区，主要战役集中在粤北地带，时敌我态势：

中国军队参战部队包括：第六十二军（军长黄涛），辖第一五二师（师长陈章）、第一五七师（师长练惕生）；第六十三军（军长张瑞贵），辖第一五三师（师长彭智芳）、第一五四师（师长梁世骥）、第一八六师（师长赵一肩）、第一五一师（师长林伟俦，原六十六军建制）；第六十五军（军长兼前线指挥官缪培南），辖第一五八师（师长林廷华）、第一八七师（师长孔可权）、新编独立第二十旅（旅长张寿）。

日军参战部队包括：广州日军第十八师团、第一〇四师团、海军陆战队，以及伪军。在会战爆发前的11月上旬，日军又从日本东京地区抽调近卫师团、混成旅团到粤参加会战。

224

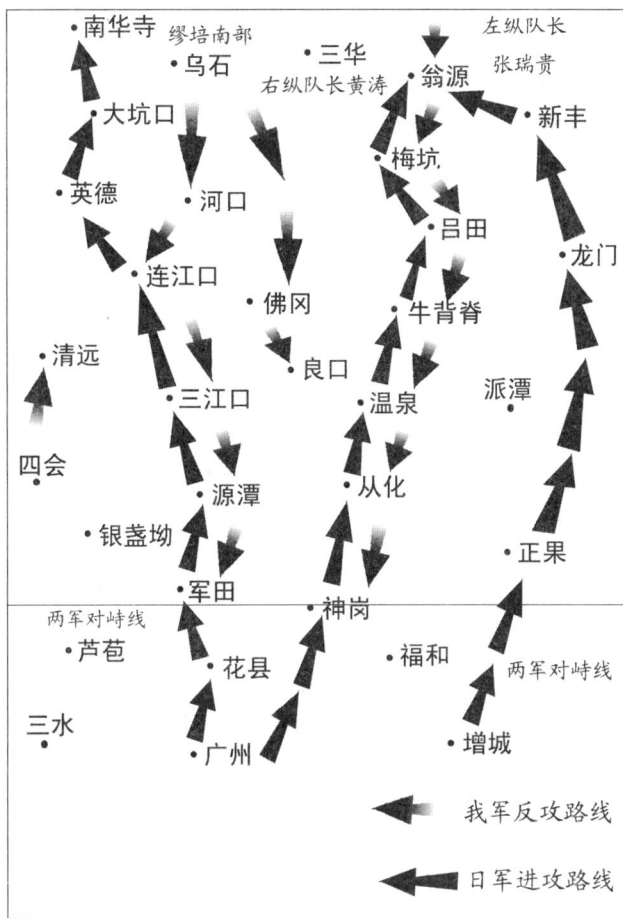

第一次粤北会战作战路线图（1939 年 12 月 15 日—1940 年 1 月 16 日）

第一次粤北会战结束后，据战后战区参谋处所编《第七战区抗战纪实》统计，中国军队共毙日军官 236 员，士兵 9 800 余，伤日军官 87 员，士兵 3 700 余，俘日官佐 4 人，士兵 58 人，缴获日军火炮 10 门，弹 800 余颗，重机 12 挺，轻机 33 挺，步枪 330 枝，弹 35 000 余颗，夺日军军马 80 匹，伤毙千余匹，其他军用品甚多。对中国军队伤亡，纪实记以"略"。

又据日方所编《中国事变陆军作战史》载：日方公布：中方参战兵力 123 930 人，死亡 16 312 人，被俘 1 296 人；日方死亡 293 人，其中，官佐 39 人，伤 1 281 人。又据《粤战场》中方统计，日军死亡 10 090 人，其中，官佐 236 人，伤 3 808 人，官佐 87 人

12 月中旬 为防备国民党顽固派突然袭击，八路军驻韶关办事处

的电台，趁日寇进逼韶关和当局动员疏散之机，由公开转入地下，从韶关秘密撤到南雄、信丰、始兴等地，先后成为中共广东省委和粤北省委的秘密电台，负责省委和中央的联系。电台负责人黎百松。1942年5月27日粤北省委遭破坏，电台停止工作，转入隐蔽。

29日 驻韶广东省政府疏散，临时迁往连州。

是月 抗先总队部在韶关举行第二次全省代表会议。与会代表一致表示，为保持抗先的光荣，必须坚决拒绝加入三青团，同时做好应付国民党顽固派进一步迫害的准备。会议还通过了由著名作曲家冼星海谱曲的抗先队新队歌。

△ 中共湛江地下党组织参与领导下的湛江四九区抗日自卫队（团），配合国民党抗日部队，在从化良口、石岭、米步一带袭击日军，缴获战马11匹、单车数辆、枪支弹药及其他军用物资一批。以后，当日寇溃退途经佛冈时，自卫团又四处出击，大大地鼓舞了当地群众的抗日斗志。

是年 因日本侵略军攻陷广州后而停办的"私立志锐中学"在始兴文庙（今始兴中学）复校。学校名誉董事长为张发奎（时任第四战区司令长官），校长仍为张天爵。

【私立志锐中学】1937年成立于广州（广州市德宣路），校名是为纪念北伐阵亡原第四军26师师长许志锐而命名。张发奎任学校名誉董事长，张天爵任校长，抗战时期学校曾先后辗转始兴、韶关、柳州、番禺等地。1946年8月，搬迁到韶关市，更名为"省立志税中学"，学生也由原来招收第四军子弟为主转为对外招生，为"省立北江中学"前身。

△ 广东省政府在韶关设立战时贸易管理委员会，负责抗日战争时期进出口货物的管理。

△ 日机轰炸翁源县治所在地翁城，县治毁。民国二十九年（1940年）翁源县治迁龙仙。

△ 中共广东省委在南雄全安乡里岗岭炮楼举办县级党员训练班，有30多人，翌年5月结束。

△ 曲江防空情报所成立，詹宝光任上校所长。总指挥所设韶州市五里亭帽子峰脚，各县设立分析所和防空监视哨岗，形成防空情报网。为减少居民因听不清防空广播或钟声而躲避不及造成的伤亡，詹

宝光改用竹编大圆球悬挂在风度楼上进行防空报警，第一次警报时悬挂一球，第二次悬挂两球，紧急警报悬挂三球，日机离警报圈卸一球，解除警报全部卸下，市民一目了然。这种办法很快推广到国内一些城市（如重庆、桂林）。同时也传到国外，英国率先效法，并称之为"宝光球"。

民国二十九年（1940 年）

1 月 9 日　广东省政府从连县迁回韶关。

是日　国民党政府军事委员会政治部部长陈诚来粤北视察，在韶关发表演说，称"八路军游而不击，延安无一伤兵"，又说要严防共产党活动。

15 日　针对陈诚反共演说，八路军正、副总司令朱德、彭德怀致电国民党当局，历数八路军战绩和国民党消极抗日、积极反共的事实，重申中国共产党团结抗战的主张。电文还邀请陈诚来前线视察，以雪冤诬，杜摩擦，固团结而利抗战。中共广东省委将此通电大量印发，广事宣传。

24 日　韶关市民在中山公园举行庆祝粤北大捷大会，晚上在市内举行火炬游行。

下旬　驻广州日军再次进攻粤北，占领清远县城，杀死 63 人，其中德国教堂牧师 1 人，有 10 多人被绑在榕树头用火活活烧死；强奸妇女 3 人。

是月　国民党第四战区（后为第七战区）北江挺进第二纵队成立（简称"挺二"），由莫雄任司令。中共北江特委曾先后派党员邝达、饶华、何俊才、麦招汉、林名勋等 10 多人进入"挺二"担任参谋、秘书、政治教官、中队长、指导员、政训员等职务，并以合法的身份开展党的工作，建立党的组织。

【林名勋】（1921—1982 年）广东英德人。1938 年加入中国共产党，历任粤赣湘边纵队北江第一支队政治部主任，英德县委书记，韶关地委书记，华南师范学院党委副书记兼革委会副主任，广东省第五届人大常委会委员、副秘书长。

△ 粤北告急，抗先部队在南雄设立粤北办事处，由温盛湘负责。

△ 中共清花区工委成立，书记谢永宽。后谢调任从濠区工委书记，清花区改由赵炳权任特派员，李福海任副特派员。

△ 广东省立医院在韶关上窑村成立，院长赵秀生，医院3月正式开诊。日本投降后，医院迁往广州。

2月8日 国民党中央通告褒奖粤北会战各参战有功部队。

12日 省政府主席李汉魂向国民党省党部报告出巡粤北翁源等4县经过，说粤北战事日军屠杀民众1 300余人，烧民房11 000余间，财物被洗劫，每县损失800万元。

是月 第四战区司令长官部迁往广西柳州，副司令长官部仍留驻韶关。

△ 中共始兴县委成立，书记温盛湘，夏由张华（林华昌）接任书记。

春 得到国民党第四战区北江挺进纵队司令莫雄的同意，中共北江特委先后派党员饶华、邝达、何俊才等60多人进入该纵队工作，并建立中共特别支部，书记邝达，特派员饶华。

△ 中共广东省委由南雄迁往始兴。至次年，又从始兴迁回曲江。

△ 国民党广东省党部改组。执委有李汉魂（主任委员）、袁晴晖（书记长）、郑丰、余森文、高信、李柏鸣、李伟光、胡文灿、冼家锐、陈协中、曾集熙、余建中等12人。省党部决定大量发展党员，至1941年底，党员已达176 148人，党务督导区增至9个，所有机关、团体、学校都成立了党部。此外，还成立了省文化运动、民众运动、妇女运动3个委员会。出版的刊物有《中山日报》、《民国日报》、《党员通讯旬刊》、《民族文化月刊》、《党务周报》、《文化新闻》、《广东党务月刊》、《大众生活》（半月刊）、《广东民众》（半月刊）等。省党部还开办了中国文化服务社。

3月 广东省儿童教养总院成立，由省政府主席李汉魂夫人吴菊芳任总院院长，总院设在曲江县（韶关）犁市圩莲塘村，下设七个分院，分别在曲江、连县、南雄、乐昌、仁化等县设立。

是月 国民党在南雄逮捕中共党员陈国润，并暗杀中共党员陈尚文。

△　中共连（县）连（山）阳（山）中心县委成立，张江明任书记，周锦照任组织部长，成崇正任宣传部长。

【张江明】（1920—2010）广东东莞人，曾任中共粤北省委青年部副部长、东江纵队政治部总支书、东纵粤北指挥部小北江特派员。后任中共广东省委党校副校长、党委副书记，广东省委宣传部常务副部长，广东省社科联主席、党组书记，广东社会科学大学校长等职。

△　国民党第十二集团军在始兴县东湖坪举办政工人员补训班，一共举办三期，每期都有中共地下党员参加，由廖锦涛、陈中夫、陈长源等人组成中共工委，领导补训班的地下党员开展工作，宣传共产党坚持抗战的各项方针政策。

4月1日　广东省政府推行管理教养卫并举的新县制，限期3年完成，先后在曲江、乳源、始兴、南雄等19个县试点。县以下的基层组织是区、乡、镇、保、甲。县分5等。一等县设民、财、教、建、军事、粮政、地政、社会8科及秘书和公安局。省政府还下令各县办理民众教育，清查户口，重划界，整编保甲，设乡民代表会、县参议会，开办中心小学，推行妇女工作实验区等项任务。

5日　广东省各界在韶关举行讨汪锄奸大会。李汉魂宣布汪精卫叛党、卖国罪行，大会发出讨汪通电二则，并决定在全省举行扩大讨肃汉奸宣传两周。是晚举行火炬游行。

是月　广东省新生活运动促进会妇女工作委员会（李汉魂夫人吴菊芳任主任委员）集中妇女干部100多人，由中共地下党员杨行负责，在曲江举办妇委工作实验区，作为各县成立妇委会的试点。三个月后，试点工作结束。中共北江特委决定以曲江妇委会为重点，连县妇委会为附点，开展工作。

△　国民党顽固派强行解散抗先等抗日团体，准备逮捕抗先总部全体工作人员，并以"非常手段"对付抗先主要负责人。为此，中共广东省委指示各地抗日团体，及时在组织形式上和活动方法上实行转变，其成员尽可能加入其他具有合法名义的救亡团体中去，掩护自己，积蓄力量；部分人员则转到前线和后方，发展党组织，开展游击战争。遵照省委指示，大批抗先干部相继转移到敌后开展武装斗争。

△　国民党四战区司令部迁往广西柳州后，广东省更改为第七战区，四战区中共特支的党员在此前后相继迁往广西柳州。

△　叶恭绰发起在香港成立"广东丛书"编印委员会，成员有简又文、陆丹林、黄兹博、许地山、黄华表等13人，他们多是古籍文献整理方面的专家学者，原拟每年出书一集，后因香港沦陷而中断。

战时"广东丛书"出版1集7种，即《曲江张文献公集》《武溪集》《北燕严集》《礼部存稿》《莲阁文钞》《喻园集》《翁山文钞》，都是广东历代文化名人的著述。其中《曲江张文献公集》《武溪集》均为粤北韶关（曲江）籍名人张九龄、余靖文集，著述对保存文献、整理古籍作了较大贡献。

5月1日　近千人在韶关中山公园召开大会，纪念五一国际劳动节，会后巡行。纪念大会通电全国，檄讨汪精卫，并给林森、蒋介石致敬电。

3—10日　广东省行政会议在韶关召开，会议由李汉魂主持，通过粮政救灾等项提案共78件。

5日　广东各界在曲江县政府礼堂开会，纪念孙中山成立革命政府19周年，会议由郑丰主持。

是日　鉴于国民党通令其军政教育机关公务员须一律加入国民党，中共中央发出《关于秘密党员加入国民党问题的指示》决定：凡服务于国民党政教育机关之秘密共产党员，遇强迫或由我党决定加入国民党或三青团时，应即加入；但事后须呈报我党组织追认，并加强其阶级教育和工作方法教育，使之能长期埋伏，谨慎、策略地进行与群众联系之工作。

13日　日军第三十八师团400余人由神冈沿广（州）从（化）公路进犯从化街口，被国民党军队第一八七师第五六一团击退。第二次粤北会战爆发。

自第一次粤北会战日军败退广州、增城后，即进行整训和补充，企图歼灭第四战区主力于良口地区。5月上旬，华南方面军司令官安藤利吉指挥第十八、三十八、一〇四师团约2万人和第二十一独立飞行队（飞机30余架），以第三十八师团为中路，由太平、神冈出发，经从化、凤院，进犯良口；第十八师团为右翼，集结于石龙、石滩；第一〇四师团为左翼，集结于太和、新街，协同第三十八师团作战。为确保粤北防区，余汉谋指挥第六十二、六十三、六十五军（战区直属部队）和独立第二十旅等，共3.3万人，以第六十二、一五四、一

五七师防守白沙、回龙；第六十三军第一五二、一五三、一八六师守备良口、吕田、派潭、沙田；独立第二十旅防守迳口、横石、清远；第六十五军第一五八、一八七师守备花县、从化；第六十二军第一五一师及第六十五军第一六〇师为预备队，集结曲江。各守备部队依托既设工事，先以一部兵力在前沿阵地阻击日军，如敌深入纵深，则集中兵力包围歼灭。

14日 中路日军三十八师以700余人兵力，从凤院进占鸡笼冈、麻村。

15日 国民党军第一五二师一部向鸡笼冈反击，未得手。

16日 第一五二师再次反击，曾一度收复，但日军增援反扑，再占鸡笼冈，第一五二师退守门楼关、老虎形。

是日 为配合日军第三十八师团作战，日军第一〇四师团千余人从象山、两龙向花县进犯，中国军队第一五八师第四七四团顽强抵抗，花县城失而复得，但日军增援2 000人，再占花县。

17日 日军步兵在航空兵配合下，占领门楼关。

18—20日 日军以3 000余兵力由鸡笼冈出发，分三路向良口方向进攻：一路500余人经头甲向芒寨进犯；一路800余人沿新（丰）从（化）公路，直趋米埗、高沙、良口；一路2 000余人经螺洞，直逼三峡出、良山。双方在李寨顶、石榴花顶激战。

20日 日军突破李寨顶第一五二师阵地，占领良口。

22日 日军3 000余人在航空兵配合下，突破横坑第一五二师阵地，占领石榴花顶。

24日 余汉谋下令，粤北地区各部中国守军于黄昏开始发动反攻，以配合歼灭孤军深入良口地区的日军。

鉴于日军第三十八师团孤军深入良口地区的情况，余汉谋决定在良口地区组织反攻。以第六十五军第一八七师第五五九、五六〇团和第一五八师第四七二团展开于良口以西的牛轭洞、牛颈迳地区，第六十二军第一五七师第四七〇、四七一团和第六十三军一五二师第四五四、四五六团位于良口以北的猪仔粮顶、亚姨山、秋洞，第一五三师第四五九团进占良口东北的牛背脊、茶亭坳顶，第一八六师第五五六、五五七团进至良口以南的鸭洞，合击良口日军；第一五三师第四五七团和第一五二师第四五五团向鸡笼冈、米埗的日军侧击。

25 日　国民党军第五六○团克复石岭、风门坳、石床。第四七○团占领磋岴，但日军反扑，磋岴得而复失。第一五二师和第一五三师各一部收复分水坳。第四五九团攻占大芒坳顶、五指山。

26 日　第四五九团由大芒坳顶攻入良口，但日军反扑，良口得而复失。双方在良口附近形成拉锯战。

27 日　第一五七师反攻磋岴，一度收复，后日军增援，磋岴失守。

28 日　是夜第一八七师乘雨雾迷漫，收复狮迳坳。

30 日　日军 3 000 余人在航空兵配合下，攻占狗耳脑、猪仔粮顶，第一五七师陆续转移东洞、芙蓉厂。

31 日　日军 5 000 余人攻占分水坳、黄牛山，第一五二、一五三师退守亚姨山、秋洞。

是日　日军第十八师团 1 000 余人由增城腊圃进占派潭。

是月　中华民国财政部贸易委员会在曲江设立办事处，韶关成为进出口物资运到大后方的一条通道，进口物资由香港进口辗转兴宁运到韶关，再转运往大后方。

6 月 1 日　国民党军第一八七师收复陈围、黄围。第一五八师攻克花县。

在第四战区的部队经连日反攻，虽未得手，但日军第三十八师团深入良口西北山区后，被守军围困，补给困难。因此，余汉谋决心集中第六十二、六十三、六十五军主力，对正面日军继续反击。

是日　广东省首届临时参议会第三次大会在韶关召开。经行政批准，首届广东省临时参议会任期延长一年。到会的参议员共 37 人。战区副司令官兼广东绥靖主任余汉谋、省政府主席李汉魂（兼省党部主任委员）等出席开幕式。大会向抗战将士、游击区军民发出了慰问电，向第二次粤北大会战告捷的将士发出祝贺。李汉魂及省政府厅、局做了施政报告，谈到战地和灾区救济、广开粮源、赈济粮荒等 3 大问题和民、财、教、建、治安、战争等有关情况。李汉魂称，本省每年缺粮 1 400 万 ~ 1 700 万担。现正由香港进口洋米，以及从外省调拨粮食来解救粮荒；烟、赌、贪污、走私未能禁绝；新县制现正根据省政府制定的《县各级组织实施计划》实行中；本年省财岁入为 2 460 余万元，支出为 3 960 余万元，赤字为 1 500 余万元；为反击日伪破坏金融的阴谋，我们要巩固法币信用和维持省券的兑换比率；在教育方面要补助多所大学迁回广东的费用，各学校经费原只发给五成，现提高到六至八成，小学教师月薪每人增加 2 ~ 4 元，战区学生膳费补助由 6 元增至 9 元，师范生全部免费，近期还要进行教师检定。大会对省政提出询问并通过了提案 65 宗，主要是严惩走私和武装走私、严惩物资资敌；要与日伪争夺人心等议案。大会改选了驻会委员。会议至 14 日闭幕。

2 日 参加粤北会战的第一八七师进至百鸟湖附近，与日军一部激战。第一五二、一五三师克复望到底、围脑顶、分水坳。第一八六师收复石榴花顶。

3 日 安藤利吉根据第三十八师团深入良口后，兵力不足、补给困难的情况，令该师团撤至从化，日军第十八、一〇四师团分别撤回增城、新街。

是日 日军分路开始南撤。国民党军第一八七师克复石岭、米埗。第一五二师收复良口。第一五三师收复派潭。

4 日 第一八七师克复麻村。第一五二、一五三师向鸡笼冈退却的日军追击。

5 日 第一五三师第四五七团先派一个营进到鸡笼冈以南的灌村，阻敌南逃。

6 日 日军由神冈等地抽调 2 000 余人北进石海，掩护鸡笼冈日军退却。至 10 日，双方相持于灌村、石海间。

11 日 国民党军第一五三师攻克和睦迳，日军向神冈撤退。

12 日 第二次粤北会战结束，双方恢复战前阵地原态势。

是月 国立中山大学从云南澄江县迁回广东韶关坪石，许崇清再出任校长，校本部、研究院、先修班设在乐昌县坪石镇；文学院设在坪石镇的铁岭，理学院设在坪石的塘口；工学院设在坪石镇的三星坪；医学院设在乐昌城外河南水，法学院设在乐昌县武阳司（后迁至车田坝），师范学院设在乳源县管埠。中山大学迁校坪石时，复设附属中学，附于师范学院。当时中国共产党在中山大学建立了八个支部，属粤北省委青年部直接领导。

△ 中共广东省委在南雄召开秘密扩大会议，会议决定：①广东党的工作重点应该放在敌后和前线。要放手发动群众，开展独立自主

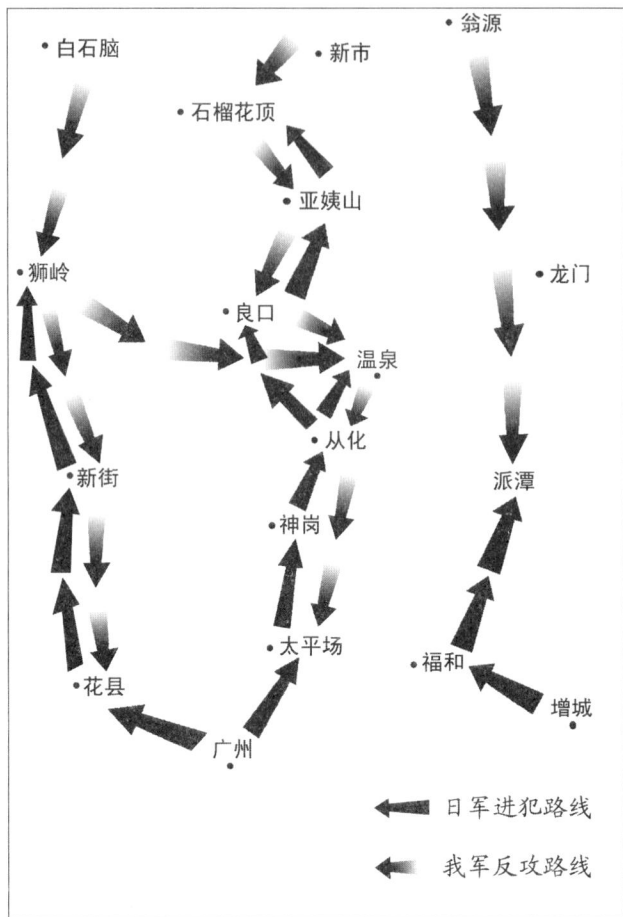

第二次粤北会战作战示意图（1940年5月13日—6月12日）

的敌后游击战争，建立敌后根据地。②撤销东江军事委员会，将东江人民抗日武装和惠阳、东莞、宝安党组织交由东江特委领导，由尹林平兼任曾生和王作尧两部的政治委员。③为加强对沦陷区工作的领导，省委划分为粤北和粤南两个省委，粤北省委书记张文彬，秘书长严重（1941年2月到职），组织部长李大林，宣传部长涂振农，青年部长陈能兴，妇女部长朱瑞瑶，机关驻韶关。粤南省委书记梁广，组织部长王均予，宣传部长石辟澜，妇女部长邓戈明，机关驻香港。④加强珠江三角洲武装斗争的领导，省委在8月又成立了中共珠江三角洲中心县委，辖南海、番禺、中山、顺德4个县。为加强对广游二支队吴勤部的领导，决定9月南顺游击队改编为"广游二支队独立第一中队"，派林锵云（中队长）、谢立全、谢斌、刘向东、严尚民等去

广游二支队工作，同时派人进入广州，开展敌伪工作。

7月7日 七七事变3周年纪念大会在韶关中山公园举行，由第十二集团军副总司令王俊主祭，李汉魂、李烈寰等发表讲话，到会数千人。大会分别致电林森、蒋介石，向前方将士、战区同胞致电慰问，并通电声讨汪精卫，会后举行火炬巡行。全市人民素食一天，中午12时默哀3分钟。大会设献金台3天。

是月 韶关各学校陆续放暑假，曲江县城（今韶关市区）举行全省中等学校班干部讲习会，参加讲习会的有省、县立及私立中等学校校长37人，训育主任20人，军训教官42人，助教50人，共149人。讲习会由省政府主席李汉魂兼主任，教育厅长黄麟书兼副主任。

8月7日 国民政府军委会令设第七战区司令部，司令长官余汉谋，驻曲江（韶关），负责广东、赣南军事。

【第七战区部队战斗序列】司令长官余汉谋，副司令长官蒋光鼐，参谋长王俊。①第十二集团军总司令余汉谋，副总司令王俊、徐景唐，参谋长张达。第六十二军军长黄涛（第一五一师林伟铸，第一五四师张浩东，第一五七师刘栋才），第六十三军军长张瑞贵（第一五二师陈见田，第一五三师欧鸿，第一八六师李卓元），第六十五军军长黄国梁（第一五八师林廷华，第一六〇师莫福如，第一八七师张光琼）。东江指挥所惠淡守备区主任兼指挥官陈骧，下辖独九旅旅长容干等。②第三十五集团军总司令邓光龙，副总司令朱晖日。第六十四军军长陈公侠（第一五六师刘其宽，第一五九师刘绍武，欠第一五五师编制），暂二军军长邹洪（暂七师王作华，暂八师张君嵩），广阳守备区指挥官彭林生（辖2个保安团）。闽粤赣边区总司令香翰屏，参谋长梁世骥，下辖预备第六师吴德泽、独二十旅张寿。潮汕守备区指挥官吴德泽兼，海陆丰守备区指挥官林朱梁。琼崖守备区司令王毅（辖守备一、二团，保安六、七团）。粤桂江防司令徐祖善及各特种兵部队。游击部队有第六纵队邓琦昌、第八纵队彭光延（属第六十四军）；第二纵队钟锦添、第七纵队周汉铃（属广阳守备区）；第四纵队司令伍观琪（属第三十五集团军）。

【张光琼】（1902—1975年）海南文昌人。早年毕业于云南讲武堂第18期。返粤后在余汉谋部工作。1941年任第十二集团军第六十五军第一八七师师长，驻防粤北。1946年奉命北上，升任第六十五军中将副军长。旋任广东第四行政区督察专员。1948 年冬任第六十二军中将军长。次年在香港通电起义，嗣移居南美乌拉圭。1975 年在巴西病逝。

29 日 广州日军再次出动 66 架飞机，分 9 批次狂炸韶关市区，炸毁火车站附近和南门等地房屋数十间，美、意两国教堂亦被炸毁。事后，司令长官余汉谋及省主席李汉魂，到灾区巡视，慰问受伤民众及死难家属。

是月 中共广东省委组织作部分调整：①从南雄特委划出合浦、灵山、钦州、防城 4 个县党组织，另成立中共粤桂边工委，拟与中共桂南地区党组织合并，共同开展桂南抗日游击战，由同楠任书记，中共南路特委改梁嘉任书记。②将位于敌后前线的清远、英德、佛冈、翁源、从化、花县等地的党组织成立中共前北江特委，中共前北江特委机关驻清远，书记黄松坚，组织部部长王炎光，宣传部部长邓楚白，青年部部长张江明。将位于国民党统治区的曲江、仁化、乳源、乐昌、连山、阳山、连县、南雄、始兴等地的党组织成立中共后北江特委，书记陈祥（后李守纯），组织部部长岑振雄（后由李守纯接任），宣传部部长黄焕秋，妇女部部长先为周微雨，后为徐侠梅，北江特委撤销。③从东江特委划出惠阳、东莞、宝安、海丰、陆丰、增城、龙门、博罗等地党组织另成立中共前东江特委，由尹林平兼任书记。其余县改为中共后东江特委，书记梁威林。

在中共后北江特委成立后，按照中共广东省委的部署，特委做了几件事：一是通过国民党军政部训练处汽车连连长列建行（地下党员），帮助爱国人士陈汝棠安全撤离韶关，转移到东江；二是派梁静山、容兆麟、李端生等去广西桂越边开展工作；三是与《新华南》杂志负责人谭天度共同营救囚禁在韶关芙蓉山监狱的东江华侨回乡服务团博罗队的全部人员出狱。

【李守纯】（1908—1944 年）原名宋耀宏，广东花县人。1924 年参加中国共产党，次年任中共广东区委机要交通员。广州起义后至香港，在省委秘书处工作。1929 年曾在沪被捕。1932 年赴港，宣传抗日救亡。1936 年受命赴广西，为重建和发展广西党组织作出贡献。1938 年 11 月任中共西江特委书记。次年任中区高明县委第一书记。1940 年任中共罗定县委书记，同年调任省委政治交通员。1941 年秋任北江

地区中共后北特委书记。1944 年 6 月因叛徒出卖，在韶关东河坝被捕，8 月病逝于南雄狱中。

△　省立女子师范学校在韶关北郊黄朗坝复校。

9 月 1 日　广东省撤销保安处，由李汉魂兼任保安司令，下辖 9 个行政督察区保安司令部，由专员兼保安司令。省另直辖 10 个保安团、2 个特务大队及特种兵部队。

2 日　华侨归国慰劳团团长陈嘉庚一行由湖南到达韶关，受到盛大欢迎（见书前附图）。

6 日　华侨归国慰劳团一行离开韶关，经大庾岭前往赣州会晤蒋经国等江西政要。

10 月 10 日　"双十节"韶关各界数千人在韶关风度路一带举行纪念国庆节示威游行，《新华南》（半月刊）工作人员高举"不愿当亡国奴的都站到抗战前列来"的标语牌行进。

是月　八路军驻韶关办事处撤往桂林，主任云广英与夫人一同撤往桂林。

【云广英】（1905—1990 年）海南文昌人。1924 年入广雅学院学习，参加学生反帝反封建军阀斗争。后参加广西百色起义。1930 年加入中国共产党。先后任红七军经理处长、团政委、军政治部组织部长，以及红三军团一师二团政委、红军大学政治部组织科科长等职。参加中央苏区反"围剿"和长征。抗日战争时期，任八路军驻广州（韶关）办事处主任，延安军政学院高级班指导员，中央军委编译局副局长兼俄文学校副校长。解放战争时期，历任吉林省和龙县县委书记，延边地委副书记兼组织部部长。中华人民共和国成立后，历任江西省人民政府秘书长，广东省人民政府秘书长兼省直属机关党委书记，粤北行署主任，中共广东省委常委兼政治部副部长，广东省检察院检察长、党委书记，中共广东省委统战部副部长，省政协第四届副主席，省第五届人大常委会副主任等职。是中国共产党七大代表，全国政协第五、六届委员。1990 年 6 月病逝于广州。

△　国民党清远县县长谢静生，以助共罪名逮捕原潖江抗先支队支队长黄劲秋，镇压潖江人民的抗日斗争。

11 月 1 日　广东省临时参议会第四次大会在曲江举行。会议由省主席李汉魂作半年施政总结报告，提出"造成复兴气象，实施计划政治"口号,以及当前施政方针和十大要政。大会选出金曾澄、李仙根、陆宗琪、黄范一4人为新一届国民参政会参政员。大会还讨论了粮荒问题。讨论通过决议案56件,主要是改进新县制、救济盐荒、加强基层保甲组织、禁娼禁收花捐等。第七战区司令长官余汉谋、两广监察使刘侯武派代表参加了会议。会议于14日闭幕。

12日 广东省立图书馆在韶关黄田坝复馆,馆长杜定友兼。省立科学馆、博物馆也在同时同地成立。

【杜定友】(1898—1967年)原名定有,字础云,笔名丁右。原籍广东南海,生于上海。1918年毕业于上海工业专门学校。旋赴菲律宾大学攻读图书馆学。1921年毕业,获文学、教育学和图书馆学学士学位;9月返广州,先后任市民大学教授、广州市立师范学校校长。次年任广东图书馆馆长兼高等师范学校教授,曾创办广东图书馆管理人员养成所。1923年春赴沪,任复旦大学教授兼图书馆主任,发起成立全国图书馆学研究会。次年任上海图书馆协会委员长。1925年4月筹组中华图书馆协会,任执行部副部长;9月参与创办国民大学,并设图书馆学系。1927年回广州,任中山大学教授,并筹组广东图书馆协会,被选为会长。旋赴沪,任交通大学图书馆主任。1936年到广州任中山大学图书馆馆长。抗日战争时期,积极转移疏散图书。抗战胜利后,兼任广州市中山图书馆馆长、广东文献馆主任、省立图书馆馆长。新中国成立后,任广东省人民图书馆馆长、广东图书馆学会会长等。1967年3月13日病逝于广州。著有《世界图书分类法》《图书馆学概论》《校储新义》等。

是月 中共南方工作委员会成立,书记方方,副书记张文彬,组织部部长郭潜,宣传部部长涂振农,秘书长姚铎,委员王涛。下辖江西省委、广东省委、广西省工委、闽西南潮梅特委、湘南特委、琼崖特委。新成立的南工委取消了党委制,实行特派员制度。南工委机关设在大埔县大埔角。

【方方】(1904—1971年)原名方思琼,广东省普宁人。方方1919年就积极投身五四运动,任普宁县学生会会长;1924年参加革命,1925年加入共青团,并担任普宁第一个共青团支部书记;1926年转为中共党员。在民主革命时期,历任中共潮安县县委书记、普宁县县委书记、汕头市市委书记、汀连县县委书记、上杭中心县县委书记、

福建省委宣传部兼武装部部长、闽粤赣边省委书记、南方工委书记、中共中央香港分局书记、华南分局书记等职。新中国成立后，历任中共中央华南分局第三书记、广东省人民政府第一副主席、中华人民共和国侨务委员会党组书记、副主任，中共中央统战部副部长、全国侨联副主席等职。方方曾当选为中国共产党七大、八大代表，全国一、二、三届人大代表，第一、二、三、四届全国政协委员。"文化大革命"时期遭受"四人帮"诬陷和迫害，于1971年9月21日含冤逝世。打倒"四人帮"后，党中央为方方同志平反昭雪，并对其一生作出全面正确的评价。

△ 中共新丰县中心支部成立，书记赵准生。

冬 从云南迁到乐昌坪石的中山大学，一部分学院分别建立了中共平行支部，各支部的书记是：文学院先后为卢炽辉、黄德赐；法学院先后为林之纯、罗湘林、罗培元、黄若潮；理工学院为林挺；工学院先后为王浩源、刘秉楷；农学院先后为方君直、吴逸民；医学院为吴子熹；师范学院先后为周钊、吴显健。各学院在党支部的领导下，学生运动十分活跃，建立了各种形式的文艺社团，组织了许多读书会；还在农村举办夜校、识字班等，开展社会教育和抗日宣传。

12月 中共广东省委在始兴红围召开会议，宣布撤销广东省委，正式成立粤北省委，下辖西江特委、前北江特委、后北江特委、前东江特委、后东江特委、赣南特委（1941年8月撤销），粤北省委驻韶关。书记李大林，秘书长严重，组织部部长饶卫华，宣传部部长黄康，副部长李殷丹，统战部部长饶彰风，青年部部长陈能兴，副部长张江明，妇女部长朱瑞瑶。

△ 韶关举行广东省篮球比赛，韶州师范学校男女队均获冠军。省教育厅在韶关西北郊上窑村创办教育实验区，推行社会教育。

△ 广东省国民革命博物馆在韶关成立，1942年扩大为博物馆。

是年 据《广东年鉴》记载，1940年曲江（韶关）有矿区29个，织染、纺织厂15间，碾米厂3间，榨油厂8间，皮革厂28间，制皮厂2间，制纸厂6间，肥皂厂3间，火柴厂2间。

△ 韶州市区创建消防队，初名"慈善救火会"，后改由官商合办，购置德国消防车一台及一批消防器材。1942年消防队由国民党韶州警察局接管。

239

△　101 岁的虚云法师和弟子宽鉴在韶募捐重修大鉴寺，并开办僧伽工厂，建成大雄宝殿、观音殿、方丈楼、功德堂、钟楼、鼓楼等，使大鉴寺成为一座配置较完整的寺院，总面积达 4 600 多平方米。

广东省政府迁来韶关后，广东佛教会的牌子也挂在大鉴寺，寺院重修后，来此进香拜佛的人数猛增。1943 年，由于日军飞机经常到韶狂轰滥炸，居民常避难于郊外，不便自行煮饭，韶关居士为满足民众的需要，在李汉魂和虚云法师的支持下，开办"香积厨"素菜小店，后来顾客越来越多，下至平民百姓、流浪汉，上至达官贵人，甚至连美军驻韶空军官兵也常来光顾，于是大家公推从事商业的高翔居士任经理，采用股份制经营方式，另聘请广州名厨制作独具特色的斋菜，正式成立居士林素餐馆，当时每天来吃斋者二三百人。战后素菜馆搬至广州，成为省内外有名的"菜根香"素食馆。

【虚云法师】（1840—1959 年）近代高僧，法师一生传法曹洞、兼嗣临济、中兴云门、匡扶法眼、延续沩仰，是以一身而系五宗法脉的禅宗大德。1934 年，虚云法师移锡曹溪，重兴六祖道场南华寺。1936 年，全国处于抗战救亡紧急关头，虚云法师提议全寺大众每日礼忏 2 个小时，为前线官兵祈福消灾；全体大众减省晚食，节积余粮，献助国家赈济灾民。1940 年，广州沦陷后，曲江县严重缺粮，饥民甚众。虚云法师乃将诸方善信供养的 20 多万元果资，悉数交予广东省政府以作赈济灾民之用。1942 年冬，国民政府主席林森等派屈映光等到粤，请虚云法师赴重庆主持"护国息灾大悲法会"。从 11 月 6 日由南华寺启程，至 1943 年 1 月 26 日法会圆满，历时两个多月。法会在慈云寺、华岩寺同时举行。期间，名公巨卿赠给虚云法师的名贵古玩及字画等，共五大箱，于归途中分赠各地寺庙，自己不留一物。侍者问之，虚云法师以"徒费保存，徒乱人意"为答。所收果资，亦命侍者每日登记，移作南华寺修建海会塔之用。1946 年秋，国民政府通令全国寺院诵经追荐我军阵亡将士，虚云法师应请往广州主持水陆法事，设坛于广州六榕寺，随喜者前后 10 余万人，极一时之盛。1952 年，虚云法师赴北京、上海主持祝愿世界和平法会，被推举为中国佛教协会首席发起人，次年中国佛协成立，为名誉会长，全国政协委员。1959 年 10 月 13 日（农历己亥年九月十二日）示寂。世寿一百一十九岁，僧腊一百〇一年。虚云生前曾著有《楞严经玄要》《法华经略疏》《遗教经注释》《圆觉经玄义》《心经解》等，俱已散佚无存。后人为其辑《虚云和尚法汇》《虚云和尚禅七开示录》行世。

民国三十年（1941 年）

1 月　活跃在粤北，由中共领导的文艺团体在第七战区共产党的安排下，在粤北各驻军地进行巡回演出，开展士兵话剧运动。

时在广东粤北地区由中共掌握的文艺团体有：国民党第十二集团军艺宣大队的艺协和蓝白剧社；六十军政工队的锋社剧社。锋社剧社调回曲江集中后，改为第七战区艺宣大队。大队内有中共党员 12 人，他们组建了中共支部，书记阮琪。7 月，该队改为七战区政治部政治大队，简称"七政大"。党组织负责人李门、游波。1944 年冬，七政大的一批共产党员和进步分子，前往东江纵队参加抗日武装斗争。

是月　广东省政府利用南雄机场开辟香港至南雄班机航线，每晚起飞降落 10 架次以上。至 12 月香港被日寇侵占，航线封闭。

△　中共英东县委成立，书记吴坚。中共始兴县委书记，由袁鸿飞接任。

2 月 20 日　国民党省党部令军警查封曲江（韶关）生活书店、岭南书店和光明书店，并责令《新华南》《青年知识》两刊停刊，两刊出版登记证被国民党韶关警备司令部吊销。

春　经中共地下党长期教育，国民党北江挺进队干训所（后改为"挺二"）政训组副组长黄桐华（后提升为"挺二"副司令），由林名勋、朱小仲介绍，经省委批准，加入中国共产党。这使中共在"挺二"的工作有了更扎实的基础和条件。

3 月 1 日　广东省党部成立民众运动委员会，成立大会在韶关互励社举行，选出常务委员会余建中，专任委员冯镐、林爱民。当晚在韶关中山公园举办游艺会。

8 日　三八妇女节纪念会在曲江戏院举行，会议由陈明淑主持，通过保障妇女职业，贷款妇女参加生产，编印妇女读物，抢救战区妇孺，不能歧视已婚妇女等议案。会议通电向林森、蒋介石、国民参政会、宋美龄、余汉谋、蒋光鼐、李汉魂及友邦妇女团体致敬。省妇女

协助军人家属委员会也同时成立，主委吴菊芳（李汉魂妻）。

26 日　美国著名作家海明威夫妻抵达韶关，拜访第七战区司令长官余汉谋上将。据民国史料记载，在韶余汉谋与海明威进行了友好的会谈。在此次会谈中，"海对华南战局反复详询，余氏等一一作答，余并持出军用图，指陈我敌态势，供给资料甚丰，海极满意"。

28 日　海明威一行由战区司令部和政治部官员陪同，到前线参观访问，时间大约一星期。

据《海明威传》记载，海明威一行的任务是研究战略、经济和政治形势，观察蒋介石对日本战争的进行情况，判断中日战争如何影响美国在东方的经济和军事利益。《中华民国重要史料初编——对日抗战时期》第五编（一）也对海明威抵韶访问做了一则资料记载。在此之前，国民党军事委员会曾致电李济深曰："美国笃实派著名作家海明威来华，业已抵韶，将次第至桂筑渝及第五、六两战区前线考察。据报海氏曾表明此来目的，在求明了战时中国之实况，尤其注意了解：①中国抗战能否支持到底。②假使美国供给飞机，中国驾驶人员是否敷用。③国共关系问题。又据报关于第三点，海氏抵港后曾言：就地图上研究，似觉中共部队之行动，企图在中央军与日军之间，打通一条走廊……海氏素有左锋作家之称，将来其游华著述中，如发表此种见解……殊足引起国际舆论之评判。此于我国抗战前途，不无裨益，希于抵达时，在谈话时方面，特别注意为荷。"

【海明威】（1899—1961 年）全名：欧内斯特·米勒尔·海明威。美国著名作家。1954 年度诺贝尔文学奖获得者。海生于乡村医生家庭，从小喜欢钓鱼、打猎、音乐和绘画，曾作为红十字会车队司机参加第一次世界大战，以后长期担任驻欧记者，并曾以记者身份参加第二次世界大战和西班牙内战。晚年患多种疾病，精神十分抑郁，经多次医治无效，终用猎枪自杀。其早期长篇小说《太阳照样升起》（1927）、《永别了，武器》（1927）成为表现美国"迷惘的一代"的主要代表作。20 世纪 30、40 年代他转而塑造摆脱迷惘、悲观，为人民利益而英勇战斗和无畏牺牲的反法西斯战士形象，如剧本《第五纵队》（1938）、长篇小说《丧钟为谁而鸣》（1940）。50 年代后，他继续发展 20 年代短篇小说《打不败的人》和《五万大洋》的宁折不弯主题，塑造了以桑提亚哥为代表的"可以把他消灭，但就是打不败

他"的"硬汉性格"（代表作中篇小说《老人与海》（1950））。在艺术上，他那简约有力的文体和多种现代派手法的出色运用，在美国文学中曾引起过一场"文学革命"，许多欧美作家都明显受到了他的影响。

4月4日 海明威偕妻子离韶，次日抵达桂林，赴重庆。

是日 1 000余名儿童在韶关中山公园开会庆祝儿童节，并举行韶关"儿童园"开幕典礼。典礼由小朋友自己主持，会后进行游艺会及儿童健康比赛，仲元中学附小学生向该校董事长余汉谋献旗致敬。

10日 广东省政府将此日订为"军民合作运动日"，韶关军民在中山公园举行军民联欢。

是月 中共粤北省委派李云任中共潖（江）从（化）区特派员。不久，改派陈枫为特派员，李云为副特派员。

5月1日 韶关1 000多名工人在中山公园召开大会，纪念五一国际劳动节。大会由李德轩主持，会议致电林森、蒋介石、余汉谋、蒋光鼐、李汉魂致敬。余汉谋、李汉魂派代表致辞。会上同时颁发劳军奖旗。全城工人放假、聚餐。

【李德轩】（1887—？年）广东鹤山人。早年卒业于机械工程学校等。历任国民党广州市特别党部监察委员、广东省政府参议、省临时参议会参议员、韶关市临时参议会参议员、淞沪警备司令部参议广东省动员委员会设计委员、省党部民众运动委员会设计委员、省党部民众运动委员会专任委员、第七战区战时工作总队广东机器支队支队长、广州市临时参议会参议员、广东省机器总工会主席、省政府参议等。1947年参加竞选"国大"代表。任内多次破坏工人运动。新中国成立后被捕获。

4日 近万名青年在韶关中山公园举行纪念五四青年节和扩大青年运动大会。大会向余汉谋、李汉魂献旗，并致电蒋介石致敬。大会还致电朱德、毛泽东，说是要他们"幡然改悔，服从中央军令政令之统一"。会外还举行演说比赛，演出剧本《张自忠》，有300多名三青团员宣誓入团。

是日 被日军飞机炸毁的青年服务社修复开业。基督教青年会另开纪念五四运动大会，郑彦（芬）出席。

5日 韶关各界召开纪念孙中山成立革命政府20周年纪念会，到会 1 000 余人，会议由赵一肩主持。

6 日 曲江警察局长曾磊、课长范雅宜，因抓赌时勒索钱财被省政府扣押。

是日 广东省政府召开第 231 次省务会议，会议决定任命杜定友为省立图书馆馆长；并决定撤销曲江县警察局。

是月 中共掌握的演剧七队从广西迁至曲江（韶关）第七战区。

【演剧七队】该队是 1937 年 7 月在周恩来领导下成立的。名为国民政府军事委员会政治部抗敌宣传队一队，队长吴荻舟、队副徐洗尘。队内的中共地下党组织，由徐洗尘、吴荻舟、胡振表 3 人组成队务会（起支部作用），归战区特支领导，同时与粤北省委联系。

6 月 3 日 韶关数千人召开禁烟节大会，纪念林则徐"虎门销烟" 102 周年，会议由李汉魂主持，会后举行火炬游行。

12 日 李汉魂在韶关召开记者招待会。会上李汉魂介绍了粤北抗战形势，并指出："从抗战迄今广东服兵役者已有 50 万人。最近又将组织北江游击队区募兵所，开辟游击兵源，以破坏日军今年在广东征壮丁 10 万人的计划。"

13 日 第七战区第十二集团军政工总队队员廖锦涛（中共政工总支部书记、澳门四界回国服务团团长）、王殊、邝清辉被第六十三军逮捕。

在 3 人被捕后，廖锦涛死于狱中。接着，政工总队队员何小静（女）、杨应芬、饶旭文、洪文亮、戴真、杨重华等人也相继被捕。王殊、何小静在韶关被杀害。是为"七战区政工案"。事后，未暴露的党员及进步分子有的留下继续工作，有的或转入地下，或升学入校开展学生运动，部分去东江、珠江参加抗日游击队。

【廖锦涛】（1914—1941 年）广东南海人。早年在广州读大学。1936 年，廖锦涛到澳门歧关车路公司工作。1937 年春，加入中国共产党，先后担任中共澳门特别支部组织委员、中共澳门工委组织委员。七七事变后，经中共澳门党组织决定，廖锦涛代表前锋剧社与《朝阳日报》《大众报》等社团，成立"澳门学术界、音乐界、体育界、戏剧界救灾会"（简称"澳门四界救灾会"）。廖锦涛被选为理事兼宣传部副主任。1938 年 10 月，中共澳门工委通过澳门四界救灾会组成回国服务团，推选廖锦涛为团长。1939 年，廖锦涛率领服务团进入第十二集团军参加政工人员补训班，担任中共地下工委书记、政工总队部总支书记。在两次粤北会战中，其工作受到十二集团军上层人士多次表彰和嘉奖。1941年6月13日在视察一五七师四一七团政治工作时，遭逮捕被押在韶关宪兵营，后以"企图颠覆政府"罪，被迫害致死。

7月7日　曲江各界召开军属慰劳会，纪念"七七抗战"四周年。中午全市人民立正默哀3分钟，下午5时在中山公园召开万人纪念大会，余汉谋派代表到会致辞，并检阅队伍和公祭抗日阵亡将士。大会通电向林森、蒋介石、前方将士致敬，会后举行火炬游行。全市人民素食1天。

15日　第七战区司令长官部颁布《取缔奢侈浪费办法》，对饭店、茶楼等饮食商铺的营业管理作明确规定。

是月　私立始兴志锐中学从始兴县迁到广西柳州大桥，同时，在韶关北郊十里亭着手兴建新校舍。

8月1日　广东省民国三十年度行政会议及第二次兵役会议在韶关同时召开。参加会议的省属各厅、局专区专员和县长共140多人。大会由李汉魂主持。战区司令长官余汉谋、战区参谋长王俊、两广监察使刘侯武，以及军风纪第四巡察团团员白鹏飞、内政部长雷殷、兵役署长程泽润等均到会。会议听取各专区、县、厅、局报告，以及兵役工作汇报。会议通过省政提案164件，兵役提案50多件。大会通过《广东省战时三年建设计划大纲》从次年起开始实行。会议还致电林森、蒋介石、前方将士致敬。会议闭幕后省政府即行改组兵役机关，撤销各县团管区，每250万人口设1个管区师，管区设征兵事务所。

10日　第七战区《取缔奢侈浪费办法》在韶关率先实行。

27日　韶关教育界召开纪念孔子诞辰和教师节大会。会议在曲江县政府礼堂举行，到会1 000余人，由广东省教育厅厅长黄麟书主持，会议致电林森、蒋介石、前方将士致敬。

是日　李汉魂视察各区小学教师暑期训练班，勉励小学教师要"尊师养师"。

9月1日　经广东省政府批准，韶关城区开征战时营业所得税。

是日　韶关记者在曲江县党部礼堂召开庆祝记者节暨记者联合会第三次会员代表大会，会议由中央社主任梁乃贤主持，会上，选出李鸣伯、梁乃贤等9人为记者联合会理事。当晚会议组织举办游艺会。

岭南文化书系

百年粤北纪事

是月 中共地下党在曲江黄朗坝的省立女子师范学校成立党总支部，总支书记先后由梁雪儿、叶婉香担任。"粤北省委事件"后，叶婉香撤出，留在学校的党员随校迁往连县。

△ 中共前北江特委派林名勋到韶州师范开展学生运动工作。中共粤北省委任命张福生为中共新丰县工作委员会书记。

10 月 1 日 长沙会战大捷。日军在广东四会、清远及粤汉路发动的万人兵力攻势被击退（余汉谋称此次第七战区共毙敌 3 000 人），韶关万民庆祝"湘粤大捷"，市面悬灯结彩，燃放爆竹，报社发出号外，发放月饼劳军，筹备组织前方将士慰劳团，并致电两战区司令长官薛岳、余汉谋、蒋光鼐致敬。

是日 广东省政府在曲江（韶关）设广东缉私处。由省财政厅管理。

10 日 韶关各界万余人于下午 4 时半在中山公园举行国庆节纪念庆祝湘粤大捷会，余汉谋、李汉魂到会讲话。会后举行了提灯游行。

是月 国民党武装突袭中共南雄县委所在地古坑，制造"古坑事件"，两名共产党员被捕后在狱中被迫害致死。从此，中共南雄县委改委员制为特派员制，以利隐蔽活动。

△ 韶州成为广东省的战时省会后，商业曾一度出现繁荣景象。据统计，市区有大小商店 7 000 余间，尤以三民路（即民族路、民权路、民生路）最为热闹，广州等外地经商者甚多。商品以布匹、百货、中西药及土纸、食油、食盐、煤油、火柴、豆类等为主体。各行各业除在市区开店外，一直延伸到东河、西河、五里亭、十里亭等地开设商店，成为全省最大的贸易市场和货物集散地。

11 月 16 日 韶关市政筹备处成立。辖原曲江城乡（韶州）太平、武城两镇及西厢、东厢、黄岗、滇武 4 乡。

18 日 韶关市政筹备处正式挂牌，处长朱瑞元。至 1943 年 11 月 1 日正式成立韶关市政府，市政筹备处撤销。抗战胜利后市府撤销。

21 日 韶州城 3 000 多人在韶关中山公园集会，纪念第二届防空节。第七战区长官部参谋长、省防空副司令王俊检阅防空人员。

12 月 8 日 太平洋战争爆发。

16 日 省临时参议会第六次大会在曲江举行，会议由议长吴鼎新、副议长黄枯桐主持，秘书长为戴振魂，出席参议员 28 人。余汉

谋、李汉魂及各厅、局、处、行做工作报告，并回答质询。李汉魂总报告的题目是"出巡西江、南路经过与目前艰巨工作"，他提出当前应经济重于军事，精神重于物质。当前艰巨的工作是：①救济难侨；②足食；③足兵，整训团队；④治安；⑤从1942年起实施三年建设计划；⑥发动民众；⑦食盐专卖，民制官收，官运民销；⑧县财政独立。大会通电拥护我国对德、意、日宣战。同意驻会委员通电贺"湘粤大捷"及派员去前线慰问。大会通过决议案71宗，主要有抑制物价上涨，制止奸商投机倒把，救济太平洋战争后回国的难侨、港胞和侨生及儿童；制止执法人员违纪犯法；制止兵役、劳役中，拉壮丁、拉夫役，买卖壮丁；禁止虐待新兵、逃兵；犯人不得服兵役；清理积案，改善监狱卫生；不得克扣囚粮，以免犯人大量死亡；禁烟、禁赌；发展卫生事业、农业、幼稚师范、中医、航海、教育等；监视敌国教士；迁移潮、梅过多人口去外乡生产；改进田赋征实，不得拒收省券；办理农贷；开发矿业；从速印刷教科书等。会议于29日闭幕。

19日 香港沦陷。广州及港、澳许多私立学校迁粤北。其中：私立岭南大学（以下简称"岭大"）迁至曲江县仙人庙大村，岭大农学院迁至乐昌县水牛湾，岭大医学院分散在韶关河西循道医院及江西中正医学院上课。岭大附中也随大学部迁至曲江县仙人庙。此外，私立广州大学和附属中学迁至韶关西北上窑村；私立广东国民大学部迁至曲江县；私立培正中学和培道女子中学从澳门迁至乐昌县坪石后，合并成立培正道联合中学；私立知用中学从澳门迁至韶关，继迁湘南；省立执信女子中学从澳门迁乐昌县。

25日 韶关集会纪念云南讨袁起义和"肇和"军舰起义。7 000名兵民接受余汉谋、李汉魂检阅。

是年 国民党第七战区暂二军与安南（越南）华商合股兴建乳源洲头津水电站。该电站为粤北最早建成的水力发电站，总装机18千瓦。电站1943年建成。同期兴建的还有暂二军军长为其私人别墅用电而建的乳源汤盆水上圳水电站，总装机6千瓦。该电站于1945年抗战胜利后停产。

△ 私立南武中学校友在韶关复办南武中学；省立法商学院从信宜县水口迁至曲江县桂头（今属乳源县）；私立励群中学从韶关迁至连县复课。

△ 广东省教育厅根据广东省 30 年施政计划，特再饬令首期实施新县制的曲江、始兴、乐昌、乳源、连山、阳山、连县等指定乡保，对学龄儿童及失学民众实行强迫入学。

△ 曲江县政府对县城（韶关）西河建国火柴厂、仁济火柴厂分别使用的"抗战牌""女英雄牌"火柴商标，进行登记注册管理。

△ 韶（关）膺（阳山）公路全线修通，公路总里程 275 公里。

韶关至乳源路段早在 1932 年 4 月建成通车，全长 38 公里，阳山秤架段也于 1938 年开通。此次开通段是乳源至秤架段。

民国三十一年（1942 年）

1 月 1 日 韶关 3 000 多名民众在中山公园"庆祝元旦及预祝民主集团胜利大会"，余汉谋、李汉魂及英、美、苏国际友人均出席。

是日 韶关市警察局正式成立。下设东河、西河、风度三分局。分局下设驻所、派出所。

中旬 廖承志、乔冠华等人自东江抵达韶关，住在五里亭，设立"抢救文化名人"接待、联络站。后转至乐昌。

1941 年 12 月，香港沦陷，大批知名爱国民主人士、文化界人士被困香港。中共广东党组织和东江纵队根据中共中央和周恩来的指示，经过周密部署和精心策划，历经半年艰难曲折，从日军眼皮底下成功营救出被困的何香凝、茅盾、夏衍、梅兰芳、邹韬奋等爱国民主人士、文化界人士及其他各界人士共 800 余人。在此次营救工作中，驻香港八路军办事处主任廖承志，以及乔冠华、尹林平、连贯等人，对整个营救行动作出部署，把香港岛方面的营救工作交给刘少文指挥；从九龙到东江游击区的护送工作，由尹林平组织力量实现；从惠州到韶关国统区沿途的接送工作，由连贯协调各县的党组织切实负责；从韶关到桂林等地的接送工作，则派乔冠华前往韶关建立秘密联络站，依靠社会力量完成任务；廖承志本人坐镇韶关指挥一切。至 5 月底，整个营救工作结束。

【廖承志】（1908—1983 年）曾用名何柳华。原籍广东归善（今惠阳），生于日本东京。廖仲恺之子。1919 年回国。后入岭南大学学

习。1924 年 8 月加入国民党，"四一二"反革命政变后脱离国民党，赴日本早稻田大学第一高等学院学习。因参加革命活动被逐出境。1928 年回国，同年加入中国共产党。旋奉派到德国国际海员工会工作。1930 年夏赴莫斯科参加职工国际第五次代表大会。1932 年回国，在上海任中华全国总工会宣传部部长、全国海员总工会中共党团书记，次年到川陕革命根据地，参加中国工农红军，任中共川陕省委常委、工会宣传部部长。1934 年任红四方面军总政治部秘书长，参加长征。曾被张国焘拘捕。1936 年 12 月长征到达陕北，任中央党报委员会秘书。抗日战争爆发后，受中共中央委派，先后在驻上海、香港八路军办事处工作，为八路军、新四军筹集资金和物资。1942 年初到粤北参加中共南方工委领导工作。同年被国民党政府逮捕。1945 年被选为中共七大中央候补委员（仍在狱中）。1946 年 1 月出狱后，历任中共南方局委员、晋冀鲁豫中央局宣传副部长、中共中央宣传部副部长、新华社社长。1949 年 3 月被增补为中共中央委员；后任青年团中央副书记、全国青联主席等；出席全国政协第一届全体会议。新中国成立后，历任中共中央对外联络部副部长、统战部副部长、共青团中央书记处书记、国务院华侨事务委员会主任、国务院外事办公室主任、中日友好协会会长、中国人民保卫世界和平委员会副主席、北京外国语学院院长、华侨大学校长、全国政协常委、全国人大常委会副委员长等。为中共八大、十大、十二大中央委员，中共十二大中央政治局委员。1983 年 6 月 10 日在北京病逝。

【乔冠华】（1913—1983 年）江苏盐城人。早年留学德国，获哲学博士学位。抗日战争时期，主要从事新闻工作，撰写国际评论文章。1942 年秋到重庆《新华日报》主持《国际专栏》，直至抗战胜利。1946年初随周恩来到上海，参加中共代表团的工作，同年底赴香港，担任新华社香港分社社长。中华人民共和国成立后，历任外交部外交政策委员会副主任、外交部部长助理、外交部副部长等职。主要著作有《国际述评集》《从慕尼黑到敦刻尔克》等。

是月 由中国共产党掌握的国民党暂编第二军艺术宣传队进驻曲江河边厂。队内设有中共支部，先后任书记的有袁鸿飞、叶子良、李株园、黎范等。

2 月 由中共广东省委领导的粤北地区县委，改为特派员制。其中，中共南雄县委特派员魏南金（上调后由陈中夫继任）。谢永宽任中共英德县特派员。钟达明任中共连阳地区特派员，李信任副特派员。

春 私立志锐中学从广西柳州大桥迁回韶关北郊十里亭新校舍。秋季办高中部。此间，学校曾两度在日本飞机袭韶时遭滥炸，学校建筑及图书、财产等受损失重大。

3月19日 广东省政府第312次省务会议通过，韶关市区行政区划重新划分如下：曲江县城区设太平、武城两镇；乡设东厢乡；协安乡腊石坝、良村两地；黄岗乡全乡、惟第三保则凡有住户之地归入市区，在西边取一分水岭为界；西厢乡全乡唯第八保蕉冲一部除外。市区界东起浈江岸之中厂，南行经黄泥坑、田螺涌、达桥、虎管，跨粤汉路沿燕尾山乳姑山分水岭越韶兴公路，西行循高村以南山脉斜出武江，复转向北至大洲及沿大岭山脉和师茅坪跨韶连公路，越天子岭驶架岭，东折回转力行农场之旁，复跨粤汉路斜入黄岗山、良村等地；复出浈江而接中厂。全市区面积共1 319平方公里，折合197 850市亩，编为太平、武城两镇，东厢、西厢、黄岗、浈武（纯为水上居民）四乡。

是月 中共佛冈县委改为特派员制，李福海任特派员，程琪任副特派员。

4月27日 国民党广东省临时参议会临时大会在韶关召开，这是本届临时参议会最后一次会议（延长任期已满）。会议主题是生产自救及推选第三届国民参政会广东参政员。到会参议员30人。议长吴鼎新、副议长黄枯桐主持会议，秘书长为朱江，由香港脱险归来的胡木兰也出席了会议。会议通电向林森，蒋介石，第四战区长官张发奎、夏威，第七战区长官余汉谋、蒋光鼐，省主席李汉魂及前线将士、沦陷区人民、海外侨胞致慰劳之情。余汉谋、李汉魂分别作绥靖、施政报告。李汉魂强调四点：①国民精神总动员已实行3年，仍须加强，故要举行国民月会和升旗典礼；②贯彻国家总动员法；③生产自救；④做好救侨工作，香港难民现已达60万人。会议审议的议题有整理四邑金融、解决港币兑换问题；请中央允许广东征实谷米之半数，以七折低价平卖给人民；禁止粮食资敌；安置好归侨；生产自救；改善税制、治安、盐政等工作。5月2日大会选出8名广东国民参政员（省参议员不能兼国民参政员），即金曾澄、陆宗祺、黄范一、胡木兰、

岭南文化书系

百年粤北纪事

韩汉藩、高亭梓、杨子毅、陈绍贤，大会于 5 月 3 日闭幕。

5 月 1 日 三青团广东支团在韶关搞"青年周"活动，时间七天，以劳动日、军事日、胜利日、娱乐日等七个名目开放。

10 日 韶关市区 2 万多人在中山公园举行"广东各界拥护国家总动员法宣誓大会"，会上通电林森、蒋介石及全国同胞，表示拥护该动员法。驻韶关各机关也分别举行会议。

5 月 17—18 日 韶州、曲江山洪暴发，大小河流同时暴涨，韶州城冲沉客艇 47 艘，其他船只 150 艘，溺毙及失踪者 200 多人，财物损失值 200 余万元。马坝、乌石、大坑口等地灾情亦颇惨重，尤以马坝为最，溺毙及伤者 80 余人，损失超过 400 余万元。

26 日 驻韶国民党特务机关在韶关花园酒家逮捕中共南方工委组织部部长郭潜（铁梅），南方工委交通站站长司徒丙鹤夫妇及交通员曾平、陈二叔等人同时被捕，郭潜叛变。

自 1941 年夏季，中共江西省委在江西吉安被破坏后，国民党即利用其电台呼号和联络地点欺骗中共南方工委，继续通电联系。5 月又派人假扮中共人员到韶关与南方工委交通站联系。在郭潜叛变后，国民党大量逮捕在粤中共人员，破坏粤北区地下党组织。

27 日 粤北省委书记李大林全家及组织部长饶卫华（后回东江纵队）等被逮捕。省委秘书长严重闻讯，紧急通知有关人员疏散。

是日 被捕逃脱的江西省委书记谢育才夫妻，紧急向中共南方工委报告江西省委被破坏情况，中共南方工委书记方方命令粤北省委机关转移。

30 日 国民党特务在乐昌逮捕八路军办事处负责人廖承志，并将其送往江西泰和马家州集中营关押。

是月 日军第二次进入清远县，杀害群众 300 余人，其中有 200 余人是被集体屠杀，另活埋 17 人，烧死 1 人，轮奸致死 1 人，烧毁商店民房 300 多间。

6 月初 中共南方工委副书记张文彬、宣传部长涂振农及王亚华、杜国宗、王道生等在转移到梅县高坡时被捕，被送江西泰和关押（张后病逝狱中，涂叛变）。南方工委秘书长姚铎在重庆被捕叛变，后改名陈擎宇，潜入揭阳简易师范当教员，从事破坏党的活动。是为"粤北省委事件"。

在破坏中共南方工委后，国民党又利用南方工委机关叛变人员，于同年7月9日在桂林破坏了中共广西工委。中共南方局闻讯后，根据"隐蔽精干，长期埋伏，积蓄力量，以待时机"的方针，急令撤退，除沦陷区及南路党组织照常活动外，在国统区的党组织均暂停活动，各区中共党员或找职业掩护，或在工作岗位上"勤职、勤学、勤交友"，以待时机。中共南方工委书记方方则到延安参加党的七大。至此，粤南、粤北省委已不存在，中共南方局接替领导广东党的工作。

3日 韶关城区5 000余人在中山公园召开"六三禁烟"纪念大会，纪念林则徐"虎门销烟"103周年。大会由国民党两广缉私局局长何彤主持。

【何彤】（1892—1972年）字葵明，广东顺德人，保定陆军军官学校毕业，曾任粤军第三师参谋长（军衔至中将）、两广缉私局局长、汕头市市长、广州市市长，到台后任制宪国民大会代表。

7月7日 "广东各界纪念抗战五周年"及"实行国民身份证、推行户籍法宣传大会"在韶关中山公园举行，在韶各界共5 000余人参加大会，余汉谋、李汉魂等人到会。大会先公祭抗战阵亡将士，由余汉谋主祭，随后余汉谋检阅在韶部队。晚上，全市召开娱乐大会。大会还决定开展"一元一户劳军大运动"。

10日 驻韶关广东省政府派人下乡，慰问参加抗战出征军人家属。

16日 广东省财政厅缉私处在曲江（韶关）设立查缉所。

为打击走私，广东省财政厅缉私处在部分重要交通要道所在县，设查缉所或查缉分所。8月15日，广东省财政厅缉私处在连县设立查缉分所。16日南雄查缉分所成立。

是月 中共北江特委在英德桥头乡创办私立英东中学，这是粤北地区第一所由中国共产党创办的学校，教师全部是中共地下党派出的干部。

8月 针对"粤北省委事件"，中共中央南方局指示：国统区的中共组织一律暂停活动；已暴露的党员立即撤往游击区；未暴露的党员找社会职业掩护，进行"勤学、勤业、勤交友"活动。北江党组织，除前北江特派员黄松坚因工作需要在英德洺洸隐蔽，并保留在广州等沦陷区的特派员之外，后北江特派员李守纯及其他领导成员均先后转

移到西江、广西等地。至年底，各级党组织均相继停止活动。

10月10日　广东各界在韶关中山公园召开"国庆庆祝会"，会议根据国民政府规定，以国防科学和文化劳军为中心。会议除邀请国际友人参加外，在韶各界共万余人到会庆祝。会议通电林森、蒋介石及前方将士表达慰劳，并向民主国家政府和人民致电共同庆祝。大会除设立"献金台"外，并开展"一店一本书运动"。庆祝会还举办球赛及晚会，邀请胡蝶参加表演。国防科学周活动为期一周（10—16日），内容丰富。

【胡蝶】（1908—1989年）原名胡瑞华。原籍广东鹤山，生于上海。1925年结业于中华电影学校后，先后入上海友联、天一、明星影片公司，曾主演《秋扇怨》《白云塔》《歌女红牡丹》《自由之花》《啼笑因缘》《姐妹花》《空谷兰》等影片。九一八事变后，主演《劫后桃花》等抗日救亡题材影片。曾获中国第一位"电影皇后"称号。1935年应邀参加莫斯科国际电影展览会。抗日战争爆发后，迁居香港，拍摄《绝代佳人》等影片。1941年香港沦陷，拒为日本人拍片。1942年潜往曲江，继转赴重庆。1945年回上海。次年迁居香港。先后拍摄《锦绣天堂》《两个女性》《后门》等影片。其中《后门》获1960年第七届亚洲电影节最佳金禾奖、最佳女主角奖。1966年告别影坛后居台湾。1975年移居加拿大。1989年4月在温哥华病逝。

民国三十二年（1943年）

1月4日　日军出动飞机10多架分袭韶关、乐昌、官庄等地。

5日　日军出动飞机21架狂炸韶关，投下炸弹及燃烧弹100余枚，五里亭、十里亭、志锐中学、黄田坝、河东、河西、风度路、大黄岗、小黄岗等处死伤400余人，毁房2 000余间。受灾民众达数万人。此次轰炸，为抗战以来韶关损失最大的一次轰炸。为此，重庆国民党政府拨款150万元赈灾。

是日　在空袭中，滑翔分会在党团球场举行101架滑翔机献机典礼，李汉魂代表政府接收。司徒美堂、美洲安良堂献10架，韶关献10架，政工人员献14架，多个县及中小学生、工商各界均有献机。

【司徒美堂】（1868—1955 年）原名羡意，字基赞。广东开平人。1882 年赴美谋生。1885 年加入洪门致公堂。1894 年组织安良堂，任"大佬"，隶属致公堂总堂。1904 年孙中山在美进行革命活动时，任孙中山保卫员、厨师。此后追随孙中山，并在经济上大力支持。抗日战争爆发后，与进步华侨组建华侨抗日救国筹饷总会，发起美洲华侨捐款援助国内抗战。1941 年冬回国。次年任国民政府赈济委员会委员、第三届国民参政会参议员。同年重返美洲，游历各地，宣传中共抗日主张。1945 年任美洲洪门致公堂主席。次年归国，致力于民主运动。1948 年拒绝参加国民党"国大"，并于同年 10 月在香港撰写《上毛主席致敬书》，发表拥护召开新政治协商会议声明。旋再度赴美，发动华侨支援国内解放战争。1949 年返国，出席全国政协第一届全体会议，新中国成立后定居北京，历任中央人民政府委员、全国人大常委、华侨事务委员会委员、全国政协委员等。1955 年在京病逝。著有《祖国与华侨》。

9 日　日军出动飞机 10 余架，狂炸韶关。

15 日　粤北韶关、曲江等 11 个县市和全国一样，开展限价、限工资。韶关规定泥水、木工日工资 26 元，男小工 18 元，女小工 14 元，理发每客 3 元。粮食等亦限价。

为动员全市青年及工商业者执行限价、限工资，韶关在青年教育馆（馆址在现黄田坝）召开限价宣誓大会，由李汉魂主持，余汉谋监誓，180 多个工商代表宣誓保证守法，不搞囤积居奇。限价以 1942 年 11 月 30 日各地原有价格为标准。

是月　根据中共中央指示，广东省临时工作委员会正式成立，尹林平任书记，连贯、梁广为委员。

△　仁化官陂（又称伯公陂）在广东省政府的统筹下，正式动工。工程至 10 月份完工，时任广东省政府主席李汉魂（伯豪）题词："水利既遂，农事斯成，阜我众民，保之永耕"（题词碑石现仍在该陂河岸石墙上）。工程建成，可灌田 19 270 亩。

2 月 25 日　三青团广东第一次代表大会在韶关召开，到会代表 93 人，李汉魂主持大会，中央团部派程思远出席指导。指导员余汉谋到会讲话，指导员张发奎作书面训词，各分团在会上汇报工作。大会通过议案 36 条，发表了《宣言》。选举李汉魂（干部长）、李国俊、高

信、吴菊芳、郑丰等11人为干事，另候补干事5人；选举黄麟书、袁晴晖、陈洪范等5人为监察，另候补监察3人；大会选出李国俊、高信、陆宗祺等15人为代表出席在重庆召开的三青团第一次全国代表大会。

是月 三青团广东支团部正式成立，该团办有广东青年出版社，出版《广东青年》月刊和《文化新闻》周报。外围组织有三民主义研究会、青年服务社、广东剧社、青年招待所等，并硬性规定今后不准再组织青年团体。据统计，广东三青团早在1941年12月底，团员就已发展到27 863人。

3月8日 韶关各界妇女在黄田坝青年馆召开三八妇女节纪念大会，会议由吴菊芳主持，余汉谋、李汉魂亦到会。会议发表《告妇女书》。会议结束后，还持续开展"妇女运动周"活动，有各种竞赛、球赛、表演等。

29日 广东各界在曲江县府礼堂召开公祭大会，公祭黄花岗七十二烈士，余汉谋及李汉魂派代表何彤参加大会。

4月9日 韶关米、油、纸张加价，增幅为30%～35%。

22日 韶关东河坝发生特大火灾。东河坝中正学校北至文园附近焚毁房屋400多间。

26日 广东省政府在韶关颁布计口授粮办法，每人每月15.5市斤。

5月1日 韶关市开始实行计口售粮。凭证每人每月可买平价粮15.5市斤、盐1市斤（16两）、油1.5市斤。若不够吃，仍可向粮商购买。流动人口凭证明书购买。

4日 韶关市青年在中山公园举行五四青年节纪念大会，到会青年万余人，会议由国民大学学生荣乃光主持。大会先检阅队伍，余汉谋、李汉魂、李煦寰、李国俊等人先后讲话。会议致电林森、蒋介石、三青团中央团部致敬。会后各参会学校进行军队式巡行比赛，评比结果，以志锐中学、仲元中学、广州大学附中为最整齐。

5日 各界青年在中山公园举行"青年不夜天"游艺活动，到会青年7万余人，李汉魂等人亦参加。

6日 拂晓，参加"青年不夜天"游艺活动的青年，举行"精神堡垒"（纪念塔之类）奠基礼。

19日 广东佛教协会在韶关居士林成立。成立大会由张子廉主持，虚云老和尚诵经，李汉魂讲话。会议致电林森、蒋介石，向前方将士致敬。

6月13日 韶关举办青年大结合运动宣传周。宣传周期间在韶各青年团体活动，分为结合、文化、经济、电影和运动、国防、政治、新中国等项，依序逐日活动。宣传周至19日结束。

14日 "联合国国旗日"庆祝大会及"青年第三次大结合日"大会联合在韶关中山公园举行，到会各界人士及国际友人共万余人，会议由蒋光鼐副司令长官主持。美海军赫祺少校、加拿大路上尉及正义会骆爱华、郑彦（芬）等相继演说。大会通过致林森、蒋介石慰问电。晚上，大会举行提灯巡行，并在中山公园开文艺晚会。基督教青年另开晚会招待外宾。

【联合国国旗日】 第二次世界大战期间，美国总统罗斯福为表达对各抗击法西斯国家的敬意，于1943年签署通令：6月14日为联合国国旗日，要求美国人民于当日向英国、苏联、中国、比利时、南斯拉夫等数十个国家人民致敬，并悬挂各国国旗。

7月1日 韶关市实施"计口售粮"由原来的15.5斤，减少为15斤。

7日 韶关各界召开纪念抗战六周年大会。大会于下午4时在中山公园举行，到会4 000余人。大会在公祭抗战阵亡将士后，由余汉谋、李汉魂分别讲话。大会通电林森、蒋介石，向前方将士及盟军将士致敬。会后巡行，晚上举办劳军晚会。

8日 广东省政府派人慰问各地军人家属，并宴请部分在韶的军人家属。

30日 韶关发现霍乱流行，不治者近100人。

8月5日 韶关慰劳团由李伯鸣等率领到粤北坪石、乐昌、乳源、南雄等地慰问军人及军属。

是月 广东省教育厅在韶关创办省立北江农工业职业学校，校址设在曲江县马坝黄家祠（今马坝镇第一小学校址）。

△ 受中共北江特委委派，何俊才任中共清远县特派员。

9月1日 韶关暂停凭证购粮，允许自由买粮。

15日 广东省第二届临时参议会第一次大会在韶关召开，到会参议员35人（总额60名，琼崖4名未选出，共56名，另候补23名）。

会议由议长林翼中、副议长吴鼎新主持，秘书长是柯景濂，蒋光鼐参加开幕式。李汉魂、何彤、郑丰、林薰南（绥靖公署参谋长）、黄秉勋（田赋粮食管理处副处长）等做了施政报告，并接受询问。陆宗祺（实业公司）、翁桂清（盐务局）及银行代表也报告了工作。大会通过提案123件，主要有：解决粮食问题实施方案、整饬吏治；在成立县临时参议会前，清理庶狱；抢运粤东食盐，官运民销；抢救难民与难童，改善粮食征实征购办法；整理本省糖、烟、火、柴专卖事业及税务行政；教育经费在总预算中应占一定比例；统一度量衡，保护母性，沟通侨汇，建立退休制度，提高记者待遇，广种杂粮、兴修农田水利、奖励垦殖，执行发展广东文化事业方案纲要，增办学校，广收失学青年入学等。会议决定成立"广东建设协会"，建设新广东；组织考察团，了解民间疾苦。会议还致电蒋介石、余汉谋、蒋光鼐、张发奎、夏威、李汉魂及前方将士、游击区同胞、海外侨胞致敬。会议选出9名驻会委员，发表宣言。会后参议员们参观在韶的机关团体。会议至28日闭幕。

【林翼中】（1887—1984年）原名家相，字翼宗。广西合浦人。1905年加入同盟会，辛亥革命时率众在廉州起义响应。后入读广东高等师范。1915年毕业后从事中学教育。曾参加讨袁驱龙（济光）运动。1925年任国民革命军第十一师政治部主任兼师范党部执委、秘书，参加第二次东征。1926年任肇庆市政局局长，广州特别市党部改组委员兼组织部部长。次年随陈济棠去苏联考察。回国后任黄埔军校政治总教官、广州特别市党部指导委员会常委、党部执委兼宣传部部长，广东省政府委员长兼民政厅厅长，国民党第四届中央执委。1932年任西南政务委员会委员、国民党中央执委会西南执委会西南执行部委员、广东省党部执委。次年随陈济棠赴欧洲游历。1937年归国后，历任国民党中央执委会常委、三青团中央团部干事兼海外团务计划委员会主任委员、中央训练团指导员、内政部禁烟委员会常委、农林部政务次长、监察院监察委员、广东省临时参议会第二届议长、国民党第六届中央执委。抗战胜利后，参与创办私立珠海大学，曾任广东省参议会首任会长、监察委员等。新中国成立前移居香港，任珠海书院监督、崇正总会副理事长。1984年11月在香港病逝。著有《苏俄现状一瞥》《广东地方纪要》。

【黄秉勋】（1901—？年）字心尧。广东开平人。早年毕业于北京内务部高等警官学校，其后入国民党中央训练团党政班暨高级班。1926年任德庆县县长。1928年后，历任广东省财政厅沙田清理处处长及全省土地局局长、广东省财政厅科长、国民党广州特别市党部指导委员会常委、浙江民政厅科长等。曾赴日考察。1932年后，历任茂名、鹤山、揭阳县县长。1937年春任汕头市市长。1939年调任广东省政府秘书、南路行署政务处处长。1942年改任设计考核委员会委员。1943年后，历任财政部广东省田赋管理处副处长、广东省第一区行政督察专员兼保安司令、财政部广东省田赋粮食管理处处长等。后不详。

10月7日 中共新丰县党组织遭到严重破坏。

事件起源于4月连平峻岐山小学支部书记谢国琏被捕后叛变，先后供出新丰的地下党员和进步分子张国强等人，致使张国强、欧阳鼎唐、赵准生等被捕，龙景山、郑大东、郑选民和黄文敬等撤往东江纵队。新丰党组织因而瘫痪。至1944年，在梁泗源的主持下，新丰的党组织才得以恢复。

15日 粤北地区发生大旱，余汉谋令部队及军政人员参加抗旱。

18日 粤北地区各地抗旱工作全面铺开。地方驻军每天动员约1 000人，帮助韶关近郊农民抗灾。据当年报载，翁源天旱闹粮荒，饿死706人。

11月1日 韶关市政府成立，市长萧冠英。韶关市政筹备处撤销，处长朱瑞元去职。

26日 国民党当局逮捕广州儿童剧团全体团员，关押在"基庐"（现韶关市第一中学所在地）监狱。

是日 广东省政府发布令：粤北11县粮食限价提高25%。时韶关早稻米每石746元。

12月25日 粤北运动大会在韶关西河芙蓉山下体育场举行开幕礼，粤北地区15个县、市的运动员共1 000余人到会参加。运动大会会长李汉魂、副会长黄麟书、名誉副会长蒋光鼐均到会。运动会由黄麟书主持开幕式，李汉魂讲话，蒋光鼐宣读了余汉谋的训词，然后进行千人操和滑翔机表演。

27日 日军飞机18架轰炸韶关市及郊区，伤亡数人。同日，韶关市三青团分团部发起知识青年从军运动。

258

29 日　粤北运动大会闭幕。经过 5 天角逐，男子团体冠军为广州大学，女子团体冠军为华英中学，县联男、女团体冠军都是英德县，男子个人冠军黄文英，女子个人冠军邵练娴，县联男子个人冠军张群祥，县联女子个人冠军陈德而。

是月　中共北江特委（驻韶）恢复活动，书记黄松坚。根据上级关于"要由上而下层层恢复党组织"指示，黄先后派何俊才去清西，林名勋去英东，陈枫去滃江，李福海、成崇正去英西，谢永宽去翁源，徐沂去曲江，陈中夫去南雄，进行党组织的恢复工作。至 1945 年 2 月，粤北各县党组织全部恢复活动。

△　在李济深、李汉魂、邹洪的支持下，虚云和尚从曹溪移至乳源，重建云门寺。

此次重建历时 9 年，先后建成殿堂、阁、厅、楼等 180 余间，面积达七千多平方米，后再因年久失修，严重破损。1983 年 4 月 9 日国务院批文称乳源云门寺为著名云门宗祖庭，是全国重点开放寺庙之一。1984 年在社会各方面的支持下，云门寺再次进行更大规模修复工程。至 1987 年竣工的工程有：天王殿、大雄宝殿、禅堂、钟楼、鼓楼、明月楼、客堂、旭日楼、虚云纪念堂、舍利塔及放生池等，建筑面积达九千多平方米。

△　省政府委托珠江水利局分别在乐昌、仁化实施水利灌溉工程。是年，乐昌南乡西坑水灌溉工程和仁化县董塘乡渐溪水灌溉工程分别动工，先后于 1944 年和 1943 年建成，设计灌溉农田分别为 1.08 万亩和 1.92 万亩。

民国三十三年（1944 年）

1 月 1 日　广东省各机关举行贺年团拜，下午在韶关中山公园召开庆祝元旦大会，余汉谋、李汉魂到会讲话。会上韶关各界向余汉谋献万人签名册。晚上，驻韶省政府各单位召开联欢晚会。

2 日　广东省政府进行慰劳抗日军人家属活动，并在风度路设立献金台，2 日共得献金约 100 万元。

5 日　广东省政府招募"抗日远征军"青年从军登记截止，报名人数达242人。梅县南华学院、岭南大学均有学生报名。

8 日 韶关首批报名合格的远征军士兵（大部分为青年学生）在青年馆接受李汉魂会见，会见时李汉魂发表讲话。

9 日 广东省政府为新招募的抗日远征军士兵召开欢送会，会议由李汉俊主持。会后大巡行，晚上在大三元会餐，餐后在醒群戏院看戏。

是日 在潮州招募的150名远征军士兵抵韶关，并在韶关集中地点受训。潮州旅韶同乡会数百人宴请这批潮州远征士兵。

10 日 新招募的全体抗日远征军士兵，登小皇岗山顶歃血为盟，宣誓入团。

12 日 新招募的抗日远征军离开韶关，到指定地点受训。

17 日 夜，日军分三路偷袭南雄，冲入南雄城后，将广东省银行、南雄县银行、粤北茶楼、丽华金铺、华南旅店、雄华书局、保行钟表店、元亨利布店等，尽劫一空，并烧毁房屋100余间，损失不可数计。

18 日 偷袭南雄县城的日军，将县城附近纵横15里的村庄抢掠一空，鸡犬不留，见妇女就强奸，见男人就拉充夫役。

是月 私立南方商业专科学校在韶关黄岗小学开办。校长许崇清。设有财务、会计、银行、工商管理、经济五科。该校于湘桂会战时，迁往连州及梅县。1946年春迁广州东沙路。再迁市郊蚬壳岗，改以黄麟书为校长。新中国成立后，学校并入中南财经学院。

△ 鉴于华南日军策划进犯粤北，中共前北江特委根据中共广东临时省委指示，作出准备开展武装斗争的决定。

2 月 5 日 300多人在曲江县（韶关）政府礼堂召开"农民节"纪念会，会后赠送良种、化肥。6日又举行"家畜比赛"。

16 日 韶关人力车工会举行大罢工，反对市政府颁布的《站程计算表》。经调停，工会同意次日复工。

21 日 国民党中央军委会政治部部长兼三青团中央书记长张治中等4人抵韶，蒋光鼐等1 300人前往迎接。张此行目的：一为视察广东三青团团务；二为检查第七战区军队政治工作。

23 日 张治中等一行出席广东省政府欢迎大会，会后张治中一行参观在韶的生产团、省立文理学院、仲元中学等，并游览南华寺。

是月 韶州枯季暴雨。据《曲江县水利志》记载，当时日雨量达 272 毫米。

春 尹林平派张江明回粤北恢复党组织，准备迎接东纵部队开抵粤北开展武装斗争，并把已经暴露的党员调往东纵。

【尹林平】（1908—1984 年）原名先嵩，曾用名林平、尹利东。江西兴国人。1927 年参加农民协会和赤卫队。1930 年参加中国工农红军。次年加入中国共产党，曾任闽南游击独立大队副大队长、红军独立第三团团长、闽南红军二支队支队长、中共厦门临时工委书记。抗日战争时期，历任中共中央南方工委委员、武装部部长兼外县工委书记、中共广东省委党委兼外省军委会书记、中共东江特委书记兼东江军委会委员、中共广东军政委员会书记、中共广东临时省委书记、东江纵队政委、中共广东区党委书记等。解放战争时期，历任中共中央香港分局副书记、粤赣湘边临时区党委书记、粤赣湘边纵队司令兼政委、中共中央华南分局副书记、广东省支前司令部司令员。新中国成立后，历任中南军政委员会委员，华南军区党委委员兼干部部副部长，广东军区第二政委，中共广东省委交通运输部部长，中共广东省委常委，组织部部长、候补书记、书记处书记，广东省副省长、中共广东省委书记，广东省政协主席，全国政协常委，全国人大代表，中顾委委员，广东省中共党史学会名誉会长等。1984 年 9 月 8 日在京逝世。

3 月初 韶州市政府规定：在骑楼柱旁或铺户门旁摆设纸烟、牙刷、图章、毛巾的摊档，在不妨碍行人原则下可继续摆卖，其余小贩按指定地点集中摆卖。

5 日 韶关童子军在黄田坝青年馆召开纪念会，纪念中国童子军节，会议由黄麟书主持。

6 日 韶关市第一区区长张浚源，因《晨报》记者林世璋报道该区区公所乱收小贩摊位费和自治捐，怀恨在心，将林世璋私囚于区公所内。

7 日 韶城各报记者集会请愿，要求释放《晨报》记者林世璋。同日，市长萧冠英下令将张浚源扣留查办，释放林世璋。

8 日 1 000 多名妇女代表在韶关青年馆召开三八妇女节纪念会，由吴菊芳（李汉魂妻）主持，高信、郑慧芳等讲话。大会致电蒋介石、宋美龄致敬。晚在西线大厦举行游艺会。

22 日 韶关第一区区长张浚源因乱收费、捐，私囚记者被送法庭。4 月 3 日，张浚源被判处有期徒刑 8 个月，后交保释放。

4 月 4 日 韶关各校儿童上午谒见余汉谋、李汉魂，并向其致敬。随后在韶关中山公园开会庆祝儿童节。大会由儿童教养院代表关泌主持。会后还举行演讲、书法比赛，并开放儿童乐园。

7 日 韶关东河坝粤汉铁路发生火车相撞、出轨事件，死 3 人，伤三四十人。

是月 后北江特委特派员李守纯由西江返回韶关，进行后北江党组织的恢复工作。

5 月 21 日 韶关市和曲江县的两个临时参议会（简称"临参会"）同时在曲江县政府礼堂举行开幕礼。曲江县临参会议长为薛汉光，韶关市临参会议长为陈锡余。此前，各县临参会均先后成立。

【薛汉光】（1896—1974 年）广东曲江人，陆军大学学生。参加过东征、北伐。历任连长、参谋、警卫军副官处长、汕头警察局局长、广东省中区绥靖委员会高参。1935 年任曲江县县长。抗战时任第七战区少将参议、韶关警备司令、曲江县参议会议长。抗战胜利后任广东省第三区行政督察专员。后去香港、台湾。

【陈锡余】（1910—1987 年）广东化州人。毕业于广州法政专门学校及广东国民大学，曾任广州《新民报》记者，亚洲通讯社编辑兼外勤、南风通讯员，并任粤、港、京、沪、平、津、汉、渝各地报馆通讯社通讯员。嗣任《大公报》广州分馆主任。1939 年任广东省府参议，旋与曾复明等将香港《大光报》迁赴韶关出版，被推为社长。复赴广州湾（今湛江）创办《大光报》（粤南分版）。继被选为国民党韶关市党部党务监察委员、广东省临时参议会参议员兼驻会委员。1944 年任韶关市临时参议会议长。抗战胜利后，历任《大光报》总社社长、广东《英文新报》董事长、广东国民大学新闻系主任兼教授、文化大学教授、广东省和广州市记者公会常务理事、广东省政府参议。1949 年去香港。

是日 广东省直接税局韶关分局股长林敬孚、陈亮生、彭腾芳 3 人因贪污舞弊被捕。分局长温耀祥被停职查办。

下旬 日本军第四次进犯清远，活埋、打死 2 人，烧毁民房 40 余间，将 2 个村的村民驱赶出村，以作营地；拆掉 4 个村子的全部民房，

用其木材建筑工事和弹药仓库。

夏 尹林平、杨康华根据张江明关于加强粤北武装斗争的建议，先后派党员钟国祥、赵炳权、李树中等回到粤北，与中山大学、广东文理学院、越秀中学等单位的党组织、连县中心县委以及国民党十二集团军政工队部分队员取得联系，通知党员和动员进步青年共600余人，先后前往东江纵队，参加武装斗争。

6月5日 余汉谋在司令长官部总理纪念周上称他守土有责，敌如来犯，誓与粤北共存亡。

6日 韶关开始组织"人民自卫队"。

19日 后北江特委书记李守纯夫妇等4人在韶关被捕。

22日 路易艾黎主办的中国工业生产合作总社韶关分社下属的印刷、樟脑、机器三社的职工邓重行、唐明、杨文晃、朱湛生等13人被捕（被关押在韶关"基庐"，属中统广东调查统计禁闭所）。樟脑工业合作社中共党组织被破坏。

下旬 广东省政府部分机关迁往连县。高等院校则多迁往连县、梅县、兴宁、龙川等县。

是月 得到国民党第七战区挺进第二纵队司令莫雄同意，部分中共党员被安排进入莫在英德、翁源的独立第四大队（大队长陈仁畿）及驻清远回澜乡庙仔岗的第三大队第九中队（中队长赖德林、指导员何俊才）；第二大队第五中队（中队长杜国栋），还有特务第二中队等。此外，南雄"风度大队""浈江三乡抗日自卫队"等也服从中共的领导。

△ 韶关开始疏散人口，部分学校也迁离韶关。

△ 由于粤北党组织尚未恢复活动，始兴县的中共党员陈培兴、吴新民、邓文畴等人，为组织群众抗日，自行组成中共始兴县临时委员会，书记陈培兴。

△ 曲江马坝中陂灌溉工程竣工。该工程于当年1月开工，设计灌溉农田1.6万亩（新中国成立前已被洪水冲垮）。

7月6日 古大存、张鼎丞、方方在延安向中共中央提出《关于开展南方游击战争的意见》，建议华南敌后抗日武装应乘敌移动之机，派出一部向粤北推进，创建粤北抗日根据地。

13日 韶关下达"彻底疏散令"。省政府、省党部、省临时参议会均迁往连县办公。李汉魂及部分职员仍留在韶关工作。

25 日 中共中央致电中共广东省临委和东江军政委员会："敌人进攻广东粤北，我应派出得力干部或武装小队进入日占区，与当地党组织取得联系，大力开展抗日武装斗争，珠江三角洲及其以西地区亦应扩大武装，但在国民党统治区我地下党仍应隐蔽待机。"

是月 在中共地下党员推动下，南雄珠玑巷热心教育人士筹办珠玑中学。该校于 10 月正式开学，校长邓事型。

8 月上旬 中共广东省临委、军政委员会及各区负责人在大鹏半岛土洋村举行会议。会议指出武装斗争是当前的中心工作，决定全面恢复和加强各地党组织的活动，放手发动群众，开展全省抗日游击战争；东江纵队要创立罗浮山以北，翁源以南，东江、北江之间的抗日根据地，先向东江、韩江之间开展，然后延伸至粤闽边和粤赣湘边、粤桂湘边地区。

是月 为实现中共广东省临委的战略设想，东江纵队 400 余人组成北上抗日先遣支队，在邬强支队长率领下向粤北挺进。

【邬强】（1911—1992 年）广东英德人，早年参加革命，解放广东时任珠江作战指挥部副参谋长，新中国成立后历任华南军区南路分区司令员、湛江市军管会主任兼警备司令员、华南军区北江军分区司令员、中南军区广东武装工作部第一副部长、粤中军区司令员、广州军区公安司令部副参谋长、广东省军区副司令员等职。1955 年被授予大校军衔。中国人民革命军事博物馆榜上有其名。

9 月 3 日 中共东纵北上抗日先遣队夜袭清远城，截击日军一〇四师团进攻广西的后续部队，之后退回增城，相机再行北进。

5 日 连县、乳源、乐昌和湖南的宜章、汝城、临武六县国民党政府开会决定：实行六县联防，办事处设在坪石。

18 日 韶关各界在青年馆开会纪念九一八事变 13 周年，会议选举方觉慧担任纪念会主席。韶关城区小贩义卖献金。连县亦有开会纪念。

是月 第七战区成立曲江、乐昌、仁化、乳源守备司令部，以林廷华为司令，准备迎击南下日军的进攻。

【林廷华】（1892—1966 年）琼崖文昌人。保安军校、陆军大学毕业。历任东征军右翼指挥所上尉副官、副连长，国民革命军第四军第

十一师连长、营长，第八路军第五十九师中校团副，广东编遣区上校团长。1932 年任广东南区绥靖公署少将军务处长、代参谋长。1934 年任第一集团军第三军代参谋长、第六十四军参谋长。抗战时任第一五八师师长、第六十五军副军长、第七战区干训团教育长。1944 年任曲仁乐乳守备区司令。1946 年任第九军官总队总队长。授中将军衔后，改任国防部中将部员。1949 年春去香港。1950 年通电起义，回粤任广东省政协委员。

　　△　省政府临时参议会由连县回迁曲江（韶关），部分人员仍留连县工作。部分省府首脑机关计划东迁龙川。逃难到连县人民，也多有迁回韶关。

　　△　私立志锐中学由韶关十里亭迁至始兴县城。校长杨瑜。

　　△　中共前北江特委和新成立的清远县委，组织了一支四五十人的抗日人民武装，通过"挺二"副司令黄桐华的活动，取得"挺二"第三大队第九中队的番号，中队长赖德林（地下党员），指导员何俊才（新任清远县委书记）。

　　△　后北江特委书记李守纯死于狱中。前、后北江特委遂合并为北江特委，以黄松坚、谢永宽分别为正、副书记。

　　△　连山县加田、上帅、小三江、福堂、永丰等地壮族农民在首领谢毓山和臾机平领导下举行暴动，参加者近 3 000 人，成立"新中华民团司令部"，提出"打倒张益民（县长），建立新中华"的口号，直捣国民党县政府。

　　9—10 月间　北江地下党在英德东乡组织了一支以英东中学学生为骨干的抗日人民武装，取得国民党"挺二"第四大队的番号，陈仁畿（地下党员）任大队长。翌年 4 月，该大队编入东江纵队北江支队，大队长陈仁畿，政委谢永宽。他们在英德、青塘、九郎洞、沙口一带开展游击战争，打击日寇。

　　秋　国民党南雄县政府奉令成立南雄县抗日自卫总队，区成立大队，乡成立中队。至 1945 年 4 月，自卫总队缩编为南雄县后备队指挥所预编后备队，其中第十二中队在中共地下党掌握下，积极开展抗日斗争。

　　10 月 1 日　韶关市撤销并入曲江县，市长萧冠英去职，曲江县长黄干英到差。

10 日 广东各界约 1 000 人在韶关黄田坝青年馆召开国庆纪念大会，会议由余汉谋主持，李汉魂讲话。会后活动有献金、劳军、联欢晚会，以及剧宣七队的诗歌朗诵会、曲江县的首届集体结婚仪式。连县的国庆纪念大会由方觉慧主持。

23 日 中共广东省临委召开会议，检讨党组织工作。会议认为粤北省委、南方工委被破坏后，已较好地贯彻了中央关于隐蔽待机的 16 字方针，只有个别地区有十余人被捕。地下党员均已职业化，并经过初步审查。但由于不过组织生活，形成了党内散漫现象。为此，省临委决定中共广东省组织应全面恢复活动，并将输送一批党员、干部去加强部队和游击队的工作。

是月 中共英（德）西（乡）区临工委成立，书记肖少麟。

△ 在张江明积极工作下，迁来粤北的中山大学、文理学院、粤秀中学以及阳山中学、连县中共地下党和国民党十二集团军的部分中共党员和进步青年 500 多人，先后奔赴东江纵队参加武装斗争。

11 月 1 日 日本中国派遣军第六方面军制订打通粤汉铁路南段作战计划，决定于 1945 年 1 月中旬发动，以日第二十军、第二十三军攻占粤汉铁路南段；以另一部摧毁江西遂川、赣州地区的美国空军基地。具体部署是以第四十师团攻占韶关以北的粤汉铁路路段，第二十七师团攻遂川、赣州，第二十三军集结于清远，攻占韶关以南铁路路段。

4 日 韶关恢复计口授盐，每斤 47 元。原定即日起实行，后推迟至 12 月 1 日实施。

5 日 国民党韶关市党部撤销，由曲江县党部接收。曲江县党部被作为"示范县党部"。市政府撤销后，编余人员领不到遣散费，成为当时韶关一大问题。韶关市市长萧冠英曾谒见李汉魂主席，请予解决。

10 日 八路军一二〇师三五九旅主力 4 000 余人组成南下支队，遵照中共中央南下湘粤赣边开辟五岭抗日根据地指示，在王震、王首道率领下，从延安挥师南下。

是月 中共英（德）东（乡）县工委成立，书记林名勋。

冬 鉴于北江中共党组织已基本得到恢复，中共广东省临委决定再度成立中共北江特委，书记黄松坚，组织部长林华康，宣传部长饶华。特委机关设在英德浛洸圩。为发展党的外围组织，中共北江特委

制定《抗日青年同盟章程》，并在北江地区成立抗日青年同盟（简称"抗盟"），后改为民主青年同盟（简称"青盟"）。一批党领导的抗日武装、组织也在此时期成立。包括：东江纵队北江支队新丰大队，大队长郑大东，政委龙景山；滃江三乡（兴礼、联升、联卫）抗日自卫委员会，该会由爱国民主人士黄开山任主任委员，自卫委员会下设三乡抗日自卫大队，由中共党员黄渠成任大队长。

【黄渠成】（1917—1948 年）曾用名卓。广东佛冈人。早年曾在国民党部队参加抗日。后加入中国共产党，曾任中共清（远）佛（冈）特别支部委员。1943 年入读中山大学。翌年弃学，在中共滃江县委工作。1945 年领导武装起义，任滃江人民抗日游击大队大队长。抗战胜利后，曾在澳门、中山执教。1947 年重回滃江，任清（远）从（化）佛（冈）人民义勇大队大队长兼中共清从花佛边区工委书记。1948 年任中共清从花佛边区县委委员、人民解放军北江支队第四团团长，5 月在从化牺牲。

12 月　曲江（韶关）县参议会通过《恢复公娼案》，曲江舆论哗然。妇女团体反对，县长声称不予执行。据调查当时韶关有娼妓 4 000 多人，其中以湘籍人最多，本地人次之，港澳沦陷区来者也有。娼妓有上流、下等之分。

是月　中共英（德）曲（江）边区工委成立，负责人肖少麟（兼）。徐沂任中共曲江县特派员。梁泗源任中共新丰县县委书记。

是年　珠江水利局在曲江县（今韶关市区）首次设立水文管理机构——广东水文总站。至次年水文总站撤销，另成立珠江水利局水文总站。

△　曲江县老狱水库开工兴建，库容 120 万立方米，为广东省第一座百万立方米以上的水库，计划灌溉耕地 5 000 亩，由省建设厅主办。工程仅完成一半，因抗日战争而停顿。抗战胜利后，继续兴建，1948 年春完成，但于当年 5 月遭洪水冲毁。

民国三十四年（1945 年）

1 月 11 日　驻广西日军第四十师团由广西恭城、富川、道县经蓝山犯宜章、坪石、乐昌。日军在粤赣湘边区发动战役开始。

是日 为打通粤汉线，夺取江西遂川、赣州等地机场，以免盟军飞机利用机场，并防备美军在华南登陆，日军兵分5路，分别从桂南、湘南，以及广州、四会，向粤北重镇韶关发动进攻。

13日 日军第四十师团，由湖南道县向粤境连州东陂、星子进犯。

18日 北路日军向坪石、乐昌进犯，第三次粤北会战乐（昌）坪（石）保卫战开始。

【乐坪保卫战】1945年1月18日，北路日军第四十师团从迳口潜窜狮子岩（罗家渡南），向梅花街方面进击，与乐、仁、乳守备区（司令林廷华）所部一六〇师四七八团遭遇。至傍晚，日军一部百余人被困于狮子岩山洞内。是夜，另一路日军与一六〇所部四八〇团在三拱桥附近发生激战，午夜，四八〇团转至泗公坑附近，协同四七八团围攻狮子岩日军。19日，四七八团组成精干突击队，对狮子岩日军发起攻击，至夜，另一路日军700余人由白面窜抵罗家渡附近，威胁四七八团侧翼，四七八团被迫转至太平墟附近。同日，日军一部500余人窜抵乳源属之沙坪墟，续向出水岩窜扰，有进犯乐昌模样，宜章西北日军六七百人在与友军激战后续向南窜进，乐仁乳守备区司令林廷华即令放弃粤汉路坪乐北段，将部队收缩至乐昌。20日，占据沙坪日军窜至后岗、大小岗，与四八〇团在张溪祠附近发生激战，激战至晚，日军增兵六七百人，仍未能夺取张溪祠附近高地。21日拂晓，日军再次发动猛攻，守军第八连队溃散，张溪祠一带被日军占领。是日，一路日军绕道永济桥越过武江，窜至老虎头、兔子岩一带；另一路日军则由糖寮附近偷渡，企图窜扰乐昌市区。乐仁乳守备区司令林廷华遂令四七八团于22日午时前开抵乐昌防守。但该命令并未迅速下达，以致延误战机。21日夜，日军对乐昌展开攻击，为固守乐昌县城，林廷华命四八〇团一部为右区，占领鹅湾、中心山、三栋屋沿铁路城墙至河边一线，以一部占领城门附近；保安第三大队附乐昌自卫警察等为左地区，占领乐昌河左岸沿河边至沙堤市、刘村坝一线，四七八团第六连为预备队置于江下附近。22日晨，日军向乐昌城门发动进攻，并于午后占领城门，一度冲入乐昌市区。一路日军也由水南方面向北岸渡江，另一路由城西北沿铁路左侧向乐昌守军取包围态势。23日，日军第四十师团主力抵达坪石，一部东进至廊田，对乐昌采取完全包围态势，另一部则越过乐昌向韶关急进。对此不利态势，乐仁乳守备区部队遂于 23 日夜向东北地区转进，以四八〇团转至鱼子塘、长岗墩一线，其余各部转移至白石岭附近。午夜，乐昌县城被日军占领，乐坪保卫战结束。据战后统计，乐坪保卫战国民党军毙伤日军 130 余人。

21 日 南路日军 5 000 余人由广州北犯粤北，清（远）佛（冈）阻击战开始。

【清佛阻击战】21 日，南路日军独立第八旅团及一〇四师团一部 5 000 余人，进犯粤北，其先头部队于 20 日向清远、佛冈进犯。21 日晨，日军千余人首先向滠江南岸狐狪山进犯，以一部经白石坳向岭仔脚前进，另一部向桂头前进，其主力则沿粤汉铁路北进。时担任清远、佛冈防守的部队，为第七战区第六十五军的一五四师、独立第二十旅第一团等部。其中，一五四师的四六〇团、四六一团和独立第二十旅第一团担任北江东岸横石亘滠江口、关前、汤塘、棋盘山间粤北正面第一阵地带守备，一五四师之四六二团则进出高桥、官庄西南地区。从凌晨开始，日军首先攻破滠江南岸防线，迫使守备部队退至北岸防守。下午 3 时，日军强渡滠江口，与守备部队四六一团第二连前哨排展开激战，日军以猛烈炮火轰击守备尖峰顶高地，经两个多小时激战，前哨排将士全部牺牲，日军占领尖峰顶。18 时，日军分由糖寮、邓家沙渡过滠江口，向黄鹿角、佛子坳、黑鹰岭、大松岗等阵地攻击。至晚，大松岗阵地为日军突破。22 日凌晨，四六一团派出两个连向大松岗阵地反击，激战至 5 时，伤亡颇大，未能夺回防地。22 日上午 9 时，日军千余人由北江西岸黄洞口、峡州渡过东岸，分向竹园围、下岳及大岭等阵地攻击。四六一团除以一部防守大岭外，主力转移至大岭头、网形顶一线。下午 2 时，日军以猛烈炮火掩护，猛攻大岭阵地，战至次日凌晨，大岭头、网形顶阵地均被日军占领。23 日，日军续向新田脑、下茅田等处袭击。另一股数百人则向清平古庙进犯，为避免不利态势，四六一团撤守大坝、头埔、移山一线，其一部占领刘屋背、龙蟠、大塘等处警戒阵地；以四六二团及独二十旅第一团集结佛冈石角附近。24 日晨，日军一部向龙蟠前进，与守备警戒部队接触；另一部向大坝阵地进攻，被拒止。日军主力千余人于上午 8 时后到达龙蟠附近，旋向下吠方面开去。至下午，日军数千人集结旱塘附近，其一部700余人向大坝、头埔阵地进攻，下午四时，大坝被日军突破。四六一团遂转移南岗、烂墟，四六〇团转移水头附近，独二十旅第一团则集结大陂。由龙蟠向下吷开进之敌，其先头400人于午后窜抵高奄、塘埔、角公岭、营下等地，与据守在此地的第六十五军工兵营及独二十旅第一营接触，守军竭力拒止，至晚，守军撤至分水坳、白石坳、大挞浪一线。25日，佛冈日军全部向下吷方向开去，龙蟠附近已无敌踪。一五四师及独二十旅第一团遂奉命向坝了、陂头地区转移，清佛战役结束。据战后统计，此役共毙伤日军800余人。

中旬 广东省政府机关由韶关、连县迁到龙川。

△ 迁至始兴县城的志锐中学由县城迁往始兴清化。

24日 日本侵略军进犯韶关，曲江仲元中学校长梁镜尧父子率领师生员工30多人，在曲江抗击日军，不幸中弹殉国。

是日 日军一部进抵韶关莲花山，韶关保卫战开始。

【韶关保卫战】24日凌晨，南路日军第一〇四师团一部先期抵达韶关，并击溃负责警戒韶关的守备军一部，到达南郊四公里的莲花山脚。接着，日军继续向韶关城区推进，受到韶关城区南面守备部队的猛烈反击。凌晨六时许，日军重新调整部署，再次向韶关城区发动进攻，这时，天色渐明，驻守城区帽子峰的守备部队先以炮火向进攻的日军轰击，随后，城区各方位驻军的迫击炮、山炮、速射炮齐发，向日军展开攻击。为阻止日军渐次向北推进，驻守东河（韶关火车站以南地区）的城防守备部队一部，与日军在鹤涌一带展开激烈的高地争夺战。上午10时余，日军以战死一军曹、伤亡10多人的代价，占领火车站以南地区的高地。日军在控制火车站南端高地后，尾随后退的城防守备部队，沿铁路线向韶关火车站推进。接近正午，城防守备部队再次与日军展开火车站争夺战，经过数回合短兵相接，日军以人数优势占领韶关火车站。

日军占领火车站之后，即展开对韶关城区的攻击，企图通过曲江大桥向韶关市内突击，但受到韶关城区内守城部队的顽强抵抗，猛烈的炮火使日军无法前进。正午过后，日军暂停对韶关市内城区的攻击，在鹤涌附近集结，准备利用夜晚在南郊强行渡河攻占韶关市内。24日夜8时许，日军兵分两路从曲江桥南侧至两江汇合处开始涉渡，一路日军在位于两江汇合点的沙滩（即宝塔脚）展开攻击，另一路日军则

利用抢劫的民船在上宝墟村（浈江一侧）强行渡河，对韶城市区展开攻击。攻击两江汇合点的日军，首先攻破宝塔脚的第一线阵地，并占领两江汇合点的小岛，乘船攻击的日军则利用渡船，靠近城防守军河防工事（碉堡），不断投掷手榴弹，守军在应战几阵之后，留下部分人，其余人员全部退至第二防线（当时的飞机场）。是夜，为防止日军从陆地攻击，城防守备部队炸毁曲江桥。与此同时，从英德沙口进击韶关的日军主力独立八旅团，也陆续到达韶关河西，开始对河西村庄的洗劫。

25日，担任主攻的第一〇四师日军，从韶关市区最南端（现中山公园，原飞机场），开始对韶关市区发起猛烈攻击。正午前，日军完成渡河的进袭，开始对城区第二防线进行突击，并逐次占领，至傍晚，日军基本攻占城防周边工事，韶关防守阵线只剩下沿浈江、武江通向市区入口处的碉堡及市区街面的一些铁丝网。但驻守韶关的军民，仍利用市街高层房屋阻击日军的进攻。25日夜，为防止日军从南端到东河一侧切断守城部队退路，城防部队炸毁了粤汉铁路横跨浈江的铁桥。

26日拂晓，日军开始对韶关城区进行全面进攻。在火车站一侧的部分日军首先占领东郊的老蟹山，并在鹤涌北侧使用重机枪、大炮支援进攻城区的日军部队，对市内高层楼房进行破坏射击。守城军民利用街巷工事与日军展开巷战。正午过后，进攻城区的部分日军进入韶关市区街道，南线日军的支援炮火，转向攻击帽子峰守城部队炮兵阵地。此时，守城部队开始利用街道两侧房屋对入城的日军进行攻击，迫使日军无法在市内马路前进，只得一面破坏道路两侧的房屋，一面接近市内大街城防工事，反复冲杀前进。此间，在中央大街（今风度路），城防守军与入城的日军进行了约一个小时的白刃战。傍晚，从乐昌南下的日军第四十师团先遣队到达韶关，并从北面对韶关城区展开攻击，使韶关市区完全处于日军的南北夹击之下。在此情况下，守城部队开始向市区北侧防线收缩。26日夜，驻守韶关的城防部队决定放弃城区，向始兴、南雄方向撤退。

27日拂晓，日军主力在浈江铁桥上游涉过浈江河水，并向良村南侧高地和皇冈山挺进，企图切断城防部队的退路，但城防部队早在拂晓前通过了该地。正午，南路日军主力进入韶关市区。傍晚，日军一〇四师团攻城主力也进入韶关，其步炮兵、野炮兵占领帽子峰。南、

271

北日军会师后，粤汉铁路南段被打通，日军马不停蹄进攻始兴与南雄。2月1日，日军独立第八旅团把司令部设在韶关，至此，韶关保卫战结束。据战后统计，韶关保卫战一役，守韶国民党军共毙伤日军千余人。

28日 攻占韶关日军开始攻击始兴，南（雄）始（兴）阻击战开始。

【南始阻击战】28日，日军第四十师团一个联队3 000余人由九峰南窜。同时，占领韶关的日军亦向以东地区集结，与日军第四十师团沿南韶公路东进，进犯始兴、南雄。战斗首先在始兴方面打响。担任始兴方面守备的是国民党第六十三军（军长张瑞贵）。该军于一月中旬由从化、增城转移至新丰、梅坑附近，策应各方面作战。韶关失守前，该军由新丰经坝仔至始兴江口、罗坑一带，占领阵地，防敌东犯。韶关失守后，该军为掩护赣南要地，将其兵力布防在始兴。30日晨7时，日军一部百余人窜至水南村，与一五三师四五九团警戒部队接触。9时，日军增兵百余，窜至茶松山，与该团第三营展开激战。12时，日军再增兵500余人，攻占高基岭、打石顶。午后，日军主力后续部队千余人进抵茶松山附近。31日晨起，日军全面来犯，其一部400余人犯古坑，与四五七师警戒部队接触，旋进占刘屋岭，窜至花山附近。攻占高基岭的日军亦于8时30分窜至小江坝，并向东湖坪强渡。下午1时，日军另一部500余人由江口墟向塔岗岭前进，为四五八团第三营阻击。2月1日晨，日军分三路对始兴展开全面攻击。四五九团所在横翠岗、狮石子阵地为日军突破，该团转至天子地、长坑俚一线，该团第三营则向始兴转进。至午，日军500余人续陷天子地，该团再后撤至斜潭铺、乌石背、赤土岭、富村湾一线；与此同时，守备始兴县城的四五八团，亦与沿公路进犯的日军千余人展开激战。另一路日军便衣队六七十人也于凌晨乘大雾向四五七团独峰阵地进犯。下午，日军一部400余人由狮石下渡过罗所，为守军击退。至下午6时，守军退守于大井头、杨公岭、谢公山一线，策应守城部队作战。是日，一五三师整日全线与日军激战，至下午7时，一五三师奉令由南韶公路转移，但混战中联络中断，命令迟滞，各部队均不能依时抵达指定地点。至次日7时，一五三师仅率直属队到达马子坳附近。始兴亦于2月2日为日军占领。

当始兴方面打响时，由九峰南下的日军四十师团一部亦于 31 日向仁化、扶溪、百顺方向东进，其先头部队 500 余人于 2 月 2 日进抵苍石（南雄西北约 70 公里）。占领始兴的日军四十师一个联队亦于 3 日向庙背岭、河岭（南雄西南约 15 公里）等处进攻。

防守南雄的为曲江警备军所部。该部自韶关突围后，即奉令于 2 月 1 日到达南雄附近，旋开至古录、修仁一带布防，其主力一八七师占领老虎头、横田唇、茅昌寨、古录、庙背岭亘河岭一线，十二集团军教导团及一五八师四七二团第二营布防在南雄县城内。2 月 2 日，日军先头部队 500 余人抵达苍石，受到苍石守军阻击。下午，日军向苍石高地再次发动猛攻。激战 3 小时，日军始终未能攻下。与此同时，另一股日军也向莲塘良西端高地进犯，激战多时，也始终未能攻下。3 日凌晨，苍石守军除留一连守原阵地外，以一个营兵力由虎头山进出苍石西南向敌包围，以一部兵力由苍石高地北侧进击，与敌展开激战，毙伤日军甚众。正予围歼，日军增援部队赶到，向我猛扑，呈混战状态。战至 3 日上午 9 时，日军以一股绕出暖水塘，一股绕出莲塘良西南端，对守军进行反包围。下午 1 时，守军变换阵地于断龙头南北一线，转移中，受日军袭击。至下午 4 时，苍石守军陷入日军包围之中，伤亡惨重，激战至晚上 10 时，该团才突出日军包围，向南雄东水口方面转进。与此同时，在园墩顶、庙背岭、观音岭、黄竹塘等处，其他守备部队也与日军展开激战，战至下午 6 时，各阵地相继为日军所突破。黄昏时分，守军拟准备调整部署，予日军展开反击，但据报始兴已续到日军 7 000 余人，同时苍石的日军亦增至 4 000 人，其一部正向南雄疾趋。守军以腹背受敌，作战不利，遂向江头转进。是日夜南雄为日军占领。至此，南始阻击战结束。据战后统计，南始一役，共毙伤日军百余人，俘虏 1 人。

是月 中共地下党员罗玉麟、杨维常、梁展如和开明人士杨际春等人，在曲江成立"曲江联乡（马坝、乌石、沙溪）抗日自卫委员会"，主任杨际春，副主任梁展如、杨维常、郭耀庭。委员会下辖三个武装大队。在曲江周田，数乡抗日武装在建峰滩截击从南雄南下的日军运粮船，击毙日军数人，生俘一人，缴获机枪一挺，以及粮食等物资一大批。

2 月 3 日 南雄陷落，第三次粤北会战同时结束。

是日　广东省政府主席李汉魂以乳源县县长王辉、乐昌县县长詹宝光两人在第三次粤北会战中抗敌有功，传令各记大功 1 次；乐昌、乳源、连县 3 个县各发给 10 万元，以为奖励。

　　【詹宝光】（1903—1953 年）广东连州人，中央军校毕业。曾任第十九路军连长、驻闽绥靖公署副官处上校科长、第一集团军总司令部参谋、曲江防空指挥部少将指挥官兼情报所长、中央训练团少将中队副中队长、广东省地方行政干部训练团少将大队长。嗣历任乐昌、连山、连州等县县长。1953 年被错杀。

　　4 日　被李汉魂记大功的乳源县县长王辉率兵洗劫云门洞乡村。

　　是日　日军从南雄继续北上，向江西大庾、南康前进，北路日军 6 日占江西赣县，8 日南北日军会师新城，粤境战争结束。

　　第三次粤北会战是湘粤赣战役中发生在粤境段战役的总称。此次会战自 1 月 18 日始，至 2 月 3 日结束，共历时 17 天。在这场会战中，前后经历了乐（昌）坪（石）保卫战、清（远）佛（冈）阻击战、韶关保卫战及南（雄）始（兴）阻击战等战役。这次会战日军投入的部队主力有第四十师团、第一〇四师团和独立第八旅团，总兵力 2 万余人。国民党军参战队伍是第十二集团军及地方守备部队，兵力 3.6 万余人。会战中，第七战区司令长官部由韶关迁往江西龙南、寻乌及广东省兴宁；第十二集团军总部迁南雄，日军攻占南雄后又迁往三南地区。广东省政府则迁往龙川，后再迁平远大拓，部分省级机关、社团迁往连县。

　　【第三次粤北会战我军指挥系统】第七战区司令余汉谋，副司令长官蒋光鼐，参谋长林薰南。第十二集团军总司令余汉谋兼，副总司令徐景唐、张达，参谋长梁世骥。①第六十三军军长张瑞贵，下属第一五二师师长陈见田，第一五三师师长欧鸿，独立第九旅旅长陈师。②第六十五军军长黄国梁，下属第一五二师师长郭永镳，挺进第四纵队伍观淇，独立第二十旅第一团及水雷队。③独立第二十旅旅长蒋武。④惠淡守备区指挥官宋仕台。⑤曲江守备军指挥官李振。下属第一八七师师长张光琼，曲江城防指挥官张泽琛，补充第一团，宪兵第十六团。⑥乐仁乳守备区司令林廷华，下属第一六〇师师长莫福如，保安第三大队（第一六〇师隶属第九战区）。⑦闽粤赣边区总司令香翰屏，副总司令欧阳驹，下属第一八六师师长李卓元，海陆丰守备区指挥官

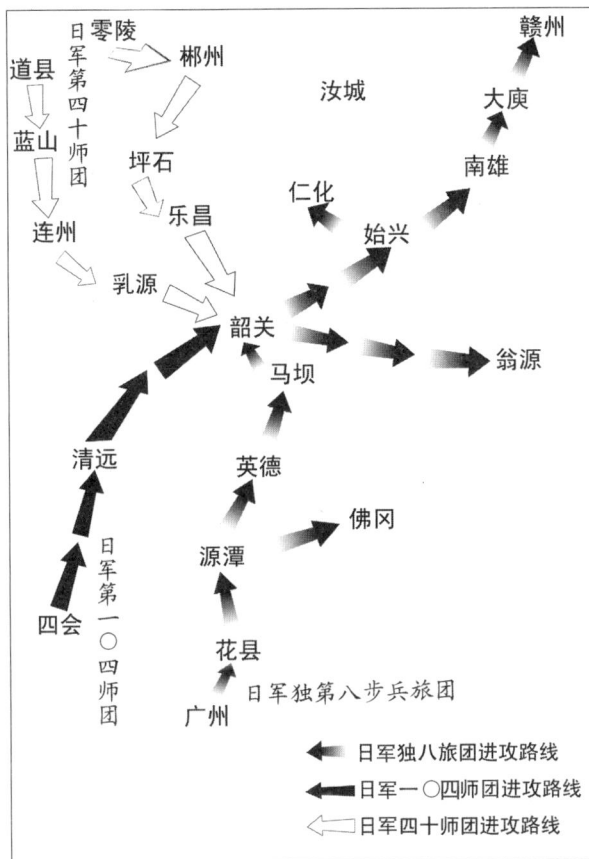

第三次粤北会战日军进军图（1945 年 1 月 18 日—2 月 14 日）

唐拔，挺进第一纵队林朱梁。第三十五集团军北江西岸指挥所主任邹洪，下属挺进第二纵队，别动军第一纵队，预备第六师第十六团。独立第九旅第六二五团。第三十五集团军西江南路指挥所主任朱晖日，下属第一五八师师长刘栋材，广阳守备区李江（后李务滋）。琼崖守备区司令王毅，下属守备第一团、完备第二团、保安第六团、保安第七团。教导团粤桂江防司令黄文田。工兵第十六团。通讯兵团。广东绥靖公署主任余汉谋（下辖保安团）。第七战区第六十二军、第六十四军的 6 个师仍隶第三十五集团军，由第四战区张发奎指挥，4 月改隶第二方面军建制，由陆军总司令部指挥。

【李振】（1900—1988 年）原名晋坤，字载宏。广东兴宁人。早年追随孙中山从事民主革命活动，曾任营长、团长。1936 年任国民党第四路军少将旅长。嗣入读南京陆军大学。1938 年任第一八六师师长，率部在广东抗日，后任第六十五军副军长。1945 年 9 月任第六十五军中将军长，率部离粤赴浙。解放战争时期，参加内战，1948 年 10 月升任国民党第十八兵团司令兼第六十五军军长。1949 年 12 月率部开赴成都，旋率部起义。新中国成立后，历任川东军区副司令、西南军区高参室副主任、全国政协委员、民革中央常委等。1988 年 1 月病逝于成都。著有《三十七年戎马生涯》。

【第三次粤北会战日军指挥系统】南支派遣军司令官兼第二十三军军长田中久一，下属：①第一〇四师团师团长本藤知文，辖 7 个联队；②独立第八步兵旅团；③独立第十三步兵旅团；④独立第十九混成旅团；⑤独立第二十二混成旅团；⑥香港防卫队司令官足立重郎；⑦海南岛守备队司令官松木；⑧由湖南来犯的日本军第四十师团，师团长宫泽；⑨第二十三军直属队。

16 日 第七战区部队收复翁源县城。

月底 由中共广东省临委委员梁广率领的东江纵队北江支队（支队长邬强，政委李东明）和西北支队（支队长蔡国梁，政委邓楚白）从增城北上英德，在鱼湾坝子召开两个支队和路东工委的各级干部会议，传达上级指示，决定北江支队与北江特委掌握的"挺二"第四大队汇合，共同开辟英德、佛冈、新丰、翁源抗日根据地；西北支队则开往清远，与北江特委掌握的"挺二"第五、第九两个中队汇合，开辟清远英德抗日根据地。

为加强领导粤北敌后人民抗日斗争，1945 年 1 月中共广东省临时委员会作出决定：①领导机关迁往罗浮山；②派出东江纵队两支部队进入粤北地区开展武装斗争。根据临委决定，2 月底，东江纵队北江支队和西北支队进入北江地区开始建立抗日根据地。依照分工，由邬强、李东明领导的北江支队，进驻曲江联乡抗日自卫委员会（领导人为杨际春、梁展如、郭濯廷、罗玉麟、杨维常），在粤汉路东开辟英德、翁源、新丰、佛冈抗日根据地。由蔡国梁、邓楚白率领西北支队，向英德、清远挺进，攻占横石墟、高田、石鼓墩，袭击往来于北江的日伪船只，建立以文洞为中心的抗日根据地，并向小北江发展。

是月 南雄县抗日自卫队第十二队在特派员陈中夫率领下，在珠玑、里东、湖口一带开展游击战争，打击抢粮、抓丁的日伪军，并在雄庾公路上截击日伪军的运输车辆。

△ 始兴沦陷后，县风度小学（创办人张发奎）的部分师生在中

国共产党领导下，在县参议长、前校长张光弟和校长全赉靖的支持下，成立"风度抗日独立分队"，与该县的其他抗日游击队一道，到处袭击敌人。

春　中共浛江县委成立，书记先后为陈枫、李云。

3月3日　因不满乳源县县长王辉洗劫云门洞乡村，云峰、鼓大、九仙农民千余人攻打进乳源县城，县长王辉出逃，县政府瘫痪。

4日　从国民党韶关"基庐"转押去南雄监狱的共产党员和革命青年邓重行、谈星、赵准生、张乃钦、陆素等12人越狱，逃到始兴风度学校找到党组织，在中共始兴县工委帮助下，安全转移到驻英德的中共北江特委路东工委。

15日　陈修爵出任日伪"曲江县复兴善后委员会"主任。后改称伪曲江县县长。

【陈修爵】（1891—1968年）广东阳江人，1917年援闽粤军成立，任连长、统领。曾参加粤军援闽、回师驱桂战役。1921年任粤军第一师第三团团长，嗣率部参加北伐，次年陈炯明叛变，率部脱离北伐军，投靠陈炯明，并请缨参加阻击北伐军回师。后升任陈军第一师旅长、第十一师师长。1923年退守东江上游，与广州革命政府对抗，并多次参与陈军进犯广州。1925年10月被东征军击溃，败退赣南。后投靠张宗昌，任直鲁联军第十八军军长。抗日战争时期，曾任两阳游击司令、两阳抗日民众自卫团统率委员会副主任、阳江县县长等。

16日　中共中央批准中共广东省临委部署，西北支队由清远、英德向连阳及湘桂边推进；北江支队由英德、翁源向曲江、南雄及湘赣边推进；中区向沿海及阳江、阳春发展，经南路向粤桂边推进；罗浮山部队要开辟增城、龙门、博罗局面，开辟南昆山新区；惠阳部队向惠东、揭阳推进，与潮汕、闽西南抗日武装取得联系；南海、番禺、顺德、中山、三水、东莞、宝安部队要形成包围广州态势。以上布置，以国民党在粤西北兵力空虚，故应以粤桂湘边发展为重点。

4月初　驻韶日军一部由韶关出发，进犯翁源、官渡、三华。

5日　进犯翁源日军占领新丰。后再经梅坑占领龙门、平陵。

6日　美空军空袭、轰炸韶关、曲江大坑口等地，阻止日军赶修韶关机场和粤汉铁路。

18日　粤北日伪政权组织成立，计有伪韶关市政府，市长张浚

277

源；清远维持会，会长陈汉彬；英德伪善后整理战地委员会，会长宋浩阳；乐昌伪前进复兴委员会，顾问陈锡源；坪石伪复兴委员会，会长翟文田；伪曲江县政府，县长陈修爵等。

19 日 国民党军一部在乐昌突袭日军取得胜利，歼灭日军 150 余人。

中旬 驻粤日军华南派遣军司令部及伪广东省政府迁往韶关。日军驻粤本部限令日侨于 5 月 1 日前疏散完毕。

下旬 北江西岸指挥官薛汉光率领曲江武江西岸民众抗日自卫队先后在大塘、梅子坝、白沙圩袭扰日伪军。

月底 国民党顽军英（德）佛（冈）新（丰）游击指挥官曾肇基，率一五三师一个团和地方反动武装共 1 000 余人，向英东解放区进攻。北江支队主力大队与蓝田大队一部以及陈仁畿大队，于佛冈三江圩、烟岭前所村、鱼湾坝子、白沙和迴龙等地，采用迂回侧击、前后夹击的战术，经两昼夜战斗，歼敌近 200 人，俘获敌副指挥官廖毓清，逼敌向新丰逃遁，从而进一步扩大和巩固英东解放区。

是月 为开辟英东抗日根据地，北江支队与国民党顽军多次发生战斗。其中：北江支队冲击国民党在英东桥头召开的群众大会会场，生俘后又释放英德国民兵团副团长胡杰夫等 30 余人；打败翁源县大队陈可权部和游击指挥官曾肇基部；在潭头俘虏英（德）佛（冈）新（丰）游击副指挥官廖毓清；在英德望埠、翁源狮子岭等地与国民党军作战等，为开辟英东抗日根据地，组编由中共领导的佛冈大队、新丰大队、沙口独立中队以及曲（江）南（雄）大队等抗日武装，起到积极推动作用。

△ 北江支队支队长邬强、政委李东明率民运股长黄琴、政工队队长杨行等，到英东地区开展统战和民运工作，先后建立了文光、黄塘、新兴等七个乡抗日民主政权——抗日动员委员会。中共北江特委为加强粤汉铁路以东地区（从滃、佛冈、英东、翁源、曲江、仁化、始兴、南雄）党的工作及武装斗争的领导，成立中共路东工委，为特委的派出机构，书记谢永宽，委员陈枫、吴震乾、黄若潮。

△ 北江支队主力大队在粤汉铁路沿线的望埠、沙口、大坑口向日军据点展开破袭战，毙伤望埠伪区公所和伪联防队十余人，俘敌 20 余人；毙伤沙口据点日军十余人；毙伤大坑口据点日军十余人，伪联

防队 20 余人。不久，主力大队在大镇民兵自卫队的配合下，在金山径一带，击退日伪军的报复性扫荡进攻，毙伤日伪军 30 多人，缴获战马两匹，使河头至大坑口铁路段陷于瘫痪。

5 月 3 日　日军一部自韶关进犯乳源，到达汤盘水。后一度被我军收复。

6 日　日军占领乳源县城，乳源沦陷。

9 日　始兴人民风度抗日自卫队击溃国民党顽军"围剿"。下午，日军进犯始兴县城，被击退。

是日　国民党始兴县政府命令该县国民党兵团团长吴应基和警察中队长刘道平带团警 100 多人，会同国民党八约乡乡长及其自卫队，"围剿"抗日根据地外营村。始兴风度抗日自卫队与外营民兵奋起自卫，将其击退。

13 日　始兴县政府抗日自卫队、风度小学抗日独立分队等脱离国民党，成立"始兴人民风度抗日自卫大队"，大队长吴新民，副大队长郑屏，政委周耿光（兼中共始兴县县委书记），下辖 7 个分队。

18 日　曲江联乡抗日委员会第一大队在南华塔子坳伏击百余名日军，击毙日军 10 多人。

25 日　曲江联乡抗日委员会第一大队和第三大队在马坝至沙溪的大路上分点伏击前来扫荡报复的日军，毙伤敌人七八人。

夏　在中共潖江工委的领导下，公开宣布成立潖江人民抗日义勇大队，大队长黄渠成，特派员黄信明。

6 月 1 日　驻曲江日军第二十七师团东进，参加日军发动的赣南战役。

【赣南战役】自打通粤汉线后，为再打通粤湘交通线，日军于 5 月底动用 2.7 万余兵力，分别由南（惠阳一线）、西（曲江一线）、北（赣南一线）三个方向包围第七战区部队于江西三南地区，以企图全歼之。为此，第七战区司令长官余汉谋也动员了 3.3 万余兵力与日军周旋。5 月 23 日，南线日军由惠阳出发，逐次向粤赣边挺进。北线驻赣南日军也以第二十七师团独立第二联队千余人从赣州南犯，并逐次向南挺进。西线驻曲江日军第二十七师团一部也向东挺进。由此展开赣南战役。

279

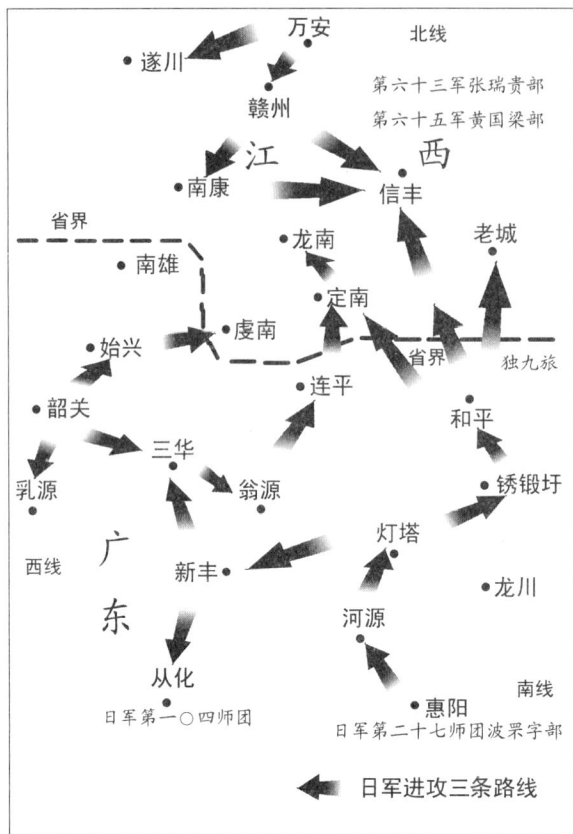

赣南战役日军进攻路线图（1945年5月23日—7月2日）

2日 西线驻曲江日军第二十七师团一部，经大坑口占领翁源三华。

4日 新丰人民抗日游击队在福水村成立，共有70余人，大队长郑大东。

6日 新丰人民抗日游击队袭击国民党军银珠岩军械库，缴获步枪16支、手提机关枪2挺、马克沁重机枪预备筒13支、掷弹筒15个、手榴弹110多箱、子弹160多箱和军用物资300多担。

10日 经激战，西线日军攻陷连平。日军又由连平、始兴、新丰分三路进犯江西，国民党军第六十三军张瑞贵部、第六十五军黄国梁部分头阻击。

12日 新丰人民抗日游击队在郑大东的率领下，在百叟昌隆背后袭击日寇，伤敌7人。

16日 中共中央指示中共广东省临委："南华战略根据地不能限

于东江地区"，"应以湘、粤、赣边区为中心，并可东联闽粤赣，西联湘粤桂"。中央还指示："派遣大的有力部队，由负责同志率领，随带大批干部迅向北江地区发展，直至坪石、南雄之线"，准备和王震、文年生南下部队打成一片（第二批南下支队文年生部后停止南下）。8月4日和10日，中央又连续指示广东区党委，要以极大速度向粤北发展。

29日 为惩治国民党始兴县当局，始兴风度大队和外营、北山、澄江等地抗日游击队共600多人，向始兴清化桃村坝国民党地方武装展开攻击，战斗取得重大胜利：①一批顽固坚持破坏抗战和反共活动的人物受到惩罚；②张光弟、田章等一批被扣押革命同志和群众被营救出狱；③促使国民党军一个中队起义；④歼灭国民党军两个中队，缴获机枪三挺、步枪200多支、弹药物资一批和电台一部。

是月 东江纵队北江支队、西北支队在粤北与国民党军开展斗争情况：①北江支队主力和陈仁畿大队各一部，在翁城至官渡公路旁的狮子岭伏击国民党军翁源县大队陈翠洲中队，毙伤敌20余人，俘中队长陈翠洲以下30余人；②由刘黑仔率领的西北支队部分队伍，袭击了清远附近石古墩的国民党军，歼敌30余人；③西北支队和抗日同盟军亦在迳口袭击国民党军，歼敌一个中队，缴获武器、物资一大批；④西北支队袭击设在龙颈墟的国民党清远反动武装，破坏敌人"围剿"文洞抗日根据地的计划。在打击国民党军的同时，西北支队还在不断向日军发动攻势，在北江袭击日军机动船队，接着攻打横石、高田，多次粉碎敌伪的进攻，游击队活动范围也不断扩大。

△ 驻韶关日军进犯曲江花坪、大耙山、龟塘洞、推理村、山塘尾、重阳、李子园等村落，居民起而抵抗，日军血洗各村。

△ 为加强粤北地区的抗日武装，中共北江特委决定，将其掌握的北江挺进第二纵队第二大队第五中队、第三大队第九中队从"挺二"脱离出来，另外成立由特委直接领导的广东西北区人民抗日同盟大队，大队长何俊才，政委朱小仲。不久，该大队又改编为东江纵队西北支队第三大队。

△ 根据北江特委的指示，由中共党组织掌握的北江挺进第二纵队第四大队，脱离"挺二"纵队，归建东江纵队北江支队，命名为"野火大队"，大队长陈仁畿，政委谢永宽。

7月2日 中国国民党陆军总司令部颁布反攻广州计划:"以打通广州海口为目的,先以有力部队攻略桂林,夺取雷州半岛,再分别攻击衡阳、曲江并牵制粤北之日军,以主力沿西江流域攻略广州。"

是日 日军发动的赣南战役结束。

6日 中共广东省临委在罗浮山召开干部扩大会议,会议决定撤销省临委和军政委员会,成立中共广东区委员会,尹林平任书记,梁广任组织部部长,饶彰风任宣传部部长兼新华分社社长,连贯任统战部部长,黄康任城市工作部部长。会议决定派林锵云、王作尧、杨康华三人率领东江纵队和珠江纵队各一部,北上粤北与当地人民抗日武装汇合,迎接正在南下的八路军南下支队,准备在粤赣湘边开辟五岭抗日根据地。

12日 在英德县大镇"北江东岸抗日动员委员会"正式成立,主任陈清畿。

是日 南雄县地方武装配合国民党军一八七师五六〇团,向盘踞南雄的日本侵略军反攻。

22日 中共中央毛泽东发电报给八路军南下部队王震、王首道,指示:"你们的唯一任务是争取目前一刻千金的时间,在粤北、湘南创立五岭根据地,并与广东我军连成一片。"

23日 占据南雄的日军向始兴撤退,国民党军收复南雄县城、仁化。

是日 始兴风度大队获悉日寇即将撤离始兴,立即组织南北山抗日队伍,包围始兴县城。日寇闻风提前逃窜,始兴县城被人民收复。中共始兴县临委委员、风度大队大队长吴新民被推举为始兴县县长。

24日 国民党军六十五军一七八师张光琼部和一六〇师温淑海部,为夺取人民抗战的胜利果实和消灭人民的抗日武装,从赣南回到始兴,把始兴风度大队收复的县城夺走,抓走民兵20多人。

是日 风度小学校长、中共党员全赓靖,因通知交通员、儿童团及伤病员疏散隐蔽,来不及撤退,被国民党军逮捕。

【全赓靖】(1910—1946年)河北通州人。1928年考入北平国立中央美术学院,接受新民主主义思想的熏陶。抗战爆发后,受张发奎派遣到始兴风度学校任教导主任。1940年春,接任张光弟的风度学校校长职,积极宣传抗日救亡。1945年2月始兴沦陷后,她积极支持学校广大进步师生参加风度抗日游击队,并将张发奎拨给学校的全部武器交给游击队。同年春末，加入中国共产党。7 月 23 日，风度抗日游击队收复县城后，国民党军开抵始兴，全赓靖在通知交通员、儿童团及伤病员疏散隐蔽时被逮捕，1946 年春末，被杀害于江西寻乌，年仅 36 岁。新中国成立后，始兴县人民政府为表彰这位女英雄，将她的英名刻在了烈士纪念碑上，并将司前小学更名"赓靖小学"以为纪念。

25 日　国民党军六十三军一五二师的一个团，围攻暂驻英德青塘的北江支队陈仁畿大队一个中队。中队长陈荣畿、指导员王震声率部英勇还击，打退敌人多次进攻，终因弹尽粮绝，17 位支队战士全部壮烈牺牲。国民党军也付出沉重的代价，死伤 60 余人。

27 日　国民党军反攻清远文洞、高田和英德青塘，受到陈仁畿大队和北江支队主力大队阻击。为避免遭受损失，北江支队陈仁畿大队主动退入山区。

是月　东江纵队北江支队在横石水、新江全歼翁西联防大队，毙其大队长何祖华，生俘、起义共 100 余人。在此前后，还歼灭了翁源、曲江 2 个县大队一部。

△　国民党顽军曲江县大队约 200 人，偷袭在英德大镇的北江东岸抗日动员委员会。北江支队奋起还击，歼敌大部，俘敌副大队长以下 60 余人。这时，北江支队已发展到 1 200 余人，根据地由原来的英东扩展到翁源南部和新丰、佛冈的部分地区。与此同时，北江支队郑卫灵大队和何通大队，在邬强支队长的指挥下，在翁源新江太平寺全歼国民党军翁源县联防大队，毙伤敌联防大队长何祖华以下十余人，俘敌百余人，缴获轻机枪两挺、长短枪百余支以及弹药和金银珠宝等物资一批。

8 月 1 日　国民党军一八七师某团将抗日根据地始兴外营村重重包围。始兴风度大队郭招贤中队、政工队和外营村民兵同仇敌忾，奋起还击，苦战三昼夜，顶住敌人的进攻。

3 日　凌晨，国民党军用大量炸药炸开始兴外营村围楼，并向村内发射燃烧弹，烧死无辜群众 132 人，烧毁民房 130 多间，宰杀牛猪 100 多头，财物抢劫一空。是为"外营事件"。

4 日　中共中央电促中共广东区党委，速派部队和干部北上与八路军南下支队会师。广东区党委随即令西北支队渡小北江迅速北上，支队在龙头折回英德，渡北江到大镇圩。

是日　西北支队从清远文洞出发，北上粤赣湘边迎接王震部队，进至英德月岭下村时，遭到驻沙口一带的日军和国民党军的袭击。西北支队奋起迎战，击退敌人的进攻。但指导员叶盛煊和小队长陈桂壮烈牺牲。部队因此折回英德东乡，与北江支队汇合。

12日　广东省政府改组，李汉魂去职。第十届广东省政府主席由罗卓英担任，委员有李扬敬（民政厅长）、姚宝猷（教育厅长）、谢文龙（建设厅长）、罗香林、萧次尹、黄文山、詹朝阳、黄范一、蔡劲军、周景臻、罗为雄（秘书长）等。

14日　日本政府照会中、苏、英、美四国政府，接受《波茨坦公告》。

15日　日本天皇宣布无条件投降。

全国解放战争时期
（1945 年 8 月—1949 年 9 月）

8 月 18 日　蒋介石令何应钦处理中国战区日本投降事宜，将全国分为 15 个受降区。张发奎被任命为第二方面军受降官，余汉谋、薛岳、李品仙分别为第七、第九、第十战区受降官。

19 日　第九战区薛岳部收复乐昌县。第七战区收复开平。

26 日　王震、王首道率领八路军南下支队，从湘潭与衡山间的龙船港东渡湘江，沿粤汉铁路南下进入粤北南雄县西北部山区。

27 日　八路军南下支队到达粤北南雄县西北的百顺地区。当天下午，南下支队遭到国民党军第九战区重兵及地方团队的合击，八路军南下支队奋力抗击，在打退敌人进攻后，于 28 日早上转移到百顺乡北部的沙坑村宿营。此时，在粤北迎接南下部队的东江纵队粤北指挥部队，亦遭到第七战区国民党部队围攻。南下支队创建华南敌后根据地任务难以完成，后知日本已经宣布无条件投降，于 29 日奉命北返。

29 日　国民党张光琼部光复韶关。

月底　东纵西北支部抵达英德渔湾、倒洞，和北江支队汇合。此时，珠江纵队南三独立大队和第二支队一部（以下合称珠江纵队独立第三大队）共 500 余人，由郑少康、梅易辰率领，从三水县源潭圩出发，取道花县，沿着粤汉铁路两旁向粤北挺进，准备迎接正在南下的八路军南下支队，建立五岭抗日根据地。

东江纵队西北大队、珠江纵队独立第三大队到达英德东乡的渔湾、倒洞，与东江纵队北江支队会合后。三支部队的负责人就地进行紧急会商，决定留下邬强领导的北江支队坚持原地斗争，其他部队继续北上，同时组成北挺临时联合支队，郑少康任支队长，李东明、邓楚白任政委，陈志强任副政委兼政治处主任，率领这支部队北上。原西北支队支队长蔡国梁则带领西北支队部分人员南下罗浮山。

是月 私立志锐中学由始兴清化迁往广州番禺市桥镇，更名为"广东省立志锐中学"，校长黄家强。

9月1日 曲江县恢复征收市场租。

2日 韶关日军第二十军一三一师团第九十六旅团下属的五九五、五九六、五九七、五九八等4个大队及特种部队，在旅团长海福汗雄少将率领下，陆续从韶关撤走，随日军撤退的曲江伪县长陈修爵等汉奸100多人，在逃跑至源潭被查获，上火车时全部落网。

是日 躲在曲江与始兴交界苦竹村的国民党曲江县政府，会同国民党第一八七师五六〇团进入韶城接管。

10日 中共中央根据王震、王首道率领的八路军南下支队已经北返、创建五岭根据地已不可能等情况，指示东江纵队迅速讨论分散坚持的做法。

上旬 珠江纵队在郑少康、李东明、邓楚白率领下，到达始兴瑶山。此时，由王作尧、林锵云、杨康华率领东江纵队第五支队和直属单位共1 200人亦从博罗、罗浮山，经龙门、新丰、英德、翁源，到达始兴，与周健夫、吴新民所率领的始兴风度抗日自卫大队会合，由于南下支队王震部已从南雄百顺奉命北返，错过了两军南北会师的机会。

16日 中共广东区委为贯彻党中央关于分散坚持的指示，决定今后的工作方针是：一方面坚持斗争，保存武装，保存干部；另一方面作长期打算，准备将来的合法民主斗争；同时决定分散领导，中心暂时仍在江南地区（东江之南），分工领导粤北的林锵云、王作尧、杨康华、黄松坚，成立粤北指挥部，由王作尧任司令员。

【王作尧】（1913—1990年）广东东莞人。1934年毕业于广东燕塘军校。1935年在广州参加中国青年抗日同盟，1936年加入中国共产党。抗日战争时期，历任中共东莞中心县委宣传部兼武装部部长、东莞抗日壮丁模范队队长、东（莞）宝（安）惠（阳）边人民抗日游击大队队长，广东人民抗日游击队总队副总队长兼参谋长、中共广东区委常委、粤北指挥部司令等职。解放战争时期，历任华东野战军第十纵队副参谋长、华北军政大学副教育长、两广纵队副司令兼第二师

政治委员。中华人民共和国成立后历任广东军区江防司令部副司令、第十五兵团副参谋长、广州市防空司令部司令、中南军区防空军第一副司令员、高级防校训练部代部长、沈阳防空军副司令员、武汉军区空军副司令员、广东省人大常委会副主任等职。1961 年晋升为少将军衔。1990 年 7 月 3 日在广州病逝。

【林锵云】（1894—1970 年）又名锟池、昌文。广东新会人。1922 年参加工人运动。1925 年参加省港大罢工。1926 年加入中国共产党。1927 年参加广州起义。1928 年后任中共南海临时县委书记、佛山市委常委、香港工代会党团书记、中华全国总工会南方特派员兼"海总"香港特派员等职。1933 年在上海因叛徒出卖而被捕入狱。1937 年在苏州监狱转移途中逃脱，后转到武汉八路军办事处。1938 年回广东工作，任中共南顺工委书记等职。10 月，广州沦陷后组建顺德抗日游击队抗战。1940 年夏开始，先后任南番中顺中心县委委员、广东军政委员会委员、南番中顺游击队指挥部指挥、中区纵队司令员、珠江纵队司令员、中共广东区委委员等职。领导珠江敌后人民武装抗日。1945 年 8 月北上，参加粤北党政军委员会。1946 年 6 月率队北撤山东烟台。历任两广纵队副政治委员、全国总工会执行委员会委员、常委兼组织部部长。中华人民共和国成立后，历任中共中央华南分局委员、华南分局职工委员会第二书记、广东省人民政府劳动局局长、省总工会主席、副省长、中共广东省委常委、全国人大常委等职。1970 年 10 月在广州逝世。

【杨康华】（1915—1991 年）原名虞焕章。祖籍浙江会稽，出生于广州市。1935 年参加革命工作，1936 年加入中国共产党，同年毕业于中山大学。1938 年 5 月后，历任中共广州市委常委、宣传部部长，东南特委宣传部部长，香港市委书记，广东人民抗日游击总队副政治部主任，东江纵队政治部主任，粤北党政军委员会书记等职。1946 年与曾生等率部北撤山东，历任中共珠江地委书记，广东省教育厅厅长，中共华南分局宣传部副部长，广东省委统战部部长，广东省副省长，省政协副主席，省顾委副主任等职。1991 年 10 月 31 日病逝于广州。

中旬　粤北指挥部率领部队在始兴宝峰一带活动，遭到国民党军一六〇师的袭击后，即向南雄北山地区转移，于是将 30 多名伤病员留在当地。第二天，中队负责人率队外出活动，只派 10 多名武装人员留

287

守，不料遭到国民党军一八七师的突然袭击。王育南带领 10 多名战士奋起抵抗，终因寡不敌众而致全部英勇牺牲，伤病员也全部惨遭国民党军的捕杀。是为"粤北指挥部事件"。

19 日　新一届广东省政府举行就职典礼。

20 日　北挺临时联合支队在曲江小坑乡上洞龙头石山，遭遇国民党军一八七师一个营，双方随即展开激战。北挺临时联合支队虽打垮敌军一个连的进攻，但副指导员杜福、排长赖松林等数人牺牲。部队即向始兴椒子斜转移，与始兴风度大队取得联系，并在此坚持了一个多月艰苦卓绝的反"围剿"斗争。

23 日　北挺临时联合支队进入始兴汤湖，遭到国民党军队的突然袭击，整个建制被打乱。北挺人员向汤湖背后的大山撤退，进入瑶山地区。在北挺转移到人烟稀少的瑶山地区以后，国民党军封锁主要道路，企图将其困死在瑶山中。为打破敌人封锁，北挺临时联合支队部决定：①由李东明带何通大队先往南雄寻找粤北指挥部；②邓楚白、郑少康分别带电台和部分武装人员渡过水口向北山前进；③留下何俊才、吕苏两个大队进驻瑶山的左右拔水、黄坑等地坚持斗争，伺机突围。梅易辰大队则与始兴风度大队在一起，在攻打澄江乡公所后，转移到始兴清化地区活动。即使在被围十分困难的条件下，北挺在瑶山和清化地区仍坚持斗争一个多月，最后才打破敌人封锁，突出重围。

下旬　粤北指挥部到达南雄北山帽子峰附近，同中共南雄县特派员陈中夫取得联系。为使南雄县地下党更好地支援部队，粤北党政军委员会决定将陈中夫调入部队，从部队派金阳任南雄县特派员，地下党员欧阳汝森任副特派员。

是月　杜国彪任中共曲（江）乳（源）区特派员，毛鸿筹任副特派员（11 月由陈兴中接任）。

△　邝哲民任中共乳源县特派员，潘达任副特派员，归黄松坚领导。

△　肖少麟任中共清远县特派员，唐凌鹰、谢鸿照为副特派员。

△　中共粤桂边特委成立，书记黄松坚（兼），委员魏南金、饶华、林华康。

△　始兴县参议会议长，前风度小学校长张光弟在家养病，被国民党军逮捕、杀害。

10 月 10 日　国共在重庆举行和平谈判后，签订"停战协议"。

是月　中共广东区委决定撤销中共北江特委，黄松坚以中共广东区委委员的身份继续领导北江地下党组织。不久，曲江以上地区交由张华领导，英德、清远、连阳等地区仍由黄松坚兼管。

△　东江纵队五支队支队长刘培率叶昌大队袭击外号"北山虎"的南雄县副参议长邝锡金的老巢——百顺乡官田村。在强大火力攻击下，驻守官田村的自卫中队 50 多人全部投降。缴获长短枪 50 余支，物资和粮食一批。邝锡金因事外出未被抓获。

11 月 3 日　杨康华致电中共中央，报告东江纵队挺进部队已在南雄北山初步展开，西北支队、北江支队、南三支队也已抵达始兴南部，虽经挫折，但坚决执行中央路线及区党委决定，努力开创粤赣边。

9 日　中共中央复电杨康华，对挺进部队战胜国民党军队的进攻，在粤北站住脚跟，表示祝贺，并指示部队坚持长期斗争。

上旬　被围困始兴的郑少康部，从始兴瑶山北面突围，穿过始兴西北部山地，经南雄百顺到达白云圩，与东江纵队五支队会师。

△　梅易辰部在始兴司前与风度大队分头东进，准备北上南雄寻找粤北指挥部。该部进入坳背村（车八岭村附近）隐蔽时，因有奸细向敌军报信，引来敌军将梅部包围。梅部在突围中遭到严重损失，副指导员冯庆杨、机枪手黎勤等 35 人在战斗中牺牲，损失三挺轻机枪。

是月　粤北指挥部负责人王作尧、杨康华在始兴铁寨召开军事会议。会议决定，北上部队返回各地坚持人民自卫战争。何俊才、杜国栋、阮克明等率领 60 多人回到（翁）江地区，继续开展革命活动。

冬　西江游击队派马奔、陈胜带领一支二三十人的武装队伍首次到阳山县大圳、杨梅水、蕉坑、坪洞一带活动，并逐步扩大到太平、七拱等地。

12 月上旬　粤北指挥部派大队叶镜部到始兴找到梅易辰部，把他们带到雄庚两县交界的天井洞，与东江纵队第五支队会师，接着转移到南雄油山廖地休整，总结经验教训。

中旬　粤北指挥部根据新的形势需要，将北上部队合编为东江纵队粤北支队，刘培任支队长，黄业任政委，郑少康任副支队长。原珠江纵队独立第三大队一部分和南雄十二队则编为东江纵队粤北支队南雄大队，大队长戴耀，政委陈中夫。

是年　英美烟草公司委托韶关世昌爆竹店，为其卷烟批发代理商。

△　分散在粤北各地的原广州各校，陆续回迁广州，计有：国立中山大学、省立文理学院、省立执信中学、省立广州女子师范学校、省立工业专科学校、私立岭南大学（含附属中学）、黄埔中正中学、私立青年会中学等。

民国三十五年（1946 年）

1 月 13 日　国共双方定于 24 时前停止军事行动。

停战令虽已下达，但在粤国民党军仍叫喊要在 1 月底消灭广东的中共游击队。在北江，国民党军第一五三师大举向英（德）翁（源）地区根据地进攻，企图截断东江南、北联系。在琼崖，国民党动用 3 个师和地方团队进攻独立纵队。在潮汕，国民党军第一八六师会同揭阳、丰顺、五华保安团队合击大北山区，计划在八乡山戏仔潭消灭韩江纵队。在南路，国民党军对化州、吴川、茂名、廉江等 10 县人民武装反复"扫荡"。在粤中、西江、粤北等地的国民党军大肆向中共游击队主动出击。

是月　受中共广东区委派遣，一批地下党员到达北江地区任职，其中，张江明任中共北江特派员，副特派员李福海兼任英德县县委书记；副特派员李信兼任连阳中心县县委书记。张华任中共粤北特派员，领导曲江、始兴、南雄、乳源、乐昌等县的地下党组织工作。

春　仁化、乳源和连县等地干旱，旱情严重，导致地方粮价高涨，饿死者众。

3 月 8 日　中共广东区委发出《目前形势与任务的补充指示》，要求党领导的一切军队，必须在自卫斗争的原则下，坚持自己的阵地，使用灵活的战略战术，一方面要保存自己的力量，一方面又要给反动武装以坚决的打击。在完成全国性战略基地的任务上，党的武装应负起掩护性的任务。

是月　广东省政府裁撤"连阳安化管理局"，从连县、连山、阳山三县划出部分辖区，成立连南县，县治设三江城。

4 月上旬　中共代表廖承志、方方、曾生、尹林平等与国民党代

表进行谈判，经过 50 多天坚决而灵活的斗争，达成广东中共武装人员于 5 月北撤山东的具体协议。

5 月初　粤北指挥部负责人林锵云、杨康华在始兴县澄江乡的大小油槽（村名）开会，向部队传达广东国共两党达成的东江纵队北撤协议，粤北部队准备北撤山东解放区。

25 日　军调处第八执行小组派出三个支组到江南、江北和粤北等地，监督和执行中共武装部队北撤的各项工作。粤北支组成员是：中共代表杨康华上校，国民党代表黎国熹中校，美国代表纳尔逊上尉。

是月　国民党南雄县当局指使该县政警大队，乘粤北部队准备集结北撤之际，在界址圩突然袭击粤北支队短枪队。队长刘锦进（刘黑仔）、政委苏光等在与敌人作战时牺牲。

6 月 2 日　粤北指挥部遵照广东区委的指示，率领粤北支队从始兴县总铺、澄江分头出发南下，准备到大鹏半岛集结北撤。

根据广东区委指示，粤北支队大部在北撤的同时，仍留下部分武装人员就地坚持斗争。当时留下在五岭（粤赣湘边）坚持斗争的有黄业、刘建华、陈中夫、叶昌、戴耀、陈子扬、吴伯仲、邓文礼等 200 多人，分别在始兴南北山、南雄帽子峰、大庾河洞以及崇义与汝城交界处等五个地方隐藏下来；留在翁江地区坚持斗争的有何俊才、杜国栋、叶镜、汤山、廖碧波、梁泗源、龙景山、朱继泉等 100 多人，分别隐藏在翁源的太坪、桥头，佛冈的青竹、宝结岭、高镇等地的深山密林中，等待时机，再行活动。

上旬　粤北指挥部和邱特警卫大队到达翁源坝子圩，与九连山彭沃支队汇合，后开往龙仙，在龙仙警卫大队又与从始兴下来的粤北部队、风度大队汇合。

13 日　粤北各县北撤部队分途，开往英德龙口圩。

在英德龙口圩，存心破坏的国民党军方，事先派出情报人员潜入龙口粤北部队领导机关驻地，阴谋刺探军事情报和刺杀粤北北撤部队指挥员，并实行内外配合，歼灭粤北北撤部队。后事情败露，国民党情报人员被粤北部队抓获，国民党军方的破坏阴谋被粉碎。

25 日　在英德龙口集结的粤北部队共 800 余人，经新丰、龙门、惠阳南下。

26 日　蒋介石发动的全面内战爆发。

27 日　粤北北撤部队到达惠州大鹏半岛葵涌，待命北撤。

29 日　广东区委负责人在沙鱼涌海滩上为北撤部队举行欢送大会。傍晚，部队登上美国登陆艇。30 日凌晨，三艘登陆艇载着 2 583 名北撤部队将士离开大鹏湾，开往山东烟台解放区。

东江纵队北撤后，中共广东区仍留下中共党员 6 374 人、武装人员 1 900 人坚持斗争。

是月　中共广东区党委进行组织系统调整：中共广东区党委书记尹林平，委员兼副书记梁广、黄松坚，委员连贯、饶彰风、黄康（后调中共琼崖特委工作）、周楠（派往越南联系工作）、梁嘉。

各区特派员及武装人员也有调整：①粤北、赣南区：由特派员张华，与刘建华、黄业、陈中夫组成粤赣区工委，率领 150 人活动于以南雄、始兴为中心的五岭地区；②九连山区：特派员钟俊贤，由周立群、林镜秋、陈实棠、吴毅、王彪率领武装八九十人活动于河源、紫金、五华边境及粤赣边（包括粤东地区）；③翁江地区：由何俊才、黄桐华、黄漫江、汤山、兰田、龙景山、李拔才率领 120 人活动于英德、佛冈、翁源、新丰一带；④东江南部地区：以蓝造、祁烽分别为正、副特派员，由余清、韩捷、黄友率领 40 多人活动于惠来、紫金、海陆丰一带；⑤东江北部地区：以谢鹤筹、欧初分别为正、副特派员，由杨沃、黄柏、丘松学、马达等，率领 40 余人活动于增城、博罗、龙门一带的山地；⑥南路地区：以温焯华、吴有恒分别任正、副特派员，由沈汉英、黄明德、王国强率领 500 人活动于遂溪、廉江、化县、吴川、茂名、电白、信宜、博白、防城等地；⑦西江地区：特派员梁嘉，由周明、冯石生、叶向荣、陈瑞琮、欧新率领 300 人活动于广宁、清远、怀集、四会、高要等山地；⑧中区地区：特派员谢永宽，由吴桐、李德光率领 140 人活动于台山、阳春、阳江、恩平、开平、新兴、高鹤山区；⑨珠江区：以曾谷、黄佳分别任正、副特派员，与潭桂明等人领导武装斗争；⑩潮汕地区：特派员曾广，由丘志坚、陈彬、林震、李习楷等率领 20 余人，活动于八乡山、南阳山、潮（州）饶（平）丰（顺）边；⑪兴梅区：特派员张全福，陈仲平、何献群任副特派员，由程严、王立朝、廖伟、黄维礼率领 16 人的特务队在梅埔丰边活动；⑫广州：特派员钟明。

7 月 9 日　粤赣湘边临时工委从收报机上，收到延安电台消息，

东纵部队已经安全到达山东烟台。

是月　中国民盟首脑机关被迫撤往香港，其基层组织转入地下。民盟分别在英德和翁源成立民盟北江办事处，由张直心负责。民盟也在番禺成立民盟禺北支队，由梅日新负责。民盟还组织了自己的武装，龙劲风、涂先球留在广州联系地下学联工作。

△　根据《广东省各县征收市场租办法》，曲江县（韶州）开征市场租及屠场使用费。

8月　国民党广州行营在粤北设立"粤赣湘闽边区清剿委员会"，欧震任主任。同时设立"粤北清剿委员会"，由国民党驻军第六十四师一三一旅旅长张显岐任主任。随后各县也陆续成立"清剿委员会"。

为剿灭粤北地区的中共武装，国民党政府将粤北地区划分为三个区，进行分区"清剿"。南雄、始兴为第一区，曲江、翁源为第二区，乳源、乐昌为第三区。清剿重点在一、二区。"清剿"对象是中共武装力量，包括民兵和中共地方党。

是月　中共广东区委任命司徒毅生为中共英（德）清（远）区特派员。黄友涯任中共南雄、始兴两县特派员。

△　在番禺市桥镇的"广东省立志锐中学"迁回韶关，校址在韶关互励路（今韶关市委机关所在地），校长冯肇光。

△　曲江发生疫情，霍乱、疟疾盛行，霍乱患者共有310人，死73人，疟疾患者有3 700多人，死亡22人。

9月17日　乳源云门寺虚云大和尚率众僧尼，前往广州作"水陆道场"，为抗战阵亡军民招魂，时间共7天。罗卓英、余俊贤、林翼中等亲往六榕寺进香。至次年7月1日，虚云和尚抵香港，后转汕头，再回到乳源云门寺。

25日　蒋介石由庐山抵赣南，游览南雄、大庾交界处小梅关，至次日飞返南京。

是月　粤赣湘边临时工委在帽子峰召开干部会议，时间3天，出席的有黄业、刘建华、陈中夫、叶昌、戴耀、陈子扬等。会议决定马上结束隐藏生活，开展活动：①筹集经费，解决游击队的经济问题。②开始联系山区最好（可靠）群众，布置地方党员开始做情报工作。③以其他形式，从经济上打击人民最痛恨的反动分子。

△　中共广东区委派魏南金任中共连阳中心县委书记。

10 月 5 日　日军驻曲江宪兵队队长木下尊裕、特高课主任岸田加春及军曹小桥伟志、山国恒义、曹长安藤茂树 5 人，在韶州以战犯杀人罪被判处死刑。据当日报纸记载，此 5 人于 1945 年 4 月 3 日，在曲江逮捕第七战区上校情报员 14 人，并于 5 月 28 日将全部人员斩首，抛尸江中。在日本投降后，5 人又将被捕华人 31 人拉出牢房全部杀死。

6 日　中共中央指示南方各省："在目前全面内战形势下，南方各省乡村工作应采取两种不同方针"，"凡有可能建立公开游击根据地者，应即建立公开游击根据地，原有各根据地，如南路、中路、西江、北江、东江、闽南、闽西"应继续奋斗，不应采取消极复员政策，因为大批国民党北调，征兵、征粮普遍施行，是我党发动游击战争的好机会。至于多数条件尚未成熟的地区，则采取隐蔽待机方针，但目标仍是积极公开发动游击战争，建立游击根据地。

月初　隐藏在翁源县新江乡太坪山林中的何俊才部队，组成翁源人民民主自卫团，并发表《告全县人民书》。

在《告全县人民书》中，人民民主自卫团揭露了蒋介石撕毁《双十协定》发动内战的阴谋和罪行，号召全县人民组织起来，拿起武器。此后，翁江地区的人民武装斗争又重新开展起来。不久，翁源人民民主自卫军汤山大队在狮子岭公路旁，伏击从大坑口护送军饷到龙仙的县警大队某班，全歼敌人 10 余名，缴获步枪 10 余支，钞票（国币）6 箱及其他军用品一批。

17 日　中共中央复电方方、尹林平：目前华南干部应尽可能下乡或回部队，执行中央 11 月 6 日指示。各部要建立联系，要抽调得力干部加强粤北和南路两支游击队领导。现在广东敌人兵力空虚，灾荒遍地，又征兵征粮，为此，要全力布置游击战争，要疏散一批干部到武装部队中去工作。

21 日　国民党省保安司令部部署全省"清乡"。"清乡"兵力部署如下：粤北由"清剿"团工作队负责；中区、南路由国民党第六十四师负责；南雄、赣南一带由国民党军第一五二旅负责；粤闽赣边区由绥靖主任负责；东、西江由莫雄、陆满、梁柱负责；琼崖由该岛指挥官蔡劲军负责。

是月　中共广东区党委决定恢复武装斗争。鉴于敌强我弱，力量悬殊，广东区党委决定以"实行小搞，准备大搞"为方针，要求原北撤留下人员组织游击队、武工队，发动群众，分散活动，开展反"三征"，实行减租减息，打击反动政权，建立两面政权，乃至民主政权，并成立粤北省"东纵复员人员自卫队"等人民武装。

△ 英德游击队根据广东区委制定的"不违反长远打算，实行小搞，准备大搞"的方针，先后多次出击，攻打大镇警察派出所，并伏击从横石水渡河的保安团。在翁江神庙前恢复税站，没收反动分子运往英德的粮食。这些行动，为恢复当地的武装斗争做好了思想准备和物质准备。与此同时，五岭小分队也纷纷出击仁化、南雄、始兴等县乡公所，歼其一部。

11月5日 张发奎、华振中在广州发起在曲江筹建粤北文献大学以纪念张九龄。后未建成。

冬 翁源人民民主自卫团镇压了国民党翁源县公安局局长兼联团副总指挥何铁平。接着，又在太平大深坑伏击由国民党翁源县县长罗球亲自带领进山扫荡的县政警大队，缴获轻机枪一挺，长短枪30多支。敌人惨败后逃回新江。民主自卫军乘敌慌乱之际，即向江尾、周陂、南浦等地的敌区乡政权发起进攻，镇压了两名反动乡长，并缴获一批枪支。

同期，新丰亦恢复了对敌武装斗争，并发展和健全了广东北江人民自卫总队。负责人龙景山、梁泗源、章平、郑大东、曾东等。

12月3日 刘建华、戴耀率队攻破南雄县镇平（邓坊）乡公所，全歼该乡自卫班，缴获长短枪26支和子弹一批。事后该乡女乡长李少芬慑于游击队威力，主动要求与游击队领导人接触。两天后，李少芬亲自前往约定地点长迳桥同刘建华谈判，并自动将一挺轻机枪送给游击队。

是月 粤赣湘边临时工委在南雄帽子峰召开各队负责人会议。会议决定：各队应由"非法"形式转为群众起义形式，公开打出各种旗号，以反内战、反三征（征兵、征粮、征苛捐杂税）为口号，发动群众，公开活动于粤赣湘边各地。叶昌队名曰崇仁汝人民反征救命团，在三省边的崇义、洛洞、汝城、热水和仁化长江一带，进行公开武装斗争。戴耀队名曰雄庾信人民义勇大队，以南雄油山为基地，向大塘、邓坊、乌迳等平原地区进军。邓文礼队名曰始兴人民反征自救团，活

295

动在始兴南山一带。吴伯仲队名曰始兴人民反征大队，活动在始兴下北山地区。陈子扬、邱才领导的短枪队名曰"满天飞"，出没在雄庾、雄信公路上。

是年 韶州师范学校从仁化县迁回韶关帽子峰脚平民路（今峰前街）原址。

△ 南华寺副寺新成法师应邀到大鉴禅寺任当家，负责管理大鉴禅寺房屋、田屋（田产在曲江县龙归，每年收租谷十余担，系曲江居士所赠），并负责接待云游僧尼。

民国三十六年（1947 年）

1 月 1 日 惠阳坪山民众 300 余人，举行反抗国民党暴政的抗征开仓斗争。随之，在粤北的南雄、曲江、翁源、英德、佛冈、清远、等县也掀起反暴政求生存的斗争。

10 日 日军驻曲江（韶关）战犯宪兵队队长木下尊裕、特高课主任岸田加春、军曹小桥伟志和山国恒义及曹长安藤茂树等 5 人，被押赴广州流花桥刑场执行枪决。

13 日 由中共领导的翁江游击队 100 余人，在翁源岗石山打油村与国民党军第四五四团发生激战。

18 日 始兴人民反征大队（下北山队）20 余人围攻曲江县新庄水乡公所，俘获反动乡长和自卫班 10 多名，缴获长短枪 11 支。

19 日 邓文礼带领始兴人民反征自救团（又名南山支队）兵分三路，分头袭击始兴周陂、顿岗和骚扰始兴县城，共俘获敌 10 多名、缴获步枪 30 多支。

中旬 叶昌率领崇（义）仁（化）汝（城）人民反征救命团，攻打仁化县长江乡公所，俘获反动乡长及自卫班人员 10 余名，缴获步枪、物资一批以及近百万元国币。三省边区地方反动势力大为震惊。

21 日 始兴人民反征大队派出两支队伍，分别对曲江新庄水乡公所、始兴县城进行骚扰。其中，反征大队手枪队潜入始兴县城，向县政府开枪射击，县政当局惊恐万状。事后，县长林为栋向张发奎引咎辞职，县政警队一下逃跑 20 多人。

是月 英东地下党派汤山前往香港，向中共中央香港分局汇报英东地区武装斗争的情况。后汤山留下参加香港分局举办的游击干部训练班。

自 1946 年始，中共中央香港分局根据广东开展对敌武装斗争的形势，作出了"依靠山区、发展平原，建立梅花式据点，从小块到大块，由小搞到大搞，实行赤色割据"的指示。为大量培养游击干部，分局在香港举办游击训练班。时粤北地区中共各游击武装均派人参加训练班。其中，在翁江地区，参加过训练班的有黄桐华、林名勋、涂锡鹏、梁泗源、杜国栋、雷鸣、周辉、刘蓝天、曾东、杨维常等人。

2 月初 中共翁江地区工作委员会成立。翁江工委统一领导翁源、英德、新丰、佛冈、曲（江）南和江西虔南等地区党组织和武装队伍。何俊才任书记，林名勋、黄桐华任常委，涂锡鹏、梁泗源为委员。根据形势发展需要，为统一领导翁江地区武装斗争，翁江工委决定成立粤赣先遣支队。

4 日 粤赣先遣支队成立，支队长黄桐华，政委何俊才，政治部主任林名勋。支队下辖"钢铁大队"、翁东大队、翁西大队、第四大队、翁南大队、翁虔独立大队、第五大队、英东第三大队、"飞虎大队"、第十大队、突击大队、英翁佛民主先锋队、佛冈抗征救命大队（后改佛冈人民义勇人队）、曲南大队和江北人民自卫总队。

粤赣先遣支队成立后，支队以翁源黄洞山为活动中心。在此后的对敌斗争中，支队曾多次袭击军车、桥梁，并生擒过国民党新丰县县长罗联辉，成为粤赣地区武装斗争重要力量之一。

3 月 12 日 始兴北山和南山游击队共 100 余人，在始兴至曲江公路麻洋路段设伏，袭击国民党军车，俘虏护车的曲江县警察 12 名，缴获长短枪 12 支，并没收国民党浙江省衢州绥靖公署上校总务科长携带的雷管 1 000 个，现金 9 000 万元（国币）。

是日 曲江县第八次文化座谈会在韶州师范学校图书馆召开，参加座谈会的有省立志锐中学、曲江县立一中、广育中学、韶州师范、太平镇中心国民学校以及一些社会团体代表。会议由韶州师范学校校长黄金佑主持。会议研究、讨论善后救济总署为救济失学民众及穷苦教师托办民校配额分配等问题。

20 日 中共领导的南雄游击队与保警大队在曲江苦竹圩作战。

下旬　中共中央香港分局派张华来到南雄北山，建立中共五岭地委，张华任书记，黄业、刘建华任副书记，陈中夫、金阳为委员。

4月1日　驻韶国民党第一专署从曲江解送13名共产党员到广州，关押在惠福路广州行辕新闻工作大队内，接受"感化"训练。

月初　中共五岭地委在南雄凌溪村（现属仁化）云影庵召开第一次会议。会议主要内容：①贯彻执行香港分局对五岭地区工作的指示，研究今后重新恢复五岭地区的武装斗争问题。研究决定：当前斗争中心仍是反"三征"斗争，发动群众，扩大队伍。②以南雄、始兴为基地，坐南朝北，积极准备条件，向赣南、湘南发展，扩大游击区，建立根据地；依靠山区，逐步向平原发展。③整编队伍，亮出红旗，放手打出去，准备由小搞到大搞。会上决定将现有部队统一整编，建立粤赣湘边区人民解放总队。

15日　方方、尹林平就华南游击战争战术请示中共中央，建议建立边界游击根据地，把华南分为粤桂边、粤桂湘边、粤赣湘、闽粤赣边、琼崖5个战略单位（后增加桂滇黔边和粤中）。

月底　驻英德的国民党六十九师九十九旅三五九团机炮连士兵15人（原为在华东战场被俘的新四军战士），在共产党员潘伟超带领下，乘该连派他们由英德运送军用物资到始兴之机，途中将领队的排长击毙，携带轻机枪2挺、步枪13支和子弹一担，举行武装起义。

是月　中共五岭地委创办《人民报》，作为地委的机关报。主编杨平，编辑刘南文、孙立。该报半月出一期，每期一张（相当四开纸），油印出版。

△　粤赣湘边人民解放总队成立。黄业任总队长，张华任政委，刘建华任副总队长，陈中夫任政治部主任。总队下设4个支队和1个独立大队；第一支队支队长叶昌，政委黄业（兼）；第三支队支队长吴伯仲，政委陈中夫（兼）（后云昌遇）；第五支队支队长邓文礼，政委黄友涯；第六支队支队长戴耀，政委刘建华（兼）；独立大队大队长邱才，政委陈子扬。总队成立时共有330多人，活动于粤赣湘边区的南雄、始兴、仁化、大庾、信丰、崇义、汝城等县。

【黄业】（1919—1997年）原名黄业成，广东惠阳人。1938年11月加入中国共产党，同时参军。入党后，受党组织委派，参加"香港惠阳青年会回乡救亡团"工作，后历任第二中队政治指导员、第三大

队第三中队中队长、第三大队政训室主任、东莞大队政治委员、第四支队和第五支队政治委员。

　　△　中共清远县副特派员方君直进入文洞山区，与东江纵队西北支队北上时留下的张耀伦武工队取得联系，逐步建立起文洞游击根据地。

　　△　中共五岭地委派陈克（岑岳华）任中共南雄县特派员；杜国彪任中共曲（江）乳（源）乐（昌）仁（化）特派员。

　　△　在民促会和中共领导下，翁源、南雄、曲江、英德等多个县，全面展开反"三征"斗争，多县发生"抢米"风潮。

　　【民促会】全称"中国国民党民主促进会"。1946 年 3 月由李济深、何香凝、蔡廷锴等在香港发起成立。李济深为主席，蔡廷锴为副主席，谭明昭为秘书长。该会以实现革命的"三民主义"，建立独立、自由、民主、幸福的新中国为最高行动标准，主张各民主党派一律平等，反对一党专政，建立民主联合政府，军队国家化，实行民生主义的计划经济。该会还主张普及教育、男女平等、保护华侨等。

　　5 月 8 日　张发奎召开记者招待会谈粤"绥靖"工作。张称：全省有"土匪"14 000～15 000 人。其中，在北江的翁源、始兴、南雄有原东江纵队余部共约 3 500 人，专门攻打乡公所、破仓分粮。粤桂边有 1 300 人。3 月以来，经大力"清剿"，打死"土匪"1 469 人，伤 736 人，生俘 326 人。张再次声明广东无共产党军队，今后应力求吏治清明，军纪良好，才能打败他们。

　　19 日　粤北共产党武装 100 余人攻入仁化城口圩乡公所。

　　24 日　中共中央复电方方、尹林平，对其建立边界游击根据地，把华南分为粤桂边、粤桂湘边、粤赣湘、闽粤赣边、琼崖 5 个战略单位的建议表示同意。但强调不要急于打大仗，不要过早集中武装建立根据地，而应将武装力量分散，愈广愈好，先消灭地主武装，在广大乡村站稳脚跟，以免地方团队过早集中"清乡"。中共华南组织贯彻了这个指示，派出大批干部去加强边区武装斗争工作。

　　是月　广宁、四会、清远区游击队开展人民政权建设工作，建立广四清边区政务委员会，主任冯华，副主任江东。在游击队所控制的清远县秦皇山、山心、白石等地建立三个乡政权，领导当地群众开展反"三征"和"二五"减租运动。在粤赣湘边，粤赣湘边总队第三、第五两支队联合攻打曲江、始兴、南雄、仁化四县交界处的战略据点苦竹圩,歼敌联防队20余人,缴获步枪20多支,子弹千余发。至此,始兴北山区已为游击队所控制。

6月 根据五岭地委"四月会议"精神,粤赣湘边人民解放总队在粤北、赣南地区,全面展开游击战争,发动群众进行土地改革斗争,建立游击根据地。

中旬 曲江县山洪暴发,3月才竣工的老狱水库溢洪道因边坡大塌方被堵塞,导致洪水浸过水库坝顶而垮坝。新中国成立后,韶关市人民政府在原址下游重建水库,1957年开工,1958年完工,称"大桥水库",总库容334万立方米,可灌溉面积达3 500亩。

是月 粤赣湘边人民解放总队先后在粤赣地区组织开展多次武装斗争,其中,较大的武装斗争有:①粤赣湘边总队第六支队四大队(何高大队)奇袭南雄大塘乡公所,不发一枪,活捉乡长黄长汉,缴获轻机枪一挺,步枪20多支。②第六支队第三大队挺进赣南,攻破信丰县正平乡公所,俘获敌乡长吕绍及自卫班20多人,缴获步枪20多支。此外,粤赣湘边总队第五支队也派一个有20多人的武工队挺进虔南县,在上窑、下窑、上青山、下青山一带建立游击基地(至九月,这支队伍发展到100多人枪,并组织了一支200多人的地方常备队。后常备队与武工队合并,组建成虔南大队,代号河北队,由梁奋任大队长兼政委)。

△ 粤赣先遣支队在翁源黄洞建立地下交通总站,负责人先后有林奕龙、黄洪勋、杨林宽、沈建民等。由翁源总站向各地延伸几条地下交通线:①通向曲江、沙溪、马坝;②通向英德、佛冈、清远;③通向新丰、连平、九连山等地;④通向翁北、五岭地区以及江西虔南、龙南等地。交通线纵横长达数百公里,交通员200多人。

夏秋间 中共五岭地委作出"减租减息"决定,发动群众进行"二五"减租减息斗争;接着,又决定在南雄部分地区实行土改,并在土改地区建立区乡民主政权,各区领导人分别为:横水区区长黄枫;密下水区区长陈仲舒;白云区区长陈瑞明;乌迳区区长赖超雄;大塘区区长刘南文;珠玑区区长徐道昌;承庆区区长郭显亲。在始兴,中共五岭地委号召上北等3个区开展"双减"运动,并在3个区的12个乡进行土改,后因敌人开始"清剿",故未分配土地。其中,建立民

主政权的有武岗区（区长何祥）、沿江区（区长朱光荣）。在此期间，南雄、始兴各区乡也都组织起民兵和民兵常备队，始兴有2 000余人，南雄有3 000多人。

从是年上半年，五岭地区人民武装开始由山区向平原发展。其中，粤赣湘边人民解放总队在南雄摧毁国民党县府20多个区、乡公所，并由此向赣南推进。粤赣先遣队及曲（江）英（德）乳（源）人民义勇大队和北江第一支队，连续在英德、高良、沙口、新丰、翁源一带作战，截击国民党部队的军运，一度攻占曲江南华寺的仓库，队伍迅速扩大至5 000余人。

7月2日 粤赣先遣支队一部在黄竹、马鬃坳与国民党军团队发生战斗。

中旬 中共南雄县特派员陈克奉命带领珠玑中学、省立南雄中学的党员教师和党员学生，参加当地游击队。

8月3日 国民党曲江县政府举行欢送会，欢送驻韶关青年军第二〇五师第一旅5 000人，调往台湾接受美顾问团的训练。18日该师团抵达台湾。

8日 粤赣先遣支队江北人民自卫总队在广韶公路上的新丰八里排，伏击由一连国民党军队护送的新丰县县长罗联辉，激战半小时，全歼故军一个连，当场击毙敌军17名，伤20名，俘敌县长罗联辉以下官兵40多名；缴获轻机枪2挺，步枪44支及军用物资一批。

13日 粤赣先遣队一部共300多人与国民党军战于翁源坝子。

16日 粤赣先遣队一部，夜袭翁源县城（后退出）及龙仙镇。

26日 粤赣湘边人民解放总队一部，在仁化长江圩，与国民党军第九十九旅第二九五团李团所部，发生激战。

月底 连县武装委员会成立，肖少麟任书记，张彬、黄孟沽为委员。根据粤桂湘党组织的指示，连县的东陂、星子被划为武装活动区，区内分别成立武装委员会；由肖少麟兼任东陂区武装委员会书记；黄孟沽兼任星子区武装委员会书记。该两区的地方党组织划归区武委会领导，其他地区的党组织仍属连阳中心县委领导。

是月 翁江地工委先后在新江太坪、黄洞召开扩大会议。会议决定：①放手发动群众，开展反"三征"运动，破仓分粮，救济贫苦农民；②收缴地主枪支，扩大游击队的力量。

韶文化研究丛书

全国解放战争时期（1945年8月—1949年9月）

△ 翁江地工委创办《翁江报》(后改名《北江报》),社长林名勋,总编辑陈汉华。

△ 中共(南)雄仁(化)(大)庾边工委成立,书记金阳。

9 月中旬 曲江县地下党员杜国彪、陈克、范家祥、何远赤等人,在白沙乡举行武装起义,攻打白沙乡公所,缴获长短枪 10 多支。地下党员梁展如、杨维常、何耀爵等则在乌石乡组织一支武装队伍,配合粤赣先遣支队汤山大队攻打沙溪乡公所,缴获长短枪 10 多支。

26 日 粤赣湘边人民解放总队负责人黄业、张华、刘建华等亲率第一、第六两支队 700 余人,攻打南雄新田乡,国民党联防队 200 人被迫投降。总队还摧毁南雄、始兴、新丰的 20 多个乡公所,由此,粤赣湘边人民解放总队在粤赣湘边建立起游击基地,总队也从粤北挺进至湘南、赣南。

是月 中共粤桂湘工委在广宁廖炭岗召开第一次扩大会议,会议决定,将工委领导的地区划分为绥江地委、桂东地委和连江地委。连江地委由周明、冯光、马奔、司徒毅生、肖少麟五人组成,书记周明。会议还讨论工委及各地委的工作方针:①扩大武装队伍,提高战斗力,打击的主要对象是地方反动势力,如县警、乡公所自卫班等;②大力扩大新区,发展方向是怀集、高要、四会、阳山、英德、连县及桂东边境等县;③发展群众组织,大量扩军,三个月内发展增 1.5 倍,建立了一支 150 人的主力队伍。

△ 中共武装与国民党军及地方团队在粤北作战战事:

粤赣先遣支队一部 8 日攻打翁源新江镇。11 日,先遣支队攻打翁源江尾乡警察所。12 日,粤赣湘边总队一部 100 余人进攻南雄珠玑乡。17 日,翁源保警大队吴越南部在黄洞、铁石、分水与粤赣先遣支队一部展开激战。19 日,活动在仁化长江、城口的粤赣湘边总队一部与当地国民党军发生战斗。28 日,粤赣湘边总队一部攻占南雄新田圩。

10 月 13 日 翁江地委发出"关于实行停租废债的指示",在游击区与蒋管区交界的平原地区实行停租废债;同时在翁源的黄洞、太坪,佛冈的青竹、新丰的遥田等山区,进行土改试点。

27 日 湘南桂东县沙田乡龙头村进步青年郭名善、郭垂炎等人,在五岭地委派去的干部李康寿等人的帮助和指导下,组织了 60 多人

（多数是农民），在龙头村举行武装起义，农军拥有机枪1挺，长短枪20多支。

是日　由黄业率领的粤赣湘边人民解放总队，从南雄新田出发，接应湘南桂东沙田郭名善的起义。由此，南雄东部平原地区为人民游击队所控制。

29日　郭名善率桂东沙田起义部队，乘夜袭击汝城县集龙镇警察所和自卫队，缴获长短枪23支。

是月　英东中学进步学生100多人，在校长杨健之和教员唐庚、熊燎、陈持平、叶华等中共党员率领下，到翁源县太平参加粤赣先遣支队。

△　在英德白沙乡发动起义的杜国彪部与梁展如率领的中共武装，在凡洞合编成曲江县人民解放大队，大队长梁展如，副大队长何远赤，政委杜国彪。

△　中共武装与国民党军及地方团队在粤北作战战事：

粤赣先遣支队一部300余人于5日围攻翁源坝子。6日，粤赣先遣支队一部攻入国民党军控制的清远高田乡山心村。7日，粤赣先遣支队邬强、李达材部率五六百人攻入佛冈高冈圩，生俘敌1名中队长。同日，龙景山部六七百人攻入新丰沙坪乡及沙田警察所，生俘其所长。粤赣湘边总队徐道昌部在南雄珠玑矿林村与国民党地方团队发生激战。8日，粤赣先遣支队一部攻入英德、阳山交界的汗水村（东山乡属）。同日，在始兴的粤赣湘边总队吴新民部100余人攻打太平镇新村。10日，原国民党别动军第二支队支队长蔡春元、情报员谢剑魂起义部队，被改编为"民主同盟军"后，回到清远活动。11日，粤赣湘边总队一部攻入仁化瘦岭乡公所。12日，粤赣湘边总队一部与国民党军在南雄长步桥发生激战，修仁桥被焚毁。同日，活跃在翁江地区的粤赣先遣支队一部与国民党军在韶关白土大岭村发生战斗。13日，活动在始兴的粤赣湘边总队一部与国民党军一部在始兴天垢坳发生激战。同日，邓文礼部游击队攻入始兴沈竹乡公所。14日，活动在清远地区的粤赣先遣队一部200余人攻入清远联长乡，俘联防队分队长1人。24日，英德县保警队进驻翁源坝子墟的蓝田，与先遣支队李拔才、朱光槐部游击队发生激战。25日，活动在始兴的粤赣先遣支队一部游击队在始兴大夫村与国民党军发生激战，次日游击队攻入始兴顿岗乡公所，俘乡长等 6 人。同日，粤赣湘边区总队一部攻入南雄全安乡。28 日，活跃在曲江的粤赣先遣支队一部，焚毁曲江马坝桥。29 日，粤赣湘边总队仁化游击队 20 多人在长江、增驼峰与仁化县地方保安团所部发生战斗。30 日，龙仙国民党地方保安自卫队 20 余人起义，生俘镇长，进入中共游击区。同日，活动在始兴的粤赣先遣支队刘汉兴、王细古部游击队与国民党在始兴良源发生遭遇战。同日，在新丰，粤赣先遣支队江北人民自卫总队（政委龙景山）与国民党军战于新丰大坡坳、鸡麻潭村。翁源泮溪亦有战斗。

11 月 17 日 广州行辕主任宋子文在广州召开"两广绥靖会议"，中心议题是实行粤赣、粤湘、粤桂、粤闽联省"会剿"，进攻人民武装，并收编土匪作为反共内战的先锋。

28 日 粤赣湘边总队一支队叶昌部 200 余人，在三支队和湘边队的配合下，乘夜攻破南雄靖平乡下（石多）村敌据点，活捉南雄百顺区自卫大队大队长、靖平乡乡长钟怀德以下 40 余人，缴获轻机枪 1 挺、长短枪 60 多支。南雄县副参议长邬锡金在战斗中逃脱。至此，南雄所属 25 个乡镇中有 19 个被游击队解放。

是月 为粉碎宋子文对游击队的进攻，中共中央香港分局发出《迎接大反攻，加强农村斗争的指示信》。信中指示："我们只有独立自主、大胆放手地依靠广大群众，猛烈开展群众斗争和游击战争，创造出广大农村据点与武装组织，才能打破蒋、宋进攻的企图。"

△ 中共武装与国民党军及地方团队在粤北作战战事：

粤赣先遣支队黄东海部 80 余人于 2 日攻入清远迥岐区兴仁市东村。3 日，在始兴的粤赣湘边总队一部攻入始兴罗坝乡公所。同日，活动在曲江的粤赣先遣支队一部与驻韶关的国民党地方团队在龙归乡大岭村发生激战。9 日，在翁源的粤赣先遣支队一部攻入翁源官渡警察所，并歼其援军一部。同日，在曲江沙溪、磐洞亦有战斗。10 日，在南雄活动的粤赣湘边游击队 300 余人在南雄长埗桥与国民党地方团发生战斗。11 日，始兴"人民自卫团"在湘、粤两省界桥与路警发生战斗，一连 4 天，地方团队进攻始兴侯坡、白水寨、吕塘、老黄塘、犁头嘴的"南始虔人民自救团"的粮仓。14 日，活动在乐昌的粤赣湘边总队一部游击队攻入乐昌南乡，次日退出。16 日，游击队再次攻入乐昌县南乡。20、21 日活动在翁江地区的游击队共 300 余人，攻打翁

源新江的国民党地方团队。21 日，在南雄的国民党地方团队约 200 人与粤赣湘边总队一部在南雄里东发生激战。24 日，粤赣先遣支队张宗荣部在翁源澄江、广平乡大塘村与国民党地方团队作战。同日，南雄黄坑亦发生战斗。29 日，国民党第九十九旅副旅长率队与粤赣先遣支队一部千余人，在粤汉路河头发生战斗。

12 月初 中共广东区委决定从东江、北江各支队抽调连排干部 130 多人，组成粤赣湘边军事教导大队（代号东北队），集中在新丰培训。该教导队由翁江地工委代管，陈培兴任大队长兼政委，郑大东任副大队长，张尚琼任副政委。

5 日 国民党开始在翁江地区展开"扫荡"。国民党军一五二师纠合保安营、政警队等 1 000 多人，向新丰姜坑进攻，妄图追歼东北队。新丰部队对敌进行反击，毙敌营长以下 20 多名，伤敌 10 多名，揭开了"扫荡"与"反扫荡"的序幕。

从 5 日起，国民党军纠集包括一五二师在内的各地兵力，分别在翁源、龙门、增城、东莞的上下潭洞、鲤鱼涌、牛牯防等地，联合进攻在粤北活动的各中共领导的游击队。

是月 翁江地工委在翁源县太坪举办"青干班"，对青年干部和新参加革命的知识青年共 500 多人进行军事和政治训练。班主任林华康。

△ 粤桂湘边工委在广宁组成"挺进大队"，代号"飞雷队"，大队长冯光，政委周明。下设 3 个中队和 1 个手枪队，共 140 多人，拥有轻机枪 4 挺，长短枪 100 多支，掷弹筒 1 具。部队准备向连阳地区挺进，经阳山开到怀集凤江乡时，遭到强大敌人的截击，被迫返回广宁。

△ 中共五岭地委派金阳、叶昌率领粤赣湘边总队一支队 100 多人到湘南，配合北上先遣队开展工作。为加强湘赣边党的工作，中共五岭地委同时决定成立中共湘赣边工委，由金阳任书记。中共南雄县路西工委也在此时成立，属部队的党组织，徐道昌任书记，郭显亲任副书记。

△ 张发奎、何春帆、黄昌贤、黄菩荃等人为发扬唐代宰相张九龄的立德、立功、立言之精神，同时，也为培养农业专门人才，决定在韶筹建九龄农学院。

△ 北江专署专员沈秉强以"通匪""包庇共产党"罪被押送广州。本予将其在押送路上杀害，由于押解人为沈当年的部下，故未被加害。沈被押广州后，得当年推荐其做专员的张发奎出面，才被释放。

【沈秉强】（1901—1969年）广东曲江人。粤北知名爱国民主人士，新中国成立前，曾先后在粤北担任过曲江县县长，北江行署专员等职。新中国成立后，曾先后担任韶关市政协副主席、北江专员公署副专员、民革广东省委委员、民革韶关市主任委员等职。

△ 中共武装与国民党军及地方团队在粤北作战战事：

粤赣先遣支队一部于1日攻入翁源蓝李乡公所，俘副乡长以下15人。7日，在曲江活动的粤赣先遣支队一部与曲江国民党地方团队在曲江安和乡发生激战。同日，粤赣湘边总队邓国梁部攻入南雄白云乡，俘其乡长。9日，国民党第九十九旅与粤赣湘边总队600多人在南雄百顺作战，游击队退到仁化长江。10日，粤赣先遣支队许先觉部与国民党地方团队在马坝、江尾、思茅、罗坑一线展开激战。同日，在始兴曾公坑亦发生战斗。20日，粤赣湘边总队黄业部与国民党正规军在南雄增圩市、娣塘、大塘一线展开激战。21日，粤赣湘边总队邓国良部与国民党正规军亦战于南雄中站仰坊圩地区。22日，粤赣先遣支队何俊才部与国民党正规军在翁源板铺一线展开激战；同日，在南雄的粤赣湘边总队一部与国民党正规军在南雄大塘发生战斗。24日，两军再次在南雄西南大源发生激战。

是年 粤赣先遣支队在中共上级党组织以及翁江地工委的领导下，人民武装力量发展很快，先后成立有武装部队20个大队。支队总部除建立主力钢铁大队外；在英东地区先后建立第三大队、飞虎大队、第十大队、突击大队、英翁佛民主先锋队；在翁源地区先后建有翁西大队、第四大队、第五大队、翁南大队、翁虞独立大队、翁东大队；在曲江地区建立曲南大队；在佛冈地区先后建立抗征救命大队和人民义勇大队；在新丰地区建立遥田大队、西北区主力队、尖山大队、连南大队、惊天大队、东南区主力队等。各地还以区、乡为单位分别成立武装工作队。在翁源地区，就先后成立有新塘、江镇、翁城、民主乡、松塘、江尾、上洞、镇仔、九仙、晨旗、利龙、六里、周陂、蓝李、昆山、龙仙、岩庄、贵东等18个武工队，共500多人；在新丰地区有飞虎、飞龙、飞豹、北伐、群英、长江、王龙、南山、白云、石山、征西、青天、桃山、白日、飞天、西强、坪山、青云、黄河、昆仑、联合等21个地方连队和武工队，共600余人；在英东地区有新兴、青塘、溪板、鱼湾、大镇、赤珠等6个武工队，还有一个专门爆破铁路的工作组，共200多人；在清远潖江有水头、石角、神迳、龙蟠、涵塘、龙山、琶二等7个武工队；在佛冈有迳头、大陂、水头等武工队；在曲南有曲南武工队。这些地方武工队有的属团和总队领导，多数属各大队直接领导，为日后各区建立地方政权做好了充分的干部准备。

民国三十七年（1948年）

1月2日 粤赣先遣支队在翁源大坪召开万人群众大会。

3日 国民党军整编六十九师九十九旅一部，从曲江南部远途奔袭驻在翁源太坪的粤赣先遣支队司令部。支队主力钢铁大队和保卫大队奋起还击，掩护支队领导机关和正在举办的青年训练班撤退。钢铁大队教导员廖春源、傅应光在战斗中牺牲。粤赣先遣支队总部转移到翁西罗家山分散活动。

上旬 国民党军在韶关设立湘粤赣边区清剿联防指挥部，仼命叶肇为指挥官，辖湘南10县，赣南8县，粤北12县。

自1947年粤湘赣边区清剿联防指挥部成立后，国民党军开始在三省边区部署重兵。在粤北一线，清剿联防指挥部将驻韶第六十九师（代号隆昌部队）九十九旅旅部移驻始兴，所辖兵力有二九五团和二九六团及师部、旅部直属的炮兵营和三个搜索连；有叶肇直属的八个护路中队；还有南雄、始兴两县的地方团队及地主武装共3 000多人。在赣南一线，有江西国民党军两个保安团，分驻大庾、信丰等地。在湘南一线，有湖南国民党军一个省警总队和两个保警大队，分驻汝城、桂东、资兴、鄮县一带，还有信、庚、汝、桂、资、鄮等县的地方反动武装。总兵力达1万多人。

15日 连县东陂区武委会发动武装起义，成立有280多人的连县人民抗征大队。

16日 连县星子区武委会也组织群众举行武装起义，当晚攻打浦上乡公所和大路边联保办事处，缴枪 42 支。经策动，连县潭源乡自卫班同日也发动起义。起义自卫班共有百余人，拥有机枪 1 挺，长短枪 90 余支。起义后该班与星子区起义武装组成连县人民抗征大队星江区队。

是日 始兴国民党驻军隆昌部队 800 余人纠合县乡自卫队 400 余人，向暂驻澄江五巴奇（又名五花旗）的粤赣湘边总队五支队和三支队主力大队发动突然袭击。在总队和各队指挥员的亲自指挥下，总队各部利用有利地形，一连打退敌人多次冲锋，毙伤敌营长以下官兵 40 多人。第三、第五支队共牺牲 1 人，负伤 6 人。

21 日 粤赣湘边总队第三、五支队，乘国民党军入山"清剿"始兴县城空虚之际，夜袭始兴县城，炸毁车站附近的敌宝塔哨所，毙敌 5 人，伤 10 人。此举使敌人十分震惊。

25 日 国民党翁源县党部书记，中共党员徐尚同被捕。

【徐尚同】（1903—1948 年）广东翁源人，1939 年加入中国共产党。曾任翁源第二中学校长。抗战时期，徐积极开展抗日救亡活动。1945 年打入国民党翁源县党部任书记。1948 年 1 月被捕，9 月英勇就义。中华人民共和国成立后，翁源县人民政府将翁源县第二中学改名为"尚同中学"，并在县城建立"尚同亭"，以示纪念。

26 日 宋子文发表《绥靖新策略》。驻粤赣湘边国民党军第一期"清剿"计划开始实施。翁江地区成为第一期"清剿"重点。

宋子文发动第一期"清剿"，即以国民党军第六十九师（昌隆部队）为主力，纠合粤、赣、湘三省保安团队共 1 万余人，对（翁）江、五岭地区中共游击队实行重点进攻。是月起，国民党军以 70 个团的兵力进攻粤赣先遣支队，其中 4 个团进攻翁源，2 个团进攻英德，1 个团进攻新丰。从此，翁江地区进入全面反"清剿"的最困难最艰苦的斗争时期。

是日 驻曲江县国民党军一营长率兵捣毁曲江（马坝）车站，打死车站职工 1 人，伤多人。

29 日 陈沛被国民党国防部任命为韶关地区陆军训练司令。

是月 中共武装与国民党军及地方团队在粤北作战战事：

粤赣先遣支队何俊才部于 2 日与国民党地方团队战于翁源太平圩。3 日，先遣支队唐胜标部攻韶关丽水乡紫石坑。4 日，先遣支队李镇才

部 200 余人在英德黄岗乡黄江圩及沙田与国民党"清剿"部队激战 4 天。6 日，先遣支队一部与国民党军在曲江大田、新溪作战。7 日，先遣支队一部与国民党军在佛冈大庙寺发生战斗。11 日，粤赣湘边总队赖超雄部在南雄新田大石桥与国民党地方团队发生战斗；同日，粤赣先遣支队冯石生、马奔部在清远白石墟与国民党地方团队发生激战；何俊才部与国民党地方团队战于翁源鲁溪。12 日，清远县县长廖琪与粤赣先遣支队一部战于南涌乡三圣宫、庙江头、木古坑、新关、界板。13 日，湘南国民党保警与粤北国民党军协同，在始兴澄江、铁寨、三角岭、水环江展开"清剿"，与中共粤赣湘边总队展开激战。17 日，粤赣湘边总队一部在南雄大塘、邓坊、乌迳、龙田、平田一带与赣南国民党"清剿"部队亦有战斗；同日，粤赣湘边总队一部在仁化县城口土塘村及湖南省汝城仙溪亦发生战斗。18 日，清从佛义勇大队黄渠成、冯耀松等十余人在从化良口上鸭洞、黎村与从化警察大队作战。19 日，粤赣先遣支队一部与"清剿"国民党军战于新丰下湖、李洞、苦竹坳等地。21 日，粤赣湘边总队一部攻击始兴县城，未克，又战于江西虔南。23 日，国民党"清剿"部队一部会同翁源县县长率领的地方警察部队，与何俊才部战于翁源松塘。25 日，邓国梁领导的游击队 100 人与曲江韩县长所部在大塘乡古城作战，后又战于钟鼓岩。26 日，粤赣先遣支队一部与国民党"清剿"部队战于翁源上荼、下荼、田西。28 日，粤赣先遣支队郑大东部与国民党"清剿"军战于翁源东头。30 日，粤赣湘边总队一部与国民党"清剿"军一部战于始兴大坪。

2 月初　粤赣先遣支队针对当前情况发出《用斗争粉碎敌人的扫荡》指示信，号召全区动员起来，用斗争粉碎敌人的扫荡。

在这封指示信中，中共粤赣先遣支队总结了一个月以来支队以分散对付集中，以主力打击敌人，以小股兵力坚持群众斗争的反扫荡斗争的经验。在分析当前对敌斗争的形势之后，粤赣先遣支队司令部提出了"反清剿"对敌斗争的新政策和新任务。

中旬　叶肇指挥"隆昌部队"以整个旅的正规军和地方的保警队、护路队、联防队等共三四千人，发起第二阶段"清剿"，向南雄游击区根据地发起全面进攻。

为"清剿"活跃在粤赣湘边的中共武装，国民党军采取"肃清平原，围困山地”的战略。首先进占珠玑、湖口、黄坑、乌迳等一大片平原游击区。粤赣湘边总队和领导机关被迫从平原退入帽子峰山区。国民党军连续一个多月追击、围困、搜剿以及制造无人区，致使粤赣湘边总队活动范围大大缩小，处境十分困难。尽管边总主力部队在反“清剿”中伤亡很少，但是，新建立起的许多地方武装（主要是民兵）仍散失很多，使发展起来的近 4 000 人的队伍，锐减到不满 2 000 人。

是月 中共华南分局（中共中央香港分局）召开高级干部会议，方方作《刘邓大军渡黄河后的形势和我们的任务》报告。会后，为打击宋子文的“清剿”计划，分局又发出《粉碎蒋宋进攻计划，迎接南征大军的指示信》（即“二月指示”），提出“普遍发展，大胆放手”，建立主力部队、游击据点、根据地，并组织民主政权，同时做好统战工作和党的工作。指示还提出“一切为着土地改革”，还要求发展斗争积极的贫雇农和革命战士入党，进行查整运动。分局还决定成立“中共粤赣湘边区临时委员会”，书记尹林平，副书记黄松坚，委员有梁威林、左洪涛、黄文俞、严尚民等。各委员分头领导所在边区武装斗争。

【左洪涛】（1906—1990 年）湖南邵阳人。1926 年考入黄埔军校第六期学习。1927 年加入中国共产党。曾任湖南邵阳农民运动特派员，中共上海市江湾区委宣传部部长，上海互济会沪西、沪东总主任，全国互济会秘书长兼组织部部长、中共党团书记，中共鄂豫边省委宣传部部长、军事委员会委员等职。抗日战争时期，受中共上海党组织派遣，进入国民党第十八集团军、第四战区长官部等部，长期从事统一战线工作，任中共特别支部书记。解放战争时期，历任中共港粤工委委员兼党派组总负责人，粤桂边人民解放军参谋长，中国人民解放军粤赣湘边纵队政治部主任等职。中华人民共和国成立后，历任中共中央华南分局统战部副部长，广东省人民政府副秘书长兼办公厅主任，广东省林业厅副厅长、广东省财贸委员会副主任、中共广东省委统战部副部长，广东省政协第五届委员会副主席兼秘书长、党组副书记。1990 年 7 月 16 日病逝于广州。

△ 中央翁江地区工委改为翁江地委，书记邓楚白，副书记何俊才。粤赣先遣支队改番号为北江第一支队，司令何俊才，副司令黄桐华，政委邓楚白。下辖 4 个团、1 个连平独立大队、1 个连（平）翁

（源）虔（南）龙（南）总队。

△　中共武装与国民党军及地方团队在粤北作战战事：

粤赣先遣支队于3日与国民党军一部在翁源大镇轮圩展开激战。8日，粤赣湘边总队邓文礼部与国民党"清剿"军战于南雄大原。9日，粤赣先遣支队陈建中部在翁源石坑十二渡水及大东与"清剿"国民党军展开激战，10日，两军战于英德沙口乡大塘面、马屋角等地。17日，粤赣湘边总队何湘部100余人与南雄地方团队在南雄保吉乡作战。20日，吴付唐部游击队在南雄下武岗与"清剿"的国民党军展开激战。27日，在南雄水寨、湖坑、谢坡，粤赣湘边总队一部与"清剿"的国民党地方团队发生战斗。

春　中共五岭地委在始兴创办第二份报纸《粤北报》，报社社长莫明，编辑先后有陆素、何湘、莫巩。

3月　宋子文在发动全省范围的对中共武装的"全面扫荡、重点进攻"后，不断在报刊上发布"奸匪被全歼""奸匪×部投诚自新"的消息，以图通过舆论，瓦解中共粤北地方武装。

是月　驻韶关的国民党"清剿"指挥部，指挥国民党军对翁江地区实行军事、政治、经济的全面围攻，利用地方的反动武装和反动组织，配合正规军对游击区进行"扫荡"，实行"三光"政策，大肆屠杀游击队员家属和革命群众。在"扫荡"期间，英德、翁源、新丰、佛冈四县的农会、贫雇农团和民兵等，被国民党杀害的就有1 000多人。英德黄塘乡九郎洞（100多户）在一个月内就遭到国民党"扫荡"18次。

△　九龄农学院筹建处正式成立，院址设在曲江县十里亭附近，由黄菩荃任学院董事兼院长。学院建制拟设农艺、畜牧、农业经济3个学系，并设推广部和农林建设实验区。教学上采用年级与学分混合制，教学计划除必修科目按国民政府教育部规定开设课程外，选修科目注重适于当地需要，学以致用。学院有农林场3 800多亩，一部分用作实习、试验，大部分作为生产经营，以其收入补助学院经费。

△　中共粤北武装与国民党军及地方团队在粤北作战战事：

1日，粤赣先遣支队何俊才部与国民党"清剿"军，在翁源新江、柳下、风丛展开激战。8日，国民党某部与粤赣先遣支队罗青天部战于新丰、佛冈间，同日，在沙田、南石桥，粤赣先遣支队巢德麟部也与国民党"清剿"军展开激战。14日，国民党"清剿"军在南雄邓坊、白土洞、上坊与粤赣湘边部队一部展开激战。16日，两军又在南雄上龙圩、石壁坊、高车湾作战。同日，粤赣先遣支队杨先部游击队30人在翁源下桂湖与敌展开战斗。20日，翁江粤赣先遣支队一部在翁源马山尾萧屋、新江一带与"清剿"的国民党军作战。同日，在翁源浪机岭粤赣先遣支队一部与国民党第六十九师发生激战，粤赣先遣队另一部与英德沙口国民党地方团队战于沙口乡枫树坪邓屋。22日，国民党军"清剿"部队一部进攻新（丰）翁（源）边区老荼洞东江人民自卫总队第二大队何志芳部，双方激战两天。同日，在南雄新田乡深山老虎环也发生战斗。31日，粤赣湘边总队新一区区长徐道昌部在南雄珠玑乡中洞、上嵩与国民党"清剿"军展开激战，黄竹坑亦有战斗。

3—4月 宋子文指挥国民党军"清剿"部队，对北江、九连山地区展开进攻。双方在翁源瓦瑶、排犁、耳坝及英东丘屋同、暗径，新丰猫笼坳等地展开激战。在国民党的强大压力下，英翁江地区大部游击区根据地被国民党军占领。

针对国民党军集中第六十九师及地方团队共5个团，对翁江、五岭、江北、九连山等根据地展开全面扫荡的情况，中共粤北武装根据五岭地委指示，在积极坚持内线作战的同时，调集部分武装转移到新区，实行外线作战。

4月上旬 国民党第二"清剿"区副司令陈见田率国民党军，与黄渠成率领的清从佛义勇大队大战于曲江、从化、佛冈等地，国民党军残杀游击队被俘人员30多人，并悬赏20亿元捉拿黄渠成。

14日 曲（江）英（德）乳（源）人民翻身队李全林等5人在曲江被杀害。

18日 国民党曲江县政府公务员请求县政府增加薪水，县政府只给予公粮6市斗，否则，请假回家待命。

下旬 国民党"清剿"军第六十九师在曲江、翁源、英德等地开展大规模"清剿"。粤赣先遣支队各部展开全面"反清剿"战斗。陈建中部游击队在翁源铁场墟对敌展开作战；叶少雄部与国民党军战于英德新洞、坝子、神滩等地，在曲江、大洞田等地亦有战事。

是月 宋子文调集3个补充旅、15个保安团，加上保安总队和地

方团队，开始对华南人民武装发动第二期"清剿"。其战略要求为"肃清平原，围困山区"。同时又在各县、区乡成立"清乡"委员会，扩充乡兵、保丁，实行"五户联保"，大筑碉堡，以相配合。

△ 中共粤桂湘边工委在广宁召开全体干部会议，决定成立绥贺、连江两支队和一个独立团。连江支队（代号"飞雷队"）司令员由冯光担任，政委周明，副司令员马奔，政治部主任王炎光。

【冯光】（1920—1949年）又名沥祺、义理、石生、何达生，广东清远人。1939年，在家乡参加共产党领导的湛江青年抗日先锋队，积极参与抗日救亡活动，并于同年秋加入中国共产党。1940年夏，被调往中共领导的广州市区游击第二支队，活动于珠江三角洲。翌年，被提升为小队长。1941年10月，任支队司令部手枪队队长。1944年6月，被任命为中队长。1944年7月在植地庄战役后，成为闻名珠江三角洲的"植地庄八勇士"之一。后被调到广东民众抗日游击队珠江纵队独立第三大队任大队长。1945年5月，中共西江地委成立，冯光任广（宁）四（会）清（远）武装区队长，开辟广四清边抗日游击根据地。1946年，华南游击队部分北撤山东烟台，冯光被留在粤西坚持游击斗争。1947年9月，中共粤桂湘边工委成立，冯光任中共连江地委委员，率连江地委武装活动于连江两岸及湘南地区，组织发动多个地区人民武装起义，分别组建阳山人民抗征自救队、英（德）乳（源）阳（山）曲（江）抗征大队、东陂人民抗征队和连（县）宜（章）临（县）人民抗征大队。1948年4月，中共粤桂湘边工委组建连江支队（代号"飞雷队"），由冯光任司令员。1949年1月22日，冯光在与国民党军作战中，不幸中弹，壮烈牺牲，时年29岁。

△ 中共粤北武装与国民党军及地方团队在粤北作战战事：

粤赣先遣支队何俊才、张菁部200人于2日进攻翁源新江北太平圩、石楼、新塘等地国民党军。同日，在南雄的流塘店亦有战斗。8日，粤赣湘边总队刘汉兴部与国民党军地方团队战于始兴刘家山、上下嵩一带。10日，国民党军曲江地方团队与活动在曲江的粤赣先遣支队一部在白沙、石洞发生激战，国民党军放火烧山。26日，粤赣先遣支队何俊才部100余人与国民党"清剿"部队一部战于曲江大坑口，同日，在翁源将军顿石岩下、大龙公路营盘山等地亦有战斗。29日，粤赣湘边总队一部与"清剿"国民党军一部战于南雄珠玑。

5 月 4 日 江北支队四团（清从佛义勇大队）在从化县坪地村召开本团领导干部会议，突遭国民党广东省第一区专员欧阳磊指挥的地方团队包围，大队长（兼清从佛边县工委书记）黄渠成沉着指挥应战，不幸中弹牺牲。

18 日 驻韶关国民党军开始赶修韶关飞机场。

21 日 薛岳任总统府参军长，吴鼎昌为秘书长。国民党在曲江逮捕了游击队工作人员何杰初、何才等 7 人。

是月 中共五岭地委在南雄帽子峰召开扩大会议。会议在总结上半年的工作后，提出了五岭地区对敌斗争的工作方针和任务：①暂时停止土改；②部队暂时分散活动，以避开敌人的进攻锋芒；③坚持老区斗争，发展新区；④加强地方党的建设，整顿民兵常备队，继续打击敌人；⑤坚持搞好农村统一战线，区分不同性质的矛盾，调整好各阶层之间的关系，争取一切可以团结的人，共同对付国民党反动派。

△ 中共粤北武装与国民党军及地方团队在粤北作战战事：

粤赣先遣支队一部 100 余人，于 14 日，攻入曲江白沙乡公所。19 日，在翁源新江及南雄珠玑、岭村"清剿"的国民党军遭到中共领导的赣南、南雄两地游击队袭击。26 日，粤赣先遣总队何俊才部 200 余人在翁源荷坪、雅鹊洞以及岩庄乡上饶村、翁北上角等处与国民党"清剿"地方武装展开激战。

6 月 1 日 韶关装船业工人罢工，要求提高工资。

5 日 连县星子区武委会和星江区队配合，组织成崇正、成跃渐等 40 多名大路边村的农民举行第二次武装起义。当天晚上，起义队伍攻下浦上乡公所，缴获步枪四五十支，随后起义武装全部参加星江区队。

是月 中共粤桂湘边区工委派出武装 175 人由广宁出发，挺进连县、阳山，开展英德、乳源、连山、阳山进行游击战争，并发动农民起义，成立了英（德）阳（山）乳（源）曲（江）人民反蒋抗征队等地方武装。

△ 参加"清剿"的国民党军第六十九师被调往华东作战，国民党军在粤北对中共武装的"清剿"暂告结束。

△ 中共粤北武装与国民党军及地方团队在粤北作战战事：

2 日，粤赣先遣支队一部与"清剿"的国民党军在翁源牧羊坪展

开激战。13 日，翁源保警队与林卧龙率领的游击队在石岭、上角、水寨、岩庄乡上饶村等地展开战斗。

7 月 15 日　阳山小江乡下坪村群众举行武装起义。参加的起义民众数百人，后由其中的 46 人组成阳山人民抗征抗暴义勇队，梁呈祥任队长。

16 日　南雄乡绅董子香被国民党军以"济粮米、送情报给共党"罪名杀害。

17 日　南雄商界拒用国民党发行的 5 000 元法定货币，改用铜圆（每枚铜圆等价 1 万元）。被国民党县政府下令禁止。

18 日　中共游击队干部吴继林、邓作荣、钟文等 3 人在南雄被杀害。

23 日　阳山人民抗征抗暴义勇队袭击阳山西江乡公所，活捉反动乡长及自卫班人员 16 名，缴获长短枪 12 支。

是月　中共粤北武装与国民党军及地方团队在粤北作战战事：

7 日，粤赣先遣支队陈建中部游击队 200 余人与英德国民党地方团队在九郎洞、罗屋发生战斗。16 日，国民党英德、清远两县地方团队联合进攻高道、黎洞、水边等乡的中共游击队。18 日，新丰县国民党地方团队进攻中共新丰县遥田乡根据地。23 日，粤赣先遣支队一部进攻英德县黎溪乡乡公所，俘其乡长。

8 月 7 日　粤赣湘边总队第五支队策动始兴县自卫总队澄江大队大队长邓荣华、中队长钟礼韬率领该大队 130 名官兵，携带轻机枪 2 挺、手提机枪 2 挺、长短枪 120 多支和子弹 3 000 多发，举行武装起义。起义官兵除少数参加游击队外，大部分被遣散回家。

是日　在中共连阳中心县委武装斗争领导小组的策动下，英德田心洞宣布英西人民举行武装起义，成立"英西人民抗征自救队"，队长黄漫江。

在闻知英西人民举行起义，英德国民党政府组织英德政警大队、英西联防大队、大湾反动团队共 800 多人向田心洞扑来。为避敌锋芒，黄漫江决定留下赖明威的大湾武工队在当地坚持斗争，率领其余起义部队向乳源大布乡坪岽村转移，与司徒毅生从英西石霞地区集结到来的队伍汇合，共有 100 多人枪，整编成立"英阳乳曲人民反蒋抗征队"，队长李冲，政治委员司徒毅生。队伍编成一个中队和一个手枪班，转战英阳乳曲边区，掀起从英西到英阳乳曲边区的人民革命武装斗争烽火。

16日　冯光、周明率领"飞雷队"（连江支队）到达阳山县黄垈乡高陂，与阳山起义部队（阳山人民抗征抗暴义勇队）会师。

20日　"飞雷队"与驻阳山、连县的国民党军激战于西江乡南坪，战斗数日，毙伤敌人20多名。抗征队员吴体志和钱金在战斗中英勇牺牲。

下旬　"飞雷队"在阳山东坑召开紧急会议，决定进行新的兵力部署：①成立阳山人民抗征大队，大队长梁天培，政委张彬，副大队长麦永坚；"飞雷队"第二中队留在阳山活动。②决定继续北进连县。会后，由冯光、周明率领"飞雷队"第一、三中队从东坪穿过大东山进入连县星子区潭源洞，再经连县北部山区转到东陂区。由于敌人的疯狂围剿，部队人多不便活动，"飞雷队"又将霍伦的第一中队留在东陂，与当地武装人员组成东陂人民抗征队，肖怀义任队长，肖少麟任政委。"飞雷队"其余主力返回阳山。不久，"飞雷队"又派成崇正、曾牛、伍学流等骨干到星子区去，与当地武装人民组成星子人民抗征队，由成崇正任队长兼政委。

是月　中共中央香港分局发出《关于游击战问题的指示》和《半年工作总结和今后工作方针任务》的指示。指示提出军事斗争、具体政策、农村统一战线及整党四大任务。指示要求坚持平原游击战，以掩护山区建立根据地。要求组织主力，提高战斗力，歼敌有生力量，把游击区扩大到邻省邻县，造成山地割据局面。在具体政策上，则要削弱封建势力，改善群众生活，打下广泛而巩固的群众基础。规定各解放区要普遍实行反"三征"、减租减息、生产合作、救灾救荒。要纠正各地1947年10月以后土地改革中过左的做法。为此，分局将粤赣湘边区的地委和武装做了调整。其中，中共江北地委，书记黄庄平，副书记陈李中。江北支队司令员黄柏，政委黄庄平，下辖四个团、一个直属大队。中共九连地委，书记魏南金，副书记钟俊贤。粤赣边支队司令员钟俊贤，政委魏南金，下辖4个团，2个直属大队。中共翁江地委，书记邓楚白，副书记何俊才。北江支队司令员何俊才，政委邓楚白，副司令员黄桐华，下辖4个团、1个总队。中共五岭地委，书记张华，副书记黄业、刘建华。粤赣湘边人民解放总队总队长黄业，

政委张华，副总队长刘建华，下辖 4 个支队、独立大队和北上先遣队。湖南地下党也划归五岭地委领导。

【黄柏】（1922—1978 年）又名黄康、黄康柏。广东宝安人，1942年加入中国共产党，抗日战争时期，历任广东人民抗日游击队东江纵队指导员、连长、大队长等职。解放战争时期，任广东人民解放军江北支队司令员、中国人民解放军粤赣湘边纵队东江第三支队司令员。中华人民共和国成立后，历任广东军区东江军分区副司令员，中共韶关市委书记兼市长，武汉冶金建设总公司金属结构安装公司党委书记，武钢安全处处长，第一冶金建设公司党委委员、监委第一副书记等职。1978 年在武汉逝世。

△ 中共五岭地委派李子明到乳（源）乐（昌）宜（章）边开展工作。

△ 粤赣湘边总队第三支队第一大队与第五支队第一大队合编为主力大队，大队长唐胜标，副大队长黄柏，教导员欧阳汝森，副教导员李循作。

△ 马奔率领"火箭队"从英清边到达英西黎溪新村与清英大队会合。因敌人严密封锁小北江，部队北上受阻，故留在英清边转战数月之久。

△ 中共五岭地委为便于在湘南地区开展武装斗争，由地委书记张华和委员金阳秘密前往湖南长沙市，征得中共湖南工委书记周礼的同意，并请示中共中央香港分局（中共华南分局）批准，将湘南地下党组织划归五岭地委领导。

△ 中共曲江工委成立，书记兼组织部长赵学光，宣传部长李凌冰。中共曲江工委统一领导曲江（包括韶关）、乐昌、南雄、始兴、仁化、乳源、湖南宜章等七县的地下党组织，支持和配合五岭地区的武装斗争。

△ 国民党政府实行币制改革，发行金圆券，规定金圆券 1 元兑换法币 300 元。

金圆券在韶关市流通不久，便迅速贬值，群众称之为"湿柴"，纷纷拒用，市面上多使用银圆、银毫。由于金圆券的无限制滥发，造成物价飞涨，韶关早稻米批发从 9 月至次年 4 月，7 个月内，就由13.57 元（金圆券）涨至 115 400 元（金圆券），上涨了 8 503.1 倍。

始兴、仁化等县城墟则以稻米为计价标准，实行以物易物。

秋 中共曲江县工委派宣传部长李凌冰负责领导省立志锐中学的中共地下党活动，把志锐中学、曲江一中、九龄农学院等几所学校的中共地下党员学生，组成中共粤北学运特别支部，莫德炜任支部书记。

9月12日 "飞雷队"的"猛虎中队"在连阳交界的小北江界滩袭击国民党护船队，俘敌10名，缴获枪10余支，战后"猛虎中队"在该处建立税站，向来往船只收税，解决部队给养问题。

13日 国民党翁源县党部书记，中共党员徐尚同在广州被国民党杀害。

29日 "雄狮""铁流"两中队（属粤中纵队，司令员林锵云，政治委员罗范群，副司令员谢立全，参谋长谢斌，政治部主任刘田夫）联合袭击驻阳山小江乡的国民党集结中队，俘敌小江乡乡长和敌中队长以下官兵40余名，缴枪40多支。

是月 "猛虎中队"自连县回师阳山，与阳山人民抗征暴大队一起袭击下坪九甲庙敌据点，俘敌分队长伍鸿儒以下官兵40名，缴获长短枪40支。

△ 《大公报》（9月21日）公布"粤赣湘边区'剿匪'总指挥部公报"：1948年3—8月击毙中共武装"政要"共24人，即：南雄县县长董天锡，第六支队大队长胡耕，大队副黄祥，×支队大队长吴江，先遣支队大队长吴先发，和平青州司令部副大队长陈则、莫德邻，粤赣闽区支队独四大队副大队长陈球，赣正气短枪队队长杨清、金标、杨汉，和平人民义勇队中队长叶少雄、曾大宪、郑树富、罗香生、曾娘胜，南雄新四区常备中队长王贵璇，分队长萧大松、朱阵养、吴亚邻，情报组组长谭集则、黄克华，指导员廖新、王斌。

【董天锡】（1913—1948年）广东南雄人，1934年在广州读大学。1935年加入中国青年同盟会，1937年参加中国共产党。1938年任广东青年抗日先锋队南雄县队队长。1942年，任中共南雄乌迳区委书记。1947年任粤赣湘边区人民解放总队第六支队第三大队政工队队长，1948年初在孔江乡与敌作战中英勇牺牲。

△ 粤赣先遣支队主力钢铁大队（原黄渠成所部第四团）在翁源县新江乡犁耳坝击溃国民党保安营一个连，消灭其一个排，缴获轻机枪2挺，步枪20多支及弹药一批。

△ 中共粤北武装与国民党军及地方团队在粤北作战战事：

2日，粤赣先遣支队何俊才部200余人进攻翁源新江大平联保自卫队。同日，新英佛联防办事处主任陈乐天部与游击队曲江遥田民兵总指挥赖苍天部战于该联防办事处。7日，新丰县县长李泛舟与游击队在新丰水西鲤鱼坝作战。22日，清远、广宁的保警一大队与游击队战于南涌、太平、白芒、三圣宫等地。

10月10日 中共中央通告全党，1949年召开新中国政治协商会议，成立中华人民共和国中央政府。

是月 中共崇（义）仁（化）汝（城）工委成立，书记颜申，副书记劳火。工委负责领导崇义、仁化、汝城三县边区活动的中共游击队。

△ 中共中央香港分局发表《华南人民武装当前行动纲领》，指示斗争打倒对象只限于反动头子、首要特务、地方恶霸及其武装。要联合中立不反对中共政策的地主、富农及一切可以联合的力量。社会政策限于反"三征"、减租减息、生产合作、救灾救荒。财政政策是合理负担，保证财权。

△ 根据中共中央香港分局的决定，粤赣先遣支队更名为广东人民解放军北江支队，何俊才任司令员，邓楚白任政委，黄桐华任副司令员，林名勋仼政治部主任。

△ 由张发奎倡办的私立九龄农学院在韶关正式开学。这是粤北地区最早创办的一所高等学院。学院招生100余人。

△ 中共粤北武装与国民党军及地方团队在粤北作战战事：

4日，粤赣湘"清剿"总部参谋长郭永镰及国民党南雄县县长率队进攻南雄永正乡里东村游击队。8日，原粤赣湘总队第六支队大队长何高部300多人与国民党地方团队战于南雄柴头背。13日，连县县长遣地方团队进攻由连县开往粤湘交界云雾洞的萧怀义部。18日，粤赣湘边总队董书缨部20余人进攻南雄县江口圩乡公所，缴枪10余支。20日，北江支队一部100余人攻入翁源旧县城。是月中旬，英德县县长周文浩率部进攻黄岗、沙口、九那洞、滑水山、十二度水等地黄桐华率领的游击队。25—30日，连县县长率地方团队由东陂云雾山进攻老鼠冲、湾塘乡及阳山县西江墟、西江街黄垒等地的游击队。27—29日，粤桂湘边总队黄式倍等部与驻韶国民党团队在龙归水、坝仔、乌石坑、松坑、雷公坑、大洞山作战。30—31 日，粤赣湘边总队何高部进攻南雄镇平乡茶头背。

11 月 1 日　中共中央军委发布《关于统一解放军全军组织和部队番号的规定》。部队分为野战部队、地方部队和游击队 3 类。野战部队编为西北、中原、华北、华东、东北 5 个野战军，下辖 20 个兵团。兵团下为军（纵队）、师（旅）、团、营、连、排、班至列兵。另成立 5 个大军区。军区分 3 级，地委级为军分区。1949 年 1 月统一编成。

11 日　驻南雄国民党"清剿"司令叶肇在南雄召开粤赣湘边区 19 个县治安检讨会，会议为期二天。

16 日　韶关九龄农学院新生训练后开始上课。学院由张发奎任董事长，薛岳为名誉董事长，何克夫、华振中为正副理事长，院长黄菩荃，代院长严任杰。1949 年新中国成立前夕，学院因经费问题停办。

【何克夫】（1879—1949 年）原名许莹，广东连县人。1904 年入陆军将弁学堂，次年加入同盟会。1911 年参加广州黄花岗起义。曾随孙中山赴南京拱卫总统府，后返粤任中华革命军广东北路讨龙军总司令、总统府副官长（参军长）等职。1931 年任国民政府中将参军，抗日战争时期任国民政府监察院监察委员。1949 年病逝于广州。

17 日　粤赣湘边总队六支队一大队和三大队手枪队奇袭南雄县自卫大队江口中队，毙敌副中队长 1 名，俘中队长 1 名、小队长 3 名及士兵 26 名，缴获轻机枪 1 挺、步枪 32 支、子弹 1 200 多发。

中旬　中共五岭地委在南雄油山西坑召开扩大会议，总结一年来的工作。鉴于五岭地区革命斗争遭受到比较严重的挫折，所以，总结时着重检讨工作中出现的，实行"左"的政策，树敌过多，脱离群众，以及在建军问题上，分散建立主力部队，因而不易集中主力作战，在战略战术上，一贯采取强攻拔点，临战时则分兵抵抗，或与敌人硬拼消耗等错误。会议在分析当前斗争形势后，确定了武装斗争的新方针和任务；此外，会议还制定了有关退租、财政、税收和统战等方面的各项政策。

23 日　翁源茶园乡第十三保松塘郑屋郑城荣以中共武装情报站长"罪"被逮捕。

是月　中共翁江地委决定将英东地区和佛冈地区的游击队改编为北江支队第二团，团长陈培兴，政治委员黄桐华（兼），副团长蓝田、

李拔才、陈建中；同时将"飞虎大队"和"钢铁大队"合编为北江支队第四团，团长杜国栋，政治委员汤山，政治处主任刘蓝天。

△ 中共粤北武装与国民党军及地方团队在粤北作战战事：

曲江、翁源地方团队与国民党正规军配合，于10—11日进攻翁源太平的黄桐华、何俊才部。17日，翁源县县长率地方团队与北江支队汤山部60多人在新江圩渔溪作战。21日，北江支队张耀伦部100余人与国民党地方团队在清远白庙乡激战。同日，北江支队陈持平、孔刚率领部队在新丰猫笼坳设伏，全歼国民党保安团一个连，毙伤敌20多名，俘敌70多名，缴获长短枪80多支。

12月15日 中共中央香港分局向各地党委发出《今后华南斗争方针》的指示。指示分析全国和华南对敌形势后，强调做好充分的精神准备，以应付国民党统治中心南迁后更残酷的斗争；要求各地坚持"八月指示"的原则，敢于斗争，坚持斗争，迎接解放大军南下，解放全华南。

19日 粤赣湘边总队副总队长刘建华，率领叶昌一支队和戴耀六支队主力共400多人，在南雄县上杨梅坑龙头伏击进油山"清剿"的江西保安第五团第三营，毙敌排长2名，伤敌营长和士兵各1名，俘敌第八连连长以下官兵24名，缴获轻机枪1挺、步枪26支、手枪1支、子弹千余发、炮架一副及军用物资10余担。

25日 中共粤赣湘边区党委在惠阳安墩召开第一次全会，决定建立惠（阳）紫（金）和五华、和平、新丰、连平、河源、龙川两块根据地，并决定于1949年元旦成立闽粤赣边区纵队、桂滇黔边区纵队、粤赣湘边区纵队。粤赣湘边纵队司令兼政委尹林平，副司令员黄松坚，副政委梁威林，参谋长严尚民，政治部主任左洪涛。下辖东江一支队（原江南支队）、东江二支队（原粤赣边支队，司令员郑群，政委钟俊贤）、东江三支队（原江北支队）、北江一支队（原北江支队）、北江二支队（原人民解放总队）、赣南支队（司令员兼政委刘建华）、湘南支队（司令员兼政委刘亚球）。

是月 北江支队主力四团在北江支队第四大队的配合下，在翁源两县交界的髻山伏击始兴隘子联防队。全歼敌一个排，毙敌28名，伤敌8名，俘敌8名；缴获轻机枪1挺、冲锋枪2支、步枪32支及弹药一批。

岭南文化书系

百年粤北纪事

△　中共清（远）阳（山）边县委成立，书记谢鸿照，副书记方君直。

△　中共（翁）江地委在翁源帽山召开地委扩大会议，会议由邓楚白作《一年来工作总结与今后方针任务》的报告。会议在肯定1948年反"扫荡"取得的胜利后，分析了当前的形势，在指出存在问题的同时，提出了粉碎敌人第二期"清剿"计划后打开新局面的6项任务：①加强军事斗争，扩编支队主力部队，组织各县主力团，加强各地武工队，提高部队的素质，提高战略战术水平；②继续实行反"三征"、减租减息和合理负担的政策；③继续实行打击顽固势力和国民党正规部队，分化瓦解地方反动武装的政策；④加强农会、民兵及政权建设；⑤加强统战工作，团结一切可以团结的力量，孤立反动派；⑥加强整党工作，改进作风，纯洁和发展党组织。这是一次重要的会议，为1949年的大反攻做好了充分的思想准备。

△　中共粤赣湘边区党委正式成立。书记尹林平，副书记黄松坚、梁威林，委员有左洪涛、黄文俞、严尚民，下辖江南、江北、九连、五岭、翁江及珠江三角洲的党组织。

△　粤桂湘边区武装进入湘南蓝山、临武、宜章等国民党统治县（新区），开展武装斗争。

△　中共粤北武装与国民党军及地方团队在粤北作战战事：

1日，北江支队一部游击队数十人夜袭清远滨江区鱼咀乡。同日，清远国民党地方团队、保警进攻清远滘江联升菱角塘村、田心村的北江支队黄信明部游击队，双方战于滴水崖等处，战事迄止于6日。3日，北江支队巫大杰部游击队100余人与国民党地方团队在乳源良田、白石作战。15日，北江支队一部进攻英德鱼子湾石下村，与国民党地方团队激战6天，同日，国民党军在英德涂洸逮捕中共地下工作人员2人。中旬，粤桂湘边游击队在连县袭击国民党连江运粮船13艘。20日，英德县九龙乡国民党地方部队罗佛金大队在梁嘉、谢鸿照、罗发（罗佛金之子）的策动下举行起义，起义大队以英德金造村为据点，以太平水、大洞、黎洞为后方，成立英清阳边解放大队，大队长罗发，政委谢鸿照。随后起义部队进行了3次金造村保卫战（中共英清阳边委也同时成立，由谢鸿照任书记）。

民国三十八年（1949 年）

1 月 1 日　中共中央香港分局向华南各地党委发出电报，指示"解放军即将渡江。在游击区，我们的任务应是解放粤汉路东的粤闽赣湘的数十县和路西的二三十个县，包围广州。在香港，我们的任务是培养城市干部和研究城市政策，准备在大军到达时能动员 5 000 名知识分子下乡，同时，培养行署行政干部"。

是日　华南人民武装正式整编为三个纵队：①中国人民解放军粤赣湘边纵队，尹林平为司令员兼政治委员，黄松坚为副司令员，左洪涛为政治部主任；②中国人民解放军闽粤赣边纵队，司令员刘永生，政治委员魏金水，副司令员兼参谋长铁坚，副政治委员朱曼平，政治主任林美南，下辖 5 个支队；③桂滇黔边纵队，司令员庄田，政治委员周楠（8 月林李明接任），副司令员朱家壁，副政委郑敦，政治部主任杨德华。成立当日，三个纵队发表《联合宣言》。

14 日　国民党陆军总司令部由南京迁韶关。步兵学校迁乐昌。

15 日　中共中央军委决定改变中国人民解放军各路野战部队番号：原西北野战军改称第一野战军，辖第一、第二兵团；中原野战军改称第二野战军，辖第三、四、五兵团；华东野战军改称第三野战军，辖第七、八、九、十兵团；东北野战军改称第四野战军，辖第十二、十三、十四、十五兵团；华北军区的 3 个兵团分别改称第十八、十九、二十兵团，直属中国人民解放军总部。东北野战军铁道纵队改称铁道兵团。

19 日　粤赣湘边纵队三支队唐胜标部在始兴清化江上的五板桥附近设伏，全歼国民党始兴县一个自卫分队。当场毙敌 7 名，俘敌分队长聂其顺以下官兵 20 多名；缴获轻机枪 2 挺、驳壳枪 3 支、步枪 20 多支和弹药一批。

21 日　北江支队"钢铁连""飞虎连"在翁源新江乡陈公湾伏击县警大队，全歼敌一个排，毙伤敌人 20 多名，俘敌 4 名，缴获轻机枪 1 挺，其他枪支、弹药一批。

22 日　连江支队（飞雷队）主力在阳山县罗汉塘沙坪伏击前来

"清剿"的地方保安团，与400多名敌军激战一天，毙伤敌军30多名，连江支队司令员冯光在这次战斗中英勇牺牲。

是月 中共中央香港分局给各地发出《关于迎接大军渡江和准备解放广东的指示信》，信中强调指出：粤北的九连山与五岭应努力建设成为粤赣湘边区迎接南下大军的两大据点之一。

△ 中共五岭地委派地下党员彭克初到赣州开展地下工作，支持赣南游击队，其具体任务：①发展团组织；②筹集物资和现金；③宣传党的政策；④收集敌方情报。经过几个月的工作，彭克初在赣南发展了一批新民主主义青年团员，筹集一批现金和军用生活用品。

△ 中共粤北武装与国民党军及地方团队在粤北作战战事：

粤赣湘边纵队一部30余人化装成国民党军，于1日设计攻入清远珠坑乡东头坝，缴枪12支。8日，粤赣湘边纵队高子扬部游击队百余人与国民党南雄地方团队战于南雄至大庾路西的三将军丫髻。9日，曲江自卫总队与粤赣湘边纵队范家祥部在曲江定洞作战。16日，翁源县县长官家骐乘专车并附商车12辆，由翁城到韶关开会，行至新江西南五里之洋河湾，与陈建中部游击队200多人激战3小时，游击队退往瓦遥排山地。18日，陈达中部游击队200余人进攻英德高枧村鱼子湾，驻韶国民党军前往增援，游击队退翁源坝子墟。同日，国民党连县县政府悬赏通缉游击队首领萧怀义、萧怀德、成崇正、黄孟沾等4人，悬赏谷为500担，其他首领100~300担。

2月初 国民党始兴罗坝乡自卫分队队长邓国雄率20余人起义，重返游击队（邓原为游击队成员，后投靠国民党，故称重返游击队）。

6日 英德保警队进攻英德黎洞、南坑、新塘围、双马楼的游击队黄士培部。

18日 国民党保安第十七团第二营，纠集英德地方团警共五六百人，配备机枪10余挺及六〇炮1门，向英德金造游击队区进行"清剿"。驻金造连江支队"太阳队"和"东风队"奋起抗击，击退四倍于己的敌军，并歼敌一部，缴获轻机枪一挺，枪支、弹药一批。

中旬 连江支队十团团长兼政委黄孟沾前往阳山，向"飞雷队"领导人传达中共中央香港分局两点指示：①根据分局对当前形势的分析，要求部队向西北方向的湘南发展；②准备配合解放大军南下。

△ 连江支队英（德）阳（山）乳（源）曲（江）人民反蒋抗

征大队从乳源坪控出发，奔袭英德石古塘的石霞村敌据点。在该队的严密包围下，首先发动政治攻势，迫使敌自卫队缴械投降，缴获长短枪60余支。

△ 中共粤北工委成立，书记陈中夫，委员黄友涯、吴伯仲、邓文礼、陆一清、谭颂华。

△ 粤赣湘边纵队电示，成立"中国人民解放军粤赣湘边纵队北江第二支队"（以下简称"北二支"），黄业任司令员，张华任政委，刘建华任副司令员，陈中夫任政治部主任，原粤赣湘边区人民解放总队所属各支队改为团的建制。

△ 粤桂湘边工委派蔡雄、马奔等率领"火箭队"300多人，带着轻机枪七八挺和掷弹筒一具，从清英边开到阳山，与周明的"飞雷队"会师。"飞雷队"由原来的八九百人增加到1 200人左右。部队装备也得到改善，战斗力大大增加。

△ 中共五岭地委派陈克、殷石海前往乳源，与五岭地委特派员李子明共同组成中共宜乳边工委，由陈克任工委书记。

春 中共粤北学运特别支部发展一批地下党员，并成立粤北学运地下新民主主义青年团支部，吸收50多名师生为新民主主义青年团员，输送60多名师生参加游击队。

3月1日 张发奎、余汉谋抵达韶关，举行陆军总司令部交接仪式。余卸任后回广州，张留韶关。薛岳继任国民党广东省党主任委员，与前任余俊贤在广州举行交接仪式。

23日 国民党军一部进攻翁源黄洞羊河湾，遭到北江一支队一部伏击。

26日 北二支始兴部队在竹子排设伏，全歼始兴县自卫总队饶昌柏中队，俘获敌中队长以下官兵40多名，缴获轻机枪2挺，步枪30多支。

下旬 北江支队翁源中队百余人与国民党军战于南雄墩头。

是月 中共南雄工委会成立，书记吴新民，副书记郭显亲。同月成立的还有中共湘南工委：书记刘亚球，组织部部长李同文，宣传部部长金阳，军事部部长李林，统战部部长谷子元。

△ 根据中共中央香港分局指示，中共粤湘边区工委成立，周明任书记，蔡雄、马奔、陈奇略、司徒毅生为委员。同时成立连江支队

司令部，由周明任司令员兼政委，马奔任副司令员，副政委由蔡雄担任，政治部主任陈奇略，副主任司徒毅生。依照分局指示，连江支队迅速组织主力北上湖南，迎接南下大军。

△ 中共五岭地委副书记、北江二支队司令员黄业从香港返回南雄油山。在油山召开一、六团干部会议，传达中共中央"九月会议"精神。会议决定集中主力，多打胜仗，做好迎接解放大军的准备工作。

4月2日 连县星子人民抗征队与东陂人民抗征队的一部分，在田家乡寺前坪遭到连县保警大队、自卫总队和冬防队共700多人的"清剿"。双方展开激战，抗征队冲出重围，毙伤敌人一批。抗征队中队长曾牛、小队长成崇正和机枪手黄九艾在战斗中牺牲。寺前坪群众10人惨遭国民党杀害。

5日 北江支队"飞虎连"和"钢铁连"在翁源龙仙附近的良洞歼敌20多名，缴获轻机枪1挺、步枪10余支和弹药一批。

8日 中共中央批准中共中央香港分局改称为中共中央华南分局，书记方方，副书记尹林平。

上旬 中共连县临时工作委员会成立，书记肖少麟。根据粤湘边工委决定，阳山人民抗征自卫队改为连江支队第五团，团长梁天培，政委张彬。

13日 乳（源）英（德）边人民联防大布办事处在乳源大布成立。主任张醮保，指导员文舟。

是日 北江支队一部60余人攻入清远田心村，缴获国民党地方团队枪支十余支。

14日 南雄中学高二甲班女生贺羽明、贺羽令、何燕雁、高云钗等4人秘密参加中共游击队。

17日 "飞虎连"在翁源县六里烂陂河伏击国民党军车队，全歼国民党正规军一个排，俘敌少校军需1名、排长1名，缴获六〇炮1门、轻机枪1挺、步枪及弹药一批。

18日 中共宜乳边工委在宜章一六乡上白家村召开群众大会，号召群众积极参加"反三征"斗争。会后，工委当即打开在上白家村的国民党田赋粮仓，将120多担稻谷分给当地的贫苦农民度春荒。接着，以中共党员为骨干，成立宜乳边人民抗征队。

21日 "钢铁连"在粤赣湘边纵队第三团一个连的配合下，设伏

于翁源新江乡的磨刀坑，击溃"进剿"黄洞根据地的敌保安团一个营，全歼一个多连，毙伤俘敌100多名，缴获六〇炮1门、轻机枪5挺、步枪50多支和弹药一批，彻底粉碎敌人"扫荡"黄洞根据地的计划。

是日 中国人民解放军开始强渡长江，摧毁国民党军的长江防线。22日，国民党总统府各机关向广州搬迁。23日，人民解放军第三野战军占领南京。

22日 驻韶国民党军官在城区强买强卖，并殴打金铺营业人员，引致韶关罢市，直到3名军人被捕后才复市。

25日 连江支队主力部队从阳山东坑坪分两路进入湘南，一路进入江华、临武；另一路进入宜章笆篱堡。

27日 进入宜章笆篱堡连江支队一部，打开国民党在宜章的一个储有800担谷的"国家粮仓"，支队除取小部分作军粮外，其余大部分分给当地的贫苦群众。接着，支队与从临武入湘的另一部汇合，在宜章黄沙堡、栗源堡以及乐昌的狗牙洞与乳源梅花圩等地攻打国民党军据点，所攻必克，缴获了一批枪支。连江支队还在湘南帮助两个县成立武工队：在宜章成立湘南第一团第一大队，由李佐腾负责；在临武则成立临武人民抗征大队，由袁晓庄负责。

30日 中国人民解放军粤赣湘边纵队正式下达命令：将广东人民解放军北江支队改名为"中国人民解放军粤赣湘边纵队北江第一支队"，任命何俊才为司令员兼政委，黄桐华为副司令员，林名勋为政治部主任。

下旬 乳源江湾（今属曲江）"乳曲边人民联防办事处"成立，主任张清。其任务是：①处理民事纠纷，维持地方治安；②筹集粮食和枪支弹药；③搜集敌方情报。

月底 连江支队成崇正部游击队有10人在连县星子被国民党军地方团队俘获杀害。

是月 连江支队（飞雷队）决定：将星子人民武装扩编为连（县）宜（章）临（武）边人民抗征队和连（县）临（武）蓝（山）边人民抗征队；东陂地区人民武装扩编为连（县）蓝（山）江（华）边人民抗征队。

△ 驻扎在仁化县城口圩的国民党三十九军三〇九团一营一连连

长汤纯，因对国民党政治腐败和打内战不满，毅然率领属下的 28 名官兵携带六〇炮 2 门、轻机枪 2 挺、冲锋枪 3 支和步枪 10 余支就地起义，投奔北江第二支队。

△　为适应斗争的需要，宜（章）乳（源）边抗征队分开宜南和乳北两地活动。在乳北活动的武装人员另行组成乳北武工队，就地开展武装斗争。

5 月初　粤湘边临时工委决定，将广（宁）四（会）清（远）大队正式整编为连江支队第三团，团长兼政委苏陶。

1 日　粤赣湘边纵队北江第一支队发表成立宣言，向各界人士和人民群众郑重宣布"关于本支队的性质、作战目的和施行的各项政策"。

4 日　粤湘边临时工委决定，将英（德）清（远）边人民解放大队正式整编为连江支队第四团，团长王式培，政委谢鸿照，副政委兼政治处主任方君直。

10 日　北二支队主力部队 400 多人，在南雄县大塘乡夹河口樟树下设伏，全歼进入油山"进剿"的粤赣湘边水陆交通自卫队第五中队和驻大塘乡坪田坳分队，毙伤敌军 40 多名，俘敌中队长翁永年以下官兵 80 多名，缴获轻机枪 3 挺、冲锋枪 6 支、长短枪 70 多支、掷弹筒 1 具、弹药和军用物资 1 批。北二支 4 人受伤。

11 日　翁源茶园乡自卫大队副大队长王国华等宣布起义。

16 日　刘建华率领北二支戴耀部在江西信丰县上下坪，击溃侵扰该地的江西省保安第七总队第一营，毙敌排长以下官兵 31 名，伤敌 10 余名；缴获战马 1 匹及枪支、弹药一批。该营受创后即从长安圩撤走，使上下坪一带游击根据地得到恢复。

中旬　中共五岭地委决定，以叶昌队为基础，抽调其他部队的主力大队和主力中队，建立北江第二支队主力第一团，由叶昌任团长，刘建华兼任政委（后吴伯仲任政委），陈子扬任政治处主任。

21 日　北一支四团一个排，在二团佛冈部队和民兵的配合下，于黄竹励梅子坪伏击佛冈县二区联防队，当场击毙反动头子范烈光。北一支乘胜解放烟岭。烟岭之敌除联防队队长范汉光、李日华逃脱外，其余官兵全部缴械投降。佛冈大陂、迳头两地敌联防队队长郑国庚、朱如铮在佛冈游击队的事先策动下，也乘机率部起义，改编为佛冈独立第五大队。北一支控制佛冈北部的大部分地区。

23日 中共中央军委确定各野战军今后战斗任务如下：①一野向西北进军，攻占陕、甘、宁、青。然后兵分两路，一路由彭德怀率领，夺取新疆，另一路由贺龙指挥，进取川、黔、康。②二野协同三野占宁、沪、杭后，向西南进军，协同贺龙部进取川、康、黔、滇。③三野由浙、闽占福州、泉州、漳州、厦门，经营鲁、苏、皖、浙、闽。④四野由中南进军，占豫、鄂、湘、赣、粤、桂六省。

24日 始兴沈所乡石下村联保主任、自卫分队分队长李大然，在北二支八约大队策动下举行起义，携带冲锋枪4支、驳壳8支、左轮2支、步枪30多支和子弹千余发，投奔北二支。

27日 连江支队陈生（陈奇略）大队派精兵40多人夜袭宜章一六乡北岸村，全歼驻扎该村的宜章栗源自卫队130多人，缴获枪130多支和子弹6 000多发。北岸村大捷后，当地国民党地方团队慑于连江支队的威力，以黄福俊为首的黄沙自卫队300多人被连江支队包围后即全部投诚，除缴枪200多支外，自卫队中的60多人被连江支队收编，其余遣散回家。

30日 陆军总司令张发奎在韶关组成"湘粤赣边区人民救国自卫军"，任命易德均、郑照球分别为正、副司令。设司令部于资兴。下辖6个纵队，第一、第二、第三纵队在湖南；第四纵队司令陶养颐，辖区为广东的曲江、乳源、乐昌和湖南的郴州、宜章；第五、六纵队在筹组中。

是日 北一支在佛冈部队配合下，于佛冈县北部的挂牌迳设伏，截击敌三十九军九十一师二七二团一个营，全歼该营两个连，毙伤敌副营长彭焕南以下官兵80余名，俘敌70余名；缴获火箭筒1支、六〇炮1门、重机枪2挺、轻机枪6挺、步枪56支、弹药及军用物资一大批。

31日 国民党在韶关设立粤北指挥所，由欧震兼主任。

【欧震】（1899—1969年）字雨辰，广东曲江人。曾就读粤军讲武堂。后参加北伐，任叶挺独立团营长，南昌起义时任第七十一团团长，随起义队伍南下，阵前倒戈，使南下广州的南昌起义部队遭重创，在第五次围剿中，随薛岳一路追剿红军，任国民党第九十师师长，后任第二十七集团军副总司令、第十集团军总司令、陆军总司令部徐州司令部第三兵团司令官，参加孟良崮战役，后任第四编练司令部司令官，

329

广东绥靖公署副主任兼代理广东保安司令，海南防卫副总司令，1949年去台。1969年2月13日逝世。

　　是日　中共五岭地委在油山畲箕窝召开扩大会议。会议遵照华南分局指示，决定将五岭部队一分为三，除保留原北江第二支队番号外，成立湘南支队和赣南支队。湘南支队由刘亚球任司令员兼政委，李林任副司令员，李同文任副政委，参谋长耿俊猛，政治部主任唐麟。赣南支队由刘建华任司令员兼政委，戴耀任副司令员，金阳任副政委，政治部主任云昌遇。北江第二支队由张华任司令员兼政委，副司令员叶昌，副政委袁鉴文，政治部主任张尚琼。三个支队列入中国人民解放军粤赣湘边纵队序列。

　　在党组织方面，华南分局指示除保留五岭地委之外，分别成立中共湘南地委和中共赣南工委。湘南地委书记刘亚球，副书记李同文。赣南工委书记刘建华，副书记金阳。两地的地、工委仍属五岭地委领导。为加强对赣南地下工作领导，五岭地委还任命王石（邝哲民）为特派员，到赣州组建赣州青工委，由王石任书记，彭克礽任组织委员，段之琦任宣传委员。至8月新组建赣州青工委发展新青团员一百多名，吸收新党员8名，并向赣南支队输送了10余名青年。为配合人军解放万安、泰和、赣县等地，赣青工委也做了许多重要工作。

　　【张华】（1911—1990年）广西来宾人。广西师专毕业。1936年参加中国共产党，历任中共广东始兴县委书记，西江副特派员，粤北特派员，五岭地委书记，中国人民解放军粤赣湘边纵队北江第二支队政治委员。中华人民共和国成立后，曾任中共广西梧州市委书记兼市长、广西壮族自治区林业厅厅长，自治区政协副主席等职。1990年3月在南宁病逝。

　　【刘亚球】（1904—1984年）湖南衡山人。1927年加入中国共产党。曾任安源工人纠察队分队长、萍（乡）浏（阳）暴动纠察队副队长、红军独立师团政治委员、红八军团政治部组织部部长和民运部部长。抗日战争爆发后，任中共冀中区委组织部部长、八路军南下支队干部大队政治委员。解放战争时期，任中共五岭地委委员、中共湘南工委书记、粤赣湘边纵队湘南支队司令员兼政治委员。中华人民共和国成立后，历任中共郴州地委书记兼军分区政治委员、湖南省总工会副主席、省政协副主席、全国政协委员。1984年2月11日病逝。

下旬 北江第一支队胜利公债发行委员会成立，向翁江解放区群众发行"伍佰斤谷""壹佰斤谷"和"伍拾斤谷"三种胜利公债，规定月息二分，用以解决部队给养问题。

是月 中共华南武装与国民党军及地方团队在粤北作战战事：

5日，活动在南雄的北二支游击队一部在南雄至韶关公路新庄水伏击国民党军运输队，激战后游击队退去。6日，阳山游击队梁天培部1000余人由连县一六坪、明星桥进入湘南。同日，游击队200余人与国民党武装战于清远北江龙头山。10日，南雄县保安队与游击队800余人在南雄大塘乡夹河口激战，双方伤亡惨重。

6月初 佛冈县北部各乡联防队慑于北一支威力，纷纷向北一支缴械投降，各乡封建宗族掌握的武器也被北一支收缴。共计缴获轻机枪10余挺，长短枪300余支。至此，佛冈县北部除高岗外，全部被北一支接管。北一支佛冈军管会同期成立，由陈培兴任主任，朱继良、李适存任副主任。

4日 国民政府陆军总司令部由韶关迁往广州，同日，薛岳任命第四编练司令部司令欧震兼任广东省保安司令。

6日 驻南雄龙溪村水楼的敌联防中队派人下乡收粮，北二支主力一团将其包围缴械，随后，派一排战士化装成"送粮"的农民，接近敌据点，一举攻下敌联防中队据守的水楼，全歼守敌。

8日 曲江警备指挥部指挥官发出布告，规定"杀条"5项，包括刺探军情、造谣惑众者，均处以极刑。

是日 经过地下党的统战工作，连县浦上乡乡长成占圣带领乡公所部分人员和自卫队共30多人枪，举行起义，投奔连临宜人民抗征队。

10日 北江第二支队派代表邓文礼同国民党始兴县县长饶纪锦谈判。饶决定举行武装起义，并接受邓文礼提出的四点要求：①等候命令行动，不要过早起义；②县党政军机构、档案资料要保存好，听候处理；③不再进犯、干扰中共部队活动，保护中共部队人员之安全；④帮助中共部队搜集情报。

11日 北江一支队和东江二支队联合作战，进攻新丰县。北一支邓楚白派2名代表入城劝国民党县长陈中瑞起义，在陈拒不接受后，部队决定攻城。以北一支四团主攻，北一支一团和东二支二团部分连

队助攻，激战一天两夜。

13 日 北一支攻下新丰县城。新丰县县长陈中瑞投降，新丰解放。新丰县军事管制委员会也随即成立，以梁泗源为主任，刘少中、曾启明为副主任。

14 日 北二支在南雄南亩伏击六十三师炮兵排及南雄县保安第一营和交警第一中队，毙伤敌 100 余人，俘 20 余人。

据史料记载，时北二支主力部队共有 700 余人集结在南雄县南亩圩，南雄国民党军在获悉北二支主力在南亩集结后，便组织地方团队与国民党第六十三军联合前往"清剿"，为迎击敌军，北二支也在南亩设伏。6 月 14 日，南雄县保安第一营、水陆交通保卫队一中队和六十三军炮兵排共三四百人，从黄坑向南亩扑来。北二支在大路设伏，不料敌人走小路，恰好与北二支叶福中队遭遇。部分敌人在抢占山头后，随即被北二支包围，被歼一个排。另一股窜进南亩圩的敌人，也被北二支歼灭。其余敌人狼狈逃回南雄城。经一系列战斗，始兴、南雄平原乡村大部解放。

是日 在北一支三团策动和布置下，翁源县庙墩乡联保主任兼自卫中队长黄沐庭（地下共产党员）和新陂自卫队负责人蓝步青、彭新华率领自卫队 40 多人，携短枪 5 支，长枪 40 多支，同时举行起义，投奔北一支三团。

15 日 国民党赣粤湘边区总指挥部在南雄杀害 8 名中共游击队战士，他们是洪超霖（农会主席）、洪北海、杨黄怪、黄一生、何敖鸡、何万寿、杨北石、谢太元。

16 日 北上先遣队解放湘南桂东县城，接着成立桂东县军事管制委员会，由郭名善任主任，刘彬为副主任。同时，成立中共桂东县委员会，李康寿任书记，郭名善、孙立为委员。

【北上先遣队】1947 年 10 月在中共五岭地委领导下，湘南进步青年郭名善等人，在桂东沙田龙头村率近百人举行武装起义。起义后部队开往南雄洞头整训。11 月，中共五岭地委决定，将桂东起义队伍编入粤赣湘边区人民解放总队序列，命名为粤赣湘边区人民解放总队北上先遣队（简称"北上先遣队"，又称"湘边队"），由郭名善任队长，政委李康寿，副队长郭垂炎。

中旬 根据形势发展，中共五岭地委决定，以北二支所属的始兴主力部队为基础，建立北江第二支队主力第二团，由戴耀任团长，袁鉴文兼政委，杨泰湖任参谋长，谭颂华任政治部主任。

23 日 连江支队"猛虎""金星"两中队由湘返粤，分别驻在庙仔角和坳头村，突遭国民党军400多人包围。"猛虎""金星"两队奋勇反击，击毙国民党军营长朱安，余部被打四散。

27 日 北二支副司令员叶昌遵照中共五岭地委指示，率主力团赶到下湾村，与湘南支队联合向上古寨发起进攻，用六〇炮向石寨连发两炮，击中其八角楼。众匪惊恐，举起白旗投降。经过谈判，胡凤璋才放下武器，游击队进入寨内，缴获轻机枪2挺、手提机6支、短枪20支、步枪280多支、手榴弹180颗、子弹3 400多发，其他物资一批。

【胡凤璋】（1874—1949 年）又名训忠、丙镗，湖南汝城人。七岁时，父死母嫁，由其姐收养。1895 年，因犯人命案，逃至广东韶州，投入两广总督蔡炳寰部充任什长，后升五品衔总督卫队教官、兰翎千长、哨长、上尉连长。1917 年，升陆军步兵少校，充滇军第三军游击第二营营长，调海南岛镇压少数民族起义，全军被歼，只身逃出。后又投在南（雄）韶（州）连（州）镇守使朱福全门下，任中校营长。1920 年，胡在仁化、汝城、乐昌三县边界占山为"王"，匪势日大。1922 年，广东当局为绥靖地方，收编其为援粤陆军第一混成旅，胡任上校统领。以后相继充任中央直辖第五师第一游击上校统领，谭延闿建国湘军第五路第三游击上校司令、北伐第三军第三独立旅少将旅长、程潜攻鄂军第四独立旅少将旅长、蒋介石国民革命军第一游击少将司令，后升中将司令，兼江西赣南保安司令，国民革命军第三军保安统领官，势力范围扩展到湘粤赣边境10余个县。1929 年在攫取汝城县"挨户团"副主任职位（后改保安团，任团长）。1930 年，胡扩充警备营为资（兴）汝（城）桂（东）警备团，以警备团长统领地主武装。1933 年，胡充任汝（城）桂（东）宁（冈）遂（川）边区上校"剿匪"指挥兼保安团长。1935 年7月任湖南第八区保安副司令，设司令部于汝城"围剿"红军游击队。1945 年后，在军阀何键、薛岳等人庇护下，胡更加横行霸道，无恶不作，汝城县县长贺钦未遂其意，竟在县衙门架设机枪，强夺县印，羁押贺钦，自封县长。1948 年11月，国民党湖南省政府曾以劫夺县府、谋杀士绅罪拘捕其于长沙。1949 年春，薛岳在湘粤赣边界建立反共基地，胡获释被封为"湘粤赣边区剿匪副司令"，7 月，胡风璋被湘南支队所擒，被判处死刑。

月底 北一支主力四团调往粤赣湘边纵队，支队在新丰遥田另行组建主力团（第五团），团长兼政委叶镜，副团长陈涛，政治处主任黄桐华。

是月 粤赣湘边纵队司令部决定把清远潖江地区划归翁江地委领导。原属东江第三支队的黄信明部队，改编为北江第一支队第六团，由黄信明任团长兼政委，继续领导清从佛边人民的武装斗争。同时，撤销东江第二支队第二团的番号，其部队编入北江第一支队第一团。

△ 中共翁江地委书记邓楚白调离，由何俊才接任书记。

△ 中共华南武装与国民党军及地方团队在粤北作战战事：

中共游击队于 6 日炸毁英德县凤田桥，清远县保安第三营（营长成名猷）与省保安第四师一部会攻白芒山苏陶部。同日，两军又战于新丰大风坳。11 日，梁泗源、龙景山两部游击队将新丰县城包围。13 日，攻入新丰县城，国民党县长陈中瑞突围失败投降。同日，由邓国梁、邓文礼领导的游击队 400 余人进攻南雄的龙溪、江口、公田、南亩。同日，又与南雄保安营在南亩发生战斗。15 日，南雄游击队 500 余人与南雄龙溪卿自卫队作战，将其全部缴械，并生俘乡长。29 日，活动在曲江的游击队余观赤部百余人进攻曲江大塘乡、沙湾地区，与保二营及"边区人民救国自卫军"战于石矸村。同日，北一支黄桐华部炸毁英德冬瓜铺铁桥。

7 月 17 日 国民党粤赣湘边区"剿匪"总部，在坪石设立副指挥所，由郭副指挥坐镇。

25 日 湖南汝城中共武装，进入广东仁化，与国民党粤赣湘边区"清剿"总指挥龚楚所部在仁化长江、城口墟展开激战。

是日 中共中央军委致电林彪："陈赓、邓华两兵团须于 9 月中旬起，入粤作战。"并指示两兵团作战路线，配合广东游击队会攻广州。军委还电示中共中央华南分局书记方方："务于 9 月 5 日赶到赣州，与叶剑英、张云逸、陈赓、邓华会合，共商进兵广东的计划。"

【陈赓】（1903—1961 年）原名庶康，化名王庸。湖南湘乡人。1922 年参加中国共产党。1924 年入黄埔军校第一期。毕业后留校任副队长，参加东征陈炯明和平定杨刘叛乱诸役。1926 年赴苏联学习。

334

1927 年参加南昌起义，任营长。1928 年到上海，任党中央特科情报科科长。1931 年到鄂豫皖苏区，任红四方面军第十二师师长。1933 年 3 月在上海养伤时被捕，后经宋庆龄等营救获释后转入中央苏区。任彭杨兵学校校长。1934 年参加长征。任军事委干部团团长。后任红一军团第一师师长。抗日战争时期，历任八路军第一二九师三八六旅旅长、太岳纵队司令员。出席中共七大，被选为候补中央委员。解放战争时期，任晋冀鲁豫野战军第四纵队司令员，二野第四兵团司令员兼政治委员，参加指挥解放广东战役。1949 年 10 月 14 日解放广州后，继续率部往西南追歼逃敌。中华人民共和国成立后，历任西南军区副司令员兼云南军区司令员、云南省人民政府主席、中国人民志愿军副司令员、军事工程学院院长兼政治委员、中国人民解放军副总参谋长、国防部副部长。1955 年被授予大将军衔。中共八大当选为中央委员。1961 年 3 月 16 日逝世。

【邓华】（1910—1980 年）原名多华，字实秋。湖南郴州人。1927 年加入中国共产党。1928 年参加湘南起义，历任红军军官教导队政治委员、师政治委员。1934 年参加长征。抗日战争时期，历任八路军一一五师三四三旅团政治处主任、团政治委员，晋察冀军区第一军分区政治委员、平西支队司令员、八路军第四纵队政治委员、挺进第十一纵队司令员、晋察冀军区第五军分区司令员兼政治委员、第四军分区司令员、陕甘宁晋绥联防军教导第二旅政治委员。解放战争时期，任东北保安副司令员兼沈阳市卫戍司令员，辽西军区、辽吉军司令员，第四野战军第四十四军军长，第十五兵团司令员。1949 年率军南下，参加部署解放广东战役的"赣州会议"，会后指挥十五兵团从中路入粤，10 月 14 日解放广州。兼任广州警备司令部司令员，广州市军事管制委员会委员、广东军区第一副司令员。1950 年 4 月参加指挥解放海南岛战役。之后历任十三兵团司令员，中国人民志愿军第一副司令员兼第一副政治委员、代司令员兼政治委员，沈阳军区司令员、中国人民解放军副参谋长，四川省副省长，军事科学院副院长等职。1955 年被授予上将军衔。是第一、二届国防委员会委员，中共八届中央委员，第九、十、十一届候补中央委员。1980 年 7 月逝世。

28 日 乳源中共游击队李赤生部 200 余人攻入乳源三联乡，被国民党乳源县自卫总队及三联乡地方武装包围，双方在苏茅等地展开激战，游击队退往湖南。

31 日 始兴县自卫队在始兴马市乡逮捕张玉禅、林冯胜，称其为"土共女探"。

是日 粤赣湘边区人民自卫解放总队第五支队第一大队第二中队队长张发钞在南雄被国民党杀害。另：在曲江管大良、杨永发、黄洪友等人被处决。据报纸称：是月，曲江共处决"匪犯"13 人。

月底 粤赣湘边区党委电令：湘南地委和湘南支队移交中共湖南省工委领导。

是月 活跃在粤桂湘边人民武装编组成中国人民解放军粤桂边纵队，梁嘉任政治委员兼负责军事，王炎光任政治部主任。另，中共翁江地委决定撤销各边区县委，成立翁源、英佛、新丰、浧江四个县委，其主要成员是：翁源县委书记涂锡鹏；英佛县委书记陈培兴；新丰县委书记梁泗源，副书记龙景山；浧江县委书记黄信明。

△ 盘踞在小北江上游的国民党中将李楚瀛，在连阳组织"反共救国军第九军"，自任军长。其反动武装共有 3 000 余人，加上从坪石和临武两路进入连县的原国民党东北交通警察共计 4 000 余人，以图在连阳建立"反共游击根据地"，待机配合蒋介石反攻。

△ 张华、叶昌率领北二支主力一团在湘南资兴，接中共华南分局和粤赣湘边纵队电报指示："南下大军的主攻方向是江西；要求五岭部队迅速做好迎接南下大军工作：①筹粮支前，迎接大军；②阻止南逃之敌；③接受国民党地方团队起义、投诚和接收政权。"张华即在资兴黄草坪，召集在湘南的五岭地委成员刘亚球、李林、李同文、金阳和主力一团的负责人叶昌、吴伯仲、陈子扬等人开会，研究贯彻上述指示。会后，张华、叶昌带领主力一团回师赣南，迎接南下大军。回师沿途，北一支主力扫除了崇义县文英、聂都等乡自卫队，收编了石溪、内良、河洞三乡自卫队，一个县保警中队共 300 多人。

8 月 1 日 中共中央改组华南分局，第一书记叶剑英，第二书记张云逸，第三书记方方，受中共中央华中局领导。华中局第一书记林彪，第二书记罗荣桓，第三书记邓子恢。

是日 北江第一支队在新丰县遥田补行成立典礼，来自曲南、英东、翁源、新丰、佛冈等县游击区的群众和各团队指战员等军民万余人出席庆祝大会。

△　经华南分局粤桂湘边军事委员会批准，正式成立广东人民解放军连江支队。司令员兼政委周明，副司令员马奔，副政委蔡雄，政治部主任陈奇略，副主任司徒毅生，并将连蓝江边人民抗征队改编为连江支队第七团，团长肖怀义，政委肖少麟（后黄漫江）；连宜临边人民抗征队改编为连江支队第八团，团长成崇正，政委蔡雄（兼）；连临蓝边人民抗征队改编为连江支队第十团，团长兼政委黄孟沽。

5 日　连江支队发表《广东人民解放军连江支队成立宣言》。

8 日　国民党军第六十三军刘栋材部调防韶关。

13 日　国民党阳山县县长李谨彪率领保安营和地方团队共 400 余人进犯游击区根据地高陂村。高陂村民兵在连江支队梁受英、伍柏英、李松年、冯家俊等武工队（组）和附近村庄民兵群众的大力支持下，据守村庄炮楼，英勇抗击来犯之敌。

自 8 月 13 日起，高陂村民兵与敌人激战 108 天，多次打退敌人的猖狂进攻，歼敌 60 多名。敌人无可奈何，只好自动撤军。高陂村民兵班长邬何义英勇牺牲。

中旬　国民党广东省政府派许子平出任新丰县县长。许在 200 多人的军队护送下，从广州前往上任。在新丰县茶洞时，遭到茶洞、秋洞等地民兵的截击。许感到没有能力夺回县城，带着护兵回到老家翁源县周陂圩设立"流亡政府"，挂起"新丰县政府"牌了，就地"办公"。

16 日　张华、叶昌率领北二支主力一团和罗景福起义部队同赣南支队凌浪中队汇合，一举解放江西大庾县城。

19 日　中国人民解放军第四十八军一四二师四二六团和北江第二支队、赣南支队总共四五千人，在大庾县城隆重举行入城仪式和会师大会。人民解放军向赣南支队、北江第二支队赠送机关枪和六〇炮。

是日　北一支派往虔南活动的梁增托武工队与解放虔南的南下解放军四十八军一四三师四二九团取得联系，北一支司令员何俊才和参谋长叶镜带领主力团，前往虔南县大吉山同南下大军会师。

25 日　中共游击队在南雄城内外活动，被国民党逮捕 6 人，送第六十三军军部处理。

是日　始兴澄江乡中共游击队 1 000 余人展开活动，阻止国民党军破坏公路桥梁。在翁源、坑口一线，国民党军也展开布防。

26 日　粤穗各界劳军团共十余人，在团长陈述经带领下，抵达韶关慰劳国民党第六十三军军长刘栋材及其所部第一〇三师、第一三一师。

是日　韶关警备指挥部逮捕嫌疑"匪谍"80 余人，多为无居民证者。

30 日　为加强粤湘边境防务，白崇禧部进驻坪石、郴州。

时余汉谋部也在仁化、乐昌、城口增加兵力。刘安琪兵团的一个军守卫南雄。海南的赵琳军亦由海南岛调至仁化、乐昌。陈大伟部400 余人在仁化与国民党军展开游击活动。

月底　北一支在新丰县沙田成立北江人民革命干部学校，校长周辉，副校长何家瑜，教育长包华。其任务是培训接管干部，准备接管城市和地方政权。干部学校同时举办党员训练班，培养党的骨干，为迎接解放而做好党的组织建设工作。

是月　国民党粤北守备司令部在韶关成立。国民党军第三十八军军长程鹏兼任司令。

△　南雄县人民政府在珠玑乡山地成立，县长张尚琼。新丰县人民政府也在同月成立，县长龙景山，副县长赵准生。

△　中共华南武装与国民党军及地方团队在粤北作战战事：

为接应解放军南下作战，并切断国民党军水陆路军运。华南中共武装先后在翁源坝仔，英德白沙、潭头，新丰遥田、佛冈第二区烟岭、前所、迳头、大陂等地与国民党军展开作战。1 日，湘南中共游击队百余人由湖南进入广东乐昌黠圃乡，缴枪 20 余支，生俘国民党副乡长、乡队副等十余人。18—20 日，翁源县县长率领县团队部与游击队300 余人在坝子、鲁溪、龙仙（县城）作战。27 日，南雄保安营与邓国梁、徐道昌领导的南雄游击队在罗田、永定乡、李和圩作战。30 日，人民解放军第十六军千余人试探性攻击小梅关。31 日，游击队 70 余人与仁化城口地方团队发生激战，同日，游击队何俊才部也与翁源地方团队在坝仔发生战斗；杨凤璋、郑国梁两部千余人也与国民党军在南雄罗田、大和圩发生遭遇战。

8—9 月　北江地区为迎接南下大军，支前工作也在各区展开，据南雄、始兴、曲江、仁化、乐昌、乳源、英德、翁源、新丰九县的不完全统计，北江地区为迎接南下大军，共提供军粮 20 多万担，架桥用

木头 29 622 根, 木船 430 只, 并派出民工 96 162 人, 为野战大军入粤作战提供充分的物资保障。

9月4日 连江支队十团何宗程武工队策动田家乡公所自卫班携轻机枪一挺和步枪 20 余支, 举行武装起义。

6日 新的中共中央华南分局在江西赣州成立, 第一书记叶剑英, 第二书记张云逸, 第三书记方方, 归华中局领导。

7日 中共中央华南分局第一书记兼广东省军区司令员兼政委叶剑英在赣州主持召开作战会议。到会者包括方方、第四兵团司令员兼政委陈赓、副司令员郭天民、副政委兼政治部主任刘志坚, 第十五兵团司令员邓华、政委赖传珠、第一副司令员兼参谋长洪学智、政治部主任萧向荣, 两广纵队司令曾生、政委雷经天。会议分析了广东地区敌我军事态势, 并讨论中央军委指示, 制订了广东战役的作战方案。会议决定, 由陈赓统一指挥参加广东战役的第四、第十五兵团和两广纵队, 分三路进攻广东。会议还讨论了接管广东、广州后的有关问题。

8日 中共中央军委致电叶剑英、方方、陈赓、邓华等, 对他们聚会于赣州, 表示极为欣慰, 要求他们遵照党中央迭次指示开好分局会议。同时还指出: "方方等同志领导的华南分局及华南各地党委和人民武装有很大的成绩。" 要求新的华南分局及即将进军华南的人民解放军主力, 应对此种成绩有足够而适当的估计, 加强两方面同志的团结, 争取更加伟大的胜利。在作战部署上, 电报指示以陈赓、邓华两兵团即向南进军, 夺取广州。

9日 粤湘边国民党军由韶关开拔到湖南宜章白石渡增防。另一部由坪石开拔至湖南汝城及赤石司增防。

上旬 北一支成立北江人民迎接大军支援前线动员委员会, 主任何俊才, 副主任黄桐华、林名勋。动员委员会发布了组织章程、通知、通令和决议案等有关文件。

11日 中共中央华南分局在赣州举行第二次扩大会议, 参加会议的有华南分局、第四兵团、第十五兵团、两广纵队的负责人叶剑英、郭天民、刘志坚、陈赓、曾生、雷经天、洪学智、萧向荣、邓华、方方、赖传珠、李嘉人等。会议由分局书记叶剑英主持。

在这次会上, 中共华南分局提出华南党政军各级领导机构的组成及干部配备, 报中共中央批准。华南分局秘书长云广英, 组织部部长

339

黄松坚，统战部部长古大存。会议还制订解放广东作战计划报中央军委。按照计划，解放广东战役分三步走：第一步先解放韶关；第二步向南挺进，解放广州；第三步沿西江入广西，解放广东全境。会议还就支前工作、接管城市政策、外交问题及对付帝国主义封锁的办法等问题做了研究。会上由方方介绍广东的情况，然后作出《关于支前工作的决定》和《关于过去华南及广东工作的决议》。决议指出：与会同志完全同意中央 9 月 8 日电示，认为方方等同志领导的华南分局和各地党委自 1946 年以来，领导广东及华南各省人民在开展武装斗争及其他各项工作中取得很大成绩，正是由于取得这些成绩，"就使得华南敌后的人民战争得以坚持下来，配合了三年来全国解放战争的胜利，同时又给人民解放军主力进入华南及广东作战，最后完成解放华南及广东全省任务提供有利条件"。

【郭天民】（1905—1970 年）湖北省黄安（今红安）县人。1926 年入黄埔军校学习。1927 年加入中国共产党，同年，参加广州起义。土地革命战争时期，任工农革命军第四师排长、副连长，中国工农红军教导大队大队长、支队长，红八师参谋长，独立第六师师长，第六十二师师长，江西军区参谋长，红九军团参谋长，红军人学教育科科长，第四方面军第三十军参谋长。参加了长征。抗日战争时期，任军委一局局长，晋察冀军区第二支队支队长、军区副参谋长，晋察冀军区第二军分区司令员，冀察军区司令员。解放战争时期，任晋察冀野战军军长第二纵队司令员兼政治委员，晋冀鲁豫野战军副参谋长，鄂豫军区副司令员，第二野战军四兵团副司令员。中华人民共和国成立后，任云南军区第一副司令员，中国人民解放军军事学院高级系主任，中国人民解放军训练总监部副部长兼军事出版部部长、院校部部长。1955 年被授予上将军衔。是第二、三届国防委员会委员。

【雷经天】（1904—1959 年）广西南宁人。五四运动期间任南宁市学生联合会主席，领导学生爱国运动。后入厦门大学和上海大厦大学读书。1925 年加入中国共产主义青年团，积极参加五卅运动，不久，加入中国共产党，任中共厦门大学党团支部书记。后被派往广州黄埔军校政治部，任宣传科科长。1926 年 7 月任国民革命军第六军政治部宣传科科长，参加北伐战争。1927 年夏调任第四军叶挺部团党代表。大革命失败后参加南昌起义，南下福建汀州任第二十四师党代表。

12月参加广州起义。1928年6月任中共广西特委常委。1929年4月代理广西特委书记，8月任广西省农会筹备处主任委员，9月任中共广西特委委员，10月任中共右江工作委员会书记，12月参与领导百色起义和创建右江苏区，任红七军前委委员、右江苏维埃政府主席。1930年秋因反对党中央"左"倾冒险主义错误指令，受到撤职处分（后撤销）。1930年11月随军转战到中央苏区。参加中央苏区第三、四、五次反"围剿"战争和红军长征，到达陕北后任中央政府西北办事处科长，陕甘宁边区高等法院庭长、代理院长，八路军南下第三支队政委。解放战争时期，任晋察冀中央局秘书长、两广纵队政委等职。新中国成立后任广西省人民政府副主席、最高法院中南分院院长、华东政法学院院长兼书记、上海社会科学院院长等职。1959年8月在上海病逝。

12日 中共中央军委批准中共华南分局关于进军广东的作战方案。

15日 国民党军连日增援粤北。驻汕头国民党军一部从黄埔抵达粤北韶关。

是日 第二野战军陈赓兵团第一四三师第四二九团与游击队何俊才部攻克翁源坝子及翁源县城，官家骧被迫率部投降，俘翁源县县长以下440人。翁源县获得解放。

16日 北一支一团和三团在涂锡鹏指挥下，包围翁源周陂墟"新丰县政府"，迫使"县长"许子平率部投降。

18日 中共中央华南分局决定成立北江人民临时行政委员会，主任黄松坚。

中旬 中共华南分局决定成立粤赣湘边纵队北江指挥部，由黄松坚兼主任，统管北江的支前工作。下设三个支前司令部。北江第一支前司令部：司令员兼政委何俊才，副司令员黄桐华、王全珍，直接领导和指挥翁源、英德、清远、佛冈、新丰五县的支前机构。北江第二支前司令部：司令员兼政委张华，副司令员郑刚，副政委袁鉴文，直接领导和指挥曲江、南雄、始兴、仁化、乐昌、乳源六县的支前机构。连县支前司令部：司令员兼政委蔡雄，副司令员成崇正，副政委肖少麟。

22日 国民党始兴县县长饶纪锦，设宴款待国民党驻军第三十九军第九十一师第二七一团团长周治成后，率领县自卫总队千余人发动起义，国民党军派兵追剿，起义自卫总队向始兴马市墟退去。

23日 饶纪锦起义部队被改编为粤赣湘边纵队北江第二支队新一团，团长由饶纪锦担任。

【饶纪锦】始兴人。陆军步兵学校将官班毕业。曾任广州行营科长、军官大队大队长。1947年3月任始兴县县长。

是日 国民党曲江防守司令部获悉始兴饶纪锦起义，即派三十九军一四七师四四〇团六七百人，随新任始兴县县长侯文俊分乘10多辆车驰援始兴。

△ 中国人民解放军第四兵团第十五军先头部队四十五师登上粤赣分水岭——大庾岭梅关，与北江第二支队胜利会师。当晚，四十五师一三四团和军直属侦察分队在北江第二支队的密切配合下，分三路奔袭南雄县城。

24日 中国人民解放军及北江第二支队南北夹击，南雄县解放，主攻部队为中国人民解放军第二野战军第十五军第四十五师陈赓部及游击队邓文礼部，国民党县长华文治被俘。攻占南雄后，解放军第四十五师沿着雄始公路和浈江北岸，分两路向始兴挺进。

25日 解放军第四十五师先头部队一三四团到达始兴，夺取县城西面数公里处国民党军据守的天马山（又名马尾坳）制高点和小江坝大桥，国民党军向曲江方向败退。始兴宣布解放。

是日 始兴黄所乡乡长谢文中、江口乡乡长饶纪梅发动起义，率部退往麻洋坳。

△ 沿曲江公路败逃的国民党三十九军四四〇团，到达古坑口路段遭到北二支饶纪锦所率新一团的伏击。敌军队伍大乱，除少数人就地进行抵抗外，大多数人夺路而逃，不少人跳入浈江河中，不习水性的当场淹毙。此役，北二支新一团共毙伤敌100多人，俘敌200多名。缴获步兵炮2门、火箭炮2门、重机枪1挺、轻机枪4挺、步枪200多支。

27日 国民党军方天残部万余人，从韶关前往曲江周田一线增防。

是日 驻广州国民党军北上，白崇禧部从乐昌南下增援韶关，两军在韶会师。英德以北防线由白崇禧负责指挥。

28 日　叶剑英、陈赓向广东战役各部队下达了"战联字第一号"作战命令。命令规定，由第二野战军第四兵团 3 个军 12 万人组成右路军向南，直取曲江，截断敌西逃之路，并协同左路军歼灭英德地区之敌。左路军由第十五兵团 2 个军 8 万人组成，由赣南进入广东南雄、始兴、直插英德及以南地区（曲江），堵击在韶南逃之敌，协同右路军歼灭该地区（曲江）之敌。命令要求左、右两路军在 10 月 8 日晚，完成对曲江的包围，10 月 9 日拂晓发起攻击。

29 日　韶关九龄农学院停办，学生全部转入岭南大学农学院。

下旬　中共南雄县委成立，书记张尚琼，副书记于亚农。同时成立的还有中共新丰县委，书记梁泗源，副书记龙景山。此间，英东、翁源、滃江等县人民政府也宣告成立，其主要领导人有：英东县县长曾启明，第一副县长廖碧波，第二副县长张皎如；翁源县县长涂锡鹏，副县长苏秉鉴；滃江县县长黄信明，副县长方国魂。

是月　中共华南武装与国民党军及地方团队在粤北作战战事：

1 日，乐昌农民武装千余人与国民党军战于乐昌黄圃乡里田。5 日，驻马市的邓文礼部与国民党军在始兴都安水作战。9 日，游击队何俊才部数百人与国民党军战于南雄古碌镇。15 日，国民党军占领翁源坝仔墟；同日，国民党军第五团叶镜部攻占翁源鲁溪（官渡）等地。12 日，乳源国民党地方团队与农民武装在乳源梅花街作战。14 日，陈赓兵团一部及何俊才部共千余人进攻翁源坝仔圩，在攻占坝仔、龙仙后，再战于新江及英德青塘，追击国民党军至新街、岗尾。19 日，何俊才部游击队 600 余人进攻翁源北的大坝街，部队攻至恩平黄坡村，俘敌 30 余人。20 日，北二支一部攻至南雄黄坑墟唐山下孔村；同日，何俊才部 600 余人与国民党军地方团队战于翁源新江等地，并攻占英德青塘；同日，解放军第一四三师驻于翁源三华六里圩，与国民党军程鹏部战于翁源利龙，翁源北上坝街亦有战斗。23 日，中共游击队李□部千余人，进攻坪石及湖南郴县的邓家塘、黄埔，与国民党铁路交通警察激战。24 日，双方再战于白石渡。26 日，北二支一个团与国民党军战于翁源官渡。28 日，何俊才部协同解放军第十五军学生队与国民党军战于始兴百顺、石门滩、江口。30 日，北二支何俊才部攻占英德溪板乡、横石水、石坑等地。

中华人民共和国建立初期

（1949 年 10 月—1952 年）

10 月 1 日 中华人民共和国中央人民政府成立。

是日 中共中央华南分局发表《告广东人民书》，号召全省同胞立即行动起来，全力支援人民解放军，解放两广，解放海南岛，解放台湾，解放全中国。

△ 始兴县人民政府和解放军以及群众，在始兴的西校场隆重举行庆祝中华人民共和国成立暨誓师大会。

2 日 叶剑英指挥第四兵团、第十五兵团和两广纵队，分右、左、南三路军，提前发动广东战役。

是日 两广纵队由江西三南进至南雄、始兴。至此，解放广东的战役正式打响。

中国人民解放军兵分三路。右路军为第二野战军第四兵团十三军、十四军、十五军，从赣西南向粤北挺进；南路军由两广纵队、粤赣湘边纵队、粤中纵队组成，从江西进入粤东北的和平，沿龙川、河源南下，直插东莞虎门，截断广州敌人南逃退路。左路军为四野十五兵团的四十三军、四十四军，从江西经翁源、新丰南下。

5 日 粤汉铁路广（州）韶（关）段中断，火车不能进入韶关，铁路员工集中英德，听候疏散。

6 日 驻韶关的国民党军六十三军将横跨浈江的粤汉铁路曲江铁桥炸毁。下午，人民解放军第十三军第三十八师解放仁化县城。晚上，人民解放军第四兵团的十五军、十三军、十四军各一部，从东南、正北、西南四面包围曲江。负责主攻的十五军四十五师沿始兴通往曲江的公路急速推进，入夜后，在大桥慈姑岭和黄朗水等地歼灭敌人的小

股部队后，于凌晨抵达韶关。

是日 粤赣湘边纵队占领翁源县城，与四十三军会师。

7 日 凌晨 1 时，第十五军四十五师先头部队一三四团抵达东河坝。国民党六十三军撤走部队放火烧曲江大桥（现东河桥，当时桥的北段为钢梁、木板结构），一三四团迅速赶到扑灭大火，后续部队随即进入曲江城。十三军三十八师某部，亦由北门进入韶关城。粤北重镇韶关（曲江）宣告解放。

是日 曲江军管会宣告成立，主任黄松坚，副主任张华、袁鉴文。曲江警备司令部也同时宣告成立，司令员吴伯仲，政委袁鉴文。

△ 连江支队在连县田家乡盘海村举行庆祝广东人民解放军连江支队成立大会。

8 日 连江支队四团攻打驻扎在英德水边的敌保安团第二营，歼敌第二营两个排和英德流陈自卫中队，缴获轻机枪 1 挺和长短枪 100 多支。

9 日 中国人民解放军第十四军四十一师一二三团在广东人民解放军连江支队第六团江湾武工队的配合下，解放乳源县城。

据资料记载，时国民党政府第二行政区（现韶关专区）督察专员龚楚率保安团 700 多人从乳源县城窜入茶坪、桂坑等地，瑶、汉农民积极配合中国人民解放军给予沉重打击，经 7 天围捕，保安团向乐昌县人民政府投诚。乳源县全境获解放。

是日 中国人民解放军第十五军四十五师攻入英德县城，歼灭国民党第三十九军九十一师二十七团一个营，英德县城解放。

10 日 中国人民解放军第四十三军一二七师对驻守佛冈的国民党第三十九军一〇三师三〇七团和一个地方保安营进行包围，下午发起攻击，经两昼夜激战，全歼守敌，解放佛冈县城。

是日 国民党军飞机为配合作战，侦察、轰炸粤北曲江、乌石、英德河头等地。解放军进至连江口、滃江口。

△ 曲江县人民政府宣告成立，黄桐华任县长，曾东任副县长。与此同时乐昌县人民政府也在异地成立，县长陈培兴。

11 日 人民解放军第四十四军进入新丰县。

12 日 韶关军管会正式成立。遵循有步骤地原封接收的方针，开始了各种接收工作。号召市民迅速复工复业，恢复邮电交通，动员学校复课，建立人民政府、公安局、法院、银行、贸易公司、北江人民医院等，迅速稳定革命秩序，安定人民生活。

是日 为解决接管干部奇缺的问题，由北江临时人民行政委员会创办的北江公学，正式向社会公开招生，并以校长黄松坚的名义向北江各地发出《广东省北江公学招生广告》。

【北江公学】1949 年 10 月上旬，刚解放的韶关百业待兴，新成立的北江临时人民行政委员会，为解决城市军事管制和政权接管工作中缺乏干部的问题，决定创办北江公学，以培养新的接管干部。公学采取陕北公学模式，以抗日军政大学的办学精神，实行思想革命化、生活军事化管理。办学之初，校长由黄松坚兼任，杨重华任教育长，包华任副教育长（1950 年后由伍晋南接任校长）。10 月下旬，北江公学第一期培训班，在志锐中学（现市委大院）正式开学。此后，在短短的一年多时间里，北江公学共举办了四期培训班，为北江地区培训了 1 000 多名的干部。这批干部为新生的北江人民政权的巩固发挥了积极的作用。

△ 中国人民解放军第四十四军一三二师三九五团抵达距离广州城不到 200 公里的从化云台山，打响解放广州最后一次遭遇战。当晚 9 时许，该团一连二排在龟形山方向发现敌人，此时，敌军主力已进入云台山，与佛子坳地段的一连遭遇。二连迅速从小路包抄，占领云台山南端小山头，三连正面抢登，冲至山顶时与从北坡登上高峰的敌人相遇。经过短暂的混战，迅速占领云台山高峰阵地。敌军走投无路，回转兵力向云台山南端小山头扑去……经过 7 个小时的恶战，解放军俘国民党军三二一团官兵 1 400 余人，毙敌 285 人，为顺利解放广州城奠定基础。

13 日 拂晓，中国人民解放军第四兵团十四军四十师一一八团二营和一一九团一营首先在清远横石圩上岸，跟踪追击敌至长埔、后冈圩一带，打退守敌两营。从俘虏口中获悉：逃敌二十三军二一一师、二一三师正猥集清城郊区。解放军一一八团二营当即占领有利地形与敌人对峙。下午 1 时，解放军四十师后续部队赶到，敌人仓皇撤退，解放军追赶到城西滨江河边，因国民党军已将浮桥毁掉，一时不能过河，遂以火力予国民党军以杀伤。当晚，四十师进占清远县城。

是日 中国人民解放军第四野战军十五兵团解放从化、增城、花

县。广州城东、北、西三面被中国人民解放军第二、第四野战军包围。

中旬 中国人民解放军参谋长叶剑英在华南分局负责人方方陪同下，由江西虔南进入广东翁源，在南龙站接见翁源县委书记涂锡鹏，对当地的工作表示十分满意，并对支前工作做重要指示。

16 日 中共仁化县工作委员会成立，书记陆一清。

17 日 中国人民解放军粤赣湘边纵队北江第二支队二团二营五连和中国人民解放军十三军某部机炮排奉命进军乐昌。一举攻占乐昌县城，据守县城对岸的残敌负隅顽抗，进行反扑。解放军主动撤离县城。

是日 叶剑英、方方等人到达新丰县梅坑墟，接见新丰县县长龙景山。在了解当地游击队战斗情况后，叶剑英对新丰游击队所取得的战斗成绩给予了高度赞扬。

18 日 粤汉铁路韶关至英德铁路线恢复通车。

由于国民党炸毁东河铁路桥，粤汉铁路交通仍处中断。新中国成立后，经铁路职工日夜奋战抢修，将英德出轨的火车头扶起，利用汽车头修好轻便车等方法，并继修曲江（韶关）大铁桥，使粤汉全线通车。

19 日 中共乐昌县委书记兼县长陈培兴和北江第二支队二团二营教导员张艺、解放军十三军某营蔡副营长率领部队三个连和一个机炮排，再次进攻乐昌县城。乐昌县城解放，随即县人民政府随军进入乐昌县城施政。

25 日 韶关各界人民在中山公园举行庆祝中华人民共和国成立暨广州、曲江解放大会，参加大会 1 万余人，夜间市民举行火炬大游行。

是日 《北江日报》复刊，报刊由中共北江地委主办，是中共北江地委机关报。报社初在韶关互励路（现市委大院）志锐中学内，后迁至民权路，首任社长金阳，总编辑李凌冰、杨重华、李子明。初办时，报刊为对开二版，1950 年 1 月更名《北江农民报》，为四开四版。

下旬 南下解放军第四十八军一四三师由江西龙南调防粤北。其任务是：接管粤北，配合地方部队清剿残敌，护卫交通安全，建立和巩固地方政权。

是月 中共北江地委成立，地委机关驻韶关市，隶属华南分局领导。地委下辖曲江、始兴、南雄、仁化、乐昌、乳源、连县、连山、阳山、英德、翁源、佛冈、从化、清远、新丰、连南等 16 个县委和韶

关市委。

至此，粤北大部分地区（除连阳地区外）基本解放。

广东战役粤北进军整体状况：国民党军在湘粤赣边区1500多里长的战线布置了3个兵团约20万兵力。余汉谋将其划分为韶关、连县、英德3个战区。为保卫广州，他又设下了三道防线：南雄为第一道防线，韶关为第二道防线，广州外围为第三道防线。

为打好粤北战役，解放广州，南下解放军于9月底自赣南出发，跨越五岭，分三路进入广东。右路军陈赓部第四兵团3个军12万人于9月24日下南雄，25日进入始兴（22日始兴起义），10月6日仁化、乐昌解放，7日韶关、曲江解放。9日攻占乳源、英德，10日下连江口，12日下佛冈，13日下源潭、清远、三水，直插高要。是役粤赣湘边纵队北江第二支队配合作战。左路军邓华部第十五兵团2个军8万人在北江第一支队配合下，9月15日解放翁源，10月13日下新丰、花县、从化、源潭，直抵广州市北郊。南路军曾生部两广纵队、尹林平粤赣湘边纵队（在粤中纵队吴有恒部配合下）于9月30日由江西赣州出发，10月8日由赣南进入广东和平，直趋龙川、龙门、河源。至此，广州市已在三路大军包围之中。

粤北战役中共野战军参战部队序列：指挥员叶剑英、陈赓、邓华。第二野战军第四兵团司令员陈赓。第十三兵团辖第三十七师、第三十八师、第三十九师，第十四军辖第四十师、第四十一师、第四十二师，第十五军辖第四十三师、第四十四师、第四十五师。第四野战军第十五兵团司令员邓华，第四十三军辖第一二七师、第一二八师、第一二九师，第四十四军辖第一一八师、第一一九师、第一二〇师、第一五三师；第十四兵团司令员刘亚楼，第四十一军辖第一二一师、第一二二师、第一二三师、第一五四师。两广纵队司令员曾生。粤赣湘边区纵队司令员尹林平（第一师、第二师辖东江第一、第二、第三支队，北江第一、第二支队，湘南、赣南2个支队）。粤桂边区纵队司令刘永生（第一、第二、第四、第七、第八支队）。粤中纵队司令员吴有恒。粤桂湘边纵队司令梁嘉。琼崖纵队司令员冯白驹（第一、第三、第五、独立总队）。地方民兵等。

国民党军参加粤北战役序列：第十一兵团司令官胡琏，驻潮梅地区，第六十七军、第十八军、第十九军；第四兵团司令官沈发藻，第

六十三军（第一八六师、第一五二师），第三十九军（第九十一师、第一〇三师、第一四七师），第二十三军；第二十一兵团司令官刘安琪，第三十二军主力驻海南、第二六六师驻广州，第五十军（第三十六师、第一〇七师、第七十师），第一〇九军（第一五四师、第三二一师），第七十军驻虎门，第六十四军驻海南，第六十二军第一五一师驻湛江。保安师、保安团及地方反动民团等。

11月5日　连江支队十团配合中国人民解放军第二野战军某部，围攻盘踞连县大路边一支千余人的国民党交通警察队伍，双方激战一昼夜，敌狼狈向连州败逃。此役，第二野战军一部毙伤国民党军300余名，缴获六〇炮和轻重机枪等武器共60多件、汤姆生式冲锋枪和卡宾枪等100多支、子弹3万多发和汽车1辆，解放军伤亡80多人。

9日　为稳定革命秩序与维持城市治安，韶关市警备司令部发出布告：①收缴非法武器；②举行反动党团自新登记；③命令国民党"工会"停止活动；④颁布管理摊贩办法、出外旅行登记办法和执行禁烟禁赌；⑤核发汽车通行证；⑥建立各街派出所等。

上旬　原国民党仁化县县长林显、湖南汝城县县长何康民等人在乐昌成立"粤湘赣边区反共救国游击司令部"。林显、何康民分任司令、副司令。

【何康民】（1889—1951年）湘南汝城人。毕业于湖南讲武堂中训团党政班七期。1924年加入国民党。曾任国民党军营长、团长、少将副官处长、广东省始兴县县长等职。1947年2月，任汝城县自卫总队副队长。1948年11月任"粤赣湘剿共总指挥部"少将参谋兼湘东南六县（桂东、汝城、酃县、宜章、资兴、郴县）联络员。1949年汝城解放后，何在广东省乐昌县集结流兵散勇，向汝城反扑，曾一度占领县城，自封县长。不久，被中国人民解放军湘南支队击溃，上山为匪。11月，奉湘粤赣边"剿匪"总指挥薛岳之命，组织"粤湘赣边人民反共救国游击司令部"，任副军长兼第十师师长，在汝城、乐昌、资兴、桂东、仁化一带进行反革命活动。1950年2月，何康民在广东省仁化县城口镇召集所属匪部会议，宣布成立"粤湘赣边反共救国军第四军"（五处指挥所），指挥匪部杀人放火，抢劫勒索人民财产，并发展反革命武装，准备伺机配合国民党进行反攻。1950年4月起，中国人民解放军对何匪部进行紧急围剿，分化瓦解，至1951年初，其部基本被歼灭。1951年2月，何康民乔装行乞，只身逃匿，在东岭乡兰田水被民兵擒获，同年3月17日在汝城被处决。

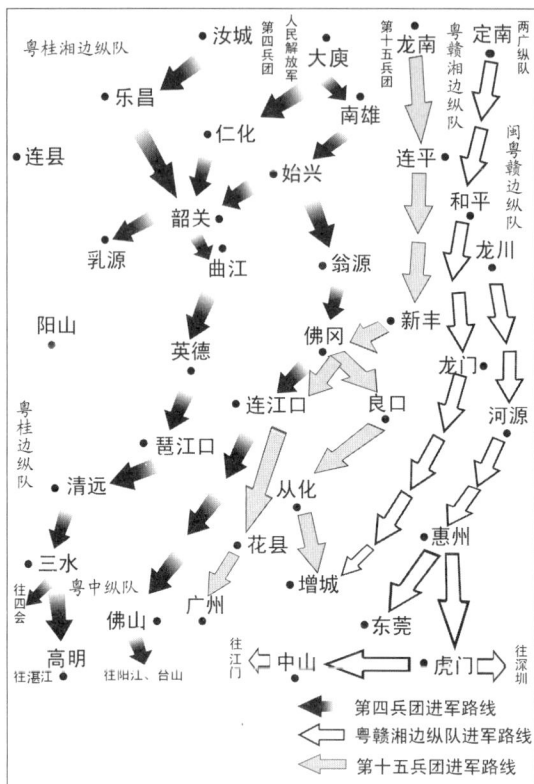

解放广东战役粤北进军图（1949年10—12月）

24日 曲江军事管制委员会发布《严禁金银、银圆、外币在市场流通的布告》。

25日 韶关市人民政府成立，由曲江县副县长曾东兼任市长。

28日 广东军区（韶关）第四军分区（后改名华南军区北江军分区）成立，司令员黄业，政委伍晋南，副司令员周明、曹金奎，副政委袁鉴文，参谋长黄云波，政治部主任江波，后勤处处长张进。军分区下辖三个独立团：以北江第一支队第五团为基础，组编独立第十团；以北江第二支队第一、二团和新一团为基础，组编独立第十一团；以连江支队第六、八团为基础，组编独立第十二团。

在此前的11月17日，广东军区在广州成立。司令员兼政治委员叶剑英、第一副司令员邓华、第二副司令员洪学智、第三副司令员曾

生，第一副政治委员赖传珠、第二副政治委员尹林平、第三副政治委员冯白驹，参谋长洪学智（兼）、政治部主任肖向荣。辖第四十、四十三、四十四、四十八军，两广纵队，广东军区江防司令部，第一（潮汕）、第二（兴梅）、第三（东江）、第四（北江）、第五（西江）、第六（珠江）、第七（台山）、第八（南路）共8个军分区，25个团和82个县大队。

下旬 解放连阳前线指挥小组成立，由解放军四十八军一四三师参谋长王中军、政治部主任吕琳和第四军分区副司令员周明组成。指挥小组制订解放连阳的作战计划，兵分三路进击。北路：由一四三师四二九团一部和连江支队七团组成，从宜章黄沙堡过连县周家岱，入天光山，直插连县北面的东陂镇；中路：由军分区十二团和一四三师四二八团三营及连江支队十团组成，负责打正面，从宜章直下大路边、星子，进军连州，转入三江；南路：由一四三师某团三个机炮连和军分区十团及十二团一个营组成，经英德、阳山、黎埠插到三江。作战指挥意图是：从四面包围三江，将敌有生力量就地消灭，不让他们窜入瑶山和连山。

12月上旬 野战部队一四三师四二八团、四二九团和炮连在完成南下歼敌任务后，挥师连阳，协同连江支队第四团、第七团，北江一支队第五团和北江军分区十二团，从北、中、南三路对李楚瀛的"反共救国军第九军"，发动全面围剿。

此前的10月，败退到连阳的国民党交警总队、保安团、保警队、护航队等约4 000人，纠合当地土匪，在中将李楚瀛的策划下成立"反共救国军第九军"（由李楚瀛任军长，下辖第二十五师，师长张燮元；第二十六师，师长由李楚瀛兼；第二十七师，师长李谨彪）企图在连阳地区凭借山高林密、交通闭塞、易守难攻这一"天险"，与人民解放军周旋，建立所谓"反共游击根据地"。时此股匪伙是当时粤北地区最大的土匪武装。

【李楚瀛】（1905—1950年）广东连南人。黄埔军校第一期肄业，入庐山训练团陆大甲级将官班毕业，先后任国民党军排、连、营、团、旅长，第二十三师少将师长，第三十一集团军副总司令兼八十五军中将军长，整编第三师中将师长，第五兵团副司令等职。1947年12月，陈毅、粟裕率领的华东解放军会同陈赓兵团，在河南西平金刚寺、祝王寨地区全歼以李楚瀛为首的国民党第五兵团部及整编第三师，李因打败仗被蒋介石撤职，押调回南京。1949年5月，李削职回广东，坐上统辖连阳县的广东省第五行政督察专员兼保安司令的交椅。7月，李兼任连县县长。同年12月，李在连南瑶山被俘。

10日 解放军第四十八军一四三师四二八团团长李洪元和原北一支军需处主任彭厚望（连山人）率领解放军一个营和地方部队一个连，进入连山县城，连山县宣告解放。

14日 第四军分区（北江军分区）参谋长黄云波，率领独立第十团和第十二团一个营以及解放军一四三师三个机枪连，抵达阳山追剿残敌，阳山县城解放。国民党阳山县县长李谨彪率残部逃往秤架墟，十团奉命追击。

16日 中国人民解放军一四三师四二八团三营和军分区独立第十二团，在连南县南岗排歼灭最后一批国民党残军。连南全境宣告解放。

是日 由中国人民解放军四二八团三营八连连长董瑞生率领做好伪装的全连战士，由当地瑶胞带路进山，在短登坳山洞里活捉国民党"反共救国军第九军"中将军长李楚瀛，军参谋长于继祖，第二十七师师长张燮元等。

20日 连州县人民政府成立，蔡雄任县长，成崇正、黄孟沾任副县长。

24日 第四军分区独立第十团抵达秤架墟，秤架墟解放，李谨彪被击伤后逃脱。阳山全境宣告解放。

是月 连阳"反共救国军第九军"被歼，粤北各地股匪极为震惊，乐昌县薛纯武、龚楚，英德县张隆、张观带等国民党军匪部头目，先后向驻军缴械投降、自新。

至此，北江全境宣告解放。为彻底消灭粤北地区残余的国民党势力，巩固新生的人民政权，粤北地区开始大规模的武装剿匪斗争。据1950年的统计，由国民党残余和粤北地区各地方反动势力纠集起来的土匪，其数量多达160余股、2万多人，粤北成为广东匪患最为严重的地区。

1950 年

1 月 19 日 第四军分区十一团在仁化城口歼灭仁化县县长林显所部，歼、俘国民党军匪数十人，林显逃脱。

24 日 第四军分区"剿匪"部队一部，攻入乐昌第二区乡大洞匪巢，毙匪 4 人，生俘 20 余人。

27 日 北江人民行政督察专员公署成立（简称"北江专署"），何俊才任专署专员。北江专署辖韶关市、曲江、始兴、南雄、仁化、乐昌、乳源、连县、连山、连南、阳山、英德、翁源、新丰、佛冈、从化、清远等 16 个县 1 个市。

是月 韶关市改为广东省辖市，中共韶关市委由华南分局委托北江地委代管。

△ 华南贸易公司北江分公司成立，这是韶关第一家经营外贸的国营商业机构。

2 月 13 日 驻粤北"剿匪"部队在英德、乳源剿匪中，毙匪 84 名，生俘 200 多人。在仁化、始兴剿匪战斗中，毙匪 5 人，生俘 29 人。始兴、曲江剿匪部队亦有斩获。

21 日 韶关市首届人民代表会议召开，市委书记黄可夫作《发扬党的优良传统与作风，为完成会议的决议而奋斗》的演讲；市长曾东作《建设人民的韶关而奋斗》报告。会议提出粤北地区新中国成立初期七项主要任务：①依靠群众，城乡结合，贯彻宽大与镇压兼施的方针，加强治安管理；②继续稳定金融，发展工商业；③扩大人民团结；④整理财政，发展经济；⑤团结与改造知识分子；⑥实施必要的市政改革；⑦建立与健全机构，树立新制度作风。

28 日 韶关市人民代表协商会议召开。

是月 连阳地区惯匪廖耀庭在连阳地区组织"粤桂边民众反共救国军 21 支队"，自任支队长，下设 3 个大队，号称拥有 500 余人。是为连阳地区主股匪之一。

△ 始兴清化区土匪华秉奇、华秉越兄弟，纠集国民党军残余人员 400 余人，发动暴动，攻打始兴清化区人民政府，并成立"粤赣边

韶文化研究丛书

中华人民共和国建立初期（1949 年 10 月—1952 年）

区青年反共救国军"。

　　△　省立志锐中学、曲江县立一中、省立韶关师范学校合并为"广东北江临时联合中学",设高中部和师范部,校本部设在韶关市互励路(现市委大院),高中部在校本部,师范部在韶州师范原址平民路(现北门峰前街)。校长由北江专署专员何俊才兼任,副校长有古师勋、廖拔成、黄开光。同月,省立南雄中学、南雄县立中学合并为南雄临时联合中学;省立连州中学、县立连县师范学校、私立燕喜中学合并为连州临时联合学校。

　　△　林显"粤湘赣边区反共救国游击司令部"改称"粤湘赣边反共救国军第四军",林显改任军长,何康民改任副军长兼第十师师长。

　　春　华南分局和华南军区结合粤北匪情,对剿匪兵力运用做重新部署,除留下一四三师外,增派一二三师到粤北担任剿匪任务,加上北江军分区3个团和16个县大队配合,形成清剿土匪强大军事打击力量。

　　此前,华南分局和军区根据粤北地区土匪分布地域,将剿匪部队划分为四个重点区,并分别成立三个临时指挥部,实行分片指挥包剿。其中,由一四三师指挥所负责包剿乐、乳、仁、曲、南、始地区土匪;由一二三师指挥所负责包剿清、英、阳地区土匪;北江军分区指挥所负责包剿连阳和英、翁、新、佛边界地区土匪。由此,彻底消灭国民党在广东地区残匪斗争在粤北更广阔范围展开。

　　按照剿匪部署,第一四三师指挥所主要任务,是在北江军分区十一团及6个县队配合下,对盘踞在乐昌、乳源、仁化、曲江、南雄、始兴的匪患实施围歼,重点清剿"反共救国军第四军"。包括:匪军军长林显、副军长兼十师师长何康民、参谋长兼十一师师长董超云、二师师长黎元勋、独一团团长康作云、二八团团长张文照、三十一团团长薛秀基、三十二团团长谭钧亮、三十三团团长朱炳寰等部。第一二三师指挥所主要任务,在清远、英德、阳山三个县大队和广大民兵配合下,对盘踞在清、英、阳地区股匪进行清剿。包括:股匪陈大春部,股匪谢谢、邱思贤部,以及谢芬等股匪。北江军分区指挥所主要任务,辖九、十、十一3个团配合一四三师包剿连阳和英、翁、新、佛等地区的股匪。其中,九团负责包剿连阳地区廖耀庭、欧泽龙、黄孟虎、黄懋传、梁启学等股匪,十团负责包剿英德、翁源、新丰、佛

354

冈四县边界地区和下汰地区股匪。

3月3日 韶关市警备司令部成立，王中军任警备司令部司令员。

【王中军】（1913—1992年）江西吉水人。1929年10月，参加中国工农红军。1934年4月加入中国共产党。历任班长、排长、参谋、科长、团长、师长。1962年8月，任中国人民解放军第五十军副军长。1963年3月，任黑龙江省军区副司令员。1978年6月，任旅大警备区顾问。1983年9月离职休养，正军职待遇，1992年2月病逝。

5日 北江专署召开各县公安局长联席会议，公安处长李北淮在会上发言，指出"肃清匪特为日前任务，要配合大军，围绕党的中心，放手发动群众，有计划、有步骤地肃清匪特，巩固革命秩序"。

12日 在南雄活动的国民党匪特200多人，攻打南雄县坪田乡人民政府，乡长朱德元率领乡政府武装十余人，抗击土匪17小时，坚持至援军赶到，才击溃匪特。

中旬 匪首华秉奇、华秉越兄弟联络曲江土匪欲洗劫始兴隘子墟，被始兴县剿匪大队打散。部分土匪慑于人民武装威力，分散活动于司前、隘子、曲江和江西全南边境山上。

△ 粤赣湘边纵队直属第四团（缺第一营）奉第四军分区命令，从市桥调清远源潭整编。在第四军分区司令员黄业主持下，第四团和北一支第五团合编为北江军分区第十团，下设3个营11个连，担任北江地区剿匪任务。

22日 原国民党乐昌廊田东乡乡长谢仲山纠集土匪千余人，武装攻打廊田区人民政府，围攻廊田区中队（中队长邓国雄）。

23日 驻乐昌县城第四军分区"剿匪"部队第四二九团前往廊田乡增援，击溃围攻廊田区政府谢仲山部土匪武装。

24日 北江地区林显、何康民部"粤湘赣边反共救国军第四军"独立一团黎洪部600余人，乘驻县城剿匪部队增援廊田乡之机，进攻乐昌县城，围攻乐昌县政府及县公安局，在北江军分区第四二九团剿匪部队及县大队、县公安干警奋力反击下，林显、何康民土匪部当日溃退，乐昌县政府围解。匪部死20余人，被俘150余人。

是月 原属东江地委领导的花县县委、连平县委，划归北江地委领导。

4月初 剿匪部队一四三师进驻乐、乳、仁、曲、南、始地区开始进剿"反共救国军第四军"。

10 日 韶关市废除保甲，建立街（村）、闾（25 户为一闾）人民政权组织。公布市区太平镇划分为 4 个街，街名为一、二、三、四街，武城镇划分为 6 个街，即五、六、七、八、九、十街。

下旬 一二三师剿匪部队，到达清远、英德、阳山地区，一二三师剿匪指挥所成立。

是月 中国人民解放军一四三师，在粤北山区瑶族同胞和汉族的积极支持和配合下，从南水、必背、大桥、杨溪分四路进剿国民党反动派的残余武装。经数月战斗，全歼告胜。

5 月 5 日 韶关市建制撤销，成立韶关镇，划归曲江县政府领导。

7 日 北江专区第一次文教会议召开。会议确定本区文教工作方针是："继续团结、改造知识分子，使之为新民主主义教育服务，巩固和提高已恢复学校，有重点地发展社会文化教育。"

是月 活动在始兴的华秉奇、华秉越土匪部，在人民武装剿匪部队的围剿和政治攻势下，纷纷瓦解，部分土匪投诚自新，部分潜逃。华氏兄弟逃往香港。至此，"粤赣边区青年反共救国军"被彻底消灭，始兴清化区土匪基本被肃清。

8 月 3 日 北江分区所属的十团四连在翁源县境内，歼灭卢家豪部土匪，生擒匪兵 300 余人。卢匪部基本全部覆灭。同月，新丰西区土匪也宣告肃清。

9 月 "北江临时联合中学"师范部单独设校，恢复广东韶州师范学校建制，校址设在平民路，高中部更名为广东北江中学，校址仍在互励路，校长何俊才。

是月 活动在粤北各地区土匪各部，遭到驻粤北剿匪部队的沉重打击，大股土匪纷纷土崩瓦解。

从 4 月至 9 月底，活动在乐、仁、乳、南、始地区的林显土匪部，在剿匪部队攻势下，被俘、投降以及自首的共有 4 306 人，其中师级 1 人，团级 7 人，营级 14 人，排级 67 人。大部集中于乐昌县城，分批办班，进行政策教育。匪首林显等人逃往香港，何康民、黎洪等匪首仍在粤北，他们采取大股化小股，分散隐蔽活动。英、清及连阳地区，在剿匪部队反复搜剿下，匪首陈大春、谢谢、邱思贤、谢芬等部先后缴械投降，至 9 月底，在对清远、英德、阳山三县边界地区进行的全

面搜剿中，共歼匪 3 608 人，其中击毙土匪 188 人（团长 2 人，营长 3 人，连、排长 42 人），俘匪 550 人（正、副支队长 2 人，正、副大队长 4 人，正、副中小队长 61 人）。共有 2 870 名土匪向驻剿部队自首。至此，粤北地区大股土匪，基本上被打垮，社会治安混乱局面得到有效治理。

11 月 10 日　韶关市"三反运动"（反贪污、反浪费、反官僚主义）开始。

1951 年

1 月 14 日　"粤桂边民众反共救国军 21 支队"在北江军分区第九团围剿下，匪首廖耀庭在连阳被活捉。

16 日　毛泽东同志根据粤北的"匪患"情况，专门对北江地区的剿匪、清匪工作做重要指示，指出"北江匪情严重"，应"督促限期清剿匪患"。

是月　北江军分区第十一团开始全面围剿"粤湘赣边反共救国军第四军"余匪。

△　北江军分区第十团一营，开始在曲江境内全面追剿傅桂标部余匪。

2 月 5 日　北江地委召开第一次土改会议，贯彻华南分局提出的稳步加快的方针，制订出了全区土改计划，整个运动分两个阶段三批进行，第一阶段为清匪反霸，减租退押，废除债务，结合生产度荒，整顿队伍；第二阶段为划阶级成分，没收、征收、分配土地。第一批是曲江、英德两个试点县；第二批是清远、乐昌、从化、新丰、翁源、始兴县；第三批全面铺开。

13 日　北江军分区第十一团会同湘南郴州军分区独立七团、赣南地方部队在仁化长江召开三省边境联剿会议，协商和协调合剿何康民作战行动。

27 日　何康民在汝城兰田水村被村民发现，并被活捉。

3 月 1 日　廖耀庭部余匪逃至连阳背基岭燕子岩，被北江军分区第九团剿匪部队包围。

5 日 北江军分区第九团对廖耀庭部余匪发动攻击,至此,"粤桂边民众反共救国军 21 支队"全部覆灭。

17 日 原国民党少将军官、湘南汝城伪县长、"粤湘赣边反共救国军第四军"副军长何康民在湘南汝城被执行枪决。

21 日 南华寺 20 多个和尚和 10 多个尼姑,在土地改革中,每人也分到 2.6 亩田,从过去依靠寺田谷租过日,改为自食其力。

是月 复设韶关市为省辖市。韶关市委仍由北江地委代管。

4 月 10 日 曲江县已基本完成土地改革运动。

17 日 南雄匪首张传一在江西大庾县丫山寺被活捉。

【张传一】南雄县镇平乡里元村人,曾在国民党军官学校受训。解放战争初期,任镇平乡"清乡委员",并兼任镇平、黄平、大塘等 7 个乡的联防队队长。新中国成立初期,在南雄组织"北江反共救国军青年自卫大队",上山为匪,为祸粤赣边一带。后经我人民武装剿匪部队多次打击,匪部逐步瓦解。其人逃至江西大庾丫山寺装扮成和尚隐藏,4 月 17 日被逮捕,后经人民政府公审枪决。

21 日 英德、清远发生洪水灾害。英德县城被淹,低洼地方水深 1.5 丈,全县受淹农田 114 619 亩,受灾人口达 96 667 人,淹死 7 人,损失稻谷 600 多万斤。北江专署拨出社会救济款 41 亿(旧币)、粮食 60 万斤,春耕粮食 68 万斤救济灾民。

是月 活动在曲江的傅桂标匪部被歼。其中,傅桂标、高毅、潘亚云等匪首在罗坑被活捉;黄友庭、范庚、黄昌等匪首在沙溪被活捉。至此,曲江境内股匪被全部肃清。

5 月初 北江军分区第十团一营完成曲江境内剿匪任务,奉命调英德沙口地区,与十团二营联合围剿杨策雄股匪。

中旬 北江军分区十团两个营在英德当地土改工作队的密切配合下,先后活捉杨策雄股匪部参谋长黄秉新、大队长杨泽周、中队长邱相、赖强等人,仅剩杨策雄"光棍司令"及部分余匪隐藏于英德龙头山。

31 日 在英德龙头山当地群众帮助下,北江军分区十团在龙头山围剿杨策雄部余匪,杨策雄被当场击毙。

是月 中共广东省民族事务委员会、北江专员公署组织民族工作队往连南,筹备成立连南瑶族自治区的工作。

6月1日　韶关撤镇设市，恢复韶关市人民政府。

4日　原"曲江县工商业联合会"更名为"韶关市商业联合会"。

7月　以马杰为副团长的中央民族访问团第二分团到达连南、连县、乐昌、曲江、乳源、始兴等瑶族地区进行访问活动，向瑶族人民传达中共中央、毛泽东、中央人民政府的关怀，并无偿送给连南5万斤大米和其他礼物。

9月　新丰县委划归东江地委领导。至此，北江地委下辖17个县委，1个市委。

是年　由人民政府接管的原天主教会主办的"私立励群初级中学"，与韶关广属同乡会主办的"私立广育初级中学"合并，组成"私立励群广育联合初级中学"。不久，由基督教会主办的"私立普光初级中学"也并入该校。

△　韶关市工商业得到较快恢复。据统计，全市有工商业户2 200余（户），其中：较大（万元以上）工商企业有423户，中等工商户（万元以下千元以上）有1 155户，小户有804户。工业户占35%，商业户占65%。

1952 年

1月3日　"五反运动"（反行贿、反偷税漏税、反盗窃国家财产、反偷工减料、反盗窃经济情报）在韶关市展开。

3月10日　曲江县与乳源县合并，称曲乳县。

4月　原始兴"粤赣边区青年反共救国军"匪首华秉奇在台湾被任命为"自由中国运动粤赣边区司令部"司令。

【自由中国运动】1948年初，美国政府见蒋介石大势已去，派美中情局驻中国间谍头目肖太滋来南京与蔡文治（湖北人，曾留学日本，原是南京政府国防部军事厅厅长，中将军衔）联络，策划组建"自由中国运动"组织，又称"第三势力"，这个组织自称既反对第一势力的中国共产党政权，又反对第二势力的国民党政府。"自由中国运动"的政治纲领是联络各党派及其军队，成立民主自由的政府，实行独立自主的外交政策，建立独立的民族经济。"自由中国运动"是国民党政府摇摇欲坠，美另找代理人维持其在华侵略势力的产物。随着美国在朝鲜战争的失败，第三势力作为第三次世界大战的内应计划也破产了，1957年，美中情局把第三势力的人、财、物一切划归于国民党情报局。

13日 被台湾任命的"自由中国运动粤赣边区司令部"司令华秉奇被空投至翁源县坝仔礼笋山上，被当地工作队活捉。

是月 中央人民政府政务院批准将连南、连山县合并，成立连南瑶族自治区。

9月 北江地委撤销，成立粤北区党委，驻地韶关市，隶属华南分局领导。区党委管辖曲江、翁源、英德、佛冈、清远、从化、乐昌、乳源、仁化、始兴、南雄、连县、连南、连山、阳山、新丰、和平、连平、花县等19个县委和韶关市委。

是月 "私立励群广育联合初级中学"并入广东北江中学，学校从互励路（现熏风路市委大院）搬迁到韶关孝悌路（现西堤横街）暂时上课。合并后的北江中学拟定在河西黄田坝兴建新校址。

"私立励群广育联合初级中学"为韶关市第一中学前身，1952年并入北江中学后，为北江中学初中部，1954年11月北江中学（高中部）迁往新址黄田坝办学后，学校仍为北江中学初中部。1955年9月，初中部独立划出，组建成"韶关初级中学"，1963年更名韶关中学，开办高中。"文革"期间，更名为"韶关市红一中"。1969年9月，始定名为韶关市第一中学。

11月 北江地区行政督察专员公署撤销，成立粤北行政公署（简称"粤北行署"），辖1市18县。

从1949年冬至1952年底，新生的北江地区人民政权在中国共产党的领导下，经过3年艰苦卓绝的剿匪、清匪斗争，基本肃清粤北地区的土匪，近代百多年来战事纷纭的粤北开始了现代社会主义建设时期。

附录一

近代粤北籍部分人物传

【邓志才】（1900—1968 年）广东曲江浈江（今属韶关）人。黄埔军校毕业。曾任中国国民党第十九路军连长、营长、旅长。抗日战争爆发后，任广东第二区自卫统率委员会委员。后任陆军第六十旅旅长，率军北上参加淞沪抗战。继参加南京保卫战及南浔线战役。后任第七战区少将参议。1945 年任曲江警备司令，率部抵抗日军。后不详。

【谭甫仁】（1910—1970 年）又名震（正）古。广东仁化人。1928 年参加南昌起义军，同年加入中国共产党。曾任红十二军第六八七团政委、军委总政治部组织科科长。1934 年 10 月参加主力红军长征。后任红十五军团第七十八师政治部主任，抗日战争时期，任八路军第一一五师第三四四旅政治部副主任、政委，八路军第二纵队新编第三旅政委，冀晋豫鲁军区副司令员。解放战争时期，任东满军区政治部主任、东北野战军第七纵队副政委。新中国成立后，历任第十五兵团政委、广西军区副政委兼政治部主任、武汉军区第二政委、工程兵政委、中央军委委员、昆明军区政委等。1955 年被授予中将军衔。为中共九大中央委员。1970 年 12 月 18 日在昆明逝世。

【李文华】（1914—1987 年）原名相锦。广东南雄人。1929 年加入中国共产主义青年团。1932 年春加入中国共产党。历任红三军团模范连指导员、营教导员、六师十七团党总支书记，红四方面军三十军

团组织股股长、师组织科科长。参加反"围剿"斗争和红军长征。1937 年随军到达新疆迪化（今乌鲁木齐），入汽车装甲中队学习。1939 年底回延安，任八路军总政治部协理员兼总务科长、处长。1942 年入中共中央高级党校学习，曾参加南泥湾大生产和延安整风运动。1945 年 8 月被派赴东北，历任松花江军区哈北军分区副政委兼中共哈北地委常委、兰西县委书记、第四野战军第四十七军挺进支队政委，参加辽沈和平津战役。新中国成立后历任粤北行署副主任，韶关专署专员，广东省农业厅副厅长、代厅长，省计委副主任，省储备物资管理局副局长等。1987 年在广州病逝。

【钟蛟蟠】（1899—1939 年）原名蛟罄，号子安。广东南雄人。1923 年加入南雄进步学生组织青年学社，宣传革命。1926 年参与组织南雄县农民协会。1927 年加入中国共产党，复入黄埔军校，后参加广州起义。次年参与南雄、仁化暴动，创建油山根据地，任南雄游击队参谋长。1930 年后历任新红二十六纵队政治处宣传科、组织科科长，红二十二军秘书，红二二军政治部文化娱乐科科长，转战赣、闽、粤三省。1934 年随中央红军长征。抗日战争爆发后，任八路军一一五师独立团宣传科科长，参加平型关战役。1939 年 1 月调任晋察冀军区政治部宣传部副部长，9 月 8 日遭日机轰炸牺牲。

【刘世焱】（1899—1941 年）字耿光。广东始兴人。早年就读于黄埔军校第二期。曾参加学生军东征陈（炯明）。毕业后任见习官、副连长。1932 年参加淞沪抗战，任第十九路军沈光汉师第一三一旅副营长及中校参谋。次年参加福建事变。后返回广州，历任广东省中等以上学校军事训练处主任、广东省财政厅税警团团长、暂编第八师第一团团长。1941 年秋参加长沙第二次会战，不幸牺牲。后被国民党军委会追赠为陆军少将。

【杨梦弼】（1862—?）字肖岩。广东曲江人。清末以拔贡朝考中试，分发湖南试用知县。1912 年倡办马坝圩育才高初两等学校，任校长。旋被选为曲江县议会议员。1913 年当选为众议院议员。袁世凯解散国会后归里。1916 年国会恢复，北上复任众议院议员。

【李士杰】（?—1910 年）字传中。广东始兴人。1907 年入广东陆军训练营。后任广东新军二标营正目，加入同盟会，与倪映典、赵声等成知己，参与运动新军加盟革命党人。1910 年参与领导广州新军

起义，中弹牺牲，1912 年被追赠为陆军少将。

【李任予】（1903—?）原名济道，又名力一。广东长宁（今新丰）人。大革命时期加入中国共产党。1924 年就读于广东工业学校。第一次国共合作期间，任广州教导团教导员。后至广州市公安局工作。1927 年参加广州起义。1929 年任中共闽西特委委员、特委军事委员会主席、红四军四纵队党代表兼政治部主任；同年 12 月出席古田会议，当选为红四军前敌委员会委员，任红四军政治部主任。次年随军转战赣、粤，任红二十一军政委和代军长；同年 11 月返闽西，任红十二军政治部主任，后历任红四军政治部主任、闽西军委主任、闽西革委主任等。1932 年后赴上海、华北从事地下斗争，不幸被捕。后下落不明。

【李祖恩】（?—1911 年）广东翁源人，早年服役于广东新军，退伍后加入同盟会，曾来往港澳运输军用物资，1911 年参加黄花岗之役，进攻督署失利后退至龙川口，被捕就义。

【张昭芹】（1873—1955 年）字鲁恂，别号卷施老人。广东乐昌人。1901 年中举人。初为阳春县学训导，后历署四川德阳，河北龙关、大名、赵县、濮阳等县及大名保定道。民国成立后，任司法部总务司科长、直隶督军公署秘书长、广东高等法院书记官长。嗣受聘于第一集团军总司令陈济棠、第七战区司令长官余汉谋，擢少将军衔，历任广东省政府高等顾问、第七战区秘书长。1946 年后，任"国大"代表、国民政府考察委员会委员。1955 年在台湾去世。著有《薪梦草堂诗》。

【张兹恺】（1900—1983 年）字丽门。广东乐昌人。昭芹之子。早年毕业于南开大学。后入北平中华教育文化基金会工作。1931 年留学美国纽约大学，获硕士学位。继入英国伦敦政治经济学院深造。1933 年返国，仍在基金会工作，兼任北平交通大学教授。1938 年任军委会经济部工矿调查处副处长兼财务组组长。1944 年任战时生产局材料工业处处长。抗战胜利后，任经济部苏浙皖三省及京沪两市特派员。1947 年参与筹备中国石油公司，历任协理、总经理。1949 年去台湾，历任"财政部"政务次长、"光复大陆设计研究委员会"委员、中华经济研究院董事长。1983 年春在台湾病逝。

【陈公博】（1892—1946 年）原籍乳源秀水（今属乐昌），生于广东南海，毕业于广州法政专门学校、北京大学，1920年任广东教育会评议、法政专门学校教授，并参与创办《群报》，任总编辑，曾与陈独秀等组织中国社会主义青年团。1921年春参加中国共产主义小组；7月出席中共一大，嗣任中共广东支部组织部部长。1922年脱离中国共产党。翌年，赴美国哥伦比亚大学留学。1925年回国，任广东大学教授，并加入国民党；7月广州国民政府成立，任军委会政治训练部主任、广东省政府农工厅厅长、国民党中央农民部部长等。1926年1月当选为国民党中央执委；7月北伐战争开始后，历任北伐军总司令部政务局局长、湖北财政委员会主任、江西政务委员会主任、国民党中央执委会常委兼工人部部长。1927年支持汪精卫发动"七一五"反革命政变。次年冬与顾孟余等在上海成立中国国民党改组同志会，拥汪反蒋。1932年蒋汪合流，任国民政府实业部部长。抗日战争爆发后，任国民党中央民众训练部部长、军委会第五部部长、四川省党部主任委员。1938年12月随汪精卫叛国投敌。1940年汪伪政权成立后，任伪立法院院长、军委会常委、上海市市长等。1944年冬汪精卫死后，任伪国民政府主席兼行政院院长。次年8月日本投降后逃亡日本。旋被引渡回国，1946年4月被判处死刑；6月3日在苏州被处决。著有《寒风集》《苦笑录》等。

【陈亦谋】（1902—1932年）又名燕贻，广东长宁（今新丰）人，1924年入广东大学预备班，同年加入中国共产党。次年冬赴莫斯科中山大学学习，深受托洛茨基思想影响。1927年回国。1929年在上海参与组建中国第一个托派组织——我们的话派。1931年5月在上海参与成立托派统一组织"中国共产党—列宁主义者左翼反对派"，当选为中央常委兼组织部部长。旋被国民党政府逮捕入狱，卒于狱中。

【华振中】（1892—1979年）字强素。广东始兴人。早年就读于广东黄埔陆军小学、湖北陆军第二预备学校。1917年入保定陆军军官学校第六期。历任连长、营长、团长。1932年任第十九路军第六十一师第七旅旅长，奉命镇守闸北，率部抗日。次年任福建中华共和国人民革命政府参军和民团指挥。抗日战争初期，历任第一六〇师参谋长、师长，潮汕警备司令兼中央直属独立第九旅旅长。1941年到重庆陆军大学特六期学习。1943年毕业后，调任第十二集团军参谋长。旋调第九战区任参谋长。1945年抗战胜利后，任广州行营中将副参谋长。次

年被选为国民参政员。1947 年任广东民政厅厅长。新中国成立前夕去香港，后定居马来西亚，曾任华侨工会主席，并从事教育工作。

【官其慎】（1898—1986 年）字师亮。广东始兴人。早年赴日本习海军。继留学法国，毕业于巴黎政治大学。复赴比利时研究政治经济学。1927 年归国，任张发奎秘书。继任江西南康、福建长乐、广东南雄、始兴等县县长。后重随张发奎，任政治处主任、军校教官工作队队长。抗日战争时期，历任第八集团军战地服务队队长、第四战区政治处主任。1945 年随张发奎进驻广州，任第二方面军军法处少将处长。次年任广州行辖军法处处长。曾亲自主审广东大汉奸招桂章，秉公执法。后去台湾。

【官惠民】（1901—1937 年）字剑豪。广东曲江人。黄埔军校第四期毕业。1926 年随国民革命军第四军北伐，参加汀泗桥、贺胜桥及围攻武昌等战役，曾任中校团副等。1930 年赴日本治病，并入成城学校学习。九一八事变后返国。1932 年入陆军大学第十期学习。1935 年毕业后任第四军上校科长，同年冬任第九十师第五四〇团上校团长。1937 年抗日战争爆发后，由黔调沪参战，功升第九十师第二七〇旅少将旅长。同年 10 月 28 日在嘉定阵地上牺牲。

【钟秉良】（1911—1987 年）字子彝。广东曲江人。曾先后毕业于广东国民大学法学院、中央训练团第一期，历任广东第二十四区游击司令部中校军法官、潮汕警备司令部军法主任、广东省高等法院秘书、第四军司令部秘书、第四军司令部军法处处长、国防部第四区军法执行部军简三阶审理处处长。抗战胜利后，任第四编练司令部少将参事兼军法组组长。1949 年去台湾，后从事律师工作。1987 年春病卒。

【徐锡勋】（1880—1950 年）又名整、公整，号军雁。乐昌人。陆军速成学堂毕业。1905 年留日本东洋大学教育系。曾参加黄花岗之役。1918 年参加粤军援闽，任第十五统统领。入闽后，历署上杭、同安、长泰等县县长，擢陆军少将。1920 年任粤军总部参谋处处长。1921 年参加援桂战役，任参谋长兼第三路总指挥。1923 年任第四师师长。1924 年解职赴港经商。1928 年任第八路军总指挥部少将参谋兼营地营产调查委员会主席。次年回原籍，任县立中学、师范学校校长。1931 年任广东省立工业专门学校建置主任、军事训练主任，中山大学军事教官。1932 年任省禁烟总局缉私舰长。抗日战争爆发后，任抗日自卫团第二十四区游击司令、省政府督察、军事视察组组长等。

【黄昌儒】（1904—1980年）字石震。广东乐昌人。毕业于乐昌师范学校、广东陆军测量学校。中央军校高教班第一期、陆军大学特别班第二期。先后参加南征讨邓（本殷）、北伐战争、江西"剿共"，历任第四军团长、旅长、师长、参谋长。抗日战争时期，任第二十七集团军总部副参谋长。1949年任陆军第四编练司令部办公厅主任，海南防卫总部监察组长。后去台湾，任"国防部"高参、台湾烟酒公卖局顾问等。1980年在台北病故。

【何红】（1929—1948年）广东翁源新江镇人，粤赣先遣支队翁西大队武工队队员。1948年3月的一天，何红执行任务后回到新江欧车王屋住宿。次日凌晨，敌人包围了王屋，扬言要活捉何，何临危不惧，击毙了上棚搜查的敌军，敌人始终不敢近前。最后，敌人纵火烧屋，在突围时何红不幸中弹牺牲，年仅19岁。

【张贵】（1922—1948年）广东翁源新江镇人，中共党员，粤赣先遣支队手枪队队长。1948年1月2日的新江瓦窑排战斗及9月犁耳坝战斗中，张贵缴获敌人机枪共2挺，荣获支队授予的"战斗英雄"称号。1948年12月，在坝仔阿翯山伏击战斗中，不幸中弹牺牲，年仅26岁。

【许筠台】（1888—1950年）字应锟，广东韶关市（曲江）人。自幼深受父亲诗书画熏陶，学习绘画。此后一生致力于美术教育活动。期间，许筠台曾任教于韶关德华女子中学、励群中学以及省立第三师范学校美术专科，从事教学十余年，并在韶关多次举办画展、讲座，成为韶关本地杰出的画家和教育家。许筠台的书画笔墨、色彩、气韵、品格多受广东岭南画派思想影响，其主张站在民族传统基点上，吸取西洋画法。此外，在书法、印章、诗词等作品上，其将诗书画印会为一体，形成了自己独特的风格。其存世主要作品有：《鸟类大观画集》共6集，每集约40件作品；《锦江山水画集》一册共30幅，还有大幅"中堂"等作品，共约80堂。1950年许筠台病逝于韶关。

【张清水】（1902—1944年）乳名景优，字钦佩，号愚民。笔名铁帆、油槌、鱼讯、青水。广东翁源龙仙青山村人。民国十三年（1924年）考入中山大学文学院，毕业后东渡日本留学。民国十九年（1930年）回国。民国二十六年（1937年）任《广州日报》副刊总编。一生致力于民间文学研究，潜心于民间传说的收集编写，著作甚丰，交

游颇广，与同时期的中国文化名人郭沫若、周作人、何香凝、胡风、蒲风、钟敬文等交往频繁。其名已收入民国时期编撰《中国名人传》。张清水不仅是民国时期六十大文豪之一，亦是我国声望较高的民俗学家、诗人。其作品民间故事《海龙王的女儿》、神话传说《魔术师》以及民间故事集《太阳和月亮》《抗战故事》，诗集《一只手》等，曾得到专家、学者和群众的称道。

【吴作霖】（1878—1930 年）字惠泉，号志一山人，广东南雄人。少年时吴作霖勤奋好学，爱好诸家画谱、印谱，自学绘画、治印。师法钟繇、王羲之，又不拘泥于钟王，写出独有的浑厚、凝重的笔法。吴喜用楷书为本地古建筑物题名，较著名的有："祖师楼"题盈尺大字；文明门浮桥题"通济桥"；用颜体书法题青嶂山"云封古寺"寺名，以及用隶书写下武庙拜亭处对联，等等。其绘画题材宽广，尤以水墨山水见长。师古而不泥古，重形似更重神似。岭南派名画家高剑父评说："画已到家，惜火气太甚。"作霖对书写和雕刻钟鼎文有独到之笔，曾大量治印，今存印谱一册藏于亲戚家。其学生廖筱斋酷爱书画，为吴作霖所器重，吴以女儿相配，书画艺术相传。

【何万杰】（1912—1966 年），广东乐昌三溪镇人。何出身家境贫苦，仅读过半年私塾。11 岁学戏，后成为乐昌花鼓戏师傅，擅长扮丑角、彩旦。19 岁时已名扬粤湘边境一带，29 岁曾到湖南的宜章、临武等地传艺授徒。新中国成立后，何万杰继续从事花鼓戏艺术，历任粤北民间艺术团、乐昌民间艺术团、乐昌花鼓戏剧团师傅、导演、团长等职务。何万杰为乐昌花鼓剧团的创始人之一，其发掘整理的《云南寻夫》《四姐下凡》《金圈相会》《下洛阳》《打鸟》《晒绣鞋》《秋莲砍柴》《朱卖臣》等 30 多个大、中、小型传统剧目，久演不衰。其授徒所传弟子达 300 多人，分布于粤北、湘南一带。何万杰表演功底深厚，通晓拉、吹、打、弹，熟练生、旦、净、末、丑的表演艺术，其嗓音洪亮，演唱风格讲究浮、沉、吞、吐，表演上善于运用程式并注重角色的内心刻画，强调身段动作"三节"（屑、中、跟节）、"六合"（眼神、唱腔、表情、身段、动作、舞姿）的协调统一。1966 年何万杰因病逝世。终年 54 岁。

【刘刚德】（1896—1973 年）广东仁化县人。因从小酷爱艺术，于1919 年考入广东省立甲种工业学校专攻美术，毕业后从事教育工作。

从 1921 年开始，刘先后在仁化县立第一高等小学、曲江县德华女子师范、英光小学、越南的堤岸穗城学校、韶山端芳中学等学校任教。1927 年赴上海美术学校深造，拜名师黄宾虹、丰子恺学艺，毕业后重返故里。从 1931 年开始，先后任教于始兴县立中学、仁化县立乡村师范、广东省立韶州师范、越南的堤岸穗城学校。抗战爆发后，离家出国。1946 年归国，在仁化中学任教。1947 年与许筠台在仁化举办画展，义卖字画，赈济灾民。1948 年任教于翁源二中，并兼救济院院长。新中国成立后，刘刚德先后在仁化中学、坪石中学、乳源中学、清远中学、清远师范任美术专科教师，并一直选为清远县政协委员。1964 年退休后回仁化，于 1973 年 5 月在仁化病逝，终年 77 岁。

附录二

《百年粤北纪事》部分人名索引①

---

① 人名后的页码为正文中人物小传所在页码。

韶文化研究丛书

附录二

岭南文化书系

百年粤北纪事

韶文化研究丛书

附录二

373